GLI SPECCHI

Michele
Santoro
con Guido Ruotolo

Nient'altro che la verità

Marsilio

Prima edizione: aprile 2021
Terza edizione: maggio 2021
ISBN 978-88-297-1005-8
www.marsilioeditori.it
Realizzazione editoriale: Valeria Bové

NIENT'ALTRO CHE LA VERITÀ

«Uscivo dal carcere e sapevo che forse le guardie di Voghera non mi rivedevano. Erano persone oneste, altrimenti alzavano il telefono e la mia storia finiva. Mi conoscevano bene, sapevano che ho deciso di collaborare senza chiedere niente in cambio, che ho fatto il carcere giorno dopo giorno senza mai lamentarmi, e mi rispettavano per questo. Io paura non ne ho, tanto quello che deve succedere è già scritto, non ci possiamo fare niente. Si devono spaventare gli altri. Ho ucciso tante persone, non è facile trovare uno più cattivo di me.

Aspettai otto anni tre detenuti che mi avevano offeso in cella, otto anni, non so se rendo l'idea. Dopo otto anni ne ho incontrato uno per caso davanti a un bar. Mi ha detto: "*Gatta sicca*, ci arrivi a Natale, che sei così magro?". Gli ho risposto: "E tu ci arrivi alla Vigilia?". Prima di Natale li ho uccisi tutti e tre. "In otto anni ci avrà dimenticati" pensavano. Invece fuori dalla galera c'era il destino che li aspettava. E il destino non dimentica. Ero io il loro destino.

Le guardie mi dicevano: "Maurizio, il telegiornale ha parlato di te, di quello che hai raccontato al processo, e tu non hai una scorta, niente. Non hai paura? Guarda che prima o poi ti ammazzano co' 'sti discorsi che vai facendo".

Gli rispondevo che ho più paura di vivere che di morire.

Il momento arriva se deve arrivare, a che serve accettare

una protezione? Ho due figli, non ci vuole niente a trovare il loro indirizzo. Meglio che vengono da me, io li aspetto. Cammino e mi guardo sempre le spalle. Ma non è per paura. Un killer se arriva lo voglio guardare negli occhi.

Comunque sarebbe solo per vendetta, non può essere Cosa Nostra. Non esiste più niente, non ci sono regole da far rispettare, Sicilia, onore, tutto finito. Io ero pronto a farmi ammazzare per la famiglia Santapaola. Oggi famiglia che vuol dire? Esiste la convenienza, non la famiglia, come nella politica che non ci sono i partiti ma solo interessi personali. Cosa Nostra è cambiata, si è adeguata. Si è nascosta nell'acqua.

Ci può essere una vita nuova per me? Non lo so. Trent'anni in una prigione a pensarci, e una risposta non l'ho trovata. Dal carcere sono uscito, ma dal mio passato credo che non uscirò mai. Non sono un pentito e non sono più Cosa Nostra. Ho continuato a collaborare perché riferire certi fatti mi ha tolto un peso, mi ha trasformato. Ma cosa sono diventato? Chi sono io oggi?».

1.
«L'odore del sangue»

Di solito mi lascio guidare dall'intuito nel giudicare una persona che vedo per la prima volta. Di Maurizio Avola non so che cosa pensare. Potrebbe essere un uomo in cerca di redenzione oppure un serpente che si sbarazza della sua vecchia pelle per tornare a colpire; un mostro alieno o un individuo costretto a nascondere i sensi di colpa per non esserne sopraffatto.

Non so bene perché ho deciso di incontrare uno che ha ucciso ottanta persone. In altri tempi non avrei esitato: avrei trovato irresistibile la possibilità di compiere un viaggio nella mente di un serial killer di mafia. Ma, al punto in cui mi trovo oggi, non sono nelle condizioni più adatte per scavare nell'identità di un altro, visto che la mia è andata in frantumi.

Da quando la televisione ha scelto di fare a meno di me mi sono scoperto assai fragile e, quel che più conta, non ho trovato nessuna ragione valida per ribellarmi e dire che non ero d'accordo. Tutto è avvenuto quasi per inerzia, senza scandali o censure clamorose e senza proteste da parte mia. Così gli editori e i partiti, di destra e di sinistra, hanno avuto buon gioco a comportarsi come se fossi già morto e io ho lasciato che accadesse: ho scelto di assecondarli, segretamente compiacendomi del fatto che mi ritenessero ancora pericoloso. Allo stesso modo, ho rifiutato le decine di inviti che sempre più stancamente mi venivano rivolti per partecipare a trasmissioni. Rivedermi in un clone mediocre dei miei programmi mi avrebbe reso patetico ai miei stessi occhi, sarebbe stato come rincorrere il fantasma di me stesso.

Da ormai due anni mi sembra di correre, come in una scena del cinema muto dove l'inseguimento è la metafora più completa e riuscita della vita: corse mozzafiato, scivolate, capitomboli, cadute, salti, cambi improvvisi di velocità e direzione, tra la paura di essere catturato e quella di non riuscire ad afferrare ciò che stavo rincorrendo. Scappi dalla televisione, e ti ritrovi a Voghera seduto davanti a un uomo da cui non sai cosa aspettarti.

Nel ristorante in cui ci incontriamo mi guardo intorno. Siamo gli unici avventori. L'arredo, il proprietario e il menù parlano lombardo, tranne che per certi paesaggi siciliani appesi alle pareti e per i pupi che penzolano tristemente dai chiodi. Al centro della sala una cassapanca con sopra un carretto di legno colorato (come quelli di cui trabocca l'aeroporto di Palermo, soltanto più grande) e diverse teste di ceramica di Caltagirone: il re, la regina, il moro. Come se qualcuno, all'ultimo momento, avesse improvvisato una scena teatrale per l'occasione.

La prima cosa che noto di Avola è che quando gli parli se ne sta in silenzio, con la testa bassa, per un tempo infinito. Poi, all'improvviso, come una molla che si è attorcigliata su se stessa, scatta e ti lancia addosso i suoi occhi di ghiaccio.

"Vuoi sapere io chi sono? E tu lo sai chi sei veramente? Che cazzo vai cercando da uno come me? Se c'è una ragione per quello che ho fatto? Se sono un pentito? No, non sono un pentito. Non ho niente da chiedere a nessuno. Nemmeno a me stesso. Niente di niente. Il perdono degli altri non mi interessa e io di sicuro non riesco a perdonarmi".

Queste frasi sono io che le immagino. A Maurizio Avola le parole non servono, parla solo quando è costretto, malvolentieri e a fatica, a scatti, con una voce talmente sottile da sembrare irreale. Nel frattempo i ricordi gli corrono nella testa come un film che riavvolge continuamente: avanti, indietro, e a quadrupla velocità, istanti di una vita talmente incredibile da apparire folle e senza un possibile significato perfino a lui che di tempo per pensare ne ha avuto tanto. Una tortura che non è finita e che non finirà facilmente.

Al primo impatto non mi trova particolarmente simpatico. Il suo avvocato, Ugo Colonna, deve avergli parlato di me in maniera lusinghiera per convincerlo a incontrarmi, ma si capisce che non si fida. Non è ostile, ma glaciale e distante. Provo a rivolgergli qualche domanda banale e intanto lo osservo mentre se ne sta rinchiuso nel suo lungo corpo magro, tutto muscoli e nervi ancora minacciosamente efficienti.

Reagisce con calma: non si scompone, non si emoziona. Dà l'impressione di raccogliere lentamente i fotogrammi superflui nel tovagliolo per metterli via di nascosto mentre cerca le poche sillabe da pronunciare e, nel frattempo, con la forchetta sceglie meticolosamente pezzettini sempre più piccoli di cibo prima di metterli in bocca.

«Ci diamo del tu? Per me sarebbe meglio».

Ha smesso di mangiare e sta aspettando la mia risposta, ma la sua voce flebile continua a trapanarmi le orecchie con quella richiesta inattesa. Mi sento molto a disagio. Improvvisamente tutti quei morti hanno invaso il ristorante e si sono disposti intorno al nostro tavolo aspettando la mia reazione. Lui, imperturbabile, rimane in silenzio. Ogni tanto alza gli occhi e li pianta nei miei, proprio come faceva con le sue vittime. Mi inquieta e non riesco ad andare avanti, a procedere secondo la scaletta prevista. Ho la tentazione di alzarmi e andarmene. Cosa può dirmi di veramente importante? È un volgare assassino, un esecutore di ordini, di quali segreti di Cosa Nostra può essere a conoscenza? E perché continua a guardarmi così?

«Certo. Diamoci pure del tu».

«Vuoi raccontata la mia vita. Perché? Sono stato un killer e un uomo d'onore, ma a chi interessa? Di Cosa Nostra non se ne parla più. La guerra è finita. Tutto a posto, no?».

Anche quando ho cominciato a occuparmene io come giornalista non ne parlava nessuno. Ho speso tanti anni a combattere una guerra dal finale incerto. Oggi la mafia non spara più, è vero, ma la pace non è mai iniziata.

«Che ti è rimasto, Maurizio, di quegli anni?».

«L'odore del sangue. Mi è rimasto l'odore del sangue. Faccio il volontario su un'autoambulanza di pronto soccorso. E tanti la vista del sangue la trovano insopportabile. Girano la faccia dall'altra parte. Svengono. Vomitano. Io ci sono così abituato che non mi tiro mai indietro. Raccolgo corpi straziati, sollevo feriti con le budella da fuori. Non c'è niente che non riesco a sopportare. Si può contare sempre su di me. Ma quell'odore, quell'odore mi resta attaccato addosso e non riesco a mandarlo via. Come quelli che lavorano in pescheria e si coprono di profumo per non puzzare.

Le prime volte ero nervoso, troppo nervoso. Non dormivo, non scaricavo l'adrenalina. Avevo fatto ciò che si doveva fare. Non ne avevo rimorsi, non ne avevo dubbi, non mi vergognavo, non avevo paura delle conseguenze. Ero solo nervoso. Troppo. Mi rigiravo nel letto e sentivo che la testa sanguinava. Ma non era sangue, era solo l'odore del sangue. Sui vestiti, sul pigiama, sulle pareti, sulla tazza del cesso. Dappertutto».

Di nuovo resta zitto. Abbassa la testa e riprende il movimento frenetico con la forchetta. Adesso so per certo che non è uno stupido. Mi sta solo mettendo alla prova e si sta chiedendo se sono pronto a seguirlo nel suo inferno. Poi decide di sfidarmi: «Sai cosa mi ha detto la psicologa in carcere? "Sei diventato un delinquente per i soldi, per comprarti la macchina", *chissu mi dissi.* Non aveva capito un cazzo. Secondo te avrei fatto ottanta omicidi per crudeltà o per soldi? Non esistono spiegazioni facili. Non sono un sadico assetato di sangue e mi piace dare una mano a chi ha bisogno. Dei soldi non me n'è mai fregato una minchia: ho buttato miliardi nel cesso. Erano niente per me. E poi non sono nato povero. A Catania una moto Bmw come la mia, quando avevo vent'anni, non ce l'aveva nessuno. Nel ristorante di mio padre c'era da lavorare e guadagnare. *Fimmini*, macchine, non mi mancava niente. Ma ero insoddisfatto, stavo nella mia vita come in un paio di scarpe strette. La mia vita erano le scarpe di un altro».

Ho incontrato Mariano, un baby killer napoletano, nell'istituto penale minorile di Airola. Anche i suoi genitori, come quelli di Maurizio, avevano un ristorante. Anche loro gli hanno dato soldi, vestiti, moto, qualunque cosa potesse desiderare, pur di tenerlo lontano dalle tentazioni della strada, dai vicoli di *Gomorra*.

«I soldi non c'entrano, ce li avevo i soldi in tasca. La droga? Qualche canna me la facevo. Niente di più. Però quando sparavo ero sempre lucido. Mi piaceva. Godevo. 'A pistola è 'a pistola; ma 'o kalashnikov, 'o kalash… è come Belén. Tu tieni stretto un kalashnikov, è come avere Belén, una donna bellissima, tra le braccia. La scopi, la scopi, la scopi… e non ti sazi mai».

Per Maurizio uccidere è più di un orgasmo: «In un rapporto sessuale dici "Sto morendo" quando sei al massimo dell'eccitazione, "Moriamo insieme!" per godere nello stesso momento e con la stessa intensità. L'acme del piacere di un killer è sentire l'ultimo rantolo della sua vittima».

Così il direttore del carcere di Poggioreale cerca di dare risposte alle mie domande senza la solita diplomazia dei suoi parigrado.

«La società, la scuola, lo Stato fanno veramente poco. Quasi niente per recuperare questi ragazzi in carcere. Ancora meno per intercettarne il disagio prima che decidano di diventare dei delinquenti. La scuola se ne libera subito. Disturbano le lezioni e l'apprendimento degli altri, creano disordine. Sono troppo faticosi da gestire. Certo, abbiamo il dovere di indicargli un'altra strada, un'alternativa, un lavoro, l'istruzione, dobbiamo provarle tutte per dimostrare che il loro destino non è segnato. Ma...».

«Ma?».

«Non ci sono ricette sicure. Ogni storia è diversa, ogni persona è una storia a sé. C'è chi cambia; e chi non cambierà mai».

Nell'ufficio arredato con statale tristezza, campeggia la faccia del presidente Mattarella che sembra rivolgere uno sguardo di commiserazione ai mobili d'ordinanza, ai fascicoli e ai libri impolverati sui quali è appoggiata una copia della Costituzione.

Articolo 27: Le pene devono tendere alla rieducazione del condannato. Certo. In una cella affollata un giovane detenuto per omicidio e occultamento di cadavere, in cambio dei selfie che gli ho lasciato fare con i suoi compagni usando il mio telefono, spiega pazientemente.

«Se ti prendono che non hai fatto niente e finisci qua dentro per errore, se gli amici ti hanno portato a fare una cazzata, se hai sbagliato che stavi fatto, 'na cosa qualunque di queste, allora in carcere ce l'hai la possibilità di riflettere e fare un cambiamento. Però se tieni un'altra indole, l'indole di fare i crimini, quando ti schiaffano qua dentro mettono un leone in gabbia. E quando il leone esce è più feroce di prima. Vuole sbranare a tutti quanti».

Esiste un'indole criminale? Esiste il "gene del killer"? Oggi crescono piccoli Hitler che pensano di sì e immaginano galere e stermini selettivi per ragioni di ordine pubblico. D'altra parte, la "maggioranza perbene" nutre un sentimento di repulsione e rimozione di fronte alla diversità enigmatica e sfuggente di certi individui. Perché bisognerebbe perdere tempo a comprendere chi non accetta ciò che normalmente viene considerato "il bene" e subisce il fascino del "male"? Bruciamoli sulla sedia elettrica, schiaffiamoli in carcere e scordiamoci di loro. Soluzioni tanto retoriche quanto semplici che assolvono l'unica funzione di liberarci da ogni senso di colpa e da qualsiasi responsabilità. Ci evitano ogni confronto con il criminale e nascondono i legami tra la sua vita e la nostra, ci fanno sentire innocenti. Che c'entro io con un giovane che decide di diventare un assassino? Lo ha scelto lui. Ognuno è libero di decidere della propria vita, no?

Guardo Avola e ho la sensazione di trovarmi davanti uno specchio nel quale comincio a riconoscere tratti che sono anche i miei. Quante probabilità ho considerato di avere qualcosa in comune con lui venendo qui? Direi meno di zero. Invece le sue parole maldestre stanno superando una dopo l'altra le barriere che ho costruito per difendermi dal mostro e inizio a seguirlo in un labirinto di ricordi.

«Mio padre ci sapeva fare con i ristoranti. E aveva deciso di trasferirsi al Nord, ad Alassio, in Liguria, negli anni settanta, in pieno boom del turismo. Il Ciclope faceva cucina di pesce ed era anche pizzeria; ci aveva messo poco ad avere successo. Io andavo alle elementari dalle suore. E mi faceva schifo».

Un bambino difficile, indisciplinato, scontroso, completamente insensibile al mondo circostante, che non arriva mai puntuale, fa fatica a stare seduto composto, non legge e non scrive niente e si esprime con monosillabi in una lingua incomprensibile. Si agita nervosamente oppure si chiude in un silenzio totale. Le suore si arrendono quasi subito: nessun gesto per provare a sollecitarlo o a capire le ragioni del suo disagio. Lui le ricambia con l'indifferenza e la repulsione verso i loro insegnamenti.

«Non ho imparato niente, nemmeno la religione».

Un animaletto selvatico che terrorizza le maestre impegnate a evitarlo per paura di un morso rabbioso. Lui ne è così contento che non provoca schiamazzi, non litiga con i compagni di classe, non intralcia le lezioni, ma non prega. Se ne sta muto in attesa del suono della campanella. Al segnale raccoglie la cartella e se ne va, evitando contatti con i suoi coetanei o saluti di circostanza.

Ad Alassio Maurizio arriva che ha quattro anni; a otto è ancora uno straniero. Come suo fratello, suo padre, sua madre e sua sorella: tutti stranieri in una cittadina di mare, dove il turismo corre e i soldi galoppano perfino per chi, come loro, se ne sta rinchiuso nel guscio protettivo del dialetto e del ristorante, vivendo come se non avessero mai lasciato Catania.

Di fronte al Ciclope c'è un negozio di elettrodomestici. La figlia del padrone è una bella ragazza di sedici anni con i seni grossi come meloni. Edoardo Avola ne ha diciotto e brucia di passione per lei come un tizzone nel forno delle pizze. Per mesi la ruba solo con gli occhi; poi gli occhi non gli bastano più e se la porta via per una notte intera.

Quando il signor Melo, il padre di Avola, vede i ragazzi tornare, mano nella mano, felici e appagati, non ha nessuna esitazione.

«Venite con me».

Attraversa la strada e si dirige deciso al negozio di fronte. A Catania la *fuitina* è una cosa normale e lui sa come si mettono a posto le cose.

I genitori della ragazza sono stati avvisati e li stanno aspettando sulla porta.

«Siamo brave persone, noi Avola. Edoardo è un ragazzo d'oro, ha tanta voglia di lavorare. E la vuole sposare vostra figlia. Se permettete…».

«Grazie, siamo contenti che l'avete riportata a casa. Non importa quel che è successo. Va bene così. Adesso, però, andatevene e non fatevi più vedere. Se vostro figlio ci prova soltanto ad accostarsi di nuovo a nostra figlia, andiamo subito al commissariato e lo mandiamo in galera».

«Mio padre non ci può credere: "Come, qui al Nord si usa così?". Appena mia sorella diventa signorina, vende tutto, facciamo le valigie e torniamo a Catania. Ha pensato: "Vuoi vedere che capita la stessa cosa a mia figlia e me la devo tenere in casa disonorata?". La tradizione, l'onore, per mio padre erano tutto. Una volta a Catania, a quattordici anni, mia sorella ha fatto anche lei la sua *fuitina* e ha sfornato cinque figli uno dietro l'altro. Così si è dovuta tenere tutta la vita un marito cornuto, non di corna, di azione».

Una volta a Catania Avola torna sui banchi, ma per poco. La scuola dalle suore è stata per lui un'inutile sofferenza, un brutto ricordo e alle medie arriva solo "per trascinamento". Ripete due volte la prima e anche qui, e a maggior ragione, i professori preferiscono non disturbarlo né infastidirlo con inutili interrogazioni. Quel bel ragazzo con gli occhi di ghiaccio non promette niente di buono: meglio lasciarlo perdere.

Le poche volte che va a scuola non fa il bullo, non si comporta da matto, non dà fuoco ai cestini della carta né tira in faccia un libro al professore di italiano. Quelle sono le cose che faccio io. Frequento il ginnasio quando piove, senza portarmi dietro libri o quaderni, e il poco tempo che trascorro in classe lo passo seduto in ultima fila a leggere *L'amante di Lady Chatterley*. Invece Maurizio se ne sta nel suo angolo, minacciosamente in silenzio, come un animale ferito, aspettando che lo lascino libero di andarsene.

Finché un giorno il padre si rivolge a sua moglie senza mezzi termini.

«Ho capito. Non perdiamo più tempo. Lo porto da Vincenzo».

«Ma non ha fatto quattordici anni! Ha dodici anni!».

«Gli faccio fare il tesserino falso del collocamento di apprendista pasticcere e siamo a posto».

È la scuola alberghiera dei poveri. Io ristoratore ti affido mio figlio e tu pasticcere mi mandi il tuo a imparare. Tre o quattro anni in pasticceria e tre o quattro anni in cucina, una mano lava l'altra. Niente paga fissa settimanale, niente soldi a fine giornata; e niente piatti da lavare o straccio da dare ai pavimenti. Imparano il mestiere e basta, guardano il maestro che impasta o cucina e sentono le voci dei ragazzi della loro età che escono da scuola facendo allegramente chiasso in strada.

«Certo, però, non li invidiavo quelli che andavano a scuola».

A diciassette anni Maurizio ha capito che i dolci gli piacciono, ma fare il pasticcere gli fa schifo come andare a scuola. In quella vita dal percorso obbligato si trova maledettamente a disagio. I consigli degli adulti gli scivolano addosso: non sopporta maestri, familiari che non si fanno i fatti loro. Soprattutto suo padre.

In questo ci assomigliamo. Cosa vuole un padre dai figli? Tranquillizzarsi, poter dire alla sua coscienza di aver fatto tutto il possibile per metterli al sicuro, inoltrandoli sulla strada giusta. Molto spesso, ridurre i figli nella sua stessa condizione o farli progredire nella stessa direzione che ha preso la sua esistenza per un padre diventa la principale ragione di vita, la conferma della bontà delle sue scelte o l'alibi per la sua mediocrità. Si dice di un figlio che "segue le orme del padre", no? Se il padre è notaio, medico, farmacista, boss della mafia, al Sud, sei quasi obbligato a proseguire su quella via e, anche se non ti piace, comunque ne trai un vantaggio, un prestigio, una rendita di posizione. Quelli come Maurizio (e come me), invece, si sentono estranei, alla scuola e al mondo in cui sono cresciuti. Guardano il padre sgobbare tutti i giorni in un ristorante o come ferroviere su una locomotiva, e non vedono l'ora di andarsene dalla parte opposta. Non importa dove. Di solito la prima cosa che fanno è scegliersi un'altra famiglia, che per loro diventa la prima, quella vera.

A diciassette anni la mia nuova famiglia sono i compagni del movimento studentesco con i loro sogni di rivoluzione; quella di Avola un gruppo di giovani che si vedono in un bar, il Clipper, che porta il nome di una nave americana. Ragazzi di malavita che di Maurizio hanno imparato a fidarsi. Glieli ha presentati Salvatore Fresta, un suo amico d'infanzia. Si conoscono da quando hanno dodici anni e giocano insieme nella squadra Orange di Cannizzaro, il quartiere di periferia attaccato a Ognina-Scogliera, abitato dalla buona borghesia, dove hanno casa i genitori di Maurizio.

«Tranquilli, questo sempre muto sta».

Maurizio, come faceva a scuola, non parla, ma ascolta i racconti delle imprese dei ragazzi del Clipper che fanno a gara a chi ha rubato di più.

«Io ho preso una Mini l'altra notte».

«Io una moto da cinquecento cavalli».

«Noi ci siamo fatti un tabacchino, sabato. Seicentomila lire!».

Un bel giorno Maurizio interrompe improvvisamente il silenzio e decide di dire la sua.

«I soldi non si fanno così».

«Il muto ha parlato!».

«E di', come si fanno i soldi?».

«Si vanno a prendere dove ci sono».

«Tu conosci i forni dove si impastano i soldi?».

«I soldi non stanno nei panifici e nemmeno nelle salumerie. *Sapiti unni sunnu i picciuli veri*? Nelle banche».

«E tu lo sai come si fa 'na rapina in banca? Ne hai mai fatte?».

«Mai! Però ti posso assicurare *chi a sapissi fari megghiu di tia*».

«Va bene. Se è *accussì*, preparati: quando sei pronto ce lo dici tu e andiamo insieme».

Maurizio si è già convinto che il giorno migliore per una rapina è il lunedì. Una volta a settimana accompagna il padre in banca a fare i versamenti degli incassi del ristorante, anche dieci milioni di lire alla volta. La fila è lunga, c'è molto da aspettare e tra padre e figlio non c'è niente da dire. Così gli occhi di ghiaccio fotografano ogni dettaglio e lo archiviano nella memoria: i clienti che si affollano alla cassa, i movimenti degli impiegati, il direttore, le porte che si aprono e si chiudono, le vie di fuga.

Come tutti i lunedì, la banca di Aci Catena si prepara a chiudere le porte alle tredici e trenta. Alle tredici e venticinque Maurizio, con in pugno la pistola che è l'unica arma della banda, irrompe seguito dai ragazzi del Clipper a volto scoperto. Non ci sono telecamere a circuito chiuso.

«Fermi! O vi facciamo saltare 'a testa a tutti».

Quando gli chiedo se la prima volta ha avuto paura, Avola riflette a lungo prima di rispondere.

«Non mi ricordo di aver avuto paura e non ero emozionato. I miei compagni appena entrati disarmano la guardia giurata e rimaniamo padroni della situazione. I clienti della banca e gli impiegati sono terrorizzati; non immaginano che non abbiamo nessuna intenzione di fargli del male. Non troviamo ostacoli o reazioni. Raccogliamo in fretta tutto quello che possiamo e ce ne andiamo rapidamente».

Al primo colpo Avola diventa il leader del gruppo. Ha compiuto una vera magia: venti milioni guadagnati in pochi minuti e cinque sono per lui.

Quando torna a casa è ancora carico di adrenalina. Tutta la famiglia è davanti alla televisione. Li guarda uno per uno: il padre stravolto dalla stanchezza, la madre che si è addormentata cucendo. Gente perbene, laboriosa, onesta. Si sente un dio al loro confronto.

Non c'è niente che ti faccia avvertire una sensazione di onnipotenza quanto rischiare di morire oppure di perdere in un colpo tutto quello che hai guadagnato in precedenza. Cosa si prova a vincere? La soddisfazione di essere riconosciuto dagli altri come un vincente. I soldi, le macchine, i gioielli, le case non sono altro che la cornice di un ritratto che mette in soggezione chi si ritiene inferiore. Tuttavia "è uno arrivato" si potrebbe dire anche di un morto. Lo sanno bene i piloti da corsa, gli alpinisti estremi, i giocatori e, a quanto pare, i killer come Avola, che l'adrenalina di vivere te la fa sentire solo la paura di perdere. Nel rischio e non nella vittoria c'è quello che fa la differenza con le persone comuni.

Se pure si accetta che non temere di spezzarsi il collo sia l'altra faccia di una tendenza alla depressione congenita, dovremmo dedurne che i giornalisti, animali piuttosto prudenti dalla nascita, ne soffrano meno delle altre categorie. Quelli che giornalisti lo sono diventati per passione, definiscono "professionalità" la capacità di evitare i pericoli. Quelli attratti dallo stipendio, che in passato era piuttosto considerevole ma si sta avvicinando al salario di un operaio, "cinismo necessario". I figli dei giornalisti, e i raccomandati in genere, "fair play". Ma tutte queste categorie, a nessuna delle quali mi sento di appartenere, convergerebbero con entusiasmo sul termine "obiettività", che gli irregolari, i "capitati per caso", considerano invece come lo schermo dietro il quale spesso si nasconde la mancanza di indipendenza. Comunque la pensiate, quelli come me sono i più impacciati nelle pubbliche relazioni e i più rapidi nell'agire. Vedono un treno che passa, un vagone con uno sportellone aperto, chiudono gli occhi e ci saltano dentro. Proprio come ha fatto Avola in quella banca, per dare un significato alla sua vita.

I giornalisti "ufficiali" sono così prudenti, sazi e strafottenti che, per eccesso di sicurezza, può capitare che si distraggano e lascino un microfono per terra, se non sentono il fiato dei padroni o dei partiti sul collo. Ed è proprio quando il pericolo sembra lontano e si concedono una pausa pranzo troppo prolungata che la banca dell'informazione resta per un attimo incustodita. Allora puoi approfittarne per entrare e rubare tutto lo spazio disponibile. Li prendi di sorpresa perché, nel frattempo, hanno continuato a denigrarti, sentendoti estraneo alla categoria, con la conseguenza che ai loro occhi sei apparso meno pericoloso di quello che sei.

Nessuno vuole parlare di mafia e politici corrotti? Ne parlo io. C'è un sistema che si oppone al cambiamento? C'è un partito che, insistendo a volersi chiamare comunista, finisce per puntellare proprio quel sistema? Non lo dice nessuno? Lo dico io. Complicità, omertà, debolezza delle istituzioni e della vecchia politica sono le stampelle di Cosa Nostra? Fermi tutti, ci penso io. Quello che mi serve non è una pistola, ma la libertà. E dove si trova la libertà? In televisione. Dunque è lì che sono andato a prenderla: in televisione, la banca della libertà.

«Sono stato bravo, papà?».

«Però non devi montarti la testa, non devi esagerare. Attento a non uscire dal seminato».

«La mia famiglia non ha mai avuto niente a che vedere con la delinquenza. Figuriamoci con Cosa Nostra. E io sono pure bravo come pasticcere. Anche se mi piacciono i dolci e non tutti i pasticceri li mangiano».

Il padre di Maurizio capisce presto che suo figlio, con la Bmw 316 e la Honda 750 che gli ha comprato, si sta mettendo su una brutta strada.

«Ti pago i soldi che vuoi ma resta nel ristorante. Non vuoi fare i dolci? Non li fare. I piatti non li hai mai lavati e in cucina non ci devi mettere piede. Ti faccio un altarino all'angolo della sala con la griglia e la brace. Ci appoggi il pesce sopra, due minuti e lo togli. Lo devi mettere solo sul fuoco. Te lo portiamo già pulito. Non ti sporchi nemmeno le mani e prendi i soldi. Non vuoi lavorare? Almeno arrostisci il pesce! Va bene così, sei contento?».

«Io non mi ricordo uno schiaffo di mio padre. Solo che mi dice di lavorare, lavorare, lavorare. Lui fa due turni al giorno. Si massacra col lavoro».

Il ristorante di Melo Avola, La Posada, è sulla scogliera di Ognina, la parte più bella di Catania.

È capodanno. Al ristorante non ce la fanno con tutta quella gente. Straordinariamente, Maurizio ha deciso di dare una mano e sta tagliando il prezzemolo.

«Porco cane! Mi taglio un dito con il coltello e il sangue schizza da tutte le parti. Un male che non ti dico. M'hanno dovuto dare tre punti per chiudere la ferita. E lui, mio padre, che fa? Va a prendere una fascia e me la dà per fermare il sangue. Così posso continuare a lavorare, capisci? Mica lo fa per cattiveria! Se fosse successo a lui, avrebbe fatto così».

Due mesi dopo il mare invade la grande sala di odori e di suoni ed è tutto un brindisi, una festa. I bambini si inseguono correndo nei saloni affollati (i *picciriddi* al Sud possono fare quello che vogliono, nessuno li tiene al guinzaglio). C'è bella gente, tutte "brave persone": i ristoranti col pesce fresco non sono economici. Ma quelli della tavolata attaccata alla vetrata "è meglio lasciarli perdere". Stanno festeggiando un ragazzo appena uscito dal carcere di Firenze, mangiano, bevono e sono allegri. Potrebbero sembrare brave persone anche loro.

«E tu che cazzo guardi, la puttana di tua madre?».

L'urlo si alza all'improvviso e nella sala cala un silenzio di tomba. Al centro della sala si sta servendo un piatto flambé in un padellone d'argento, come di moda agli inizi degli anni ottanta. Fingendo di interessarsi ai movimenti dello chef, due giovani si alzano e ne approfittano per dare uno sguardo a una bella mora al tavolo dell'ex carcerato.

Potrebbe essere la futura moglie, l'amante, la sorella di qualcuno di quei commensali. Forse la donna accenna un sorriso, forse fa un gesto indispettito. Non fa differenza.

I maschi del gruppo si alzano contemporaneamente e cominciano a rincorrere i due giovani spaccando tavoli, sedie e bottiglie. Mandano perfino in pezzi il povero pianoforte, che ha l'unica colpa di trovarsi sul loro cammino. Adesso i due aspiranti play boy non si vedono più, una massa di corpi li copre come in una partita di rugby. C'è sangue sul pavimento. Maurizio si avvicina.

«Che cazzo fate? Ci state distruggendo il locale! Brutti figli di troia...».

«Che ti interessa!? Non ti preoccupare, tu. Lasciali stare. Non ti mischiare. Tanto paga l'assicurazione, lascia perdere».

Suo padre gli è corso dietro, lo trattiene per un braccio e sta cercando di allontanarlo dalla rissa.

«Papà, ma che me ne importa chi paga, non si devono permettere nel nostro ristorante!».

«C'è l'assicurazione, lo vuoi capire o no? Che ti interessa di loro, se paga l'assicurazione?».

Quella sera finisce lì, ma il giorno dopo padre e figlio sono costretti a tornare sull'argomento, perché Maurizio arde per la rabbia e l'umiliazione.

«Li ho riconosciuti. Sono sempre loro. Vengono, si siedono, mangiano e non pagano. Poi a fine mese passano a riscuotere il resto. E tu stai zitto, papà, e li saluti col cappello in mano! Tu sopporti queste cazzate schifose».

«Non ci devi pensare. Vedi, a noi non ci ruba nessuno. Fai finta che sono i posteggiatori che tengono le macchine nel parcheggio. L'hanno mai rubata una macchina alla Posada? Mai!».

«Meglio che rubano, se poi devo farmi mettere i piedi in testa!».

Maurizio non aspetta la replica. La sua collera diventa

incontenibile: butta via il grembiule e se ne va. Come può suo padre sopportare quelle prepotenze senza muovere un dito? Non sarà mai come lui e nemmeno come quei delinquenti. Un rapinatore di banche non abbassa la testa e non si approfitta della povera gente.

«Quando tuo padre ha scoperto che facevi rapine come ha reagito?».

«"Fai tu!" mi ha detto».

«Solo questo?».

«Solo questo».

"Fai tu!" è una frase che mio padre non avrebbe mai pronunciato. Domarmi è stata per lui una necessità e una missione. Mi avrebbe ammazzato con le sue mani se avesse scoperto che ero diventato un rapinatore. Mi ha sempre inseguito sul ciglio del burrone, mi ha massacrato per le assenze da scuola, per le punizioni che mi attiravo, per i processi che si moltiplicavano a causa delle manifestazioni e delle occupazioni.

Come avrebbe reagito se avesse scoperto che ero diventato un terrorista? Chi lo sa! Forse in questo caso avrebbe colto la relazione tra le mie scelte e le sue rinunce, tra la mia rabbia e la sua rassegnazione, e i sensi di colpa avrebbero prevalso.

Mi avrebbe voluto avvocato mio padre, e poi politico. Forse per onorare mio nonno, un falegname anarchico che aveva imparato a leggere e a scrivere da solo e aveva mandato a memoria la Divina Commedia, il Codice civile e quello penale. I contadini facevano la fila per consultarlo e si scordava volentieri di terminare i mobili per cui gli era stato pagato un anticipo. Sognatore, inquieto, ribelle e individualista, mio nonno Michele: l'esatto contrario di mio padre, che invece era preciso, ordinato, puntuale e odiava far debiti. Mia madre è morta per dargli un secondo figlio, per lui era irrinunciabile, nonostante le diagnosi che sconsigliavano un altro parto. A quel punto aveva messo da parte qualsiasi ambizione. Annotava le spese domestiche su un quadernetto e gestiva i figli, diventati cinque con l'aiuto di una seconda moglie, come fossero programmi scolastici con l'unico obiettivo, raggiunto, di portarli alla laurea. Il suo mondo poggiava su quattro pilastri: la famiglia, il Sindacato – per conquistare condizioni di lavoro e di vita migliori –, il voto al Partito comunista – per fare le riforme necessarie all'emancipazione della classe operaia –, l'Unione Sovietica – che era per lui la dimostrazione dell'esistenza di una società con meno ingiustizie e più uguaglianza, quindi non un'utopia irrealizzabile. Dal suo punto di vista, studiando, raggiungendo l'indipendenza economica e facendo politica, se ne avessi avuto le qualità, avrei rinsaldato la sua fede nel progresso e contribuito all'avanzamento della causa della classe operaia.

Con queste premesse, il comandamento "Onora il padre e la madre" mi sembrava assolutamente da mettere in discussione. Era troppa la rabbia che mi portavo dentro e poco affascinanti gli obiettivi che mi proponeva. Altro che Sindacato, Partito e Unione Sovietica! Volevo tutto e subito; prima di ogni cosa, la libertà! Non proprio come Avola, diciamo, ma con la stessa violenta determinazione.

Avevo perso mia madre ad appena sei anni e onorarla mi veniva naturale, pur avendola conosciuta a stento. Se non prova a prendere il posto del padre nel suggerirti cosa fare – e la mia ovviamente non poteva –, una madre è per sempre. Non ti abbandona, non ha l'ossessione di vederti diventare qualcuno, ti ama e basta. E io me la immaginavo che mi accettava così com'ero, senza giudicarmi né cercare di convincermi a cambiare strada. Su mio padre scaricavo tutto il rancore, anche quello che non avrei mai ammesso di provare nei confronti di mia madre, colpevole di avermi abbandonato morendo.

La madre di Avola gli aggiusta il bavero prima di uscire

di casa, lava i vestiti dopo le rapine, divide i soldi in mazzette legate con piccoli elastici e li mette da parte diligentemente.

Una notte Maurizio le porta a casa tre miliardi di lire.

«Contali. Leva la mia quota e nascondila. Il resto dammelo che lo porto a chi lo devo portare».

Il figlio le ha regalato un "Lassie", un pastore scozzese, una femmina. Assomiglia a Maurizio: non abbaia mai. La segue dovunque: in cucina, in bagno, nella stanza da letto; quando la donna si ferma, si accuccia ai suoi piedi.

Una notte i poliziotti irrompono con un mandato di perquisizione, cercano il bottino della rapina. Il cane salta in piedi. Ringhia minaccioso. La pelosona mansueta è diventata una belva che vuole mangiarseli tutti. Abbaia, abbaia, abbaia. Non smette più di abbaiare. I poliziotti sono costretti a perquisire l'appartamento con il cane che li insegue e li morde alle caviglie. Guardano dappertutto frettolosamente, non trovano nulla e vanno via quasi di corsa pur di liberarsi di quella bestiaccia.

Quando finalmente la notte ingoia il suono delle sirene che si spengono in lontananza, il cane torna a distendersi ai piedi della sua padrona, come se non fosse successo niente. La signora Avola si è rimessa in poltrona, ricominciando da dove era rimasta. I duecento milioni che ha coperto con gli aghi e i rocchetti di filo sono ancora lì, al sicuro, nel cestino del cucito.

«Poi i soldi li ha presi mio padre per andare a nasconderli in campagna sotto terra; e ci ha messo una pietra sopra per ritrovare il posto. Io scavo per prenderli e cosa trovo? Un mucchietto di carta puzzolente che non ci puoi fare più niente. I duecento milioni hanno fatto una brutta fine.

Gli bruciava tenere in casa i *picciuli*. Quando mi hanno arrestato per la prima volta è venuto a trovarmi in carcere.

"Ti pago l'avvocato, ma se ti ricapita non mi cercare. La strada che stai prendendo non mi interessa più"».

Il padre non ha mantenuto la promessa, non ha mai abbandonato Maurizio. In tutte le carceri dove è detenuto va sempre a trovarlo. Se ne sta seduto accanto alla madre e ascolta in silenzio la moglie e il figlio che parlano. Non muove rimproveri, non fa domande. Guarda quel ragazzo nato con la rabbia dentro e prega che non gli tocchi di vederlo morire.

«L'avvocato, comunque, non l'ha pagato. L'ho sempre pagato da solo».

2.
«*Rintra a testa* gli devi sparare»

I ragazzi del bar Clipper gli oggetti antichi che rubano negli appartamenti li portano a Marcello D'Agata. Lui decide il prezzo e non si discute, prendere o lasciare. Però paga sempre il giusto. È il proprietario del Motel Agip di Ognina, un distributore di benzina con bar, non lontano dal ristorante La Posada. È un personaggio molto rispettato nel quartiere. Sulla quarantina, né bello né brutto, né trasandato né elegante. Ci tiene a non dare nell'occhio: ha una Fiat 131, non una Porsche o una Ferrari. Di lui nessuno direbbe "è un mafioso". Non per paura, semplicemente perché non si sa.

Maurizio ha diciotto anni quando comincia a frequentarlo. Glielo presentano i suoi compagni. Da una persona più grande di età non si aspetta buoni consigli. Il cattivo esempio, invece, è molto gradito.

Marcello è il primo a capire che quel ragazzo di poche parole possiede un talento fuori dell'ordinario e lo prende in simpatia fin dal primo momento. Come Avola, nemmeno D'Agata è di famiglia mafiosa; ha parenti medici, avvocati, professionisti. In Cosa Nostra cresceranno insieme d'importanza. Da semplice soldato Marcello diventerà il consigliere di Nitto Santapaola e Maurizio il capo del gruppo di Ognina.

All'inizio D'Agata era soltanto un guardaspalle di Carletto Campanella, che della famiglia è capodecina, ossia comanda un gruppo di fuoco di dieci uomini d'onore. Non era facile da trovare a Catania uno "pulito", senza condanne, col porto d'armi, che si poteva permettere di tenere la pistola sempre pronta nella cassa del bar e cinque fucili da caccia in casa, e di andarsene in giro armato per proteggere il capo senza rischiare di essere fermato per detenzione illegale di armi.

Marcello D'Agata fa il primo passo significativo nella gerarchia mafiosa quando arrestano Carletto Campanella. È spietato quanto saggio e prudente, per lui le armi sono solo l'ultima soluzione per risolvere un problema. Quando è il momento di usarle, però, ci vogliono quelli veramente bravi, e lui sa riconoscere chi possiede le caratteristiche adatte e il potenziale per diventare un killer di alto livello. Di gente disposta a uccidere se ne trova in abbondanza, ma uno come Maurizio è un animale raro: ha tutte le carte in regola per trasformarsi rapidamente in un fuoriclasse.

Maurizio diventa quindi il cucciolo di Marcello, un pitbull ribelle, allergico al guinzaglio e difficile da addomesticare.

«Cucciolo, che hai?».

«Non mi piace che mi chiami cucciolo».

«Stai crescendo qui, sei il mio cucciolo. Ti vedo tu… tu… turbato. *Chi è stu mussu longu*?».

«Parto militare, e mettermi una divisa addosso mi fa schifo».

«Passerà. Tutto passa. Quando parti?».

«Lunedì».

«Ti accompagno io alla stazione».

I padri i figli pensano di conoscerli, ma si sbagliano. Non li conoscono, se li immaginano e raramente ci prendono. Un padre normale che ha un figlio difficile non vede l'ora di togliersi dalle spalle la responsabilità di educarlo e affidarla a qualcun altro. Anche Melo Avola è molto felice della partenza di Maurizio per il militare.

«Così la finisci con le brutte compagnie».
Mio padre lo era ancora di più.

«Granatieri di Sardegna! Stai a Roma, fai la guardia al Quirinale e gli esami per un'altra laurea, la laurea in Legge!».

Come no! Mi sono iscritto a un'altra facoltà solo per avere un nuovo rinvio, e al distretto me l'hanno perso. A quelli pericolosi del Movimento succede anche questo, negli anni settanta. Mio padre è bassino e non sta nella pelle che io sia entrato a far parte di "un reparto speciale". Alla visita di leva mi hanno chiesto se avevo una preferenza. E io, per prenderli per il culo: «Granatieri di Sardegna, i soldati alti che piacciono a mio padre».

E invece mi ritrovo davanti a una caserma enorme sulla Prenestina a Roma a guardare smarrito l'ingresso presidiato da giganti armati in tuta mimetica. In tasca ho un certificato con una diagnosi spaventosa: nefrite.

«Marchiamo visita al primo giorno?» dice il capitano. «Eppure sei laureato dottore, dovresti farle tu le visite agli altri».

«Sono laureato in Filosofia. Ha presente Leopardi? Siamo tutti malaticci, noi che ci facciamo domande sull'esistenza».

«Invece di fare il gradasso, fatti riformare; ché se torni qua in caserma ci penso io a toglierti i punti interrogativi».

Faccio di tutto per accontentarlo. Purtroppo, nell'ospedale militare del Celio, la finzione della malattia dura da sabato a lunedì. Sto per finire nel carcere di Peschiera per simulazione e decido di aumentare l'azzardo. Urlo per il dolore. Mi è preso un mal di testa insopportabile e dalle lastre risulta soltanto una lieve forma di sinusite. I medici per rappresaglia mi mettono tra i matti veri, nel reparto psichiatrico. Così imparo.

Di notte resto sveglio con gli occhi spalancati per il terrore: le crisi dei miei compagni di corsia sono molto frequenti. Arrivano infermieri forzuti armati di siringoni per placarli e non fanno troppe distinzioni.

«Non per me, per favore, non per me».

Il più delle volte mi danno retta, sorridono e si allontanano. Ma ci sono quelli che mi infilano l'ago sotto pelle con estremo piacere e mi spediscono tra incubi sconosciuti.

Alla fine la mia ragazza del momento riesce a sedurre e corrompere un tizio del ministero. Non le ho mai chiesto i particolari. Comunque sia, riesco a uscire con una convalescenza di un paio di settimane che non viene prolungata. Ritorno in caserma. Mi imbottisco di pillole e mi tuffo in una vasca coi pesci rossi. Altro ricovero, altra licenza, altro rifiuto di prolungarmi il periodo di malattia. Di nuovo a Roma, marco visita. Ancora Celio. Dall'ospedale evado in abiti borghesi il sabato, quando non ci sono le suore in corsia, confondendomi con i visitatori; la domenica rientro alla stessa maniera, ma mi scoprono e scattano le punizioni. Quando sembro condannato a tornare in caserma in un reparto per delinquenti e "politici" pericolosi, riesco a trovare in extremis a Salerno un grande invalido di cui diventare assistente. La notte mi tocca dormire al distretto, ma di giorno ho il tempo di fare politica e di asserragliarmi nel Comune con i disoccupati. Naturalmente la cosa non passa inosservata e una mattina un tenente mi ferma all'uscita della camerata dove dormo e mi chiede di pulire i cessi.

«Ho il grande invalido che mi aspetta».

«Me ne frego».

«Pulisca lei che lo saprà fare di sicuro meglio di me».

Mi tolgono l'invalido e mi spediscono in una caserma punitiva a Caserta a scontare il tempo che resta, più trenta giorni di rigore che allungherebbero la naja in maniera insopportabile. Bel risultato: dopo quindici orribili mesi dovrò farne uno in più.

Da pazzo per finta, rischio di impazzire nella guerra privata che ho dichiarato all'esercito italiano. Disperato, uso tutti i mezzi a mia disposizione, compreso un matrimonio celebrato di corsa per prendere una licenza di quindici giorni che mi dia il tempo di trovare un'altra soluzione. La matrimoniale viene annullata e mi chiedono di rientrare. Annuncio con telegrammi malattie mie e della consorte con pericolo di morte. Alla fine il colonnello mi convoca nel suo ufficio: «Santoro, lo Stato si arrende. Se ne vada 'affanculo!».

È finita. Sono a pezzi ma, come mi prefiggevo, non ho mai sparato e non ho mai indossato la divisa in servizio. La vita può ricominciare a scorrere e aiutarmi a dimenticare questo calvario. Solo l'istante della prima notte, quando in caserma si spegne la luce nella camerata e la porta si chiude con un tonfo sordo, è un ricordo che non passerà mai. Per Maurizio non è stato molto diverso.

«A me la divisa fa venire il voltastomaco. Non ne voglio sapere. Impazzisco se mi mandano a fare la ronda. Quando devo arrestare un giovane militare mi faccio veramente schifo. Minchia! Proprio io che ho già rubato e fatto rapine! Che faccio? La guerra a me stesso? Appena posso scappo e mi arrestano. Riscappo e mi mettono in gabbia di nuovo. Due volte mi chiudono nel carcere militare di Forte Boccea. "Se lo rifai ti diamo due anni e ricominci daccapo col militare" mi dice il generale che mi fa il processo».

Dalla Cecchignola di Roma, per allontanarlo ancora di più dalla Sicilia, spediscono Avola a Novara. Sono convinti di rendergli più difficile la fuga e di sottoporlo a una punizione esemplare; invece gli stanno rivelando la sua vocazione e gli stanno spianando la strada verso il futuro.

A Novara Maurizio impara a usare le armi e, soprattutto, l'esplosivo. Bum! Bum! A ogni esplosione si sente invadere da un'energia sconosciuta. Bum! Bum! La voglia di vivere si moltiplica. Bum! Bum! Finalmente sa chi è e per quale motivo è venuto al mondo.

Torna da militare e alla stazione di Catania trova Marcello che lo aspetta. Ha dieci anni più di lui, come suo fratello Edoardo.

«Ma sempre quello schifo di macchina hai, Marcello?».

«Cammina e non mi lascia a piedi: per me va bene».

«Allora, quando te la fai una Maserati, Marcello?».

«Quando tu la finisci di fare 'ste rapine da pezzente».

«Con l'ultima dieci milioni *mi misi rintra a sacchietta*».

«E che sto dicendo io? Roba da pezzente. Te la senti di fare qualche rapina importante?».

«*Ca certo* che me la sento. *Quannu jè?*».

«Ma prima ci sarebbe *n'autra cosa di fari*».

Il compito delicato da sbrigare è cercare una Fiat Ritmo. Avola ci va insieme a un altro ragazzo della sua banda. Sa che è servita per un omicidio. Non ha ancora mai ucciso, ma toccarla non gli fa nessuna impressione. La cosparge di benzina senza fretta, scrupolosamente, con la precisione che lo contraddistingue. Poi si allontana camminando all'indietro, continuando a versare sul terreno quel che resta del carburante nella tanica. Appicca il fuoco e l'auto brucia: il paesaggio si illumina all'improvviso come se l'Etna avesse deciso di sbadigliare.

«Tutto fatto, Marcello».

«Bravo, queste son cinquecentomila lire. Facci quello che vuoi».

«Grazie, non mi servono. Non c'è bisogno. Ho fatto rapine quando scappavo da militare. Se ho bisogno di qualcosa lo chiedo a mio padre che ha La Posada».

«U zu Melo tuo padre è? Minchia, un *bra... vu cristianu*. Maurizio, cucciolo, ma che hai? Ti sei fatto strano. Ti serve aiuto? Parla».

«Mio padre deve pagare il pizzo a certa gente schifosa. E questo io non lo sopporto».

«E che problema c'è? Adesso mi informo e risolviamo».

D'Agata non è un pistolero, è un uomo concreto. Tutto

quello che fa è per i soldi e per il bene suo e della famiglia Santapaola. Se può mandarti i carabinieri o quelli delle tasse o il sindaco a romperti i coglioni, per quale motivo si dovrebbe prendere il disturbo di spararti?

Marcello ci mette un attimo a scoprire che sono i Puntina, la famiglia Di Mauro, a creare il problema. Li incontra e propone un accordo.

«Io vi do una ferramenta importante vicino alla stazione e voi mi date La Posada».

«Va bene, saluti allo Zio».

«Tutto a posto, Maurizio. Il ristorante non paga più niente a nessuno, nemmeno a me. Sia ben chiaro».

«Non pensi mai che avresti fatto meglio a seguire i consigli di tuo padre? Che avresti potuto risparmiare tanto sangue, tanto dolore e sofferenza agli altri e anche a te?». Maurizio Avola resta pensieroso, poi solleva la testa.

«Secondo te possiamo sempre decidere se fare qualcosa o non farla? Così la pensi? Che dipende da noi che cosa diventare e che cosa no? Parliamo di mio fratello Edoardo. Quando nasco io lui ha dieci anni. Se sei piccolo e hai un fratello così più grande è difficile fare qualsiasi cosa insieme. Tu ne hai dieci, lui venti: di che vuoi parlare? Ma quando ne hai venti e lui trenta si può cominciare a creare una confidenza. Un giorno torna a casa e viene a parlarmi.

"Ci ho pensato. Mi piace molto fare il camionista ma vorrei averci un camion mio. Che ne dici, Maurizio, se divento padroncino?".

"Bah! Per me è una vita di merda ma deve piacere a te. Fatti 'sto camion!"».

Il camion Edoardo lo compra firmando cambiali. Si ammazza di lavoro, ma sono troppe e, a fine mese, non ce la fa a pagarle. Una volta un problema, una volta un altro: lavora fino a diciotto ore al giorno, ma cinque milioni al mese non può arrivare "a scontarli" neanche guidando per ventiquattro ore di seguito e pisciando nella bottiglia. Torna a casa distrutto più dal pensiero dei debiti che dalla fatica.

«Maurizio, mi arrendo, il camion lo vendo e buonanotte ai suonatori».

«Che problema c'è, te li do io i soldi».

«E a te chi te li dà?».

«Che ti interessa *a tia*? *I picciuli sono picciuli*».

«Se sono sporchi di sangue non li voglio».

«Che sangue? Io li vado a prendere dove ci sono».

«E dove? Dimmelo questo posto dove ci sono che vado a prenderli anch'io».

«I soldi nelle banche sono. Te li prendo io, te li presto e tu fai finta che te li ha dati la banca».

Edoardo è una persona onesta. Il suo lavoro su e giù per l'Italia (un panino, due ore di sonno, un piatto di pasta scaldato e si corre di nuovo) gli piace molto. Non farebbe male a una mosca, ma le banche non sono persone, non sentono il dolore, non soffrono, piuttosto ti fanno soffrire e gli sta bene che suo fratello le faccia penare un po'. Quando Maurizio gli porta i soldi per saldare il debito in una volta sola non riesce a dire di no. Li accetta senza fare storie e riparte per i suoi viaggi con il cuore più leggero.

«*Si pronto pi'* 'na rapina vera, Maurizio?».

«Prontissimo».

«Allora c'è 'na *biedda* gi… gi… gita che ti devi fare a Bologna».

Maurizio non può immaginare che, per la rapina che gli sta proponendo Marcello D'Agata, il viaggio da Catania a Bologna durerà cinque mesi: tanto ci vuole, se passi dal carcere.

Nell'ultima che ha fatto non ha commesso errori, tutto è filato liscio come al solito. La prima volta che finisce in galera è per colpa di uno che se l'è cantata. Delle sue rapine con i ragazzi del Clipper non ci sono prove, ma i carabinieri, grazie alla "spiata", lo fermano nei pressi di una banca e gli trovano addosso una pistola: tentata rapina, detenzione illegale di arma da fuoco e si chiude il portone.

Nell'ottobre 1982, nel carcere di piazza Lanza ci pensa la direzione a decidere quali partite di calcio, gare di motociclismo o di nuoto si possono vedere in televisione. Funziona così anche per gli altri programmi (solo Rai 1, Rai 2, Rai 3). Non c'è il telecomando "in camera". Per la scelta collabora con la direzione una commissione dei detenuti. E chi è il delegato nel braccio sinistro dove è finito Avola? Carlo Campanella, il rapinatore diventato prima uomo d'onore, poi boss, quindi capodecina di Santapaola, a cui una volta D'Agata faceva da guardiaspalle. Avola descrive Campanella come un uomo elegante, affascinante e con una faccia piuttosto bella («Tale e quale a Scarface, solo un po' più biondino»), che non veste e non mangia come gli altri carcerati, dai quali è trattato con grande rispetto. È uno degli uomini più prestigiosi della famiglia.

Carletto gira liberamente per le celle. Ufficialmente per chiedere ai detenuti cosa vogliono vedere in tv. Parla, mangia e beve con chi gli pare, traffica, dispone, organizza e la sera tutti sono costretti a vedere «la minchiata di programma che gli pare a lui».

Maurizio non sa ancora esattamente cosa significhi essere un uomo d'onore; ma gli basta osservare come gli altri si comportano con Campanella per capire, alla prima occhiata, che un mafioso è uno veramente importante.

All'ora di cena, arriva un giovane col carrello che porta il cibo ai detenuti. Ha gli occhiali e tutti lo chiamano Quattrocchi.

«Di dove sei, Maurizio, di Picanello?».

«No, sono di Ognina».

«Non mi risulta che c'è la malavita a Ognina».

«Con i ragazzi di Picanello facciamo rapine in banca».

«Fatti guardare. Solo in banca fai le rapine? Sicuro?».

Quattrocchi si avvicina a Maurizio, gli afferra il collo e con l'altra mano gli tiene ferma la faccia.

«Hai uno sguardo che non te lo dimentichi. Portavi il cappuccio? Tu eri, vero? La casa da gioco a Picanello la gestivo io, *ta facisti tu*? Sì, sì, tu eri».

In giro per le celle come al solito, Campanella sente l'urlo di Quattrocchi e si avvicina con aria imperturbabile.

«Carlo! Carletto! *Veni cà*!».

«Che succede? *Da unni veni chistu carusu*?».

«Vengo da Ognina-Scogliera».

«Io sto da quelle parti».

«Lo so chi siete. Siete Carletto Campanella».

Quattrocchi diventa tutto rosso per la rabbia.

«Allora *u sai puru* che era sua la casa da gioco?».

Campanella lo fulmina con uno sguardo e l'altro capisce che deve tacere. Ha fatto uno sbaglio grave al quale dovrà rimediare: non doveva permettersi di parlare quando era il capo che stava portando avanti la conversazione.

«Ero coi miei compagni. Mi hanno trascinato loro. Non me lo dissero di chi era la bisca».

«Ma non te l'hanno *imparato a tia* che non si fanno le rapine nelle case da gioco?».

«Io sapevo che si può rubare nelle case da gioco e solo le fedi non le devi prendere».

«Anche se la casa appartiene alla famiglia Santapaola?».

«Non lo sapevo questo. Posso solo chiedere scusa».

«A chi conosci a Ognina? Marcello D'Agata lo conosci?».

«Lo conosco bene. E lo rispetto».

«E Marcello *u sapi chi* tu rapini le case da gioco di Santapaola? Se mi dici *chi u sapi ci facemu* 'na bella risata. Che dici, ce la facciamo 'na risata, eh? *Riri*! *Riri*! Facciamoci una grande risata! Ma non lo deve sapere nessuno, però. E sai *picchì*? Perché ci ammazzano a tutti e tre se sanno che ci siamo messi a ridere».

Di quella rapina, Maurizio non ha detto niente a Marcello. Nessuno gli ha ancora spiegato che senza "l'autorizzazione" certe cose non si possono fare. Raccolgono i soldi, i portafogli, gli orologi. Lasciano a tutti le fedi e, per loro, è a posto così. Ma non è niente a posto. Tre ragazzini scemi vanno a rubare a Santapaola da incoscienti, senza sapere che tutte le case da gioco a Catania sono dello Zio, e che se si scopre finiscono in una fossa di calce viva.

Per fortuna, quando Carletto ritorna nella cella di Maurizio, ha un bel sorriso stampato sulla faccia. Deve aver ricevuto un messaggio da Marcello.

«Pare che sei ok, "cucciolotto". Tutto a posto. Ma adesso che siamo amici, dammi del tu. Me lo puoi dire chi stava con te?».

«Zu Carlo, non te lo posso dire».

«Va bene, ne riparliamo quando esco».

Una frase che si può interpretare in una sola maniera: per adesso va bene così, ma dopo, caro Maurizio, a proposito dell'amicizia con Marcello, se l'hai ingigantita e «non si prende lui la piena responsabilità su di te», ti dovranno raccogliere col cucchiaino.

Per fare il suo controllo qualità, però, Campanella dovrà aspettare più a lungo di quello che pensa. I capi d'accusa contro Avola, infatti, cadono e lui esce dal carcere per primo. Il "cucciolo" crescerà d'importanza, mentre lo Scarface di Catania sarà costretto a restare in gabbia. Più avanti, però, sarà proprio quel ragazzo che ha rapinato la sua casa da gioco, e che meritava di morire, a "salvargli il culo". Ma questo, al momento del congedo, non può saperlo. Guarda gli occhi di ghiaccio di Maurizio che lo fissano spavaldi, sente un brivido corrergli lungo la schiena e quella voce sottile lanciargli un avvertimento.

«Scusa, Carletto, te la posso chiedere 'na cosa? *Pi cortesia. Nun mi chiamari cchiù* "cucciolotto", che è 'na parola che non mi piace».

Quando esce dal carcere, Maurizio per la maggior parte del tempo è un gabbiano solitario che vive incollato alla scogliera di Ognina scrutando il mare. Il ristorante La Posada, la dura vita del fratello camionista, le regole che vincolano la famiglia, e che i giovani nella sua condizione dovrebbero accettare senza fiatare, gli fanno orrore. Sono state scritte per fregarti. La regola vera che conta nella società è un'altra: tu sempre bocciato, "quelli" sempre promossi; tu sotto, "loro" sopra. E vale dappertutto: negli ospedali, negli uffici del Comune, nelle banche.

Compri il camion, ti ammazzi di lavoro come tuo padre, e arriva sempre qualcuno a ricordarti che c'è un prezzo aggiuntivo da pagare e che devi imparare a stare al tuo posto. I Puntina, il sindaco, i partiti, il prete. Solo da schiavo c'è posto per te. Avola non è nato per sottomettersi e reagisce come faceva a scuola: si chiude nel suo silenzio e osserva, fregandosene delle definizioni della gente, che si ripetono sempre uguali: *u mutu*, *u menomato*, *u scimunitu* che non conosce le tabelline. Giudizi che pronuncia chi lo vede da lontano, senza capire niente di lui, e non fanno che accrescere la rabbia che si porta dentro.

Solo al Clipper, dove progetta i colpi con la banda dei ragazzi, e quando va al massimo sulla sua moto si sente vivo. Nelle banche durante le rapine l'azione è come se lo trasformasse in un essere superiore. Un suo sguardo basta a costringere tutti a inginocchiarsi; fa molta più paura della pistola che tiene in pugno. Chi è il più forte adesso? Basta un cenno del capo e il direttore della filiale si stende sul pavimento. Un lupo arrogante e vorace in cravatta diventa pecora, bela, trema, implora, si sottopone a qualunque umiliazione. Lui il servo, Maurizio il padrone.

È il suo modo di risolvere in maniera violenta un complesso di inferiorità? Può darsi. Ma forse c'è una spinta, una forza, una motivazione, in lui, che non si può ridurre a impulso cruento o a volontà di sopraffazione. Sono l'insofferenza e l'irriducibilità a una vita senza alternative. Per questo mi viene da accomunare le nostre due esistenze, apparentemente imparagonabili: quella di un mafioso e quella di un giornalista che si sono combattuti su fronti contrapposti.

Man mano che la storia della sua formazione si dipana, posso leggervi la traccia di una diversità meridionale, di una forza compressa, le caratteristiche di un vulcano sempre pronto a esplodere. Mai spento, mai domato, mai imprigionato definitivamente. Il giornalista che sarebbe potuto diventare un terrorista ha scelto di battersi per la legalità; il rapinatore ribelle e insofferente a qualsiasi disciplina si è sottomesso alle regole di Cosa Nostra per trasformarsi in un killer perfetto.

Entrambi avrebbero potuto accontentarsi dei primi successi, di rapinatore e di cronista; hanno invece deciso di dare l'assalto al cielo per essere i migliori, i più coerenti, i più coraggiosi, i più forti. Due apolidi, due figli del Sud, che hanno rifiutato i loro padri, i percorsi preordinati, le raccomandazioni, le sottomissioni all'ordine costituito e hanno accettato di diventare stranieri nella loro terra per andare alla ricerca di un'altra patria.

Adesso, uno di fronte all'altro, si spiano, si studiano, si specchiano, interrogandosi sul valore della loro esistenza e su dove le loro azioni li hanno condotti: come sono andate le cose? Il killer ha perso, ma il giornalista come può dire di aver vinto, se non ha ancora scoperto la verità? Due lapilli sputati dallo stesso vulcano che scorrevano immersi nel fuoco della lava.

«Stavi ben attento a non uccidere nessuno durante le tue rapine. Come è avvenuto il salto di qualità? E chi erano i ragazzi del Clipper? Come si chiamavano?».

«Le rapine me le ricordo una per una, ma non mi chiedere i nomi dei ragazzi della banda. Li ho cancellati».

«La rapina di Bologna la fai per Cosa Nostra, giusto?».

«Marcello mi dà tutte le informazioni necessarie e mi procura la 7 e 65 col silenziatore, ma dobbiamo stare molto attenti a non uccidere».

Il piano è semplicemente perfetto: si tratta di metterlo in pratica seguendolo punto per punto. La banca sta facendo dei lavori alla linea telefonica. I tre, che entrano vestiti da tecnici dei telefoni, non destano sospetti e non mettono in allarme nessuno. Le indicazioni di Marcello sono precise al millimetro: si dirigono rapidamente dove sono certi di trovare il denaro e in un lampo sono fuori con cinquecentocinquanta milioni.

«Del bottino me ne libero a Bologna. Lo consegno al fratello di D'Agata, che è comandante pilota di Alisarda, e lui lo porta a Catania. A me spettano centocinque milioni: non li avevo mai visti tutti insieme. Con la rapina di Bologna non sono più un rapinatore qualsiasi».

È domenica. Maurizio passeggia sul lungomare di Ognina col suo amico Marcello. Famiglie intere sciamano creando un allegro rumore. I bambini giocano, mangiano il gelato, si rincorrono o attraversano la folla in bicicletta. Le mamme spingono le carrozzine tra i venditori ambulanti di cani dalmata di plastica volanti, dolciumi colorati. Il sole risplende e scivola dolcemente verso il tramonto, non ci sono temporali in arrivo. L'Etna è un gigante tranquillo che vigila protettivo sulla città.

Marcello D'Agata pensa che sia arrivato il momento di mettere alla prova questo ragazzo che parla poco e potrebbe avere la stoffa per diventare un campione. All'improvviso si blocca, allunga un braccio sulla spalla del giovane pupillo e, cercando di dominare la balbuzie, gli fa una domanda che diventa quasi cantata.

«Aldo Er... Er... Ercolano ti manda a dire, tu che fai tanto lo *spacchiusu*, e rapini di qua, rapini di là, ce la *facissi* a fare un omicidio?».

Quella domanda presuppone la fedeltà totale di colui a cui è rivolta e prevede una sola risposta, che puntualmente arriva.

«Certo che ce la faccio a fare un omicidio».

E se invece Maurizio avesse risposto di no? D'Agata l'avrebbe rassicurato con estrema cortesia.

«A posto, tutto a posto, non ti devi preoccupare».

Poi l'avrebbe fatto strangolare. Maurizio ha risposto sinceramente.

«Non c'è problema. Ce la faccio assolutamente. Di' ad Aldo che va bene».

«A... a... allora ti mettiamo in coppia con un altro ragazzo, Michele Mascali. Spari bene?».

Certo che spara bene Maurizio. Spara benissimo. Da quando è tornato dal militare si allena quasi ogni giorno nelle campagne. Tira alle pale di fichi d'india, alle pietre, alle lattine di birra vuote. La sua mira, un dono di natura, l'ha perfezionata sotto le armi. Ma sparare a una persona che non conosci, che non ti ha fatto niente, non è come colpire un bersaglio o un nemico che odi. Devi essere allenato a uccidere per mestiere; e Maurizio Avola killer non lo è ancora diventato. Solo con l'abitudine riuscirà a mantenersi freddo, e la sua prima volta sarà la più difficile in assoluto.

Vanno che è mattina presto. Si appostano con le pistole in attesa dell'obiettivo, Andrea Finocchiaro, che è un semplice collaboratore di uno studio legale importante.

«Cosa aveva fatto esattamente?».

«Mi credi se ti dico che ancora oggi non lo so?».

Forse ha passato di nascosto notizie ai magistrati che si stanno occupando di Nitto Santapaola; forse ha sparlato del padrino alla presenza dei suoi avvocati difensori. Una sola parola è già una ragione sufficiente per morire. Lo sanno tutti che funziona così. Lo sa anche l'avvocato rispettabile che quella parola l'ha ascoltata senza commenti ed è andato di corsa a riferirla ad Aldo Ercolano, il vice dello Zio. E sapeva anche che sarebbe stata riportata al capo. Nitto Santapaola ha emesso la sentenza.

«Aldo, questo qua ha rotto i coglioni».

«Ci penso io».

Aldo Ercolano organizza tutto. Trova gli indirizzi, procura le armi e sceglie i ragazzi insieme a D'Agata. Michele Mascali guiderà la moto e passerà le pistole. Maurizio sparerà. Niente di più facile.

Ercolano, il capo militare della famiglia, è un mito per Maurizio, che lo guarda adorante mentre riceve l'ordine di agire.

«Adesso voglio sapere cosa sei capace a fare».

L'esame comincia un pomeriggio. All'ora del riposino dopo pranzo per gli altri, quando il giovane Finocchiaro esce di casa per andare allo studio a recuperare il lavoro arretrato.

«Michele, passami le pistole».

Avola ha appena sollecitato il compagno quando una voce di donna che sopraggiunge alle sue spalle interrompe l'azione e il rumore anonimo del traffico cittadino.

«Maurizio, amore mio, che ci fai qua?».

È Rosy, una sua vecchia fiamma che si trova a passare per caso. Baci, abbracci e tutto sospeso.

Ritornano una mattina presto. Aspettano ma non per molto: Finocchiaro esce di nuovo dalla palazzina dove abita, ma non è solo. Con lui ci sono due bambini, uno per mano. Li sta accompagnando a scuola. Maurizio non se la sente.

«Ci sono i figli piccoli. Lo *facciamo* più avanti».

Il suo compagno invece si infuria.

«Maurì, siamo "sotto lavoro", finiamolo! Spara! Che fai, hai paura?».

«Lo facciamo più avanti, ti dissi. Hai capito o te lo spiego in un'altra maniera?».

Tornano da Ercolano e Mascali non aspetta nemmeno un minuto per gettargli la croce addosso.

«Avola ha avuto paura, s'è cacato in mano».

«Maurizio, perché stai muto, non hai niente da dire? Cos'è successo? Perché non l'hai fatto?».

«Aldo, c'erano i figli con lui, due bambini piccoli».

«Allora ti sei comportato bene, anzi strabene. Ma te la senti ancora?».

«Certo che me la sento. Dammi un'altra persona. Io questo con me non lo voglio».

È sera, sono le dieci e piove a dirotto. Mascali si è messo fuori gioco da solo: i carabinieri lo hanno trovato con una pistola e lo hanno arrestato. A guidare la motocicletta è Salvatore, un cugino di Aldo Ercolano. Lo studio dove lavora "l'obiettivo" è nel centro storico in una strada che porta a piazza Santa Maria del Gesù. Tutte le serrande sono abbassate; non c'è la movida che oggi riempie il cuore di Catania fino alle ore piccole; non si vede nessuno.

Finocchiaro esce dal portone. Indossa un lungo impermeabile chiaro ed è insieme a un'altra persona. Salgono su una 500, lui dalla parte del passeggero. La motocicletta con i killer aspetta che l'auto si avvii prima di partire all'inseguimento. Una Fiat 131, con a bordo Ercolano e D'Agata, accende il motore per accompagnare l'azione. La moto affianca la 500, la 131 la sorpassa e si gira di traverso bloccando la strada, tenendosi fuori dalla traiettoria dei colpi.

Maurizio si avvicina al finestrino di Finocchiaro; impugna una 7 e 65 col silenziatore e una 38. Vuota il caricatore della 7 e 65. L'altra pistola, nella foga, gli scivola dalle mani. L'uomo al volante scappa via; lo lasciano andare, tanto di quello non importa niente a nessuno. Finocchiaro è soltanto ferito. Si trascina fuori dalla macchina e si mette in ginocchio.

«Ma perché? Cosa ho fatto? Perché?».

Maurizio alza la 38 che ha raccolto da terra. È indeciso: gli vengono in mente i due bambini mentre aspettano il padre che torna a casa.

Sente una voce alle sue spalle.

«*Rintra a testa* gli devi sparare».

È Aldo Ercolano, che ordina con calma freddezza.

«*Rintra a testa*».

Viviamo senza pensare alla fine e poi moriamo per cause che non sono mai "naturali". C'è sempre un incidente al termine della corsa. Per misteriose ragioni a volte sembra finita e invece sopravviviamo: superiamo tragedie, lutti, agguati, dolori, pensando sia stato per fortuna o per disgrazia, per una prova di carattere o per un'improvvisa debolezza. Ma quando si arriva al punto stabilito, al colpo di scena che chiude la trama, si può sempre scorgere nella fine di una storia l'inizio di un'altra. E il bene e il male non sono semplicemente contrapposti, ma appaiono eventi concatenati in un unico disegno.

«*Rintra a testa*».

Quattro colpi in faccia. Un uomo muore e l'altro diventa un killer.

«È stato il mio primo omicidio».

«Dopo l'omicidio di Finocchiaro mi danno uno stipendio fisso: un milione e mezzo e poi, pian piano, arriverò a cinque milioni».

Ma lui non è contento: vanno a cercarlo e inventa scuse per non uscire; se ne sta chiuso in casa, agitato, nervoso. La notte non riesce a prendere sonno. Vorrebbe allontanarsi da Catania e cerca qualunque scusa per non rivedere Marcello, con cui passava intere giornate, né Aldo. Con loro non può parlare di quello che gli sta capitando. Se lo facesse si potrebbe considerare già morto. È diventato l'anello di una catena che non si può spezzare.

C'è una sola persona con cui sente di potersi confidare, l'unica che non lo tradirà mai.

«Edoardo, ti dispiace se vengo con te? Ti faccio compagnia. Mi stendo nella brandina e parliamo».

I due fratelli partono insieme. Il camion s'infila da Catania a Messina in un tunnel lugubre e silenzioso. Non si guardano e continuano a scrutare le ombre minacciose del paesaggio notturno. Edoardo ha capito che a suo fratello deve essere successo qualcosa di terribile, ma non ha il coraggio di chiedere. Attraversano lo stretto di Messina che è ancora notte, poi tutta la Calabria mentre Maurizio se ne sta rintanato nella brandina. Muto.

«Se sono rapine, lo sai, non sono d'accordo, ma va bene. Rischi il culo e, se ti prendono, paghi; se invece minacci, spari, se fai male alla povera gente innocente, io per te non esisto più. Chiaro?».

Maurizio non risponde alla provocazione di Edoardo, s'accartoccia e tira le ginocchia contro il petto, come a volersi difendere da un attacco improvviso.

Edoardo prova a rompere il silenzio.

«Dimmi da dove vengono i soldi, Maurizio».

Nessuna risposta. Improvvisamente, con uno dei suoi soliti scatti, Maurizio si tira su e comincia a raccontare quello che ha fatto con la sua vocina stridula da film dell'orrore. Edoardo resta come paralizzato. Si ferma a una stazione di servizio e comincia a scaldare il cibo tenendo fissi gli occhi sul fornellino. Non si volta a guardare il fratello, non gli muove rimproveri, si limita a girare il mestolo nel pentolino. All'improvviso intona una nenia da funerale.

«Cosa hai fatto! Cosa hai fatto!».

«Edoardo, aiutami! Sento un dolore in petto. Ho lo stomaco chiuso. Non ho più fame. Non riesco a dormire. Non ce la faccio a rilassarmi un solo minuto. Ho continuamente la tensione addosso. Mi sento elettrico. Non scarico. Mi viene sempre da vomitare».

«E quei cornuti per cui lavori? Sono i Santapaola, vero? Ti hanno messo sotto e adesso non ti lasceranno più stare. Sono delle merde, delle bestie. Se scappi ti ammazzano.

Abbiamo provato a scioperare, noi camionisti. Ci hanno minacciato con le pistole. Tutto quello che ordinano noi lo dobbiamo fare. Trasportare droga, armi, qualunque cosa. Rischiamo il culo per loro e non ce ne viene niente. Dobbiamo pure ringraziarli che ci lasciano lavorare. Ti ammazzeranno, quei cornuti, morirai giovane!».

Di nuovo la testa china per raccogliere i pensieri, di nuovo silenzio. Lo osservo attentamente. Non ci sono tracce in lui di quel turbamento, della sofferenza che ha raccontato al fratello. Avola continua a non mostrare emozioni. Nell'uomo che mi sta davanti non sembra esserci traccia del giovane incerto e in preda ai dubbi che sembrava invocasse pietà. È glaciale, impassibile. Avevo sentito una qualche assonanza con il rapinatore, ma l'omicida mi respinge, mi fa orrore e genera ripugnanza. Siamo di nuovo contrapposti, ostili, inconciliabili. Improvvisamente la voce sottile si fa quasi afona per esprimere un fatalismo rassegnato e senza alternative.

«"Morirai giovane!". Queste precise parole mi ha detto Edoardo due mesi prima dell'incidente».

«Quale incidente?».

«Mio fratello era un autista prudente, attento, preciso. Mai un eccesso di velocità, mai un sorpasso vietato, mai una multa. Una notte trasportava plastica e, all'altezza di Pizzo Calabro, ha lasciato l'autostrada per prendere una via secondaria. Forse era stanco, distratto, non lo so. Ha messo la ruota in un canaletto dove scorre l'acqua, il camion ha sobbalzato. Edoardo è morto sul colpo.

Il suo camion era tutto un altare: Gesù, la Madonna, santini, tutte cose che non portano a niente. Gli è caduta qualche cosa addosso e gli ha fracassato la testa. Sai cos'era? La brandina. La mia brandina. È morto di una morte stupida, e io sono vivo. Perché lui ha meritato di morire e io, che ho ucciso ottanta persone, sono qua che parlo con te? Esiste una spiegazione per questo?

Io credo di sì, ma sono sicuro che, quando te ne parlerò, non ti piacerà».

3.
«*Sutta a statua* di Garibaldi»

La seconda volta ci incontriamo alla stazione di Voghera in una mattina piovosa. Io sono con Guido Ruotolo. È stato lui a prendere i primi contatti con Avola mentre a Firenze seguiva un processo per il lavoro che stiamo facendo su Matteo Messina Denaro. Maurizio ci viene incontro a passo svelto con il suo avvocato sul marciapiede che affianca il binario del nostro treno. Ci salutiamo calorosamente.

Maurizio è più amichevole, gentile, quasi allegro. Fatico a riconoscere la persona sospettosa e distante della prima volta. Forse ha capito che non sono qui per giudicarlo.

I rari passanti ci guardano incuriositi; alcuni mi riconoscono e probabilmente si stanno chiedendo che cosa ci faccio da queste parti. Nessuno, però, si avvicina come avviene solitamente. Quando Maurizio solleva lo sguardo, accelerano il passo e si allontanano frettolosi.

Lui non se ne cura. Tiene la testa alta e la muove come il periscopio di un sommergibile, in tutte le direzioni, con disinvoltura e senza mostrare nervosismo o preoccupazione.

Per venire qui ci vogliono otto ore di viaggio. Ho fretta di metterle a frutto subito. Stavolta Maurizio ci porta in un baretto dove fanno anche da mangiare, un accrocco di vetri e laminati poggiato precariamente, e forse abusivamente, su una piazzola. Uno di quei luoghi, così frequenti al

Sud, senza forma e lontani da tutto. Dall'interno si può scorgere l'ingresso deserto della stazione e qualche rara automobile che ci passa davanti senza fermarsi. Una bolla accarezzata dalla pioggia che galleggia nell'aria.

Maurizio entra per primo e si ferma a parlare con la proprietaria, una signora energica, di età incerta e dall'aspetto trasandato ma ancora piacente. Lo osservo mentre ammicca, scherza e la corteggia: di sicuro è uno che con le donne ci sa fare. C'è una piccola sala sul retro con pochissimo spazio fra un tavolo e l'altro; sarà dura parlare di bombe e omicidi.

I clienti accanto a noi si alzano per salutarmi, anche loro mi hanno riconosciuto e il più intraprendente mi rivolge la solita domanda.

«Quando torna in televisione?».

«Presto».

È la parola magica per tagliar corto. All'inizio cercavo di spiegare che stavo provando a fare qualcosa di nuovo. Un discorso troppo lungo e, soprattutto, inutile. Avola dice che, se torniamo in un'altra vita, siamo condannati a essere sempre gli stessi. Per chi fa televisione è una maledizione che ti colpisce prima di morire e di rinascere: l'immagine che il pubblico ha di te è una prigione dorata. Puoi avere fama, soldi, fan e, tuttavia, non puoi decidere di uscirne. Fine pena mai. Anche in questo io e Maurizio siamo piuttosto simili.

Nel frattempo, ignaro delle mie riflessioni, ha scelto accuratamente il suo posto in modo da tenere le spalle coperte e controllare la situazione.

«Hai paura? Ho notato che anche per strada stai molto attento».

«Non è paura, è abitudine. Se mi devono uccidere voglio guardarli in faccia».

Maurizio è una macchina da guerra, sempre pronto a combattere. Anche su un'isola deserta sarebbe così. A Catania ha tanti nemici che darebbero chi sa cosa per scioglierlo nell'acido o per vederlo in qualunque maniera finalmente steso in una cassa da morto. Ma non sarebbero contenti di sapere che è tornato in città.

Mi legge ancora una volta nel pensiero e lo vedo accennare a un sorriso. Come a dire: "Che ci posso fare se è così?".

Gli chiedo subito di parlarmi di Aldo Ercolano e lo fa volentieri.

«Eravamo inseparabili».

Se Marcello D'Agata è stato la sua guida morale, il confidente a cui riportare ogni dubbio, il maestro che orienta la crescita del suo cucciolo e ne va fiero, Aldo Ercolano, il nipote preferito di Santapaola, è stato il modello a cui tendere. Un mafioso di nascita, di sangue blu, elegante, freddo, duro, diretto, spietato.

«Dalla prima volta che lo vedo voglio essere come lui. Ha la mia età. A ballare a Taormina ci vado con Aldo, non con Marcello. A *fimmini* ci vado con Aldo, non con Marcello. Abbiamo gli stessi gusti: ballerine, Porsche, Ferrari, champagne. Viviamo come gemelli».

Ma gemelli diversi. Ercolano raccoglie miliardi e sa come farli fruttare; Avola compra auto, case e negozi solo per mettere i soldi da qualche parte e puntualmente li perde.

«Non sono un imprenditore e non me ne frega niente di esserlo».

Sono come sincronizzati. Aldo si sposa e Maurizio va a convivere; fanno due figli ciascuno che hanno la stessa identica età.

«Aldo sposa la figlia di Francesco Mangion che, all'epoca, nella prima metà degli anni ottanta, è ancora il vice dello Zio. L'ho visto nascere quel matrimonio».

«A proposito, mi piacerebbe molto parlare del tuo rapporto con le donne».

Mi accorgo che l'interruzione Avola deve averla trovata molto più che sgradevole. Devo aver toccato un tasto che gli ha procurato parecchi problemi. Comunque sia, mi pianta in faccia gli occhi di ghiaccio e mi trafigge con quella voce sottile e minacciosa che ricorda il doppiaggio di Marlon Brando nel *Padrino*.

«Non farlo mai più. Altrimenti finisce qui. Non mi chiedere di donne, di qualsiasi donna, della mia ex moglie o delle femmine che ho avuto. Le cose personali sono private, e io comunque le ho dimenticate tutte».

«Le tue donne di che condizione sociale erano? Questo almeno puoi dirmelo?».

«Alcune erano molto ricche. E lo sapevano chi ero e che cosa facevo. La maggior parte si eccitava all'idea di avere a che fare con un killer. Vuoi sapere cosa provavano quando scopavo? Ti devo fare una descrizione completa? Adesso basta, non me l'ha ordinato il dottore di parlare con te. Me ne vado o vuoi sentire il matrimonio di Aldo Ercolano?».

Gli Ercolano sono famiglia mafiosa da molte generazioni. Aldo non può mettersi in casa una donna qualunque: sua moglie deve avere la denominazione di origine garantita, il Dna della fedeltà, essere di sangue mafioso e appartenere a un uomo d'onore della sua stessa famiglia.

Il giorno del matrimonio Avola è latitante. Ha ricevuto una soffiata prima che spiccassero il mandato di cattura e si è dato alla macchia. Aldo lo ha raggiunto nel suo nascondiglio.

«Senza di te non mi sposo».

«E che sono io, la sposa?».

Avola corre a comprare un vestito a sua madre e vanno. Una festa da *Mille e una notte*. Suona un complesso di moda «che non *m'arricordo* il nome», saltano a ripetizione i tappi delle bottiglie di Cristal e una legione di camerieri porta alle diverse centinaia di invitati tutto quello che dio ha creato da mettere in tavola. A mezzanotte, oltre a Maurizio, sono presenti altri due latitanti: Pippo Ercolano, il padre dello sposo, e Francesco "Ciuzzu" Mangion, il padre della sposa. Sono comparsi all'improvviso e la folla dei commensali si è alzata ad applaudirli. Tutta Catania sa del ricevimento, ma, guarda caso, la polizia non si fa vedere.

«Mangion è una potenza, ma io cerco di stare abbastanza riservato. E Nitto Santapaola, lo Zio, per prudenza non viene. Altrimenti prendevano quattro latitanti in un colpo solo: Santapaola, Mangion, Ercolano e *a mia*; ma quel poker lo Stato non lo voleva fare. Comunque, Aldo me lo ha chiesto personalmente di andare; e se mi chiede di buttarmi nel fuoco, mi butto senza pensarci».

D'Agata qualche giorno prima ci ha provato a farlo riflettere.

«Devi stare attento con Aldo».

«A che cosa devo stare attento? Io e Aldo siamo una cosa sola, Cosa Nostra».

«Cosa Nostra, Cosa Nostra… ma è cosa loro. Di Aldo Ercolano e dei Santapaola. Noi pa… pa… partecipiamo, siamo fedeli, ma ricordati che non siamo figli di mafiosi né *avemu figghi* mafiosi. La Cosa Nostra finisce quando noi moriamo. Per noi co… co… contano i soldi e il po… po… potere che abbiamo oggi. Quello che viene dopo non ci interessa».

«Aldo sa quello che fa. Non è uno stupido e non è ignorante come me. È andato a scuola».

D'Agata ride di cuore.

«Certo, come no? È andato al liceo. *Avi i picciuli* la famiglia Ercolano: possono andare dove vogliono. Ma sai che ha fatto quando stava al liceo?».

«Che ha fatto?».

«C'era uno studente nei corridoi che parlava male dei Santapaola. Lui, un giorno *l'avia aspittato fuori la scuola*. "Senti, ti posso dire una cosa? Ti puoi avvicinare che si tratta di un fatto un pochino riservato?". *L'avi ficcato di forza rintra a macchina*. L'ha portato in campagna e gli ha tagliato la testa con le sue mani».

Maurizio non batte ciglio a sentire quel racconto e vuole approfondire.

«Con la sega elettrica?».

«Nooo! Quale sega elettrica! Con una sega da falegname. Non so se ti rendi conto la fatica che si fa. Quello si muove, strilla e il sangue sprizza da tutte le parti. *Quannu finiu*, ha messo 'a testa *rintra* 'na busta di plastica ed è andato a buttarla al centro di Catania, *sutta a statua* di Garibaldi. Solo la testa. Il corpo lo bruciò».

Catania negli anni settanta è tutta gru, una città da bere come Milano. Se la giudichi dal traffico, le manca solo un pezzettino per diventare New York. Banche, negozi, ipermercati, la gara è a chi costruisce di più. *Miracolo a Catania*, titolano i giornali. La mafia? Non c'è, non può esistere la mafia dove pulsa il progresso. È roba da territori sottosviluppati.

Negli anni ottanta, gli anni in cui Avola completa la sua formazione, i cantieri si fanno più rari, le gru restano sospese con le loro estremità senza vita che assomigliano alle braccia inerti di scheletri. A farle muovere vorticosamente erano le mani delle famiglie, sporche di cemento e di sangue. Chi ha accumulato enormi ricchezze, adesso che il miracolo sta per finire, è sul piede di guerra per accaparrarsi gli affari che restano.

Guerra? Quale guerra? Di mafia? Quale mafia?

Secondo le autorità e i giornali locali non può esserci mafia dietro l'elenco impressionante di morti che riempie le prime pagine. «Delinquenza comune». A Catania quindi, negli anni ottanta, la mafia ufficialmente ancora non c'è. Tutto si aggiusta e tutto deve avere un lieto fine da queste parti. L'amico aiuta l'amico. Il parente il parente. E una famiglia lava l'altra. Non ci sono cattivi e prepotenti che spadroneggiano. I soldi e il potere finiscono puntualmente nelle mani dei quattro Cavalieri del lavoro: Carmelo Costanzo, Gaetano Graci, Francesco Finocchiaro, Mario Rendo. È vero, ma non può essere considerata una colpa. È la dimostrazione incontrovertibile delle grandi qualità "dei più capaci".

Chi è allora quel Santapaola che tutti conoscono e di cui tutti parlano? Santapaola chi, Nitto? È un imprenditore molto simpatico che vende automobili. Nella foto dell'inaugurazione della sua seconda concessionaria in città appare con un sorriso a trentadue denti accanto al prefetto e al questore, con la moglie Carmela che taglia il nastro e l'arcivescovo che benedice.

Lo specchio deformato di questa "metropoli a metà" distesa ai piedi dell'Etna è il quotidiano «La Sicilia». Racconta ogni giorno ai suoi lettori un mondo inesistente in cui la vita scorre tranquilla, a parte qualche «episodio di ordinaria criminalità». Una bugia enorme così ripetuta che fa nascere nella stessa borghesia imprenditoriale la necessità di un giornale diverso che rompa questa rappresentazione compatta e conservatrice, una specie di presepe vivente di cui si rischia di restare prigionieri. Nasce «Il Giornale del Sud», e Pippo Fava, giornalista colto e appassionato autore teatrale, sembra il direttore ideale per rianimare un corpo sociale che non può essere rappresentato da una classe dirigente cieca, ignorante e ottusa.

Ma, invece di limitarsi a "guardare al futuro", che fa Pippo Fava? Si mette a parlare di affari loschi, di privilegi, di indecenti favori e di mafia. La tela su cui «La Sicilia» ha proiettato l'immagine da cartolina viene squarciata. Tutti quei morti sepolti senza un articolo che provi a spiegarne il movente escono dalla tomba e tornano a esistere. Il bilancio anonimo di uno scontro tra bande di delinquenti si trasforma in una cronaca che descrive le vittime di una guerra le cui ragioni coinvolgono i salotti buoni di Confindustria e le stanze del potere politico. Finalmente si scopre che i soldi del traffico di droga non sono nascosti sotto terra, si impastano con il cemento e con il sangue. La speculazione continua ad avanzare divorando quel che resta delle colline.

Claudio Fava, il figlio di Pippo, sintetizza la nuova narrazione di suo padre ai catanesi.

«È l'altra città di cui nessuno si era mai accorto. I magistrati che non vedono e non sentono. I poliziotti inerti. I consiglieri comunali avidi. E ogni volta che appare il nome o la foto di Santapaola al giornale si avverte un fremito».

«Il Giornale del Sud» di Pippo Fava si spinge molto oltre, fino a parlare dell'installazione dei missili americani a Comiso, un atto servile nei confronti di una potenza straniera che non risponde né agli interessi della popolazione, né a quelli strategici dell'Italia.

Le proteste della proprietà, di cui fa parte Graci, uno dei quattro Cavalieri del lavoro, si moltiplicano. E ogni volta il direttore le respinge al mittente.

Una notte, davanti a una delle porte della tipografia, esplode una bombetta da niente, un petardo fabbricato in casa.

Maurizio Avola sembra decisamente sicuro che non sia stata opera dei Santapaola.

«Non è stata la famiglia. Chi la conosceva quell'uscita secondaria? Non siamo stati noi. Le bombe sono io che le faccio».

Al «Giornale del Sud» c'è un vicedirettore voluto dalla proprietà. Legge l'articolo sull'arresto del «noto mafioso Alfio Ferlito a Milano», trasecola e, prima che vada in stampa, alza il telefono. Con la velocità di un fulmine arriva in redazione l'uomo di fiducia del cavaliere Graci, l'avvocato Tirrò. L'articolo viene trasformato in un trafiletto insignificante e parte il telegramma di licenziamento per il direttore.

«Io amo questa città come un uomo che si è innamorato

di una puttana e non può farci niente. Sa che è puttana, che si concede per denaro a chicchessia, che è sporca, volgare, menzognera, e però è anche ridente, allegra, violenta, conosce tutti i trucchi e i vizi dell'amore e glieli fa assaporare, e poi scappa via subito con un altro. Egli dovrebbe prenderla mille volte a calci in faccia, sputarle addosso. Al diavolo, zoccola! Ma il solo pensiero di abbandonarla gli riempie l'animo di oscurità».

Pippo Fava in seguito metterà su carta una drammatica e dolorosa dichiarazione d'amore.

Maurizio sa leggere a stento e quelle parole di Fava non le conosce. Ma potrebbe condividerle. Dell'ipocrisia degli onesti ha sempre avuto le scatole piene. Ancora oggi nutre nei confronti della cosiddetta "gente perbene" un assoluto disprezzo. Della sua banda parla invece con una carica sentimentale che non nasconde la nostalgia. Chiama «i miei ragazzi» quei leoni spavaldi e affamati che entrano nelle banche con le pistole in mano. Li considera superiori alla mandria dei normali che si getta a terra tremante ed è incapace di qualunque reazione. Artigiani, imbroglioni, commercianti ladri, evasori fiscali, prepotenti che trattano da schiavi i loro dipendenti non sono una sparuta minoranza. Sono padroni crudeli e tracotanti privi di pietà e gli dà una gioia indescrivibile vederli trasformati in pecore mentre sono costretti ad assistere, trattenendo il respiro, al trionfo dei giovani felini che arraffano voracemente il denaro accumulato più con spregiudicato cinismo che onestamente.

I suoi ragazzi, tuttavia, non assomigliano a Robin Hood. Dopo le rapine se ne stanno sdraiati al sole al bar del Motel Agip e passano le giornate a fumare e a bere birra ghiacciata, ciondolando sulle sedie o con i piedi sui tavolini. Tra uno sfottò e l'altro digeriscono lentamente il sangue e la carne delle loro ultime prede, in attesa che gli torni la voglia della caccia e la smania di entrare in azione.

Una mattina passa Enzo, il nipote di Santapaola.

«Ci metto una bomba stasera alla gioielleria Restivo».
«Ma i Restivo non sono amici della famiglia?».
«Aldo lo sa?».
«Non mi interessa, la bomba la metto lo stesso».
Enzo Santapaola alza le spalle e se ne va.
Il giorno dopo il gruppo di Ognina legge sul giornale Bomba alla gioielleria Restivo.
«L'ha messa, ah?».
«E noi stiamo qui a grattarci senza fare un cazzo».
«Io me li farei 'sti Restivo, sono pieni di soldi».
«Ma la gioielleria è attaccata alla questura!».
«Minchia, proprio per questo, che gusto ci avrei!».
Quando non è sicuro sul da farsi, Maurizio va a chiedere consiglio a Marcello.
«Senti, ci servono soldi, è passato un mese dall'ultima rapina. I ragazzi non ce la fanno a stare fermi. E se ci facciamo a Restivo?».
«A Restivo? Sei pazzo? È la più grande gioielleria di tutta Catania, ma sono amici dello Zio. *U sai tu*?».
«Me la prendo io la responsabilità».
Per aumentare l'effetto sorpresa, rubano una Fiat Uno e un'Alfa 33, l'accoppiata di macchine che normalmente usa la polizia. Chi subisce la rapina ci metterà del tempo a realizzare di che cosa si tratta, se sono rapinatori o poliziotti. Anche perché è difficile che un gioielliere non abbia qualcosa da nascondere.
Le due auto si fermano sgommando davanti all'entrata e i ragazzi scendono armi in pugno e a volto scoperto. I padroni di Catania non hanno bisogno di coprirsi il viso.
Rolex, collane, diamanti, prendono tutto: il bottino ammonta ad almeno cinque miliardi di lire. Non ci possono credere che hanno messo le mani su un tesoro così. Pinuccio Di Leo, che dopo Maurizio è il più spietato e il più lucido, mentre si avvia senza fretta verso l'uscita vede una busta buttata per terra davanti alla cassaforte. La raccoglie.

È piena di perle. Quando le faranno stimare scopriranno che valgono da sole cinquecento milioni.

Il sole è alto il giorno dopo a Ognina-Scogliera. Il mare, i gabbiani, le barche in lontananza, tutto sorride ai "ragazzi" di nuovo soddisfatti ed euforici. Le cose vanno da dio. Finché non arriva Aldo Ercolano e dalla faccia tutti capiscono che qualcosa deve essere andata storta.

«Avete preso cose che mi devono interessare? I Restivo sono amici dello Zio, ve lo siete scordato? Mi fai vedere, Maurizio? Dov'è la roba?».

Prima di scendere in garage, Avola prende un borsone: il malloppo è ancora tutto lì; nessuno si è permesso di portare via niente. Aldo lo guarda, ne valuta a colpo d'occhio il valore e si mette a rovistare. Prende in mano diversi oggetti, li soppesa e si infila nelle tasche un Rolex d'oro e un anello con brillanti. Poi fa un segno a Maurizio che capisce al volo. Rapidamente infilano una "miliardata" di merce nel borsone e partono in macchina per raggiungere lo Zio latitante.

Ci vuole una mezz'ora di viaggio e c'è da percorrere un ultimo pezzo sterrato in campagna per arrivare davanti a una bella casa antica dove si nasconde Nitto Santapaola. All'ingresso notano una Lancia Evoluzione blu parcheggiata.

Maurizio, che le automobili le colleziona, la riconosce subito. Ne ha una uguale. I motori per lui sono una passione irresistibile e ogni volta che compra una macchina nuova i ragazzi ne rubano una dello stesso modello e dello stesso colore per i pezzi di ricambio. Non ha la patente e deve andare al massimo per non farsi fermare. Un graffio alla portiera a certe velocità può sempre capitare, ma andare in giro con la carrozzeria graffiata proprio non gli piace, così butta via il pezzo e lo cambia con uno nuovo.

Quella Lancia Evoluzione blu davanti alla casa dello Zio è la stessa che pochi mesi prima i suoi ragazzi avrebbero rubato se non fosse intervenuto D'Agata a bloccarli.

«Fermali, non la potete toccare: appartiene a un "amico"».

L'amico è un politico emergente e, quando entrano, lo trovano a colloquio con Nitto Santapaola, che si mostra contrariato per il furto alla gioielleria Restivo, ma non fa tragedie.

«Tu la devi fare finita con queste cose che vai facendo in giro e ti devi dedicare agli affari della famiglia».

«*Vossia binidica*, i miei ragazzi hanno di bisogno».

«Vai a parlare con Carletto Campanella che è il tuo capodecina e te lo spiega lui cosa devi fare».

Il politico ha assistito alla conversazione restando in disparte e limitandosi a osservare. Santapaola si è girato lentamente verso il borsone, lo ha aperto e sta scegliendo con cura tra i gioielli quelli che gli piacciono di più e che terrà per sé. A un certo punto fa segno al politico di avvicinarsi.

«Prego, senza complimenti, favorisci».

Con una sola rapina si possono rendere felici i ragazzi della banda, Maurizio Avola che li comanda, il vicecapo della famiglia, il capo supremo e il politico in visita al padrino latitante. Questo, secondo il racconto di Maurizio Avola, che lo ha messo a verbale con i magistrati. Non sappiamo se è vero, ma sappiamo che non è mai stato condannato per calunnia.

Il gioielliere Restivo è genero del cavaliere Graci, il socio del «Giornale del Sud». Pur avendo pagato per la protezione, è stato costretto a subire una rapina da cinque miliardi.

Lo Zio aveva ragione. Campanella sa perfettamente quello che si deve fare perché questa storia abbia un lieto fine e tutti possano vivere felici e contenti. Tutti, tranne naturalmente quelli che rompono i coglioni e che è giusto che finiscano sotto terra.

«I Restivo non si devono toccare, ma il problema non è il furto: paga l'assicurazione e loro ci guadagnano. Il problema è che una parte dei gioielli l'assicurazione non li può pagare. Quanto ti danno per quella merce, Maurizio?».

«Il ricettatore ci dà cinquecento milioni. Io ne prendo cento di parte mia».

«Lascia stare, fai un'altra rapina nella gioielleria di via Etnea e te ne prendi ottocento per te e per i ragazzi. A posto?».

«E come no? A posto».

Entrano alle tredici in punto dalla porta posteriore che è stata lasciata appositamente aperta. Salgono al piano superiore e si dirigono dove sanno di trovare le telecamere a circuito chiuso. Tirano via la cassetta delle registrazioni e, subito dopo, entrano nella gioielleria vera e propria impugnando le pistole pur sapendo che non troveranno resistenza.

Ci sono pochi clienti a quell'ora e la cassaforte è aperta. La sera prima è stata svuotata quasi completamente dei gioielli più preziosi. Prendono quello che c'è e vanno via.

«E così tutto a posto, Maurizio? Per voi, per Santapaola e per il gioielliere».

«Esattamente. Indovina quando si sposa Aldo Ercolano dove fa la lista di nozze? Nella gioielleria Restivo di corso Italia! E quando si sposa Enzo Santapaola? In quella di via Etnea! Ti è chiaro come funzionava?»

Il racconto di Avola non riguarda le periferie o i luoghi della città dove più grandi sono la miseria e il disagio sociale. Sfiora come un'ombra luoghi frequentati da ricchi borghesi e gente di potere. Non sono volgari prostitute che si accompagnano ad Aldo Ercolano e a Carletto Campanella, ma star della televisione e indossatrici di successo attratte dal lusso e dalla cocaina. Le "persone perbene" lo sanno chi è Avola? Lo sanno e se ne dimenticano volentieri. Però, quando gli fa comodo, se lo ricordano.

Una mattina il direttore dello Sheraton viene a cercarlo al Motel Agip, con la sua Porsche cabriolet blu, per dargli la busta con i soldi dell'estorsione mensile che prima consegnava a Campanella che è in carcere.

«Buongiorno, Maurizio, sei in ritardo. Lo sai che mi preoccupo quando non passi».

«Dottore, bella la macchina, ne ho appena comprata una uguale. S'accomodi, prendiamo un caffè. Non c'è tutta 'st'urgenza. Quando trova il tempo me li porta. Che fretta c'è?».

«Grazie, ma veramente ci tenevo a vederti. Sono passato per chiederti una cortesia. Lo sai che ho una figlia. È ancora una ragazzina e si è messa con un giovane che fa il cameriere in albergo».

«Sono cose di *carusi*, passano».

«Il fatto è... che la tratta male, le mette le mani addosso. L'altra sera è tornata a casa piena di lividi».

«E cosa ci posso fare io?».

«Ti volevo chiedere se mi fai questo piacere, un grande piacere, un regalo che ti sarò sempre grato. Lo puoi ammazzare?».

«Dottore, ma sta scherzando, che facciamo, ammazziamo uno per una cosa così?».

Il direttore dello Sheraton va via e Maurizio fa quello che è abituato a fare per non commettere errori. Quando gli resta qualche dubbio bussa alla porta di D'Agata che, fra parentesi, non ha nessuna simpatia per il direttore ed è l'amante della moglie.

«*U curnutazzu* doveva venire a chiedere a me, non a te».

«L'ha chiesto a me perché lui il rapporto mensile ce l'ha con Campanella. Ma adesso che Carletto sta in galera sono io che lo sostituisco. I soldi della zona Ognina-Scogliera che raccoglieva Carletto adesso li raccolgo io. Per questo...».

«Non lo devi fare, capito? Non lo devi fare! Ha sbagliato a chiedere a te il favore, a me lo doveva chiedere! Sono stato io che ti ho presentato! Questa è la regola!».

Marcello è così incazzato che non tartaglia. Avola, d'altra parte, è ben contento di obbedire. Li disprezza questi ricchi senza palle e senza sostanza. Supplicano e si mettono in ginocchio come in chiesa davanti alle statue dei santi. Sono pronti a pagare qualunque prezzo quello che non hanno: il coraggio di uccidere. Sono in tanti quelli che vorrebbero ammazzare qualcuno. Quanto spesso sentiamo dire: "Io quello vorrei vederlo morto"? E molti non lo dicono solo per dire, lo farebbero senza pensarci due volte, se ne fossero capaci. Che differenza c'è tra loro e un killer di professione? Che il killer si prende le sue responsabilità. Non parla di ammazzare. Ammazza. Toglie la vita. E l'idea di avere questo potere lo fa sentire un dio. Il resto del mondo non conta un cazzo.

«Lei è Avola?».

«Lei la conosco, è Bartolini dei camion».

«Cerco Marcello D'Agata per una cosa urgente».

«Se è urgente, può dire a me».

«Guardi, c'è una persona che mi è cara. Stamattina passava per via Vittorio Veneto e gli hanno scippato un Rolex d'oro. Si può fare qualcosa?».

«Si può fare. Adesso mi interesso e le faccio sapere».

In poco tempo Avola riesce a capire che nella zona in cui è avvenuto il furto operano Pippuzzu e l'Indiano. Li va a trovare e loro si mettono a disposizione.

«Siamo stati noi. Ma il Rolex l'abbiamo venduto al gioielliere Giannini, che ha il laboratorio in via Canfora».

I furti aumentano di continuo e gli amici degli amici sono talmente tanti che ci vorrebbe un'organizzazione apposta, con un ufficio di cinque piani e parecchi impiegati fissi, per smaltire tutto questo lavoro. Se gli avesse dato gusto spuntare pratiche, Maurizio avrebbe fatto il bancario.

«Tanto i bancari non sono meno ladri dei rapinatori. Alle volte mi vedono arrivare con la pistola in mano e gliela leggi negli occhi la contentezza. È come se vedessero comparire la Madonna per miracolo».

In pratica, siccome i soldi li hanno rubati prima loro, hanno un debito che non possono giustificare. E, avendoli spesi, non sanno come ripagarli. Sia benedetta la rapina! Possono finalmente cancellare gli ammanchi e sistemare la contabilità. Dio grazie!

«Sai qual è la differenza tra un bancario e un rapinatore? Il bancario i furti li fa con le palle degli altri. Quel giorno che sono andato da 'sto ricettatore, ero già incazzato perché aveva il vizietto di agire di testa sua».

«Allora, signor Giannini, il Rolex che fine ha fatto?».

«*U rumpii* subito».

«Come, l'ha rotto subito! Questa è ignoranza, signor Giannini! Non lo sa che c'è la regola che deve aspettare tre giorni? Si mette nei guai in questo modo».

«Che fai, minacci? Guarda di non sbagliare che nei guai ci vai a finire tu».

«Lei non lo sa quello che dice».

«Vattene che se no ti faccio accorciare la vita».

Maurizio saluta educatamente quell'arrogante che si crede intoccabile e se ne va chiudendosi con delicatezza la porta alle spalle. La sera lo aspetta sotto casa sua. C'è una macchina ferma di fidanzati che stanno facendo all'amore. Lei sta sopra e si dà da fare. Allo sparo alza la testa verso Maurizio. L'uomo le copre gli occhi con la mano e la tira verso di sé.

«Amore, che fai? Ti fermi? Continua!».

Maurizio ridacchia. Lancia un'ultima occhiata al corpo disteso immobile sull'asfalto e all'auto dei due innamorati che balla disperatamente. E si scorda di raccogliere gli occhiali da sole Trussardi che gli sono caduti per terra mentre prendeva la mira.

«Il gioielliere Giannini, che si è liberato del Rolex rubato e non ha rispettato le regole, meritava di morire. È stata una decisione mia. Non è stato lui che mi ha detto di farlo. Non è Cosa Nostra, Bartolini. Non fa parte di noi. Non può darci ordini. Abbiamo convenienza a farlo lavorare bene.

I camion sono importanti e di cose da trasportare la famiglia ne ha sempre parecchie. Punto. Anche Turi Seicento muore perché ha rapinato due camion di Bartolini, e l'imprenditore non lo verrà nemmeno a sapere. Sono cose che non lo devono riguardare. Prendono Turi, lo portano in un capannone, lo legano su una sedia e lo interrogano. Ma è una finzione. Ercolano sa come sono andate le cose e ha già dato l'ordine che nessuno della sua squadra deve restare vivo. Il giorno prima hanno preso uno di quelli che avevano partecipato al furto, l'hanno torturato, ammazzato e hanno recuperato la refurtiva».

«Adesso, Turi, ci devi dire dove sono finiti i camion».

«Non ne so niente».

Lo strangolano e tutto a posto. Cosa poteva fare? Chiedere scusa? Giurare che non lo avrebbe più fatto? Implorare perdono? Non sarebbe servito a niente. Il processo è finito prima di cominciare.

Bartolini non c'entra. Non ha chiesto niente; non ha dato lui l'ordine di uccidere. Erano i ladri dei suoi camion i morti ammazzati di cui parla il giornale? Questo non lo può sapere e non è un suo problema.

I ladri ti entrano in casa, ti portano via la tua roba, sono esseri schifosi e socialmente insopportabili. Ci vogliamo preoccupare dei ladri, degli spacciatori, degli scippatori, degli zingari, degli extracomunitari clandestini? Si fottano, si ammazzino fra di loro. Meglio uno in meno che uno in più. Bartolini si fa i fatti suoi: non vede, non sente e non sa, come la stragrande maggioranza degli italiani. Ma se devi recuperare un Rolex d'oro, è inutile andare in commissariato: è meglio sapere chi può farti il favore.

Carletto Campanella, per esempio, ti risolve il problema. È un signore, non è un delinquente: simpatico, elegante, è un vero uomo di mondo. Peccato che si porti dietro quel Maurizio Avola. Bartolini si rivolge a lui per l'orologio solo perché è amico di Campanella. Però sta sempre zitto, non ispira la stessa simpatia di Carletto e mette paura quando lo guardi: non promette niente di buono. L'unica cosa che lo appassiona sono le auto. Gli uomini come lui, tra una donna e una Ferrari non hanno dubbi su cosa scegliere. Le donne servono a divertirsi, ma sono i motori che fanno sognare. Adesso si è messo in testa di fare una sua scuderia e per correre gli serve uno sponsor.

«Che problema è? Lo chiedo a Bartolini!».

Bartolini non se l'è sentita di dire di no a Campanella: facendo buon viso a cattivo gioco, ha sganciato trenta milioni di lire. Un dolore necessario se vuoi continuare a vivere in pace.

«Trenta milioni sono centomila euro di oggi. Forse duecento. Con i camion, quelli come mio fratello Edoardo si fanno il culo e restano poveri, Bartolini ci ha fatto i miliardi».

Il confine tra il bene e il male non è facile da distinguere. I predicozzi dei genitori, il catechismo e, figuriamoci, la scuola servono a poco per capire chi è il fuorilegge e chi non lo è. Chi si incammina nella realtà a occhi aperti scopre abbastanza presto che su questa terra l'inferno e il paradiso sono vasi comunicanti. Gratta un certo poliziotto, per esempio, e ci troverai un rapinatore. Grattalo più a fondo, e verrà fuori un killer.

Salvatore Barcella fa il poliziotto e il rapinatore.

«Io ne avevo tre, di poliziotti alle mie dipendenze e, se serviva, li adoperavo anche come killer».

Avola decide di rapinare un furgone portavalori. Per un poliziotto come Barcella, trovare una guardia giurata che faccia da basista sarà un gioco da ragazzi. Infatti ci mette pochissimo a risolvere il problema. Ma quello che doveva essere un lavoretto facile si complica all'improvviso quando Natale Di Raimondo va a trovare Maurizio per chiedergli di rapinare lo stesso furgone.

«Ho già il basista».

«*E cu è*, Natale?».

«'Na guardia giurata».

Inizialmente Maurizio pensa: "Tutto a posto, non ci saranno problemi". Lui e Natale Di Raimondo hanno avuto la stessa idea, che male c'è? Il basista deve essere quello che ha suggerito Barcella: quante minchia di guardie giurate disposte a fare da basista si possono trovare in un solo furgone? La risposta è: due.

«Porca miseria! Uno basta e avanza!».

Invece tocca pagarne due e bisogna cedere una quota del bottino a ciascuno di loro. Gli ottanta milioni previsti per ogni ragazzo di Picanello che partecipa alla rapina subiranno una brutta riduzione. I ladri abbondano e la guardia non la vuole fare nessuno. Che fatica l'onestà!

4.
«La notte che *fecimu* a Fava»

«Catania è una puttana». Pippo Fava lo scrive sui «Siciliani», il nuovo giornale che ha fondato con un gruppo di giovani e che è andato esaurito in edicola in due ore. Non si è trovato nessuno di peso, però, disposto a comprare gli spazi pubblicitari. Dal Banco di Sicilia e da tutti gli altri interpellati è arrivata un'identica risposta: «Ci dispiace, il budget è esaurito».

Il 15 dicembre 1982, sulla copertina del primo numero sono raffigurati i quattro Cavalieri del lavoro della repubblica italiana e «dell'apocalisse mafiosa», Carmelo Costanzo, Mario Rendo, Francesco Finocchiaro e Gaetano Graci, che brindano con i calici in mano all'anno nuovo. Dovrebbero essere concorrenti. Invece scrive Fava, «questi quattro personaggi sono riuniti insieme per discutere e decidere il destino dell'imprenditoria, e quindi dell'economia di mezza Sicilia, segretamente».

Denuncia la creazione di un cartello oligopolista che violenta le regole del mercato. Ma per lui la colpa più grave dei Cavalieri è fingere di ignorare l'esistenza della mafia, perché in realtà Cosa Nostra è parte integrante degli equilibri di potere che producono le loro enormi ricchezze.

«Noi facciamo i nostri affari, voi fate i vostri! Noi vogliamo costruire strade, palazzi, ponti, dighe, essere proprietari di banche e aziende agricole. Voi volete gestire la droga: affar vostro! E pretendete anche i subappalti per i lavori di scavo e trasporto: che sia! Però non vogliamo bombe nei nostri cantieri, né persecuzioni criminali, nemmeno estorsioni, nemmeno che i nostri figli, fratelli, parenti, amici, possano essere rapiti o sequestrati».

Fava sintetizza in maniera magistrale la filosofia dei Cavalieri del lavoro e il suo piccolo giornale, con pochi mezzi e un gruppo ristretto di giovani redattori appassionati, diventa un urlo che squarcia il silenzio e l'omertà dell'ordine costituito. Un ordine che dovrebbe apparire naturale e immutabile. Cosa Nostra e i Cavalieri sono le gambe di uno stesso tavolo, un sistema costruito con complicità estese. Se crolla uno dei piedi su cui si regge il tavolo, crolla l'intero sistema. *Simul stabunt, simul cadent.*

Maurizio Avola i giornali li legge raramente, di solito dopo le rapine. Quel giornalista non lo ha mai sentito nominare, non l'ha mai visto di persona e non sa come è fatto. Una mattina al Motel Agip arriva Aldo Ercolano.

«Maurizio, è una grande occasione per te, c'è da fare un omicidio importante. Marcello, diglielo tu».

D'Agata non si perde un numero dei «Siciliani» e non vede l'ora di spiegare a Maurizio di cosa si tratta.

«Il direttore è un giornalista *fituso* che deve morire. Rompe i coglioni ai Cavalieri del lavoro e a *nuatri*».

«Che devo fare?».

«Cerca di vedere dove frequenta».

Marcello gli porge il numero di targa di una Renault 5 scritto su un bigliettino. Maurizio lo prende, lo mette in tasca e comincia a girare. Non è un compito facile, perché ha bisogno di studiare a fondo l'aspetto fisico di Fava, non gli basta incontrarlo di sfuggita per metterne a fuoco la fisionomia e imprimersela nella memoria. Tra molte difficoltà, un giorno qualcuno glielo indica da lontano.

«Vedi, quello in piedi è Pippo Fava».

Ma non è sufficiente. Successivamente Fava prende l'abitudine di fermarsi al Motel Agip di Ognina per fare benzina e ogni volta entra nel bar a prendere un caffè mentre fa rifornimento.

«Così la sua faccia mi diventa familiare».

A quel tempo, Maurizio sente ancora sulla coscienza il peso del suo primo omicidio. Di notte si sveglia per vomitare e resta fino all'alba con gli occhi sbarrati sforzandosi inutilmente di prendere sonno. Ha la testa pesante. Gli torna di continuo in mente il ricordo di Finocchiaro che esce con i bambini per portarli a scuola. Lo rivede mentre si inginocchia chiedendo perché.

Sono proprio i giorni in cui cerca in tutti i modi di allontanarsi da Aldo Ercolano. Non ha più voglia di vederlo e, se anche lo facesse ammazzare, non gli importa di morire. Marcello, pazientemente, va a cercarlo sotto casa ogni giorno per chiedergli di uscire, finché riesce a portarlo quasi di peso al Motel Agip, dove ad aspettarlo trova Aldo Ercolano.

«Che c'è, che hai?».

«Non lo so. Ci ho sempre questa energia addosso. Non scarico. Non riesco a farmela passare».

«Vedrai che passa. Tutto passa. Ti ho guardato con attenzione mentre lo facevi. Sei un killer nato. Diventerai il killer più cattivo di tutti».

Che cosa vuol dire il più cattivo? Avola non ha mai voluto essere il più cattivo. Il più freddo, il più risolutivo, il più preciso, questo sì. Il killer migliore di tutti. Più bravo di Marcello D'Agata, più bravo di Aldo Ercolano, più bravo dello stesso Nitto Santapaola. Il killer perfetto.

Uccidere non è per niente facile. Non esiste una scuola. Non tutti possono imparare a farlo. Ci vuole tempo per abituarsi all'idea che si tratti di una necessità. Ogni dubbio deve sparire dalla testa.

Uccidere per ferocia o per onore, per rabbia o per vendetta è più facile. È la reazione a un istinto. Tua moglie ti ha messo le corna, hanno violentato tua figlia, hai subito un'offesa, oppure godi a farlo per sadismo. La rabbia, la voglia di vendicarti, il piacere sono impulsi incontrollabili, fiammate che aiutano a colpire. Ma uccidere a sangue freddo chi nemmeno conosci è tutta un'altra cosa. Devi avere molta esperienza per farlo. Ti manca l'adrenalina e devi essere determinato e sicuro per andare fino in fondo. Devi avere un piano, un motivo, una convinzione, oltre che una tecnica e una professionalità.

«Uccidere, per il bene della famiglia, mi ha fatto scoprire la ragione per cui ero nato. Per essere un altro dovevo fare il pasticcere come voleva mio padre, non dovevo proprio metterci piede sulla strada che ho preso. Da quando ho cominciato a camminarci, un morto o cento per me erano la stessa cosa».

«Lavori da portare a termine? Forse stai mentendo, soprattutto a te stesso. Come hai fatto a passare dalla crisi del primo omicidio ad accettare l'incarico di uccidere Fava?».

«Non mi hanno costretto, ma mi hanno coinvolto lentamente. Hanno tirato fuori la mia personalità nascosta oppure il mio destino o tutte e due. Marcello sentiva che non ero deciso, che ero in difficoltà; e mi caricava, mi faceva vedere la copertina dei "Siciliani", mi leggeva certe frasi. Commentava, bestemmiava, e sputava veleno. Insultava Pippo Fava, lo malediceva. Sai come si chiamano? Si chiamano "iniezioni"».

Maurizio si ferma e comincia a fissarmi. Forse si sta chiedendo cosa stia provando io in questo momento. Odio? Repulsione? Gli occhi di ghiaccio valutano le mie reazioni. Fava era un giornalista come me e non potrò certo trovare attenuanti per quello che ha fatto. Se c'è stata una ragione, sarò in grado di coglierla e di continuare a guardarlo in faccia? Prevarrà l'odore del sangue che comincio anch'io a sentirmi addosso, il giudizio morale o la voglia di scoprire la verità?

È Avola a rompere il silenzio che si è creato mentre gli ultimi avventori stanno lasciando il baretto lanciandoci un ultimo sguardo inorridito.

«Vuoi sapere come si fa a prendere l'abitudine di uccidere, ad ammazzare una persona che non ti ha fatto niente? Ci arrivi un poco alla volta. Vedi questo tavolo? Ti ha fatto qualcosa? No, non ti ha fatto niente. Ma se ti comincio a dire questo tavolo si è preso la tua bambina, se l'è portata via, la toccava... a questo punto sono sicuro che cominci ad agitarti. È quello che Marcello ha fatto con me.

"'Sto cornuto, ci sta rovinando, ci fa perdere i soldi, gli investimenti che abbiamo fatto. Ci guasta coi Cavalieri".

Io non lo so chi sono i Cavalieri, ma mi agito. Sento la responsabilità che la famiglia è in pericolo, che Aldo è in pericolo, che i ragazzi sono in pericolo. Devo fare assolutamente qualcosa».

La situazione precipita quando Fava va in televisione per un'intervista con Enzo Biagi. Aldo Ercolano, Marcello D'Agata ed Enzo Santapaola si danno appuntamento per guardare la trasmissione. Con loro c'è anche Maurizio. All'inizio si comportano da ultras che lanciano insulti e fanno commenti volgari e offensivi.

«Cornuti! Figli della stessa madre puttana!».

L'intervista prosegue e loro diventano belve: si lanciano contro lo schermo, puntando l'indice e alzando il pollice.

«Fava, bastardo, in testa ti spariamo!».

Quando la trasmissione finisce, è Aldo a tirare le conclusioni.

«Basta, non perdiamo tempo, questo deve morire».

Nel dicembre 1983, all'epoca dell'intervista, Avola è molto giovane e ignora i meccanismi del potere. Non ha coscienza della forza devastante delle parole di Pippo Fava che hanno acceso i riflettori su Catania e potrebbero mettere a nudo il sistema.

«In maniera semplice e approssimativa si può calcolare il fatturato mondiale del traffico di stupefacenti in centomila miliardi di lire e dedurne che la fetta della mafia è pari o superiore al bilancio dello Stato italiano». Sono soldi che secondo il giornalista entrano nel circolo dell'economia e creano potere e voti.

«Ci sono ministri mafiosi, banchieri mafiosi e imprenditori mafiosi. Ci sono banche e intere città costruite con soldi insanguinati».

L'importanza di queste parole sarà chiara ad Avola in un secondo tempo.

«Ho capito dopo che era arrivato a una verità fondamentale, che Cosa Nostra è una sola a Palermo e a Catania. Ma sbagliava a pensare che "non comandano i padrini ma grandi vecchi che si servono della mafia per far soldi e accrescere il loro potere". Cosa Nostra non prende ordini da nessuno. Gli ordini li dà».

Tutti si sottomettono. Tutti pagano. Il cavalier Finocchiaro versa cinquecento milioni a Eugenio Galea, vice di Nitto Santapaola, per il centro fieristico di viale Africa. Il direttore dello Sheraton, il cinque per cento ogni mese. E lo fanno volentieri.

«Perché non li tocca più nessuno. Per un lavoro fuori dalla provincia, il cinque per cento l'imprenditore lo versa a noi. Santapaola trattiene una piccola percentuale e il resto lo versa alla famiglia del posto. È una legge che tutti sono contenti di rispettare».

«Tutti?».

«Be', quasi tutti. In carcere conosco il dottor Tignino, che lavora per il cavalier Finocchiaro. È stato arrestato perché ha pagato tangenti. Lo proteggo, mi interesso e lo faccio sistemare comodamente. Mi ringrazia e si mette a disposizione per quando esce.

"Di qualunque cosa avrai bisogno, Maurizio, rivolgiti a me. Di' agli amici di stare tranquilli. Ai magistrati ho parlato solo delle tangenti che il cavalier Finocchiaro ha pagato ai politici".

Di noi non ha detto niente di niente».

«Per forza, se no gli sparavate».

«Non è per questo. Noi facciamo funzionare bene le cose. Sveltiamo le pratiche, facilitiamo il lavoro. Grazie a noi i Cavalieri si prendono tutti i terreni che gli interessano al prezzo più basso. Consigliamo da chi comprare il calcestruzzo, forniamo il carburante, i mezzi meccanici, le ruspe, i camion. Ma c'è sempre la convenienza di chi paga. Nessuno si ribella. Non solo per paura. Senza la famiglia certi lavori disonesti non si potrebbero portare a termine: abusi, discariche, rifiuti sotterrati.

Entro in un tabacchino e vedo esposta la foto di Nitto Santapaola che è latitante e ricercato. Guardo il titolare e gli dico: "Tu invece tutto a posto? Sei uno che la legge la rispetta?". Ha tolto la foto.

Del nostro aiuto non vogliono fare a meno».

A Enna c'è un'impresa protetta dalla famiglia Santapaola. Quando un clan locale fa un attentato dinamitardo in un loro cantiere, Nitto invita a Misterbianco per chiarimenti due rappresentanti. Arrivano su una Mercedes nera. Nemmeno il tempo di fermarsi e di scendere. Sparati, tutti e due. I problemi dell'impresa spariscono. Tutto a posto.

Sarebbe bastato dar seguito alle denunce di Fava, con indagini nemmeno troppo sofisticate, per scoprire che Nitto Santapaola non è un volgare delinquente ma un uomo d'ordine e un capitalista spregiudicato che investe i soldi della droga in decine di attività. La mafia si è fatta impresa a Catania, non è più soltanto una banda di ricattatori che entrano con la coppola e la pistola spianata a chiedere il pizzo. Chi protegge le proprietà degli imprenditori non è "il campiere" di una volta che teneva al sicuro da ogni pericolo le terre dei latifondisti, ma Riina in persona, "il capo dei capi". A lui spetta il pizzo per tutti i lavori in Sicilia e lo si versa volentieri in cambio della garanzia più assoluta di poter lavorare in sicurezza. Una tassa benedetta che anche lo Zio, Nitto Santapaola, deve pagare per le società di cui fa parte. Riina in Sicilia è lo Stato.

Dopo l'intervista di Biagi a Fava è impossibile, e perfino ridicolo, continuare a sostenere che a Catania "la mafia non c'è". "Il cornuto" non ha fatto esplicitamente nomi, ma li scrive sui «Siciliani» e non è difficile fare due più due. Per Catania l'età dell'innocenza è finita. Improvvisamente si comincia a pensare che un imprenditore insospettabile, come Costanzo, che fa dighe in tutta Europa e affari in ogni parte del mondo, che costruisce ponti, autostrade, linee ferroviarie, interi quartieri delle città, possa nascondere in tutto quel cemento i soldi della droga. Politici al di sopra di ogni sospetto si svegliano con l'accusa di aver costruito il loro potere e i loro voti facendo affari con la mafia. Catania non è più la città da bere, non è Milano, è Cosa Nostra. Uno scandalo nazionale sta per travolgere un sistema che funziona da molti anni. Bisogna agire in fretta.

Una sera per caso Maurizio entra da solo nel ristorante Gran Canyon a Catania. Vede Fava seduto a un tavolo che sta festeggiando qualche ricorrenza con la famiglia. Sono in sei. Riconosce immediatamente il giornalista, ne porta stampato il ritratto nel cervello, ma non ha con sé la pistola; l'ha lasciata nell'auto che ha parcheggiato poco lontano.

«Ciao, Maurizio».

È un cameriere che ha lavorato col padre a salutarlo.

«Ciao, fate anche pizze da portar via?».

«No, ma se vuoi fatta una pizza, te la faccio preparare subito».

«Lascia stare, chiedevo per informazione. Veniamo a mangiarcela qui, che è meglio».

Il giorno dopo D'Agata lo aspetta impaziente al Motel Agip per fornirgli un'informazione fondamentale: la redazione dei «Siciliani» è a Sant'Agata Li Battiati, un piccolo comune attaccato a Catania.

«L'ho incontrato ieri a Pippo Fava. Ero solo e un cameriere mi ha riconosciuto. Me ne sono dovuto andare».

«Meglio Sant'Agata».

Partono determinati la sera stessa: Avola, Ercolano, D'Agata, Enzo Santapaola e Franco Giammuso. A guidare l'auto è Marcello; sono armati di due revolver calibro 38. Parcheggiano davanti a una rosticceria che fa angolo sulla strada dove ha sede il giornale. Restano lì ad aspettare per molto tempo finché vedono arrivare una Renault 5 marrone che si ferma davanti al bar La Villetta, dove Pippo Fava ha l'abitudine di prendere un caffè prima di cominciare a lavorare.

Maurizio Avola scende dall'auto, s'incammina a passi veloci, entra nel bar e si posiziona alle spalle del giornalista. Tra loro c'è una distanza sì e no di mezzo metro. Ha in tasca una delle pistole ma, mentre si prepara a estrarla per colpire il giornalista alla nuca, entra un carabiniere in divisa insieme a una ragazza. I loro occhi si incrociano, il carabiniere lo ha inquadrato perfettamente. Non gli resta che fingere di essere un avventore qualsiasi: «Posso avere un bicchier d'acqua, per favore?».

Quando esce lancia un ultimo sguardo a Fava che continua a girare lentamente il cucchiaino nella tazzina.

«Sali, sbrigati. Sospendiamo».

«Marcello, sta là, a portata di mano, facciamolo adesso».

«Non va bene, Maurizio, sali. Si fa troppo rumore. Andiamo via».

Grazie a quell'inatteso rinvio finalmente è pronto il silenziatore per l'arma preferita di Avola, la 7 e 65. È un silenziatore artigianale: usarlo richiede attenzione e grande competenza. Può capitare, infatti, ed è abbastanza frequente, che il proiettile non esca dritto e si porti via anche il silenziatore. Un meccanico, che ha un'officina in via Messina, di fronte a un deposito di marmo, ha limato la parte femmina alla fine della canna della pistola e la filettatura maschio sul tubo che vi deve penetrare.

Maurizio passa a ritirarlo e, per essere sicuro del risultato, se ne va in campagna a provare l'arma, in una stradina secondaria dove non passa nessuno. Spara diversi colpi a un cartello segnaletico, poi si avvicina al bersaglio per misurare l'effetto delle pallottole. Ritorna al Motel Agip che è quasi notte.

«Marcello, la pistola funziona ma i proiettili perforano poco. Se vuoi, la riproviamo e ti faccio vedere».

Scendono insieme nel deposito dove D'Agata tiene le lattine dell'olio per i motori e tutto ciò che può servire a un distributore con bar. Sparano al muro. Controllano e Avola ha ragione: il proiettile ha scalfito la parete solo superficialmente.

«Andiamo da Zia Piera».

A parlare, dietro di loro, è Ercolano, che li ha raggiunti per verificare di persona che cosa non va. Lui conosce la soluzione.

«La pistola non ha problemi ma ci vogliono le pallottole buone».

Zia Piera abita non molto lontano dalla redazione dei «Siciliani». È la sorella di Nitto Santapaola. Li vede arrivare in gruppo e non è per niente contenta: troppi movimenti a casa sua sarebbero da evitare. Ma il marito ha il porto d'armi e può tenere una scatola intera dei proiettili di cui hanno bisogno, nuovi e luccicanti.

Alle nove di sera piove a dirotto. Avola e i suoi compagni parcheggiano l'auto più o meno nello stesso posto della volta precedente. Franco Giammuso si ferma più avanti, accostandosi sulla destra. Gli uffici dei «Siciliani» sono al primo piano della palazzina. Maurizio è sceso e ci sta girando intorno come un lupo affamato alla ricerca della preda. Appena vede Fava spara e lo ammazza subito: questa è l'intenzione. Ma non lo trova e torna dai suoi per informarli: «Non l'ho visto, ma la macchina c'è. Aspettiamo».

Passa qualche ora prima che il giornalista lasci il suo ufficio. La Renault 5, sporca e malandata, si mette in moto sotto la pioggia che non ha smesso di cadere. Fava guida con prudenza e frena spesso per rallentare; gli funziona solo uno stop. Da lontano potrebbe sembrare la luce di una moto, di un treno o di una barca. La squadra dei killer non ha fretta di avvicinarsi. Perdere d'occhio quella macchina scassata con un fanale che si accende e si spegne nella notte è praticamente impossibile. La seguono alla giusta distanza.

A guidare la Renault 18 è Franco Giammuso; al suo fianco c'è Enzo Santapaola. Nella Fiat 131, D'Agata è alla guida, Ercolano gli siede accanto e Maurizio sta dietro.

Pippo Fava arriva davanti al teatro Verga. Parcheggia in una stradina con due ruote sul marciapiede e sta per estrarre le chiavi dal cruscotto. Maurizio scivola accanto al finestrino, gli punta alla testa la 7 e 65 col silenziatore ed esplode cinque rapidi colpi in successione.

Si sente la sirena di una volante che si avvicina. Il killer torna lentamente verso la 131, sale, chiude con calma lo sportello e accende una sigaretta. L'auto si mette in movimento con un'andatura da crociera.

Nel giubbotto Maurizio ha ancora una decina di proiettili non utilizzati, avvolti in un foglio di carta. Li getta lontano dall'auto. Smonta con cura la pistola in tanti pezzi. Aspetta che la 131 si fermi in un punto deserto della città, scende velocemente lasciando aperto lo sportello e i pezzi della 7 e 65 finiscono in un tombino. Rondelle, tubi di ghisa e ovatta.

Il killer si asciuga le gocce di pioggia dal viso. Nessuna sensazione di vomito. Niente di niente. Tutto a posto.

Pippo Fava nell'*Ultima violenza*, scritto per il teatro, fa dire al protagonista: «Io mi batterò sempre per cercare la verità, in ogni luogo ove ci sia il confronto tra violenza e dolore umano. E capire il perché».

5.
«Ma *cu è stu* Mattei?»

La notte che ammazzano Fava, Francesco Mangion, il vice dello Zio, è latitante. Maurizio è di casa nell'appartamento dove si nasconde, perché Aldo ci va sempre più spesso a trovare Francesca, la figlia, con cui all'epoca era fidanzato.

«Decidiamo di fargli una sorpresa per portare la buona notizia. Lui non sapeva quando la cosa doveva succedere».

«Ce l'avete in frigo una bottiglia di spumante, zu Ciuzzu? Dobbiamo brindare».

Lo zio Ciuzzu non beve spumante, in frigo ha lo champagne e va a prenderlo volentieri; ma già conosce il motivo di tanta allegria. Aldo Ercolano li ha preceduti. Le voci euforiche si accavallano.

«Lo sa già *vossia che fecimu* a Fava, il maledetto».

«Tutto a posto. Tutto a posto».

«*Avimu a* brindare veramente!».

Brindano, urlano, si complimentano dandosi grandi pacche sulle spalle. Poi Mangion prende Maurizio per un braccio.

«Facciamo due passi fuori, ti devo spiegare una cosa».

Escono e camminano al buio, allontanandosi dal caseggiato.

«Che c'è, *che m'aviti a diri*?».

«Sei giovane, Maurizio, e sei valente assai. E hai molto

tempo per dimostrarlo. Per Marcello puoi entrare a far parte della famiglia e io sono d'accordo. Ma ti devo chiedere una cortesia».

«A disposizione».

«Grazie. Tu sai che stasera abbiamo preso tre piccioni con una Fava?».

«E *picchì*?».

«Perché ce lo siamo tolto di torno e abbiamo fatto due piaceri, uno al cavaliere e uno ai corleonesi».

«A Riina?».

«Non proprio a Riina, a Luciano Liggio. Quello era andato a dire a Enzo Biagi che Liggio teneva l'amante, che l'avevano trovato nel letto di Leoluchina, la fidanzata di quel sindacalista comunista, quel cornuto morto ammazzato, come si chiamava? Placido Rizzotto. Lucianeddu è andato al manicomio per questo. Uno va a Corleone a fare un'inchiesta: è lavoro, nessuno dice niente. Ma che fa, si mette a parlare di donne? Queste, cose riservate sono. Capisci, Maurizio?».

Certo, Maurizio capisce. Pure per lui di donne non si deve mai dire niente. Non sta bene. Pippo Fava, però, non parlava di donne. Quell'episodio lo aveva già raccontato in precedenza. In televisione lo aveva citato per ricordare che i siciliani non sono mafiosi, che tutti gli eroi nella lotta alla mafia sono siciliani. Come Placido Rizzotto, che si batteva per il diritto alla terra dei contadini. Scomparve e il cadavere fu gettato a Corleone, nella foiba di Rocca Busambra. Quel vigliacco di Liggio, il suo assassino, per completare il trionfo aveva voluto possedere proprio quella donna che piangeva disperatamente quando erano stati ritrovati i suoi resti.

«Ma che cosa ti ha detto Ciuzzu Mangion?».

«Sei un ragazzo valido, hai fatto una cosa importante; e ne farai molte di cose importanti come questa. Dentro Cosa Nostra gli omicidi non sono tutti uguali. Chi uccide giudici, poliziotti, giornalisti si mette una medaglia. Questo omicidio, Maurizio mio, lo dobbiamo accollare ad Aldo Ercolano. Per far crescere il suo prestigio, capito? Riina è con Aldo che parla; più lo stima, più è meglio per tutti *nuatri*».

«A posto, zu Ciuzzu, *stassi tranquillo. Chi mi stati a cuntari a mia*? Non mi interessa. Faccio come dite voi. A posto così».

Ai giudici però Avola dichiara che è stato Aldo a sparare.

«Che cambiava per loro? Tutti e cinque siamo colpevoli uguali. È stata la prima volta che mi sono fatto pentito. Ho detto quello che mi serviva per uscire. Non l'ho voluto dire ai giudici che non è stato Aldo a sparare. Se no lo metto in difficoltà».

«Con chi?».

«Con Cosa Nostra di Palermo».

Avola conquista, in questo modo, contemporaneamente la fiducia totale di Nitto Santapaola e di Francesco Mangion. Tanto che lo zu Ciuzzu gli rivela un segreto di straordinaria importanza storica.

«"Qui comandiamo noi", pensano i politici e quelli con i soldi. Anche Pippo Fava la pensava *na sta maniera*. Ma non funzionava così. Chi non faceva i conti con noi non andava da nessuna parte. Io ero quello che sparava, non avevo rapporti con certa gente. Non li ho mai avuti. Erano Nitto Santapaola, lo Zio, Ciuzzu Mangion e Aldo Ercolano a tenere i rapporti. Hai presente il cavaliere Carmelo Costanzo?

La sua era una delle imprese edili più importanti d'Europa, era di lui che parlava Pippo Fava. Era l'uomo più ricco di Catania e non l'avevo mai incontrato prima. Un giorno, io vado a casa dello zu Ciuzzu che era latitante e che abitava vicino al ristorante Tivoli. Mangion mi presenta il cavaliere, ma non come uomo d'onore.

"Piacere di conoscerla, Maurizio".

"*Chistu è Mauriziu. Cu iddu ni livamu a spina*. Il cavaliere è un amico. Ricordatelo se hai bisogno".

Gli ha detto *cu iddu* per fargli capire che c'entravo. Certo non gli poteva dire che ero io quello che gliela aveva tolta».

Avola descrive Francesco Mangion, che era il vice di Santapaola prima di Aldo Ercolano, come il prototipo di un vero boss. Uno che basta che si metta a sedere, ti guardi e subito capisci che gli devi portare rispetto.

«Santapaola fa il capo. Francesco Mangion è capo. Il suo prestigio è assoluto».

Lo zu Ciuzzu è già uno dei padrini più importanti della Sicilia quando Nitto Santapaola nel 1978 uccide Giuseppe Calderone per prenderne il posto al vertice della famiglia catanese di Cosa Nostra.

A metà degli anni ottanta è latitante nella zona di Ognina-Scogliera e la responsabilità di vigilare sulla sua sicurezza è di Avola, che però, quando lo vede, parla ancora meno di quanto faccia di solito. Insieme ad Aldo Ercolano Maurizio è cresciuto d'importanza nella gerarchia mafiosa, ma nessuno dei due ha messo la testa a posto. Le serate pazze a Taormina continuano. E non è un modo di vivere che il vecchio padrino approva, soprattutto considerato il fatto che sua figlia Francesca è diventata la moglie di Aldo.

La regola per sbarazzarsi della merce rubata è che la devi tenere ferma tre giorni. A Ognina-Scogliera e quartieri limitrofi nessuno osa infrangerla. Maurizio Avola è scrupoloso e ordinato, e per essere preciso ne fa passare dieci. Il fratello di Mangion ha una casetta accanto al ristorante Grotta Smeralda, una garçonnière.

In questa casetta i ladri rubano una pelliccia, un Rolex, il videoregistratore, in pratica la svuotano di tutto. Ma ogni cosa è tornata miracolosamente dov'era.

«Tutto a posto zu Ciccio. La roba è nel mio garage, dite a vostro fratello di passarla a prendere».

La regola funziona alla perfezione, come le lancette di un orologio svizzero, ma può capitare che uno sfigato ignorante rubi la Jaguar verde di un costruttore.

«Agli amici non si ruba».

Il ladro lo sa; ma non può sapere che il padrone di quell'automobile è "amico degli amici". Per questo esiste la regola dei tre giorni.

Il nipote di Mangion arriva di corsa al bar del Motel Agip. Il giovane non è Cosa Nostra. Ospita a casa sua lo zio latitante e gli fa qualche commissione quando è necessario.

«Maurizio, u zu Ciuzzu *t'ava a parlari*».

«*Dicci* che sto arrivando».

«Te ne devi occupare tu di persona di questa Jaguar, il furto l'hanno fatto nella tua zona».

Ordinaria amministrazione. Maurizio prende il bigliettino con scritti il numero della targa, il luogo preciso dove è avvenuto il furto, i segni particolari dell'auto.

«Si tratta di una "persona che ci interessa assai"».

«Tutto a posto, zu Ciuzzu, *vossia* non deve avere preoccupazioni, ci penso io».

Accompagnandolo alla porta, il nipote di Mangion aggiunge un particolare importante sul ladro.

«È stato visto uno con i capelli rossicci».

Avola ordina ai suoi ragazzi di girare tutti i quartieri dove è risaputo che i ladri di macchine hanno le officine a cui consegnano la refurtiva. Il giorno dopo tornano a rapporto.

«L'abbiamo trovata. La Jaguar sta ad Aci Catena, nello sfascio dei fratelli Pilu Russu».

Maurizio ha conosciuto in galera il maggiore dei fratelli, che prendono il soprannome dal colore dei loro capelli e sono specializzati nelle auto di grossa cilindrata. La loro officina si trova a nord di Catania, sulla strada per Acireale.

Ci va tranquillo e disarmato. Il più delle volte bastano quattro soldi per trovare una soluzione e risolvere la cosa in amicizia; non ha senso sparare e togliere la vita a qualcuno per una Jaguar.

«Come stai? Siamo stati nella stessa cella, te lo ricordi?».

«Certo, chi se lo può scordare. Che ti serve?».

«Cerco 'sta Jaguar verde che appartiene a un amico. Dicono che ce l'hai tu».

«Sì, è vero, me la portarono due ragazzi e ci pagai il disturbo».

«E quanto gli hai dato?».

«Tre milioni».

«A posto. Tienila qua per me, che vado a prenderti i soldi».

Avola va a casa, prende tre milioni dei suoi, li porta a Pilu Russu che rincorre trafelato Maurizio, mentre si dirige verso la Jaguar.

«Scusami, ti devo dire una cosa. Non c'è più il libretto e le targhe le hanno tutte rotte. Non è colpa mia, sono stati i *carusi* che la rubarono».

I *carusi* sono i suoi fratelli e i tre milioni non li ha dati a nessuno; è lui che se li mette in tasca. Maurizio fa finta di crederci.

«Ma tu non la *canusci* la regola che prima di tre giorni *unn'avi a tuccari nenti*? Al quarto fai quello che vuoi: la vendi, la fai in mille pezzi; ma prima non ti devi permettere. Per questa volta facciamo finta che non è successo niente. La prossima volta che ti portano una macchina, te lo devi ricordare che devi rispettare la regola. A posto?».

«A posto, a posto. Tutto a posto».

Dopo quindici giorni Maurizio vede tornare al Motel Agip il nipote dello zu Ciuzzu.

«Maurizio, lo zio ti vuole parlare».

«Digli che ci vado a trovarlo più tardi».

«No, ora devi venire. Subito, ha detto».

Avola trova Mangion che lo aspetta impaziente con la bottiglia di whisky sul tavolino.

«*Comu finiu*? Sono quindici giorni che sento i telegiornali e non dicono *nenti*».

Maurizio abbassa la testa, saluta e se ne va. Al Motel Agip, con D'Agata, organizza la squadra e tutto quello che serve: un fucile a cinque colpi, tre calibro 38, due 7 e 65, due calibro 9, le solite Fiat Uno e Alfa 33 della polizia per le operazioni a sorpresa.

Entra nella carrozzeria dei Pilu Russu da solo. Nota che c'è un terzo fratello più piccolo, di tredici o quattordici anni, che sta lavorando in officina con la testa in un cofano aperto. Si rivolge al suo ex compagno di cella.

«Come va?».

Due dei fratelli stanno discutendo animatamente nell'ufficio con un camionista che gli porta dalla Germania Mercedes e Bmw incidentate, che loro taroccano e vendono in tutta Europa come se fossero nuove, passando dal Belgio per cambiare il numero del telaio.

«Mi servono dei pezzi di ricambio per la mia Bmw».

«Che pezzi?».

«Ti lascio l'elenco e li procuri».

Maurizio saluta, esce dall'officina e dà il segnale. Prima arriva l'Alfa 33, subito dopo l'altra auto, sgommando.

«Polizia! Fermi tutti!».

In un attimo i fratelli Pilu Russu e il loro fornitore sono faccia al muro. Non hanno il tempo di dire una preghiera: cadono a terra crivellati di colpi.

Una testa rossa esce dal cofano con la faccia nera di olio del motore rigata di lacrime. Il ragazzo accenna a scappare, ma capisce che è inutile e si rannicchia sotto una macchina, aspettando come un cane spaventato a morte. Salvatore Cristaldi, uno dei killer più spietati del gruppo Ognina-Picanello, gli si avvicina con la pistola spianata. Il più piccolo dei Pilu Russu lo guarda con gli occhi sbarrati. Ha smesso di piangere e sta tremando di paura. Maurizio interviene.

«Oh, fermati! È un ragazzino. Lascialo stare».

Le macchine dell'assalto le bruciano subito. E il mattino dopo, quando Avola va a rapporto da Mangion, il telegiornale locale ha già dato la notizia.

«Ecco, bravo Maurizio, così si fa. Adesso la regola dei tre giorni vedrai che la rispettano tutti».

Lo zu Ciuzzu vive in una casa semplice, non ama lo sfarzo.

«Per dieci anni non si è spostato da quella casa, tranne quando andavamo a Malta e toccava a me accompagnarlo».

Maurizio Avola, nel raccontarmi di Mangion, ci tiene a precisare che la droga a lui ha sempre fatto schifo. Non l'ha mai trattata e non l'ha mai toccata. D'altra parte, Cosa Nostra a Catania non gestisce reti di spacciatori.

Ma bisogna aver chiaro come funziona. Per la famiglia gli affari della droga li tratta Mangion, che, con il permesso di Nitto Santapaola, commercia la cocaina e l'eroina in grandi quantitativi. È un lavoro da grossista che permette di non sporcarsi le mani col prodotto. Nel mondo ci sono cento milioni di drogati che consumano ogni giorno. È una montagna di soldi e non si può correre il rischio di regalarli agli altri. Si compra il carico di una nave o una quota del carico e dieci miliardi diventano cinquanta. Sono operazioni finanziarie e le transazioni si svolgono sull'isola di Malta, il cuore del business.

Avola qualche volta partecipa con una piccola quota alla sua portata, come chi gioca ai margini di un tavolo da baccarat. Visto che va e viene da Malta per accompagnare lo zu Ciuzzu, può approfittarne; sarebbe da scemi limitarsi a ricevere in cambio solo qualche regalo.

Senza esagerare, però.

Maurizio prepara un potente motoscafo offshore ormeggiato a Siracusa, cinquecento cavalli che corrono in trentacinque minuti il tratto di mare che separa Malta dalla Sicilia. Trasporta soldi, sempre e solo soldi. In Svizzera, sono banchieri quelli che aprono le braccia ai colletti bianchi di Cosa Nostra che arrivano da Milano. A Malta, ad aspettare Francesco Mangion sul molo sono il presidente del Consiglio in carica e i suoi più stretti collaboratori.

Nell'isola, i catanesi di Santapaola e i trapanesi di Messina Denaro "camminano insieme". L'affare più grosso del quale abbiamo notizia in tempi recenti lo tratta grazie ai suoi rapporti con la massoneria Mariano Agate, il capo della cosca di Mazara del Vallo, braccio destro di don Ciccio Messina Denaro. Si tratta dell'acquisto dell'isolotto Manuel, davanti alla Valletta, per farci un casinò, alberghi di lusso e un porto turistico. Un'operazione da mille e cinquecento miliardi di lire. La cifra dà l'idea della tela tessuta da Francesco Mangion.

A fare da mediatore con i maltesi è il massone e uomo d'onore Giovanni Bastone. Il 16 settembre 1992, nello studio romano ai Parioli di un noto professionista originario di Mazara del Vallo, Gaetano Buscemi, si tiene un incontro intercettato dagli investigatori. Dopo le stragi di Capaci e via D'Amelio si sta provando a scavare in ogni direzione. Da una parte Giovanni Bastone, dall'altra l'algerino Cherguit bel Kacem e i maltesi Camuel Mallìa e Victor Balzan, un avventuriero legato ad ambienti governativi che da semplice impiegato delle poste è diventato un ricchissimo imprenditore.

BUSCEMI Allora, avvocato Màllia.

MALLÌA Mallìa, prego.

BUSCEMI Mallìa, mi scusi. Ci siamo sentiti al telefono e i nostri amici qui presenti hanno già provveduto a costituire le società offshore.

MALLÌA Bene. Il progetto è molto interessante, l'isolotto ha una marina che ancora funziona e un centro storico attraente.

BUSCEMI Ci sono alberghi?

BALZAN No, alberghi ancora no. Prende il nome della fortezza che c'è sopra, che si chiama Manuel.

BUSCEMI Rispetto a Malta com'è combinata?

BASTONE Le collega un ponte. L'isolotto è molto bello ed è completamente abbandonato a se stesso. Ha grandi potenzialità. Per sedici anni abbiamo avuto un'amministrazione socialista e l'hanno sempre lasciato così.

BUSCEMI Ma quanto è grande?

BALZAN Ah, chilometri, non lo so, forse tre chilometri quadrati.

MALLÌA C'è stato un cambiamento di governo qualche anno fa e si è aperta la possibilità di farci qualcosa. Si è fatto avanti il vostro re senza trono, ah, ah, Vittorio Emanuele di Savoia. Ma non con soldi suoi, per conto di altri. A quel punto ci sono state altre quarantatré offerte. Se vedete l'isola le capite le potenzialità.

BASTONE Non discutiamo la bellezza, ma se è un affare che si può fare.

MALLÌA Si deve competere con quarantatré progetti, venti almeno saranno buoni. E bisogna vedere se chi li propone ha i soldi. Certo, voi i soldi li avete.

Giovanni Bastone viene arrestato, ma altre intercettazioni confermano l'idea che Avola si è fatto del ruolo di Malta. Nella sede di una società di mediazione, tale Fundarò è al telefono con un interlocutore francese.

FUNDARÒ Confezioni di pomodoro da quanto? Centoquarantacinque grammi? Va bene?

FRANCESE E i quarantacinque chili di uranio?

FUNDARÒ Devi aspettare. Per la cocaina, invece, tutto ok.

A Malta si stabilisce il prezzo, si depositano i soldi e il carico della droga può finalmente partire dal Sudamerica. Negli anni ottanta e novanta tutte le strade della droga portano a Malta. Un'isola in mezzo al mare con le montagne: montagne di soldi.

Ogni tanto le autorità maltesi chiamano quelle italiane e le avvertono che sta partendo un carico di cocaina. La guardia di finanza si apposta nel punto segnalato, interviene, sequestra qualche decina di chili di droga e gli addetti alla repressione fanno la loro figura. A pochi chilometri di distanza è avvenuto lo sbarco vero e tutti possono continuare a trafficare felici e contenti.

Da allora a Malta non è cambiato nulla. L'Unione europea niente sente, niente vede e niente dice.

Con lo sbarco degli Alleati in Sicilia, grazie a Lucky Luciano nasce un amore di Cosa Nostra per la bandiera a stelle e a strisce che non è mai venuto meno. Ed è proprio subito dopo la fine della seconda guerra mondiale che Francesco Mangion contribuisce a costruire "il sistema maltese" accordandosi con i manager americani della Philip Morris per contrabbandare sigarette.

«È stato lui, Mangion, a mettere la bomba nell'aereo. Me l'ha detto una sera mentre guardavamo insieme la televisione e stavano parlando di come è morto Enrico Mattei, il presidente dell'Eni».

Sbalordito da questa affermazione, guardo Maurizio in attesa dei particolari. Si tratta di una delle vicende più misteriose del dopoguerra, Francesco Rosi ci ha fatto un film, sono state formulate tantissime ipotesi, ma Avola sembra non avere dubbi su come è andata.

Sto imparando a conoscerlo. Quando non vuole dire, prende tempo, sta zitto a lungo, parla per metafore o aggira una domanda a cui non vuole rispondere, ma non colora, non inventa, non fantastica, non costruisce castelli di sabbia. Se invece decide di raccontare la verità è essenziale, scarno, non gira intorno alle parole. La sua affermazione è stata definitiva e fra di noi si è creata un'atmosfera sospesa e quasi irreale.

«Maurizio, queste dichiarazioni le hai messe a verbale?».

«Sì, ma non c'è interesse ad approfondire. Sembrano storie troppo lontane che non c'entrano con le stragi. E invece c'entrano».

In che senso c'entrano? Il baretto sta per chiudere. La proprietaria sbuffa e non dà in escandescenze solo perché le ho promesso di fare una foto insieme. A memoria considero velocemente che le date tornano e gli elementi che conosco coincidono con il suo racconto.

È il 1962 quando l'aereo in viaggio per Milano esplode in volo, precipita a Bascapè in provincia di Pavia ed Enrico Mattei muore. Partigiano cattolico e uomo che si è fatto da solo, da presidente dell'Eni non ha accettato ordini o imposizioni, ma ha deciso di far incazzare tutti quelli che non si doveva.

In un mondo spaccato in due dalla guerra fredda tra russi e americani, ha usato i suoi amici comunisti, con cui ha fatto la Resistenza, per aprire un canale con l'Unione Sovietica. In questo modo ha potuto approvvigionarsi di petrolio pagando a un prezzo maggiore la materia prima ai produttori africani amici dell'Urss, sottraendoli alle compagnie americane.

Gli Stati Uniti si sono incazzati. Le Sette Sorelle che dominavano il mercato dell'oro nero si sono incazzate. La stragrande maggioranza dei notabili del suo partito, la Democrazia cristiana, fedele alleata degli Stati Uniti, si è incazzata. Ma lui non si ferma. Toglie ai mafiosi i subappalti per la costruzione degli impianti siciliani dell'Eni. A questo punto è Cosa Nostra che s'incazza.

Il sabotaggio dell'aereo di Mattei avviene all'aeroporto Fontanarossa di Catania. Nitto Santapaola nel 1962 ha ventiquattro anni, Ciuzzu Mangion ventisei. Sono gli uomini più fidati di Giuseppe Calderone.

«*Scusassi*, zu Ciuzzu, ma *cu è stu* Mattei?».

«Il presidente dell'Eni».

«E non si sa chi lo ha ucciso?».

«Loro non lo sanno. Tutte stronzate dicono».

«*Picchì*?».

«Perché, caro Maurizio, nessuno lo può sapere meglio di me com'è andata la storia. Siamo stati io e Nitto all'aeroporto di Fontanarossa a mettere la bomba. A Pippo Calderone ce l'ha chiesto Cosa Nostra americana. E Calderone ci ha dato l'incarico a me e a Santapaola».

«Quindi l'ordine venne da fuori».

«L'ordine? Maurizio, quale ordine? Noi ordini non ne prendiamo, li diamo gli ordini. Ci conveniva a noi farlo a quel cornuto. Se poi era anche un favore, una cortesia a certi amici, meglio così. Ricordati che può venire il momento che ci presenti il conto agli amici. Basta aspettare il momento che ti viene buono».

Si sta facendo tardi e per Maurizio è ora di rientrare in carcere. La proprietaria del baretto ha rivoltato tutte le sedie sui tavoli intorno a noi, ma io ho troppa voglia di saperne di più. Cerco di andare a fondo.

«Chi la chiede la cortesia a Pippo Calderone, Maurizio, il governo degli Stati Uniti?».

«Lo sa Santapaola come sono andate le cose. Mangion è morto, ma lui è ancora vivo. Lo può confermare che l'ha messa lui la bomba. È uno ragionevole, lo Stato potrebbe trovare il modo per farselo dire. Però la tua è una domanda sbagliata. Io non ho cultura, so leggere a stento, ma in carcere ho avuto trent'anni di tempo per mettere in fila i particolari. Cosa Nostra non funziona come pensi tu, che mi fai la domanda su chi ha dato l'ordine. Non funziona come pensano certi magistrati. Lo sai cosa disse Riina quando ha cominciato a fare le stragi? “Mettiamo i paletti, non facciamo entrare nessuno, che non abbiamo bisogno di nessuno. Abbiamo tutto: arance, petrolio, tutto”».

«Spiegati meglio, Maurizio, che vuoi dire?».

«Voglio dire che per Cosa Nostra la Sicilia è la sua terra. Se la vuole prendere e la vuole comandare. Non può venire un ministro, un servizio segreto o un governo intero a dire: “Fai questo”, “Fai quello”. Certi ambienti che si parlano con Cosa Nostra possono suggerire, consigliare, mostrare la convenienza. “Questo ha rotto i coglioni”. “Sarebbe buono se questo ce lo togliamo di torno”. Così, colà, ma alla fine Cosa Nostra agisce per i suoi interessi. Se capisce che una certa cosa è utile a risolvere una situazione, la risolve. Se è anche un “favore” per un “amico”…».

«…tanto meglio».

«Esatto».

6.
«Le mie carni bruceranno se tradirò»

«Come si chiamava quel pittore che lavorava in questo posto?».

«Mario Schifano».

«E quello che hai dietro è un quadro?».

«È la tavola su cui impastava i colori per dipingere».

«Minchia, grandissima era».

«Faceva quadri grandi. Stendeva le tele su file di tavoli proprio dove sei seduto tu».

«E a lui chi glielo diceva cosa fare?».

«Era un artista, le idee erano sue; ma anche un artista può agire per necessità, perché gli commissionano un'opera o perché certi quadri si vendono meglio di altri».

«La convenienza è molto importante».

Lui e il suo avvocato sono venuti nel mio ufficio a Roma in via delle Mantellate, dopo un incontro alla direzione antimafia.

Anche i racconti di Avola non danno vita a forme precise e assomigliano a una tavolozza con macchie dilatate di colore dall'incerto impasto. Si procede, tra pause, silenzi, minacciose esitazioni, imprecisioni e salti temporali, a riempire la tela disordinatamente. A volte quella di Avola è pittura astratta, altre volte è fotografia. Altre ancora è tutte e due insieme, come in un patchwork di Mimmo Rotella. Improvvisamente è come se i muri che ci circondano sparissero nel nulla e mi sembra di essermi lasciato alle spalle qualunque suggestione pittorica. Torno a essere un giornalista e lui un testimone. Ed è come se avessimo intrapreso insieme una lunga salita sul crinale dell'Etna per riprendere Catania con un teleobiettivo.

L'inquadratura si fa più definita e appare la scogliera di Ognina e, poco distante, il Motel Agip di Marcello D'Agata. Anno 1984.

«Solo se sei uomo d'onore fai parte della famiglia».

«Come, Marcello? *Chi mi veni a diri*? Non ne faccio già parte della famiglia? Non sono nella famiglia di Santapaola?».

Come funziona Cosa Nostra proprio quell'anno lo rivela Tommaso Buscetta al giudice Falcone. Alla base delle famiglie ci sono i soldati, organizzati in decine. Il capodecina coordina gli omicidi e le azioni militari e una famiglia può avere a sua disposizione più decine. Al vertice della famiglia c'è il capofamiglia che ha un vice e un consigliere. Tutte cose che Avola non sa e che si devono imparare senza fare domande: in questo mondo le parole non servono e comunque quelli come lui Cosa Nostra non la possono nemmeno nominare.

«No, tu non fai parte della famiglia, sei solo affiliato. L'organizzazione è un'altra cosa. È una catena. Sono fra... fra...».

D'Agata balbetta se diventa nervoso, ma se deve dire e non dire balbetta di più.

«Fra... fra... fratelli di una stessa famiglia. Tu vai a morire per i tuoi fratelli e loro vanno a morire per te. La notte vi dividete il sonno. Se uno ha un problema è un problema di tutti; e tutti si devono dar da fare per risolverlo. Maurizio, devi stare molto attento! Non è che uno fa i crimini e diventa un uomo d'onore. Un uomo d'onore è un so... un so... un soldato che si batte per i suoi fratelli, non un delinquente di strada».

«Marcello, non lo sapevo che avevo tutti 'sti fratelli. Ma,

ora che lo so, è la cosa più bella del mondo. E che devo fare?».

«Ti serve un padrino».

«Ma il mio padrino tu sei: la prima persona importante che ho conosciuto».

«Io non posso fare il tuo padrino. Lo fa... fa... farei con piacere, ma c'è una persona che ti ha già scelto come figlioccio: Aldo Ercolano».

«È il mio simpaticone, Aldo, figuriamoci! Mi fa molto piacere, sono contento. Ma un padrino *chi fa*?».

«Garantisce per te. Se tu sbagli ne risponde lui».

In un casolare sperduto nelle campagne di Siracusa Marcello D'Agata, Aldo Ercolano e il capodecina si riuniscono per il "battesimo" di Maurizio. Nitto Santapaola non c'è, ma in sua rappresentanza è venuto Ciuzzu Mangion. Sembra di stare in un film. Non uno di quelli che Maurizio Avola conosce a memoria: *Napoli spara!*, *Roma a mano armata*, *Milano odia*. Un altro film mai visto prima.

«Maurizio, tira la santina di sant'Agata fuori dal mio portafogli e speriamo che è di carta. Con quella cerata senti più dolore. *Ci voli cchiù tempu* a spegnerla. Sant'Agata, patrona di Catania, è stata carcerata. Ricordati sempre dei fratelli carcerati. Non li devi mai dimenticare».

«Io non li voglio dimenticare».

«Bene, tira la carta e speriamo sia quella giusta. Se è quella cerata, il tempo che brucia ti fa un buco nella mano».

La santina non è cerata: Mangion l'ha messa apposta di carta nel portafoglio per non farlo bruciare, ma non gli ha detto niente.

«Con che mano spari?».

«Con tutte e due».

È vero: se la vittima designata gli blocca la destra, lui tira fuori l'altra pistola con la sinistra e gli spara in fronte.

Gocciola il sangue dagli indici *punciuti* delle due mani,

dalle dita che tireranno il grilletto per uccidere. Il sangue cola sulla figura di sant'Agata in fiamme e Maurizio la tiene stretta fino a quando diventa cenere.

«Giuro che le mie carni bruceranno come questa santa se io tradirò i segreti di Cosa Nostra».

Aldo Ercolano si impegna solennemente a garantire per Maurizio: se dovesse tradire sarà lui a dargli la morte. Avola sente gridare il suo nome più volte ed è come stordito dall'emozione. Gli elencano le regole: «Non si tocca la donna di un altro uomo d'onore». «Non si ruba agli affiliati». «Non si sfrutta la prostituzione». «Prometto», «prometto», «prometto», ripete in uno stato di strano torpore, come se il rito riguardasse un altro, come se a parlare fosse non lui ma l'attore di un film. Lo stanno infilando a forza in un'altra vita piena di sangue e di baci. Baci con Aldo, baci con Marcello, con lo zu Ciuzzu; baci, baci, baci con tutti i presenti. Maurizio non è più il delinquente che fa rapine, sta prendendo la laurea di Cosa Nostra. È un killer con centodieci e lode e molti baci accademici.

Da quel momento Maurizio non è più il figlio dello zio Melo del ristorante La Posada. Lo cercano tutti e si sottomettono non per paura, ma per rispetto. Vanno da lui per il furto dell'auto, una banda di balordi che chiede il pizzo, una ragazza offesa per strada. Come fanno a sapere che è cresciuto "d'importanza", che per risolvere questo e quello ti devi rivolgere a lui? Chi l'ha detto che i siciliani niente sanno di chi sono i mafiosi? Che senso avrebbe essere un uomo d'onore se nessuno lo sa? Non c'è l'albo professionale; ma gira la voce. Funziona così.

Alle cinque e trenta del mattino la Porsche cabriolet 3300 turbo di Avola si ferma in un bar a Cannizzaro per un caffè. Sta tornando da Taormina e gli manca poco per arrivare a casa. Il titolare è nuovo. Non si conoscono. Maurizio consuma velocemente, lascia mille lire sul banco, saluta e se ne va.

Il giorno dopo, davanti al Motel Agip, alle due del pomeriggio c'è una Lancia parcheggiata. Marcello D'Agata ha un'aria decisamente infastidita.

«Maurizio, c'è uno che ti aspetta dalle otto di questa mattina».

«Chi cazzo lo conosce! Vediamo che vuole».

«Signor Maurizio, buongiorno, sono il gestore del bar di Cannizzaro. Mi deve perdonare: me l'hanno detto dopo chi è lei. Non dovevo prendere soldi. Le ho mancato di rispetto. Sono venuto a scusarmi. Il bar è casa sua, ci può venire quando vuole e con chi vuole».

Scoppia una rissa e corrono a chiamarlo.

«Maurizio, c'è tuo nipote che se la sta vedendo da solo con quelli del ristorante».

Avola corre, si avvicina al proprietario e lo avverte che deve stare attento a quello che fa. L'altro, invece di sottomettersi, alza la voce.

«Tu forse non lo hai capito che non devi fare il buffone qua dentro. Siamo amici di Salvatore. Guarda dove cammini, altrimenti *ti rumpi i corna*».

«Salvatore chi? Salvatore Tuccio?».

«*Iddu*, sì».

«Allora mi devi scusare, vado e vengo».

Solita corsa in macchina e, per fortuna, Salvatore Tuccio è in casa. Gli chiede di seguirlo e quello esegue senza fiatare. Pochi minuti a tutto gas e sono nella spaghetteria. Maurizio entra per primo. Non servono parole: chi passa per primo sta sopra e quello che gli regge la porta per entrare sta sotto. Adesso tutti i presenti sanno con chi hanno a che fare e come si devono comportare. Maurizio rivolge una domanda al proprietario del bar che presuppone un'unica risposta.

«Tutto a posto?».

«Tutto a posto. Mi scusi molto. Sempre a disposizione».

Dopo che è diventato uomo d'onore, Avola viene portato a conoscere Nitto Santapaola, lo Zio, il capo supremo di Cosa Nostra nella provincia. È l'onore più grande.

Maurizio ha visto in televisione Santapaola, che è famoso come un cantante, e lo ha sempre affascinato. Avrebbe dato dieci anni di vita per incontrarlo di persona. Quando Mangion gli chiede di accompagnarlo per presentarglielo non sta più nella pelle. Lo Zio abita in un feudo di un parente del principe Ranieri di Monaco vicino a Lentini.

È un signore di campagna elegante e gentile che vive attorniato da cani. Mentre lo guarda, Avola si chiede se questa è la stessa persona che ha fatto carriera nella famiglia di Pippo Calderone con un omicidio dopo l'altro.

In realtà Nitto Santapaola è un personaggio dalle molteplici personalità: abile stratega, massone introdotto nelle stanze segrete del potere, astuto uomo d'affari, killer.

«Vieni qua, tu».

«Arrivo, *vossia binidica*».

A tutti gli altri Avola dava del tu, ma al padrino si è rivolto sempre con *vossia binidica*.

«Avvicinati, fatti dare un bacio. Chiamami "Zio Alfio", però. Il mio nome vero è meglio che te lo dimentichi. Vedi, vengo dall'orto, questi sono i miei pomodori. Senza veleni, naturali. Ti piacciono i pomodori? Se non avessi sempre tutte cose da fare, mi vedrei bene come contadino. Il sole, la terra, l'aria. Che vuoi di più?».

D'Agata ha spiegato a Maurizio che lo Zio coltiva un'altra grande passione, quella per la caccia.

«Ha messo il fucile in mano ai due figli da quando erano piccolini. Ciccio spara meglio di Enzo, ma vedrai che quello non diventa uomo d'onore».

Maurizio se ne sta muto aspettando che sia il capo a rivolgergli di nuovo la parola.

«Maurizio, vedo che parlare non ti piace. Sai sparare?».

Avola fa cenno di sì con la testa e aggiunge che ha imparato da militare.

«Hai mai sparato con una pistola di piccolo calibro?».

Di nuovo annuisce e precisa che non usa solo la 38 e la 7 e 65, ma anche la 6 e 35.

«E hai una buona mira?».

Ancora un movimento affermativo del capo e con modestia risponde che è capace di fare centro a venti metri.

«Non ci credo che sai colpire un barattolo a questa distanza con una 6 e 35, la più scema delle pistole».

«*Vossia* mi deve credere: io proprio con quella mi allenavo con mio fratello in campagna».

«Andiamo fuori. Facciamo una prova».

Escono, ma Santapaola una 6 e 35, una pistola "così da poveretti", in casa non ce l'ha, e allora lo sfida a fargli vedere con una 7 e 65 cosa è capace di fare.

Poco distante dalla casa di Lentini c'è un pozzo; uno degli uomini che gli fanno da scorta ci mette sopra una fila di bottiglie.

«E dai, spara!».

Bum! E salta la bottiglia a venti metri.

«Minchia!».

Lo Zio non nasconde la sua ammirazione. A questo punto, però, vuole vedere Maurizio all'opera col suo guardaspalle, una specie di gara improvvisata a chi prende più bersagli tirando nello stesso momento. Bum! Bum! Bum! Sparano all'impazzata.

Il ragazzo bonanima, Avola lo chiama così perché ha fatto una brutta fine, non fa neanche un centro.

«Basta così. Tutto a posto. Ma come cazzo spari Vicé! E tu, Maurizio, come minchia fai? Che c'hai *u binocolo nt'agli* occhi! Bravo! Ti volevo vedere in azione. Ma l'ho già capito da quelle due cose che hai fatto a Catania per la famiglia che a sparare sei veramente bravo».

«*Vossia binidica*!».

A questo punto Nitto Santapaola nota un particolare nell'abbigliamento del giovane che gli piace.

«Belli i tuoi stivali, Maurizio».

«Li ho comprati stamattina per venire a caccia. Nuovi sono. Che numero porta *vossia*?».

«Quarantadue».

«Allora ve li lascio e mi date un paio di scarpe vecchie per andarmene a casa».

«Grazie, a buon rendere. E adesso, scusami, ti devo lasciare che devo fare una passeggiata a cavallo».

Maurizio guarda lo Zio mentre si allontana al galoppo. Se lo aspettava diverso. Si era immaginato che un capo della famiglia fosse più simile a Francesco Mangion che a un imprenditore o a un nobilastro di campagna.

Non ha esperienza di uomini di potere. Altrimenti capirebbe che Santapaola è un animale particolare che in Italia ha trovato il clima più favorevole per riprodursi, mezzo camaleonte e mezza iena. Come chi fa fuori il leader del suo partito a cui aveva giurato fedeltà. Come chi mette col culo per terra i suoi concorrenti grazie alla politica, alla burocrazia e alla mafia. Tra un capitalista e un boss la differenza non si percepisce perché non la fa la pistola, da cui comunque lo Zio non si separa mai. Non si diventa capo sapendo sparare; ci vuole una capacità di adattarsi ai vari ambienti e una crudeltà che solo gli uomini di potere possiedono. Maurizio non ha queste qualità. Disprezza chi non è coerente e pensa che la violenza debba essere usata per scopi giusti. In quella tenuta si sente un pesce piccolo finito fuori dall'acqua e non vede l'ora di tornarsene con i suoi ragazzi. Invece gli tocca restarci quasi una settimana.

Vengono molte persone importanti a trovare lo Zio. Ogni tanto "fa un salto" un monsignore di Catania per scambiare due chiacchiere e dare qualche consiglio spirituale. Naturalmente sa che stanno cercando Santapaola per l'omicidio del generale Dalla Chiesa, ma non sembra preoccuparsene. Con quel delitto Santapaola non c'entra e il prelato può esserne certo grazie a una confessione sincera. Per le altre decine di vittime due Padre Nostro, tre Ave Maria e... tutto a posto. Maurizio lo guarda col disgusto che meritano gli ipocriti; le cose di Chiesa non lo hanno mai interessato, non ci ha mai creduto e, dai tempi delle suore, gli fanno girare le palle.

Non ne può più di preti e commercianti e delle grandi grigliate di carne e di pesce. È stufo di fare da autista a Carmela, la moglie di Santapaola, che lo costringe ad andare piano e a fare un giro lungo un'eternità per venire a trovare il marito.

Gli mancano l'azione, la strada, l'odore della polvere da sparo, le scorribande con Aldo. Continua a starsene muto in disparte.

«Non dici una parola, Maurizio! Il tuo papà è il proprietario della Posada, vero? Una brava persona. Io lo so, tutti bravi cristiani, la tua famiglia. Tuo padre, tua madre, tua sorella. Tutti bravi. Aldo li conosce *beni*».

«Sicuro, *vossia*».

«Dice che *veni* di notte a mangiarsi le polpette dal frigorifero, che ti porta papà dal ristorante. È vero?».

«Aldo può fare quello che vuole *rintra a* casa mia».

«E 'a pizza è buona? Pure 'a pizza si viene a mangiare da te alle due di notte?».

«Mio padre me la porta. Prima di chiudere il locale, fa fare l'ultima pizza e me la porta. Ma *vossia comu u sapi*?».

«Io so tutto, caro Maurizio, tutto. Com'è andata la storia che tu scappi e Aldo, invece, l'hanno arrestato?».

Maurizio l'ha scampata per un pelo. Avevano appena ammazzato una "merda" di una banda rivale e si sono appostati per "fare" il suo compare. All'improvviso arriva una volante e scappano. Avola con la sua macchina corre via velocissimo e fa in tempo a liberarsi delle armi lanciandole fuori dal finestrino: due pistole e un fucile che dopo riuscirà a recuperare. Aldo lo segue su un'altra macchina e lo prendono. Ha con sé una 7 e 65 col silenziatore. I giornali scrivono: «Può essere l'arma che ha ucciso Pippo Fava». È simile, ma non è quella.

«E non è stato lui a fare Fava, vero? Mio nipote non ha sparato a Fava. Non è stato lui».

Maurizio inizialmente non risponde alla domanda di Santapaola. È in imbarazzo: non può mentire al capo, ma allo stesso tempo non vuole tradire la fiducia dell'amico. Santapaola è "la testa dell'acqua", ma Aldo è diverso: gli piacciono i soldi, è bravo a farli fruttare, ma non fa tutti quei salamelecchi e quei giri di parole come lo Zio; non spreca il fiato, non si dà arie da grand'uomo. Semplicemente, con Aldo, in sua presenza o in sua assenza, non ti puoi permettere sbagli. Di che tipo? Di tutti i tipi. Una parola scappata per caso e, al tempo giusto, ti spara in testa. Ma anche Nitto Santapaola non scherza con chi non si sa comportare, tanto che Maurizio pensa: "Qui come dico sbaglio". Per fortuna arriva Francesco Mangion.

«Guarda che lo Zio lo sa come sono andate le cose, chi c'era e chi non c'era. Lo sa molto bene».

«Ah, caro mio, io so tutto. Tu e Aldo una cosa sola siete. Bravo picciotto! Però la prossima volta se ti chiedo qualcosa, rispondimi subito, mi raccomando. Attento a quello che fai e attento a quello che non dici».

7.
«Due notti in quel caveau»

«Vuoi capire perché ho preso la strada che ho preso? Allora dobbiamo fare un passo indietro.

Confondere un rapinatore con uno scippatore è sbagliato. Gli scippatori sono lo scarto dell'umanità. Se lo Stato ci dava l'incarico alla famiglia Santapaola di risolvere il problema degli scippi, li seppellivamo tutti in una settimana».

La mamma di Aldo Ercolano è in macchina, guida procedendo a passo di lumaca nel traffico congestionato. Il caldo è opprimente e ha il finestrino aperto. Improvvisamente un motorino con due giovani fa una manovra brusca e si accosta alla portiera; una mano afferra violentemente il braccio della donna e le sfila l'orologio dal polso. È un Baume & Mercier che le ha regalato il figlio Aldo.

La donna cerca di divincolarsi dalla stretta che continua a trattenerla, una faccia giovane e feroce s'introduce all'interno e le fiata sul collo. Urla dal dolore quando dita agilissime le strappano violentemente gli orecchini. È un attimo e il motorino sparisce nel traffico.

Il giorno dopo Aldo ha gli occhi pieni di sangue.

«Li dobbiamo scannare, Maurizio. La devono pagare».

«Aldo, prima dobbiamo capire chi è stato, chi sono».

«Trovali tu! Hai capito? Li devi trovare! Senti a tutti. Cerca a quelli che comprano la merce e fatti dire i nomi. Se non parlano, torturali. Fai quello che vuoi, ma trovali!».

Maurizio per prima cosa va da un ricettatore della sua zona che già altre volte ha fatto di testa sua e non ha rispettato le regole.

«Mi devi dare notizie».

«Cercale da un'altra parte le notizie. Io non so niente».

Bum! Un uomo di merda di meno.

Dopo giorni di indagini nei vari quartieri i sospetti si stringono intorno a due giovani che di solito lavorano in coppia. Pinuccio Di Leo, il braccio destro di Maurizio, li incontra e mostra loro un anello con brillanti molto prezioso.

«Ne ho parecchi nascosti. Venite a vederli. Se mi aiutate a piazzarli, vi lascio il dieci per cento».

L'appuntamento è in una vecchia casa diroccata, i giovani ci arrivano convinti di dover periziare un bottino. Aldo e Maurizio sono già in agguato. Appena entrati, i due scippatori sentono il freddo delle canne delle pistole sulla nuca.

«Accomodatevi!».

Li legano su due sedie, uno accanto all'altro, e gli fanno il racconto minuzioso del furto subito dalla madre di Aldo. I ragazzi lo seguono con gli occhi sbarrati. Giurano e spergiurano di non saperne niente.

«Sulla testa dei nostri figli, ci dovete credere!».

Aldo prende una cordicina e la gira intorno al collo di quello che sembra meno spaventato. Per stringere la garrota improvvisata usa un legnetto; fa diversi giri.

L'altro non resiste allo spettacolo dell'agonia del compagno. Comincia a piangere. Chiede pietà e continua a strillare che non sa niente, che hanno sbagliato persone. C'è una garrota anche per lui e Aldo l'aziona con un certo piacere. Maurizio si mantiene distante. È poco convinto.

Il giovane implora una pausa.

«Posso chiedere una cortesia?».

«Parla».

«Me la fai fare una preghiera?».

«Aldo, che dici? La può fare una preghiera?».

«E fallo pregare *stu curnutu*! In ginocchio devi pregare! Fumati pure una sigaretta!».

«Aldo, io *aiu* figli, famiglia, te lo giuro, *nun sacciu nenti*».

Ercolano lo strangola mentre sta chiedendo pietà in ginocchio. Gira il legno fino alla fine. Poi, alla stessa maniera, chiude i conti anche con l'altro che agonizzava. Gira il legno e si ferma solo quando non respira più.

«Due scippatori di Picanello vengono a trovarmi a casa mia.

"Ercolano ci sta ammazzando a tutti. C'è il terrore a Catania. Che dobbiamo fare? Se sapevamo qualcosa, te lo giuriamo sui nostri figli, correvamo a dirtela. Ma non sappiamo niente. Maurizio, *c'amu a fari*?".

"Cambiate aria, è un'epidemia!".

E gli ho salvato la vita. Io ho cercato sempre di essere preciso. Deve morire chi deve morire e non un altro al posto suo. Per me questo valeva anche per uno scippatore. Aldo non la pensava così: "È meglio per tutti se li togliamo di mezzo" diceva.

Io non ero d'accordo con Aldo: quando dai la morte, devi essere sicuro di fare la cosa giusta. Al cento per cento».

Per Avola le regole erano sacre e dovevano valere per tutti, anche per gli scippatori. Non era un comportamento da Cosa Nostra far strage di poveracci, per quanto fastidiosi. Chi ruba per necessità dovresti aiutarlo; altrimenti lascialo sopravvivere. Gli uomini d'onore dovrebbero avere più umanità della gente qualsiasi. Aldo dunque sbagliava, ma certi sbagli forse erano dovuti alla prepotenza con cui stabiliva l'ordine o al carattere, a una certa naturale ferocia che lo contraddistingueva. Tuttavia, Maurizio non si sentiva all'altezza di contrariarlo: in fondo restava pur sempre il suo modello di vita, il suo comandante.

«Dopo lo scippo alla madre di Aldo vengono fatti fuori sette giovani rapinatori di strada. Tutti innocenti. A Catania regna il terrore nei quartieri popolari. Anche a mia moglie scippano la borsa alla Fiera».

«Che fate? Sono la moglie di Maurizio Avola!».

«Salutacelo, tuo marito!».

Appena lo sa, Maurizio si arma e corre. Vedendolo, i venditori si spaventano e chiamano la polizia: non si sa cosa può accadere durante una sparatoria, e spesso sono gli innocenti a rimetterci la pelle. Comunque, gli stessi commercianti che hanno lanciato l'allarme, per non correre altri rischi, lo avvisano che stanno per arrivare i poliziotti.

«Guarda che c'è uno strano movimento, ti aspettano, fai attenzione».

Due uomini in divisa lo fermano al bar della Fiera.

«Che ci fai qui?».

«Prendo un caffè, lo volete? Tre caffè, per favore».

«Non siamo qua per prendere il caffè».

«Ma non lo dovete dire a me, ditelo al padrone del bar cosa volete. Oppure è da me che cercate qualcosa?».

«Girano brutte voci».

«Allora scappo, mi metto in salvo, non voglio correre pericoli. Arrivederci appunta'! Grazie molte».

Dopo sei mesi Ercolano passa al Motel Agip per chiedere come è andata a finire. Non ha dimenticato l'episodio.

Ma la sua richiesta di informazioni presuppone una sola risposta.

Maurizio non perde tempo. Conosce i nomi degli scippatori di sua moglie; si procura le ultime notizie necessarie e si organizza con Pinuccio Di Leo.

«Li abbiamo uccisi al volo. Non hanno avuto nemmeno il tempo di chiedere scusa. E abbiamo chiuso la pratica».

Nel "rigore" di Avola ci sono molte contraddizioni. Per esempio insiste nel dire che, a parte accompagnare Mangion a Malta, con la droga non ha mai avuto a che fare. È la verità?

«Mi fa schifo. Chi vende eroina o cocaina è un infame. Uno che ammazza gente innocente e gira gli occhi da un'altra parte. Io lo guardavo negli occhi quello che dovevo ammazzare. Gli davo la morte, non gliela vendevo. Uno spacciatore è uguale a una femmina che tradisce. Come fa a guardare in faccia il marito e i suoi figli? Li ha insultati, li ha offesi, gli ha rubato l'onore per sempre».

Durante una delle sue carcerazioni, nella sua stessa cella c'è un detenuto per traffico di stupefacenti. Legge una lettera della moglie e dei figli e piange. Non riesce ad alzare gli occhi, li tiene incollati a terra senza avere il coraggio di guardare i suoi compagni di prigionia. Né di leggere ad alta voce quello che gli hanno scritto i suoi familiari: «Ci fai ribrezzo. Tu per noi sei già morto e noi siamo morti per te».

Certi suoi racconti mi stupiscono. Quello di cui parla Maurizio era il codice d'onore antico di Cosa Nostra, il codice di don Corleone nel film *Il Padrino*. Poi, come ci ha spiegato Tommaso Buscetta, i soldi hanno cominciato a valere più dell'onore e quel codice non è più esistito. Per Avola forse il denaro non aveva importanza, ma per Santapaola ne aveva, eccome.

«E come li ha fatti i soldi Santapaola? Anche con la droga, te lo dico io».

«Tu sei un giornalista e, come tutti i giornalisti, guardi a Cosa Nostra da lontano. Pensi di capire quello che non capisci. Buscetta la storia l'ha raccontata come voi la volevate sentire raccontata. A Buscetta faceva schifo la droga? Io non credo. Sono proprio le famiglie palermitane a cui era collegato lui che campavano con la droga. A me fa schifo la droga. Questo è sicuro. Però, quanti sono quelli che la cercano, che ne hanno di bisogno? Milioni. Se una famiglia non gestisce un mercato con tanti soldi, sai che succede? Crescono d'importanza le altre famiglie e, prima o poi, perde il controllo della situazione. Santapaola non si sporcava le mani con lo spaccio. Investiva nel grande traffico all'ingrosso. E non lo faceva di persona. Ci pensava Francesco Mangion. U zu Ciuzzu costruiva gli affari dei grandi carichi con la 'ndrangheta dei De Stefano. Lo Zio i fidati li lascia liberi di decidere. Puoi scegliere se sporcarti le mani oppure no. Ma devi avere il suo permesso. Da parte sua ci mette i *picciuli* e aspetta che ne tornano a casa dieci volte tanti».

«Come fossero azioni in borsa?».

«Esatto. Azioni con cui non puoi perdere ma solo guadagnare».

Ma allora è incredibile che si scagli contro i piccoli spacciatori. Come fa uno che ha ucciso ottanta persone a pensare che lo spaccio di droga sia più grave di tutti i morti che ha fatto lui?

«Per chi fa parte di Cosa Nostra uccidere un nemico è giustizia, non è disonore. Se ammazzi nemici importanti il tuo onore aumenta. Più ne uccidi, più cresci d'importanza e più grande è il tuo onore. Uccidevo per la famiglia, non tanto per uccidere. La famiglia deve stare in sicurezza. È una necessità. Come uomo d'onore ti senti un giudice: assolvi e condanni».

«Santapaola era il giudice, non tu. Tu eseguivi i suoi ordini. Eri un semplice esecutore, un killer».

«È il tuo modo di vedere le cose, questo».

«Ma se tutti gli omicidi che fai li deve preventivamente sapere il capofamiglia! Non è così?».

«Non è vero nemmeno questo, certi pezzi di merda li puoi ammazzare senza chiedere il permesso. Lo dici dopo al capofamiglia che li hai fatti. Sono vite che appartengono a te. Decisioni personali».

Gli omicidi sono atti di giustizia, sentenze alle quali non ci si può sottrarre. Non si sfugge a Cosa Nostra. Con lo Stato italiano puoi farla franca, fabbricare prove false, comprare giudici e testimoni. Con Cosa Nostra no. La giustizia dei tribunali è lenta, completamente sorda ai richiami della povera gente, le leggi sono scritte per favorire i ricchi e i potenti. Cosa Nostra, che tu sia povero o facoltoso, farà comunque di tutto per mettere le cose a posto in tempi che non sono infiniti. Non è lo Stato, che mette le regole e poi le rispetta chi vuole. Non è la Chiesa, dove ti confessi, reciti il Mea Culpa e te ne vai in pace. È un'organizzazione inflessibile. La pena è sicura e la condanna non sarà mai cancellata. Si può scontare subito o vent'anni dopo, ma non cade mai in prescrizione. E ci vorrà solo un attimo per darti l'estrema unzione.

Così la pensa. Ma cosa sono questi omicidi "personali" di cui parla?

Maurizio, Stefania la conosce al bar. È una ragazzina di soli quattordici anni, una bambina che si comporta come una donna. Gli ha chiesto diverse volte un passaggio.

«Ti dispiace accompagnarmi?».

È molto carina. Nel tragitto verso casa gli parla di tante cose.

«Sei gentile, Maurizio, mi piace confidarmi con te».

Lui la spia: il trucco, i tacchi, la malizia con cui lascia scoperte le gambe. È bella e provocante e per lui sarebbe assai facile approfittarne.

«Io qua non ci resisto, me ne voglio andare via».

«E dove vuoi andare?».

«A Milano, da mia sorella».

«Ma tua sorella non ha soldi. Scappi di casa e come fai a mantenerti?».

«Faccio la prostituta. Metto da parte i *picciuli* e cambio vita».

Prostituta. Maurizio odia quella parola, gli viene il sangue al cervello a sentirla da una bambina. La colpisce in faccia violentemente con un ceffone e spalanca lo sportello della macchina.

«Vattene a casa e non ti far più vedere da me».

Stefania scende piangendo dall'auto e s'incammina, sparendo con la gota ancora rossa nella sua solita vita.

Passa accanto ai cassonetti che traboccano di spazzatura, a palazzoni tristi, con panni stesi ad asciugare ancora più tristi, ai ragazzini che inseguono il pallone urlando e a un carretto di frutta che strilla annunci incomprensibili attraverso un altoparlante scassato.

Ricompare un paio di volte al Motel Agip, ma a Maurizio non chiede più niente. Lo guarda da lontano con aria triste. Poi sparisce nel nulla.

Una sera *Chi l'ha visto?* mostra la sua foto e la famiglia che la sta cercando lancia un appello disperato. Trascorrono due anni senza notizie e senza nessuna segnalazione, finché al bar del Motel Agip si presenta un ragazzo del gruppo di fuoco che Avola ha formato per la famiglia Santapaola, Pippo Crisafulli.

«Maurizio, lo sai che dice 'sto Samuele Ventura?».

«Chi, quello che vuole affiliarsi con noi?».

«*Iddu.* Si vanta che ha ammazzato quella ragazzina di San Giovanni Galermo che veniva qua e parlava sempre con te. Come si chiama...».

«Stefania?».

«Sì, Stefania. Dice che lei non voleva e lui l'ha violentata. Le ha fatto di tutto e poi ha tagliato il cadavere a pezzi. L'ha buttato in un pozzo vicino a Lentini».

«L'ha uccisa senza autorizzazione nostra?».

«Così si vanta».

Un giovane che lavora sulle ambulanze pochi giorni prima si era venuto a lamentare con Avola del comportamento di Samuele Ventura.

«Abita vicino al deposito; gli danno fastidio le sirene. Si lamenta, minaccia. Gli ho detto che per lavoro le dobbiamo usare per forza. Siamo obbligati. E lui e un suo amico mi hanno massacrato di botte».

A questo punto, per Maurizio, Ventura è campato già troppo: anzi, sarebbe stato meglio per lui non nascere. Quella ragazzina indifesa gli torna in mente di continuo. A farlo ci manda Licciardello. Lo aspettano sotto casa di sua suocera, lasciano che salga in macchina e che si avvii. Poi lo affiancano e Licciardello gli scarica addosso tutto il caricatore della 7 e 65.

«Questo è per Stefania, cornuto!».

Il giorno dopo Maurizio va da Ercolano a dirgli che "si è permesso" senza autorizzazione di decidere l'omicidio.

«Ma quale autorizzazione! Questo è un pedofilo di merda. Non ci vuole nessuna autorizzazione!».

Lo Zio conferma. Per Cosa Nostra seviziare una bambina, vendere la droga o sfruttare la prostituzione sono cose da topi di fogna.

«Quando sento da Santapaola queste precise parole sono veramente orgoglioso di far parte della famiglia!».

Per tutta la vita ho sognato uno Stato che combatta l'illegalità dando a ognuno la possibilità di avere un lavoro e una vita decente. Se tutti avessero da mangiare in abbondanza e i soldi per non fare una vita da schiavo, non sono certo che ci sarebbero ancora le rapine.

«Le rapine ci saranno sempre. Non si fanno per necessità. La maggior parte delle volte sono i ricchi che rapinano i poveracci».

Il pensiero di Avola è elementare ma profondo. Perché chi sta sotto dovrebbe accontentarsi, se chi sta sopra non si accontenta mai? Rapinano i finanzieri, i banchieri, gli usurai, i costruttori, i politici. Dunque c'è chi lo fa impugnando una pistola e chi invece agisce con regolari permessi e la carta bollata.

Tra le due categorie, chi mette in gioco la sua vita, armi in pugno, è più coraggioso. Morire o andare in galera, infatti, sono prove che non tutti hanno le palle di affrontare;

non sono esami come quelli scolastici, che sembrano pensati apposta per bocciare quelli come Avola. Chi li supera ha il diritto di considerarsi superiore.

Maurizio non ha letto il *Decamerone* di Boccaccio, né ha visto il film di Pier Paolo Pasolini, ma sa per esperienza che all'origine dell'accumulazione della ricchezza c'è un atto violento; che ci si fa mercante sfasciando la testa a un passante per prendergli la borsa con le monete d'oro. Non tutti i ricchi lo hanno fatto. I loro padri, o i padri dei loro padri, sì.

Per Avola, chi pensa che esista il piacere dell'onestà, che sia meglio restare in eterno tra i perdenti e svegliarsi ogni mattina alle sei per fare granite e gelati, è un illuso. La verità è una sola: "rapinare è meglio che essere rapinati".

Il bottino della rapina al Monte dei Pegni di Foggia sono dieci miliardi di lire. Da dividere in dieci quote di un miliardo ciascuna tra i cinque esecutori materiali, le due guardie giurate, il basista interno, Nitto Santapaola e Carletto Campanella, che dal carcere ha studiato il piano. La famiglia, però, è la famiglia, e il benessere della famiglia si condivide. Le due quote di Maurizio Avola e di Santapaola si fanno in quattro e, in questo modo, anche D'Agata ed Ercolano avranno i loro cinquecento milioni ciascuno.

L'idea del Monte dei Pegni è venuta a Campanella. Scarface conosce in prigione un ladro professionista, niente a che vedere con Cosa Nostra, un "cane sciolto" specializzato nei furti di alto livello. E i due entrano in confidenza.

«Carletto, non so cosa fare, tra poco esco di qui e c'è mia moglie che mi rompe i coglioni che le servono soldi».

«Uguale identica alla mia. Io una soluzione da proporti ce l'avrei: hai mai sentito parlare del Monte dei Pegni di Foggia? Lì di soldi ce ne sono tanti e, se ci organizziamo, possiamo andare a raccoglierli con la pala. È un colpo facile e io ho il piano perfetto. Ma serve aiuto per portarlo a termine. Se ti può interessare te lo spiego e, quando esci di qua, vai al Motel Agip da Marcello D'Agata. Di' che ti mando io. Ci penserà lui a darti tutto l'appoggio».

Campanella sa che Marcello è cresciuto d'importanza da quando era il suo guardaspalle e l'ha scampata perché quando sono arrivati i carabinieri non c'era, non era il suo turno di lavoro. Da allora molta acqua è passata sotto i ponti, ma in ricordo dei vecchi tempi farà quello che deve fare.

Al bar del Motel Agip, D'Agata, mentre sorseggia lentamente il caffè, spiega a Maurizio che hanno per le mani una grande occasione di far soldi senza ammazzare nessuno.

«Ci sono ladri molto bravi che non sono affiliati, sono ladri e basta. Hanno una macchina speciale, una "carota", che fa i buchi dentro le camere blindate. Il ca... ca... capo è un grande professionista. È venuto a parlarmi ieri. Me l'ha mandato Campanella. Ci servono soldi a tutte e due. Possiamo fare un... un... un furto grosso a Foggia. Se riusciamo a entrare dentro 'sto caveau del Monte dei Pegni, *pigghiamo* tan... tan... tissimo oro. E ci vuole qualcuno dei nostri per fare bene l'ope... ope... l'operazione».

Marcello non può decidere da solo su un affare così grosso, deve chiedere l'autorizzazione a Ercolano, che ne deve parlare con Santapaola. Aldo porta a termine la missione e torna al solito bar dove li trova sdraiati come leoni all'ombra, a bere birra attorniati dai loro cuccioli.

«Maurizio, perché non ci vai tu? *C'abbuscamo* i soldi».

«Io se ci devo andare ci vado, ma di furti niente *saccio*, solo rapine so fare».

«No, Maurizio, è facile: si fa un buco e si entra nel caveau; te lo spiego io come si fa».

La parola caveau deve essere magica perché Marcello non ha tartagliato nemmeno un po' e, avendo preso la rincorsa, ormai non si ferma più.

«Maurizio, perché non fai il trascinatore? C'è una macchina nuova, per bucare le pareti blindate».

«Bello! Mi entusiasmano tutte 'ste cose strane».

Un killer come Avola a fare rapine ci va per divertirsi, per rilassarsi, per liberarsi della tensione che gli ammazzamenti gli lasciano addosso: «Come se ti vesti per andare a ballare». Inoltre, una rapina fa simpatia a tutti. Chi ammazza è sempre odiato. Chi ruba a una banca diventa un eroe popolare, una leggenda. La gente ne parla con affetto e ammirazione, lo ama come un attore del cinema.

Tecnicamente parlando, però, a Foggia si tratta di fare un furto, e c'è una bella differenza tra un furto e una rapina. La rapina è una scarica concentrata di adrenalina che, quando va per le lunghe, dura una quindicina di minuti. Per fare un furto ci vogliono ore, a volte giorni. È una faticaccia che assomiglia a quella di chi butta il sangue in miniera, si resta chiusi dentro un cunicolo dal quale non si può scappare.

«Poi se non te la senti...».

Al momento giusto Aldo ha usato furbescamente l'arma che serve a dare ad Avola la spinta finale: metterne in dubbio la capacità di portare a termine un piano alla perfezione. Il tiratore infallibile che colpisce il bersaglio a venti metri con una pistola da sfigati ha forse paura di infilarsi in un cunicolo?

«Alla fine, accettare non mi costa molto. Il furto non è un omicidio. Il rischio è più basso: se ti prendono, in carcere ci stai qualche anno, non buttano via le chiavi».

Così Maurizio acconsente e mentalmente raccomanda a se stesso di prenderla come un passatempo, col gusto di una nuova esperienza.

«Tutto a posto. Vado a farmi 'sta gita. Aldo, hai presente quelli che per liberarsi la mente cucinano? Preparo un piatto nuovo per la famiglia».

Marcello D'Agata ha già stampato la ricetta con tutti gli ingredienti e comincia a esporli uno per uno. Come è fatta la città di Foggia, dove si trova esattamente il Monte dei

Pegni e, dulcis in fundo, descrive un gruppo di certe case vecchie, praticamente dei ruderi, da cui bisogna passare per arrivare al caveau. Avola assorbe come una spugna ogni dettaglio.

«Scusa, Marcello, ma tu come fai a sapere che da dietro a 'ste case ci sta il caveau?».

«Lo sa Carletto Campanella. Ci ha già fatto una rapina a quel Monte dei Pegni».

In pratica, Campanella ci si era imbattuto per caso mentre si muoveva velocemente per prendere soldi dovunque li trovasse e scapparsene via.

«In quelle situazioni non è che ti puoi mettere a tirare fuori la roba da un caveau, altrimenti è un casino».

Scarface, in quella circostanza, non aveva preso niente dal caveau. Come avrebbe potuto trasportare tutto quel ben di dio? Bisognava organizzarsi bene. Quando l'hanno arrestato aveva appena finito di stendere il piano. Dietro al Monte dei Pegni c'era una palazzina bombardata durante la guerra, un rudere rimasto fermo a quel tempo. Dopo qualche prudente sondaggio commissionato a gente esperta e di fiducia, Carletto aveva raggiunto la sicurezza assoluta che l'edificio in rovina era praticamente attaccato al caveau.

«Ma io te lo dico prima, Marcello: non sono capace a fare buchi come un muratore. Le rapine sono un'altra cosa, si fanno con la pistola, non con la trivella!».

«Quei ragazzi, ci pensano lo... lo... loro a fare il lavoro pesante; ma si spaventano a fare il colpo senza la famiglia che li protegge. È una cosa importantissima un caveau in un'altra città, non la può fare gente qualsiasi».

Una ventina di giorni prima del furto vanno a Foggia per un sopralluogo. Entrano nella palazzina abbandonata alle spalle del Monte dei Pegni e cercano di individuare l'esatta posizione del caveau con un saggio più sofisticato, utilizzando sonde, trapani e fili d'acciaio. Finalmente toccano la parete di cemento armato che protegge la stanza blindata. Campanella aveva ragione e Avola riesce a individuare il punto dove bucare il muro per arrivare al caveau. Ma a che altezza spunterà la loro galleria? Saranno più vicini al pavimento o al soffitto?

La squadra che parte da Catania con un camper comprende anche un "allarmista", Alberto Torre, proprietario di un'azienda specializzata in sistemi elettronici. Il suo compito principale in questo caso non è disinnescare un impianto, ma far arrivare la corrente elettrica indispensabile per azionare la macchina fino al punto in cui si dovrà scavare. Una volta sul posto si attacca a un palo della luce e tira un filo che attraversa la palazzina abbandonata e continua nel cunicolo dello scavo. Sono pronti a entrare in azione.

Il venerdì sera "la carota" comincia a trivellare e fa un buco con un diametro inferiore a mezzo metro. Ma la banda è composta da personaggi bene in carne, nessuno dei quali riesce a infilarsi nel buco. Tranne Avola, l'unico che porta la taglia 42 e ha un bacino esattamente di quarantadue centimetri.

«State fuori che io solo ci posso passare *rintra a 'stu buco*».

S'infila molto a fatica in quel pertugio. Striscia come un serpente. Si graffia in ogni parte del corpo. Suda maledettamente. Soffre. Bestemmia. Maledice il momento che ha accettato il lavoro. Lui che non sopporta costrizioni e non accetta di farsi massaggiare da una donna. A metà strada gli manca il respiro e si sente soffocare; ma è così difficile tornare indietro che chiude gli occhi e va avanti.

Si ferma una mezz'ora per riposarsi. Dal borsone che spinge davanti a sé tira fuori una bibita e un panino. Come un operaio, un piastrellista o un idraulico in un cantiere. Altro che rilassarsi! Si è infilato in uno dei suoi incubi notturni e il mattino non arriva mai.

Un ultimo tratto breve è il più faticoso. Finalmente l'ultimo pezzo di muro crolla e si trova a guardare il caveau come da una finestra che affaccia su una specie di cimitero ordinato in file di loculi di cartone. Non ci sono ancora le cassette di sicurezza, ma solo scatole con l'elastico e il nome. Un'immensa disperazione ordinata dalla A alla Z. E dentro le scatole, Avola, che si è calato all'interno con una corda lasciandosi scivolare sulla parete di acciaio, scopre ammucchiate bustine di plastica con una fede, una catenina della prima comunione, una medaglietta d'oro con la Madonna.

«Ci resto due notti in quel caveau, venerdì e sabato».

Senza fretta, porta sul pavimento tutti i contenitori, toglie gli elastici a uno a uno, sceglie le bustine di plastica con oggetti d'oro o che sembrano contenere i gioielli più preziosi. Riempie dodici sacchi di iuta. Dodici sacchi ricolmi d'oro.

Con il primo ha sbagliato: lo ha riempito troppo. L'oro è come il piombo e il sacco pesa così tanto che non riesce neppure a smuoverlo. Senza agitarsi, ricomincia da capo e distribuisce il peso in ogni sacco con estrema precisione. Si considera soddisfatto del lavoro e si complimenta con se stesso.

«A posto così. Tutto a posto».

Poi lega un sacco alla volta, si solleva verso il buco e lo porta fuori strisciando. Il buco non fa più paura. È diventato un utero accogliente. I complici caricano sul camper i dodici sacchi di iuta. Ottocento chilogrammi di momenti felici liberati dalla tristezza di quelle scatole di carta in cui erano stati imprigionati. Stanno per trasformarsi in dieci miliardi e cinquecento milioni di lire in contanti e andare incontro a un'altra vita. Tra i gioielli c'è quel Baume & Mercier che Ercolano regalerà a sua madre e che costerà la vita a sette scippatori. Un orologio che non ha mai portato bene.

Accendono il motore e se ne vanno. Senza sgommare, senza correre, mentre dalle finestre arrivano, confusi ai suoni delle trasmissioni della domenica, i risultati delle partite di calcio.

«I ladri nei giorni di festa lavorano di più».

Un furto non è divertente come una rapina, ma non c'è paragone con la fatica che si fa ad aspettare qualcuno delle ore per ammazzarlo. Mentre si allontanano dal Monte dei Pegni, Maurizio improvvisamente sente l'odore del sangue e non si spiega il perché. Nella camera blindata è rimasto parecchio oro, bustine di plastica sparse sul pavimento. Tutte quelle scatole gli hanno lasciato addosso lo stesso odore dei suoi morti.

«Scendiamo subito a Catania. Prima di partire, se la devo dire tutta, Aldo Ercolano mi ha detto di chiamarlo appena traghettiamo e arriviamo a Messina».

«Quando lasci il traghetto, telefona. Saliamo, li ammazziamo e dividiamo tutto noi».

È già successo quando hanno ucciso gli spacciatori che Maurizio non era d'accordo. Infatti è corso da Marcello a dirgli che assolutamente quei ragazzi non si dovevano toccare. Sono ladri, come lo era lui, non hanno violato nessuna regola, non devono essere uccisi.

«Porta i soldi a casa e fa' quello che vuoi. Però con Aldo devi stare attento. Quando non obbedisci è pericoloso».

Avola non si è spaventato e ha seguito il consiglio di D'Agata. Ha mantenuto i patti con i ladri e ha diviso il bottino a casa del capo della banda. Gli ha offerto da bere e lo ha abbracciato come si fa con un amico che non sa di essere vivo per miracolo. Quando è tornato a Catania, Maurizio ha dovuto inventare una scusa.

«Aldo, possiamo accontentarci: ottanta chili a testa di oro. Minchia, ti rendi conto? Dovevamo fare presto a trasportarli. C'erano troppi movimenti di polizia a Messina. Non ho trovato a portata un telefono buono per chiamare e non volevo perdere tempo».

Ma un dubbio ormai si è fatto strada e riguarda Aldo. Non gli piace per niente e non riesce a toglierselo dalla testa. Che cazzo di Cosa Nostra è quella che ammazza per soldi? Che cazzo di famiglia è quella che applica le regole solo quando le fa comodo e non si preoccupa del bene di tutti? Non può essere che Aldo, il suo mito, lo deluda così. Ci deve essere qualcosa che gli sfugge, che non ha ancora capito.

Passa qualche giorno e Avola porta di persona a Nitto Santapaola la quota che gli spetta della rapina. Non ha avuto il tempo di togliere gli oggetti dalle bustine.

«*Vossia* mi deve scusare».

«Non c'è problema, per me è un divertimento aprirle».

Lo Zio, come fa un bambino con le figurine dei calciatori, tira fuori i gioielli a uno a uno e li osserva con grande attenzione, facendo mentalmente un calcolo sul loro valore. Se potessero parlare, gli sputerebbero in faccia.

Chi compra quell'oro lo trasforma in lingotti. Ercolano a Napoli piazza la sua quota a quattordicimila lire al grammo, Avola vende la sua a diecimila.

«Non so fare affari e non me ne frega niente».

La verità è che ha molta fretta di sbarazzarsi di quegli oggetti. Non lo ammetterà mai, ma non gli piace portarsi in tasca i suoi rimorsi. Comunque, gli restano cinquecento milioni da scialacquare.

«Una casa a Ognina-Scogliera costa quattordici milioni. Mio padre ne ha comprata una a testa per i tre figli a quel prezzo. Io i soldi li spendo tutti e non ne compro nemmeno una».

8.
«Cosa Nostra porta l'ordine»

Maurizio ha perso tutto quello che aveva: la moglie, di cui rifiuta di parlare, la famiglia, i soldi, il potere, gli amici. Ma niente gli manca quanto il rispetto dei suoi ragazzi.

«È difficile spiegarlo a un giornalista o a un magistrato che sono nati rispettati».

Avola il rispetto se l'è dovuto conquistare ammazzando. Arrostendo il pesce sulla griglia non ci sarebbe mai riuscito.

«Il disordine? Chi vuole il disordine? Cosa Nostra porta l'ordine, non il disordine. Nella zona di Ognina e Picanello le cose non sono mai state così ordinate come quando comandavamo io e i miei ragazzi».

Da quando ha preso il comando militare del gruppo, le cose sono cambiate a Ognina-Picanello. "I ragazzi" non sono più delinquenti di strada, spacciatori di droga, ladruncoli; sono killer specializzati, ma questo alla popolazione non provoca alcun fastidio.

Ha educato bene i suoi ragazzi. Per vivere tranquilli basta rispettare le regole e obbedire a un manuale non scritto di pochi articoli facili da mandare a memoria.

Il primo: non si deve pronunciare il nome di chi comanda invano.

«Maurizio, lo conosci Puglisi? Va a dire in giro che è compare di Nitto Santapaola».

«Per me 'sto Puglisi non vale il prezzo della pallottola.

Ma tu devi fare esperienza e può essere una buona occasione. Vediamo se sei capace. Mi faccio dare il permesso da Aldo e lo fai».

Il giovane apprendista killer entra con un casco da motociclista all'interno del ristorante dove Puglisi sta cenando con la sua famiglia. È la prima volta che spara per uccidere. Punta la pistola verso l'obiettivo. Bum! Bum! Bum! La mano gli trema e i colpi della 38 non raggiungono il bersaglio.

I commensali che, all'apparire del ragazzo armato, si erano tuffati precipitosamente sotto i tavoli terrorizzati, capiscono che è un pivellino inesperto e decidono di reagire. Gli lanciano addosso tutto quello che hanno a portata di mano: piatti, bicchieri, coltelli e maccheroni alla Norma. L'apprendista killer scappa e viene bocciato. Puglisi non evita la condanna a morte, che è solo rinviata di qualche giorno. Bum! Tutto a posto.

Il secondo articolo del manuale recita: chi comanda è uno solo (e si deve sapere chi è).

Tre giovani laboriosi fondano una cooperativa per fare lavori di giardinaggio. Un giorno si presenta loro un tale Pistorio e li minaccia pesantemente, costringendoli addirittura ad assumerlo. Passa poco tempo e pretende di prendere le redini della società. I giardinieri sono disperati e decidono di cercare qualcuno in grado di dar loro una mano. Nel palazzo in cui ha sede la cooperativa, all'ultimo piano, c'è una persona molto riservata che esce raramente.

«Vorremmo chiedere un consiglio, permettete?».

«Se posso essere utile».

Lo sconosciuto è nientemeno che il boss Iano Ercolano, latitante e zio di Aldo. Non lo sapevano chi era; ma qualcosa devono averla immaginata se si sono rivolti a lui e non al locale commissariato.

Per rispettare e far rispettare il secondo articolo del manuale bisogna innanzitutto evitare gesti impulsivi e capire a chi "appartenga" Pistorio.

Il latitante, Iano Ercolano, il manuale lo conosce molto bene e sa esattamente come si deve comportare. Non vive nascosto in un sotterraneo e di solito fa una vita abbastanza normale: esce di casa la mattina per la consueta passeggiata, saluta il verduraio, il macellaio, il tabaccaio, che gli rispondono deferenti con un inchino, e si ferma al bar a prendere un caffè per riflettere.

«Diamo un senso a questa giornata. La cosa migliore è andare a conoscere di persona il prepotente che si approfitta di questi poveri cristiani. Vediamo che spiegazioni dà».

La sfortuna di Pistorio è che per giustificare i suoi comportamenti non poteva utilizzare un argomento peggiore.

«Volete sapere chi sono io? Appartengo alla famiglia Santapaola».

«Niente di meno?!».

«Niente di meno».

«Allora, i miei rispetti. Buona giornata a *vossia*».

Il latitante Iano Ercolano se ne va e riprende la sua lenta passeggiata, godendosi il vento di maestrale che pulisce l'aria e fermandosi in un ristorante per un pasto veloce (insalata e tonno scottato). Quando arriva al caffè, chiede di fare una telefonata e si fa venire a prendere in auto da uno dei ragazzi di Maurizio. Nel primo pomeriggio raggiunge Avola che, quando è orario di visite, staziona al bar del Motel Agip.

«Mi posso sbagliare, Maurizio, ma non mi risulta 'sto Pistorio. Puoi chiedere a mio nipote Aldo?».

Aldo cade dalle nuvole.

«Maurizio, qui stiamo diventando troppo famosi. Cerca di fare qualcosa con questo abusivo».

Avola va in garage, guarda le sue quattro macchine nuove di zecca, e resta per un attimo indeciso su quale scegliere. Poi parte a razzo con la Porsche. Pit stop davanti alla cooperativa.

«Buongiorno ragazzi, mi manda lo zio Iano. Non vi dovete preoccupare. Gli do tre colpi di legno in testa a 'sto Pistorio e sistemo tutto».

Tre colpi di legno: tre bastonate, sta per "dare una lezione", è un modo di dire. Ma è anche un modo di fare, di quelli che provocano parecchio dolore. Gli onesti lavoratori non fanno obiezioni: lo trovano un intervento di pulizia necessario, non ci pensano nemmeno a scoraggiare Avola né tantomeno a fargli capire che non è il caso di usare certi metodi. A bastardo, bastardo e mezzo.

«Voi, signor Maurizio, sapete meglio di noi cosa fare».

Avola non perde tempo. Di prima mattina, in formazione ridotta, lui e Salvatore Cristaldi a bordo di un'Alfa 33, Robertino Barbagallo in moto, raggiungono l'obiettivo sul luogo di lavoro. A dire la verità Pistorio, più che lavorare, sta guardando gli altri che tagliano l'erba della siepe spartitraffico sotto il sole già alto. Aspira una sigaretta ed espelle il fumo a larghe boccate bestemmiando per essersi dovuto buttar giù dal letto così presto.

Improvvisamente si accorge di trovarsi tra una moto e un'Alfa 33. Robertino è sceso dalla moto e si sta dirigendo verso di lui. Pistorio capisce velocemente cosa sta succedendo, e ancora più velocemente scappa. Il killer gli spara tutti i colpi della prima pistola e riesce solo a ferirlo. Pistorio continua a correre disperatamente.

Maurizio, però, ha ben istruito Robertino sul terzo articolo del manuale: per essere sicuri di uccidere ci vogliono due pistole.

Il killer tira fuori il secondo revolver e mira al bersaglio grosso, il tronco. Pistorio cade. Due colpi alla nuca e l'esame di Robertino finisce: promosso a pieni voti.

I morti si seppelliscono e amen, ma i vivi non devono avere i problemi di prima. Così la cooperativa può dedicarsi al giardinaggio e non ci saranno più ricattatori temerari che rivolgano minacce ai suoi dipendenti.

Per riconoscenza Avola viene assunto dalla cooperativa

con un contratto di un anno. Carabinieri e polizia dovranno prendere atto che sta mettendo la testa a posto e ha trovato un lavoro stabile. A volte, come recita la canzone di Fabrizio De André (un po' ritoccata), «dalla vita non nasce niente e dalla morte nascono i fiori». E, in questo caso, pure le piante. E vissero tutti felici e contenti? Quasi tutti.

C'è sempre qualche ignorante maleducato al quale occorre insegnare il quarto articolo del manuale: la prima cosa non è la salute ma il rispetto.

Chi non conosce il rispetto (e sbaglia) deve mettere in conto che la salute va a farsi benedire. I ragazzi di Maurizio sanno benissimo che si deve stare molto attenti con un uomo d'onore o con un suo parente, se non lo fai rischi di ammalarti di un male incurabile.

Ci sono giorni che a Catania il traffico è più insopportabile del caldo ed è consigliabile non uscire di casa. Un giovane decide di sfidare la calura a bordo della sua utilitaria nuova fiammante. Si accorge con fastidio che c'è una macchina dietro di lui che chiede strada con una certa prepotenza. Accelera e non si lascia superare. Enzo Ercolano, il fratello di Aldo, suona il clacson insistentemente nel tentativo di sorpassare. Tutto inutile. Allora decide di passare di forza. Affianca pericolosamente l'auto che lo precede, la stringe e la obbliga a scansarsi per evitare l'urto. Il giovane gli urla contro, lo insulta e infuriato si butta all'inseguimento. Riesce a raggiungere la macchina di Enzo Ercolano, che è assai più veloce della sua, quando rallenta per varcare l'ingresso di un residence.

Nel cortile c'è Aldo. Vede arrivare verso di lui il fratello rincorso da uno con il viso paonazzo che vorrebbe massacrarlo di botte.

«Aldo, *chisto* è uno stronzo. Io suonavo e lui non mi faceva passare». Enzo fa giusto in tempo a pronunciare questa frase che il giovane si lancia verso di lui per mettere in pratica le sue brutte intenzioni. Aldo si interpone senza scomporsi.

«Vattene dentro, Enzo. Ci penso io».

«E lei si calmi, per favore, si calmi. Vedrà che risolviamo tutto. Che le ha fatto mio fratello?».

«Mi stava distruggendo la macchina nuova, questo ha fatto. Mi ha insultato e se n'è scappato. È un *curnuto*».

«Le chiedo scusa io per lui, se posso fare qualcosa per aggiustare 'sta situazione…».

«Digli che *ppi sta vota lassu stari, a prossima vota a to frati ci sparu rintra a testa*».

«Lo farò, stia tranquillo. Glielo dico. La ringrazio molto. Buona giornata».

Come al solito è Maurizio a doverci pensare, aspettando il momento più opportuno: l'onore e il rispetto sono lancette di un orologio senza data, ma, quando si tratta di Aldo, il giorno stabilito ci mette molto meno ad arrivare.

L'auto del giovane è nuova e deve andare alla Renault per il tagliando di manutenzione. Non è complicato acquisire l'informazione dell'appuntamento per il ritiro.

Arrivano due motorini. Il giovane dell'alterco ne guida uno; sull'altro ci sono due amici, uno dei quali prende in consegna l'auto e si allontana.

Avola e Cirincione osservano la scena, si scambiano un gesto d'intesa, si dirigono alla Bmw rubata e vi montano sopra. Il motore lancia un grido di guerra e partono all'inseguimento. Contemporaneamente due auto che sostavano poco lontano prendono la scia della Bmw. Francesco Arcidiacono detto u Salaru e Aldo Ercolano sono in una Y10 seguita da una Renault 4 con a bordo altri due di Picanello.

L'obiettivo fila veloce davanti a tutti per raggiungere un negozio di elettrodomestici. Arrivato a destinazione, mentre cerca un posto per parcheggiare, Cirincione, con un colpo di acceleratore, supera il motorino dell'amico dietro di lui.

Avola estrae la 7 e 65 e gliela punta alla nuca. La pistola fa cilecca e il giovane ne approfitta per buttare a terra la moto e andare a ripararsi, scappando rapidissimo a zig zag, dietro le macchine parcheggiate. Poi continua a strisciare sotto le auto, dirigendosi verso il negozio per mettersi in salvo.

Cirincione ha porto la seconda pistola ad Avola, che con la 38 spara diversi colpi. Non è per niente facile colpire quell'indemoniato che striscia come un serpente da macchina a macchina. Il giovane, per provare a spiccare l'ultimo balzo è costretto a scoprirsi. Adesso è fermo e Avola lo vede perfettamente. Prende la mira con la solita freddezza e spara ancora due, tre volte. È sicuro di averlo ucciso, invece è solo ferito e, con uno sforzo estremo, zoppicando, è riuscito a infilarsi nel negozio.

L'azione, che doveva essere fulminea, sta durando molto più del previsto. Per impedire alla polizia di arrivare, le due macchine della banda hanno bloccato il traffico completamente e si sente il concerto impazzito dei clacson. Occorre sbrigarsi. Avola attraversa un corridoio tra due file ordinate di frigoriferi e lavatrici. Di fronte alla cassa c'è il giovane steso per terra che sanguina.

Una donna, la proprietaria, grida. Anche i clienti e i commessi gridano. Fuori i clacson continuano a suonare. La voce sottile e inquietante di Avola si aggiunge al frastuono come un ronzio penetrante e fastidioso.

«A chi spari *rintra a testa*, tu?».

Il giovane non risponde, chiude gli occhi e aspetta. Non ha più la forza di reagire.

«Guardami. Io sono che ti sparo *rintra a testa* a te».

Bum! Bum!

Il complice lo aspetta fuori. Dà gas alla Bmw e ripartono.

Cirincione è già uomo d'onore, non è uno dei tanti ragazzi in formazione, non deve sostenere esami. Ha fatto l'università e la specializzazione. Ma è innamorato di sua moglie e l'ha sposata in segreto sperando di tenere nascosto il matrimonio alla famiglia. La donna ha non uno, ma ben due fratelli tra le forze dell'ordine, e avere relazioni, dirette o indirette, con magistrati, poliziotti e carabinieri è severamente proibito dalle regole.

Il quinto articolo del manuale che Avola non si stanca di ripetere è: l'amore per la famiglia deve essere puro. Cirincione non l'ha rispettato: ha mischiato il diavolo con l'acqua santa. Bum!

Il sesto articolo è il più semplice: non fare la spia.

«Lo chiamano Saru u Boss per prenderlo *pu culu*».

Di giorno non fa che vantarsi di imprese inesistenti e di notte è il confidente di un poliziotto della squadra mobile di Catania.

Avola ha mandato a fargli questa proposta Turi Facciazza che «cammina spesso con lui».

«Saru, te la senti di fare una rapina?».

Fissano un appuntamento con Maurizio nella sala bowling La Plaja.

«C'è una rapina facile facile alla Banca popolare di Belpasso. Che ne dici? Facciamo un sopralluogo domani?».

«Va bene, Maurizio, ci vediamo domani».

Il giorno dopo fanno insieme un giro di ricognizione attorno alla banca.

«La guardia giurata che ci deve aiutare non è di turno; si vede che monta il pomeriggio. Andiamoci a bere qualcosa da Giuseppe Squillaci che abita qua vicino e aspettiamo».

Squillaci è un altro dei ragazzi sotto esame e a casa sua è arrivata al completo la commissione esaminatrice: Pinuccio Di Leo, Giovanni Tropea e Pippo Crisafulli.

«Qual è lo zombie?» chiede Squillaci.

Maurizio gli indica Saru u Boss con un lieve cenno della mano. Per non insospettire la vittima designata tutti sono disarmati, ma nella camera attigua al soggiorno c'è una pistola nascosta. Squillaci va a prenderla e si mette davanti alla porta in modo da bloccare qualunque tentativo di fuga.

A Saru u Boss basta uno sguardo per capire che non può scappare quando gli si gettano tutti addosso. Lo bloccano, lo sollevano per le ascelle, lo portano di peso in un'altra stanza e lo legano a una sedia.

«Fai la spia, Saruzzu? Ci dici con chi e te ne vai salvo».

Maurizio estrae tutti i proiettili tranne uno dalla pistola. La punta alla tempia di Saru u Boss. Gira il tamburo e preme il grilletto. Una puzza di merda si sparge per la stanza. Piange e continua a implorare di risparmiarlo.

«Mi è nato il secondo figlio l'altro ieri. Lasciatemi andare. Come fa senza di me? Ho fatto qualche confidenza. Cose di poca importanza, per non farmi arrestare. Lo giuro sulla testa del mio bambino».

Lo strangolano. Squillaci tira la corda senza esitazione fino a quando il corpo rimane completamente immobile. Avvolgono il cadavere in una coperta e vanno a bruciarlo in una campagna vicina. Anche questa è una cosa che i giovani devono imparare a fare bene.

Il settimo articolo del manuale è: pulisci il quartiere come la tua casa.

Nunzio Di Mauro, detto Magnaricotta, manda avanti una casa di appuntamenti in via Messina e costringe perfino la moglie a "fare la puttana". Un essere schifoso che butta il fango sulla zona più ordinata di Catania.

«Bisogna stare attenti. Via Messina non è la strada abbandonata di una volta. Ci hanno costruito un sacco di palazzine. E quel ricottaro è uno molto furbo che è scampato a diversi agguati».

«A posto, Aldo. Ci penso io. Me ne occupo di persona».

Avola esegue l'ordine circondando il posto con i suoi ragazzi per chiudere ogni via di fuga. Di Mauro esce e, mentre sta per salire in macchina, si accorge che intorno a lui si è stretto un cerchio di uomini armati. È troppo tardi per andare da qualsiasi parte. La morte gli è di fronte: ha occhi di ghiaccio e una 7 e 65 col silenziatore.

I ragazzi guardano il killer perfetto in azione e mette paura anche a loro.

«Gli scarico addosso un intero caricatore. Undici colpi al tronco e alla testa a questo maiale».

Due ore prima Maurizio Avola e Salvatore Ercolano, all'interno di una sala giochi, hanno giustiziato Ignazio Bonaccorso, detto Ignazio Tranquillo.

La moglie va a confidarsi con Francesco Mangion.

«Io, col vostro permesso, zu Ciuzzu, mi voglio separare. Mio marito ai colloqui in carcere mi chiede di andare sugli autobus e di accettare le proposte che mi fanno. Mi vergogno pure a venirvelo a dire».

«Non c'è bisogno di separazione. Aspettiamo che esca dal carcere e risolviamo».

Ignazio, finalmente fuori, è corso subito a festeggiare. Sono anni che non si gode un cocktail come questo. Si guarda intorno in cerca di una preda facile. La sala è piena di ragazze, ma lui le facce non le guarda, non gli interessano. Nella sua testa ci sono solo culi, tette e fiche. Formano quelle strane combinazioni di corpi che in carcere ha sognato ogni notte.

Dalla sala bowling arriva un gran rumore all'esterno e Salvatore Ercolano il passamontagna ce l'ha già addosso. Blocca il vespino e comincia a sparare in aria per fermare le macchine e provocare il solito ingorgo. Avola, invece, il passamontagna se lo infila in una cabina telefonica. Quando entra nella sala giochi dà velocemente uno sguardo in giro: c'è tanta gente che conosce. Dovrà essere molto rapido.

Ignazio Tranquillo non finisce il suo drink per colpa di tre pallottole calibro 38 sparate a distanza ravvicinata. L'ultima cosa che sente sono urla di donne. Non proprio quelle che aveva immaginato.

Poi c'è l'articolo otto che è fondamentale: ammazza e non lasciare in vita chi potrebbe ammazzarti (tieni conto dei parenti stretti, della famiglia ufficiale e di quella allargata).

«Se permetti, Maurizio, ti dovrei chiedere una cortesia».

«Dimmi».

«Visto che vai a chiedere l'autorizzazione ad Aldo per Ninicchiu, la potresti chiedere anche per Florio?».

Antonino Sanfilippo, detto Ninicchiu, e Ignazio Tranquillo sono fratelli anche se non portano lo stesso cognome. Hanno padri diversi ma nascono dalla stessa madre, non si può escludere una vendetta. Il lavoro va completato, ma Pinuccio Di Leo chiede di includere nella lista delle persone da eliminare anche un tale Florio. Maurizio non lo conosce.

«E 'sto Florio, invece, perché merita di morire?».

«È una cosa mia personale. Ha preso a schiaffi Rosanna nella discoteca di Aci Castello. Prima di stare con me se la faceva con lui».

«Rosanna, Carmela, Francesca... Troppe donne hai per la testa, Pinuccio. Ogni tanto *ricordatillu chi si maritatu e hai figghi*. Sai che faccio? La chiedo a u zu Ciuzzu l'autorizzazione, che ti può capire, e forse ce la dà».

Con Francesco Mangion, sia pure mantenendo per rispetto una certa distanza, si può discutere di qualunque argomento. Bisogna solo stare attenti a non toccare il tasto dei figli. Lo sanno tutti che ne ha uno con un'amante, ma siccome è contro le regole continua a negarlo. Purtroppo i figli che ha fatto con sua moglie non gli somigliano per niente: lui è un bell'uomo e loro sono brutti che non si possono guardare. Il figlio naturale invece è identico al padre: due gocce d'acqua. Quando va a chiedere l'autorizzazione per "il problema personale" di Pinuccio, Maurizio deve trattenere il sorriso che gli si sta disegnando spontaneo sulla bocca mentre immagina di rivolgersi allo zu Ciuzzu come se niente fosse.

"Zu Ciuzzu, lei lo può capire a 'sto Di Leo, *vossia* ha pure un altro figlio!".

"Io *nun aju autri figghi*".

Meglio evitare. Avola spiega che non è per la donna, ma per l'offesa che ha ricevuto Di Leo, che si deve interpretare come una mancanza di rispetto per la famiglia. Come aveva previsto, Mangion si mostra molto comprensivo e non si fa pregare più di tanto per concedere tutte e due le autorizzazioni.

Riguardo a Ninicchio agiscono subito. Non vogliono dare il tempo allo zu Ciuzzu di cambiare idea. Maurizio e Pinuccio vanno a cercarlo sul lungomare di Ognina a bordo della solita Fiat Uno rubata. Ma non lo trovano e, mentre girano a vuoto provando a immaginare dove diavolo possa essere finito, incrociano Florio. Il rivale in amore di Pinuccio si sta dirigendo al mercato che si tiene a Catania davanti al palazzo delle Poste.

«Scusa, fermati qui. Faccio subito».

Avola non fa in tempo ad accostare che Di Leo si è già precipitato giù dalla macchina e ha cominciato a correre come un pazzo, facendosi strada tra la folla che si addensa davanti alle bancarelle. In un lampo raggiunge alle spalle Florio che sta contrattando animatamente con un venditore ambulante l'acquisto di un paio di scarpe. Spara quasi in corsa, mentre Maurizio – Bum! Bum! Bum! – esplode in aria colpi a ripetizione per spaventare e fare scappare a gambe levate i presenti che potrebbero intralciare l'azione e rimetterci le penne per sbaglio. Spariscono tutti, tranne Florio, che resta stecchito a terra con una scarpa in mano.

Sembra la scena splatter di un film di Tarantino, ma non è *Pulp Fiction*: i killer non vestono di nero, non portano cravatte con il nodo piccolo e il sangue non è succo di pomodoro. Sono fatti reali che accadono a Catania in un mercato popolare dove i due killer pensano di aver contribuito a tenere pulita la città. Operatori ecologici.

Quel giorno il loro lavoro non è ancora terminato. Trovano Ninicchio che sta discutendo con un trans, Paolo a Lilla, nel cuore del quartiere Picanello. Appena li vede avvicinarsi da lontano in macchina con il volto coperto dai sottocaschi comincia a correre cercando di raggiungere la sua motocicletta. Avola, con il finestrino abbassato, gli spara dall'auto per buttarlo a terra. Lo colpisce con la consueta precisione e Ninicchio cade rovinosamente. Avola fa cenno a Pinuccio di fermarsi, scende con calma, si avvicina al ferito e lo finisce.

Qualcuno, però, lo ha riconosciuto e ne ha segnalato la presenza alla polizia in maniera anonima. La sera stessa gli investigatori suonano il campanello dell'appartamento in cui abita con la famiglia. Mentre, rassegnata, assiste alla perquisizione, la madre di Maurizio ripensa al figlio che è appena andato via. Si è cambiato, togliendosi gli abiti sporchi di sangue, e ha chiesto di metterli subito in lavatrice.

«*Chi facisti?*».

«Niente, *m'aju sciarriatu cu unu.* Lavali subito 'sti panni, che le macchie non si tolgono più».

E lei ha amorevolmente strofinato le macchie prima di iniziare il lavaggio. Nemmeno Scotland Yard riuscirebbe a trovare una traccia di sangue. D'altronde Maurizio la precisione deve averla pur presa da qualcuno.

L'ultima regola del manuale che Avola fa mandare a memoria ai suoi ragazzi è: libera la città da chi dà fastidio al prossimo (e tutti te ne saranno riconoscenti).

C'è un barbone tedesco che puzza di piscio da far vomitare. Si piazza davanti al bar Agip e comincia a urlare nella sua lingua. I passanti si scansano e quel casino incomprensibile non si sopporta. Un giorno, mentre si svolge la solita scena, uno di Picanello che è stato emigrante in Germania decide di fare da traduttore.

«Lo sai Maurizio che ti sta dicendo?».

«E che ne so? Che parlo tedesco io?».

«Ti dice: “Bastardo!”».

«Ragazzi, per favore, pensateci voi. Che dici, Marcello, sei d’accordo?».

«Per me non si deve fare, è un’esagerazione» sconsiglia D’Agata. «È un poveretto. Comunque non m’interessa. Fa’ que… que… quello che vuoi».

È una notte piena di stelle: non piove, non fa freddo, il vecchio ha bevuto una birra e sta dormendo beatamente nella sua capanna di cartone alle spalle della concessionaria della Fiat. La canna della pistola buca il buio e il suo respiro. Bum! Bum! Bum! Amen.

Il manuale è stato applicato, ma il barbone tedesco meritava una condanna a morte? È veramente convinto Maurizio di aver agito sempre in buona fede, pensando di fare la cosa giusta? È una domanda con la quale si è tormentato per tanto tempo. E alla fine, una risposta l’ha trovata.

9.
«Sono nato per uccidere. E la tua missione qual è?»

«Mi è capitato tante volte che devo ammazzare qualcuno e succede un fatto che non ho previsto. La vittima non arriva perché buca una gomma, arrestano uno dei miei compagni, una cosa qualunque che costringe a cambiare il piano. Cosa vuol dire? Vuol dire che non è ancora il momento o che non devo essere io a farlo. Invece un omicidio che non spettava a me viene rinviato e sono proprio io che lo devo portare a termine. È un caso o è il destino?».

Quando Maurizio Avola è ancora alle prime armi, una mattina va a trovarlo Aldo Ercolano.

«Salvatore Crimi se l'è cantata. Hanno arrestato a Giuseppe che stava insieme a lui e il cornutazzo gli sbirri l'hanno fatto scappare. È un infame 'sto Salvatore; *l'amu a fari* subito. Però è un pochino complicato».

«Che complicato? Vicino a mia madre abita, lo faccio io».

Alle dieci di sera Salvatore Crimi è già morto.

«Un omicidio è complicato quando non è destino. Allora fallisce. Non è che il killer non è bravo abbastanza».

Aldo gli ha insegnato a stamparsi nella testa la fotografia di chi deve morire. E chi deve essere fatto per mano sua non si salva mai.

«Quando colpisco non giro la faccia dall'altra parte, non chiudo gli occhi. Tiro un colpo per buttarlo a terra; e poi gli sparo in faccia per finirlo. Lo devo guardare diritto negli occhi mentre prendo la mira, colpirlo con esattezza. Il suo momento è arrivato. Io sono la sua morte».

Avola secondo Avola è soltanto l'esecutore perfetto di un disegno già scritto.

«Non ho mai fatto brutte figure, quello che dovevo fare l'ho sempre portato a termine. Siamo nati intrecciati, io e quelli che ho ucciso. E in questo, mio padre e mia madre non c'entrano. Il mio destino loro non lo potevano immaginare. Spiegamelo tu: perché mio fratello è morto sul suo camion e io sono ancora vivo?».

Quattro anni prima di quell'incidente in cui «morì stupidamente» suo fratello, Maurizio ha appena compiuto diciannove anni. È solo in macchina e sta tornando a casa. Piove a dirotto. Corre. Non lontano da Ognina-Scogliera c'è un ponte che è stato costruito da poco. Lo imbocca. La visibilità è molto scarsa; c'è qualcosa in mezzo alla carreggiata, forse un copertone, forse un animale. Frena, la macchina sbanda, va in testacoda, si cappotta, sfonda le protezioni. Un salto nel buio e più niente.

Qualche ora dopo, in ospedale c'è un corpo disteso in coma farmacologico, il suo. I denti fracassati, la mascella in pezzi, un rottame che a stento respira. La sorella e la madre piangono disperate: per loro è già morto. Maurizio le guarda e prova a tranquillizzarle, ma non possono sentirlo.

«Sto bene, perché piangete? Sono felice. Non sento più niente».

È la sua anima che parla. Si è staccata dal corpo e può vedere tutto senza essere vista. I dottori si danno da fare freneticamente, cercando di rianimare in tutti i modi quel corpo senza coscienza. Infine si rassegnano, e solo per scrupolo lo portano in sala rianimazione. L'anima li segue; il corpo resta completamente immobile, inerte. L'anima vede arrivare un altro medico.

«Facciamo quest'ultimo tentativo, riattacchiamogli gli elettrodi al petto. Una scossa più forte. O la va o la spacca».

Il medico prende quella macchina e…

«L'anima torna nel corpo. Sono morto, sono andato nell'aldilà e sono tornato. Ma non ho visto nessuna luce. Nessun tunnel. Niente di quello che dicono. Ero pulito a quel tempo: né rapine né omicidi. Facevo torte e pasticcini nel ristorante. Per quale ragione sono tornato, secondo te?».

«Non lo so, dimmelo tu».

«Sono tornato per uccidere, non esiste un'altra spiegazione. L'inferno e il paradiso non esistono. Esiste che non siamo tutti uguali quando veniamo al mondo. Ognuno ha un'anima diversa e una ragione precisa per stare su questa terra. C'è chi crede che dopo la morte rinasciamo. Può anche essere, ma un'altra vita non ci cambierà. Saremo sempre gli stessi. Io sarò bravo a prendere la mira e a fare centro. Saprò controllare le mie emozioni e non avrò paura. Ci sono nato killer e, se rinasco, avrò la stessa missione».

«In un'altra vita uccideresti di nuovo? È questo che pensi?».

«È questo che penso. Chi mi ha convinto a fare quello che ho fatto? Marcello D'Agata? Aldo Ercolano? Nitto Santapaola? Non sono stati loro. Mi hanno *punciuto*, mi hanno fatto diventare uomo d'onore, ma sono cose che non contano niente. Per me uccidere era più semplice di una scopata. Più naturale. Un istinto immediato. Dovevo solo scegliere l'attimo giusto e colpire. Basta. Nessun rimorso. Nessun senso di colpa. Niente».

Non giustifico in alcun modo quello che ha fatto, ma sto cercando di capire il perché. Non si tratta del fascino che il male ha esercitato su di lui quando si è presentato come avversione all'ordine costituito. La sua violenza appare di tale disumana ferocia e così spietata da risultare misteriosa e indecifrabile. Ma, a pensarci bene, molti atti violenti dei giovani sfuggono alle leggi della società e della morale, e non trovano spiegazioni razionali esaurienti. I giovani non sono cinici come gli adulti, non si muovono esclusivamente per ricavarne un vantaggio; non sono spinti dalla sete di denaro che è quasi sempre alla base degli atti di sopraffazione dei potenti. Il più delle volte non sono malati di mente. Cercano prima di tutto un'identità.

Gli ultras da stadio, i terroristi islamici, le baby gang napoletane, agiscono tutti sul confine ambiguo tra una crudeltà identitaria e un'esplosione di energia. E, quando esplodono, prendono la forma di eruzioni vulcaniche.

Molti della mia generazione hanno praticato la violenza sognando di abbattere uno Stato che consideravano fondato sul privilegio, la sottomissione dei più deboli, lo sfruttamento. In realtà cercavano una ragione per dare un senso al loro stare al mondo. Valeva anche per me. Al contrario di mio padre, pensavo che fosse indispensabile usare la violenza contro un sistema ingiusto che andava distrutto dalle fondamenta. Ma mi faceva orrore l'idea di una rivoluzione praticata con l'annientamento dei nemici, l'assassinio, la viltà di agguati e attentati portati a termine da piccoli gruppi.

Poi ho visto alcuni dei miei compagni diventare terroristi, fare a pezzi la propria vita e quella degli altri, e ho provato un dolore lancinante che mi ha portato a ripudiare qualunque forma di violenza nella lotta politica. Chi ha impugnato le armi macchiandosi di delitti atroci ed è finito in carcere, così come chi è morto dilaniato dalla droga, non sono mai riuscito a sentirli come completamente altro da me. Non sono sicuro di aver fatto abbastanza per evitare che le cose andassero come sono andate.

C'era in noi, prima degli anni di piombo, un'allegria e un desiderio di libertà che la sinistra ufficiale e il Partito comunista non hanno saputo comprendere. Non sono stati i soli: il mondo adulto nel suo insieme si è rinchiuso in se stesso di fronte all'energia che veniva dai movimenti giovanili. Le istituzioni non hanno approfittato della contestazione per rinnovarsi. La violenza nasce da questo rifiuto? Dalle porte che la politica ha sbattuto in faccia agli elementi più vitali della mia generazione? Certamente il fiume ha incontrato una diga che lo ha costretto a fluire in infinite direzioni. Anche chi ha scelto la magistratura, la scienza, la psichiatria, il femminismo, il cinema, le televisioni, il giornalismo, lo ha fatto inizialmente nella speranza di un cambiamento. Alcuni hanno finito per confondersi con il potere, altri se ne sono tenuti comunque lontano. Per astuzia, per fessaggine, per calcoli sbagliati, per coerenza. Non importa perché, importa che si siano condannati ciclicamente a ricominciare da capo.

Maurizio è uno di quelli che avrebbero potuto uccidermi. E siamo uno di fronte all'altro alla ricerca di un motivo per continuare a esistere.

Mi viene in mente un episodio esilarante. Sono a Napoli sdraiato su un letto in un giorno di pioggia alla fine degli anni settanta. Ubriaco, gioco con il telecomando e, non so come, finisco su una televisione locale con una trasmissione assurda. Un uomo e una donna dietro a una consolle mettono su dischi a richiesta e restano ad ascoltarli in silenzio. Apripista della radio Rai di oggi con le telecamere negli studi radiofonici, un escamotage che fa piangere. Allora ridevo come un matto, ipnotizzato da questa situazione assurda.

«Ciao, come ti chiami?».

«Carmela».

«Grazie di aver chiamato, Carmela. Che brano vuoi?».

«Non lo so, fate voi».

«Come, Carmela?! Avrai una preferenza! Dicci cosa ti piace!».

«Non lo so, fate voi».

«Scusa, ma che hai chiamato a fare? Mettevamo un disco qualsiasi e per te andava bene. No?».

«Sì, lo so, ma fate voi lo stesso».

«Allora ti mettiamo un brano dei Pooh, ok?».

«Vabbè, non fa niente».

Ecco, mi sento di nuovo davanti al video, proprio come

allora. Sono sempre ubriaco, ma non ho bevuto. Davanti ai miei occhi scorrono i rappresentanti del Movimento rivoluzionario che è andato al potere. In trasmissione arriva la mia telefonata.

«Mi dite qualcosa che mi piacerebbe sentire?».

«L'Italia è finalmente una repubblica democratica fondata sul lavoro. La sovranità appartiene al popolo».

«Sì, vabbè, non fa niente».

Resta freddo e impassibile Maurizio Avola, qualunque pensiero gli attraversi la mente. Parla come spara; e la sua voce sibila come le pallottole. Il suo animo resterebbe imperscrutabile se non fosse per i salti temporali nel raccontare e i silenzi che a volte si allungano in modo inquietante, a rivelare i dubbi che vorrebbe nascondere. La lunga conversazione nel mio studio, sotto la tavolozza di Mario Schifano, mi rende definitivamente chiaro che il suo fatalismo è meno granitico di come vorrebbe farlo apparire. Vacilla davanti all'errore, all'imperfezione di un gesto, alle vittime "innocenti".

«Sparare mi piace, mi eccita far esplodere una bomba. Ce l'ho nel sangue. Sono nato killer, non ci sono diventato. Avevo un solo pensiero nella testa: fare bene, sparare con precisione, eseguire il piano in ogni dettaglio. Se c'è una cosa che non si può sbagliare, è l'omicidio.

Quel poveretto a San Birillo Nuovo. È stata tutta colpa di Giovanni Fontanino, detto Formaggino».

Mangion ha ordinato di fare uno stronzo che sfrutta le prostitute senza la sua autorizzazione. Avola e Formaggino si sono appostati su un'auto rubata, Marcello D'Agata e un altro ragazzo hanno parcheggiato in una stradina poco distante, pronti a intervenire in caso di bisogno. Formaggino ha studiato per giorni le abitudini del magnaccia, che quando arrivava a casa suonava sempre il clacson dell'A112 per avvisare i familiari.

«Ecco, ecco. *Arrivau! U senti chi sona*? È lui».
«Sicuro?».
«Sicurissimo».
Scendono dall'auto. Avola si para davanti alla vittima, la guarda fisso negli occhi. Impugna una 357 con proiettili espansivi, una magnum, un'arma devastante. Con una raffica di sei colpi, della faccia non resta più niente. Nemmeno la madre potrà riconoscere "il cornuto".
«Non è *iddu. Ci semu* sbagliati».
«Vaffanculo, Formaggino».
Quel cadavere a terra senza connotati non è l'uomo che doveva morire.
La contraddizione di Avola è evidente: se è il destino a decidere, che importanza ha che sia morto un uomo al posto di un altro? Il fatto è che deve poter pensare che ha colpito perché era indispensabile, necessario e indifferibile. È un boia che somministra la pena di morte come atto di giustizia. Per questo uccidere un "innocente" gli fa saltare gli schemi.
L'errore lo riporta al primo omicidio. Questa volta non vomita né soffre d'insonnia, ma il senso di colpa lo sente moltiplicato per mille.
«Avevo una grande rabbia addosso. Per colpa di Formaggino avevo sbagliato. Però non ci potevo fare niente. Ormai ero su una strada da cui non si torna indietro. Comunque era stato Formaggino a sbagliare. Io ero stato preciso. Mi sentivo in guerra. Ero un soldato che combatteva per vincere e aveva il dovere di distruggere il nemico. Aldo è il generale; io sono il soldato più bravo, il più deciso, quando c'è un lavoro da portare a termine, quello che dirige l'assalto e pianta la bandiera. Non ci doveva essere uno più bravo di me».
«Dunque agivi solo per il dovere, solo per sconfiggere il nemico? Non hai detto che togliere la vita è una specie di orgasmo?».

«È vero. È quello che provi quando lo fai. Ma io per il piacere avrei fatto solo rapine e mi sarei comprate tutte le macchine più veloci del mondo. Uccidevo per fare il bene della famiglia, per tenerla al sicuro e renderla più forte».

«Quel poveretto non c'entrava niente e tu hai sbagliato bersaglio, l'hai ammazzato come un cane».

«Non è che tutti quelli che muoiono in guerra hanno fatto qualcosa per meritare di morire. Tanti muoiono per caso. Non partecipano ai combattimenti: li ammazza un cecchino, una mina, una bomba lanciata da un aereo. Muoiono perché è arrivato il loro momento».

Maurizio conosce un solo modo per placare l'inquietudine: finire il lavoro. Il vero obiettivo possiede un bar, Le Palme. Due dei ragazzi ci vanno a prendere un caffè armati di una 38 e di una 7 e 65. Spara quello con la 7 e 65, l'altro se la fa sotto. Ha scelto il momento sbagliato per far incazzare Avola. A un'ora di distanza ammazza anche il vigliacco. Così al capolinea ci arrivano in due.

«Te l'ho detto che non ci si può tirare indietro. Funziona così. "Io quello lo ammazzo", anche tu lo avrai avuto questo pensiero. Ma non hai fatto fuori nessuno. Io ammazzavo senza pensarci».

«Allora perché all'inizio soffrivi, perché non riuscivi a dormire, perché ti sentivi addosso quella scarica di elettricità?».

«Non l'avevo ancora capito qual era la mia missione. L'ho capito col tempo che sono nato per uccidere. Sentivo l'anima del morto che se ne andava, l'attimo preciso che si separava dal corpo. È come un soffio, una corrente d'aria, uno spiffero. Un rumore impercettibile che solo io avvertivo chiaramente. E, in quel momento, mi sembrava quasi di vederla l'anima che volava via. A proposito, qual è la tua missione? Perché sei nato?».

10.
«Beviamo alla faccia di chi deve morire»

Un uomo d'onore non ha paura di andare in galera. Sa che Cosa Nostra non lo abbandonerà mai, gli garantirà solidarietà e sostegno in carcere e si occuperà dei suoi familiari. A fine pena potrà tornare al posto di prima, come se il tempo si fosse fermato. Nel mese di marzo 1987 Carletto Campanella esce dal carcere e riprende il suo posto di capodecina. Avola conosce la regola e si sottomette senza fare obiezioni.

Una mattina sono in giro in macchina per il quartiere, che non è mai stato così pulito, ordinato e sicuro, e con Maurizio e Carletto c'è anche un tale Salvatore, che non è Cosa Nostra ma è il ladro più abile di tutta Catania. Campanella schiuma di rabbia.

«'Sti figli di puttana. Sono entrati a casa di una ragazza, una hostess, che è venuta a vivere con me appena ha saputo che ero uscito dal carcere. *Si portaru tutto l'oro, si portaru.* Se so chi sono, li ammazzo a tutti».

Maurizio sorride compiaciuto. Salvatore, invece, tiene la testa bassa e sta cercando di capire cosa gli conviene fare. Ha paura di averla fatta veramente grossa questa volta. Qualche giorno prima era andato a rapporto da Avola.

«Minchia, Maurizio, troppo facile! Senza allarme, la serranda alzata. Entro e trovo 'na cassetta piena di orologi, collane, brillanti! Io sapevo che quella casa era del gioielliere Avolio. Ma adesso Avolio non ci sta più là. È impossibile che è roba sua. Conservala e fammi sapere, *pi cortesia, di cu è*».

«Salvatore, non ti preoccupare, la metto nel garage».

Avola fa un cenno impercettibile con la testa a Salvatore, che prende il coraggio a due mani.

«Scusa, Carletto, ma per caso era la casa che una volta era di Avolio il gioielliere?».

«Come lo sai?».

«L'ho fatta io. Tutto a posto, non lo potevo sapere di chi era. La roba ce l'ha conservata Maurizio».

«Cornuti siete, a casa del ladro siete andati a rubare!».

Campanella ride, scherza e a guardarlo sembra soltanto felice di aver ritrovato la refurtiva. In realtà è geloso del ruolo di Avola. Un pensiero fastidioso gli attraversa la mente: "Chiedono ad Avola e non chiedono a me. Che cazzo!".

Ingrana la marcia e con un balzo rabbioso la Porsche si lancia in avanti con la radio a tutto volume. Carletto capirà presto che in realtà da Maurizio non ha niente da temere.

I ragazzi che Avola mette a disposizione della famiglia sono molti. Otto li ha selezionati per gli omicidi e solo in quattro hanno già impugnato una pistola in precedenza. Li ha allevati con la necessaria gradualità, passo dopo passo: omicidi poco importanti, importanti, omicidi importantissimi e assolutamente necessari. Da spacciatori che erano sono diventati killer professionisti di prim'ordine, un gruppo tenuto insieme da un legame cementato dall'azione e più forte ancora di quelli di sangue. Campanella potrà contare sul loro senso di appartenenza, su una dedizione totale e una cieca fedeltà.

Con l'eccezione di Giuseppe Licciardello, uno dei ragazzi che Avola si è portato a sparare, il più spavaldo, il più tracotante e il più in gamba. Come gli altri ragazzi, non sa niente di Cosa Nostra e non conosce il significato di "uomo d'onore". Maurizio non glielo ha potuto spiegare perché non si parla di Cosa Nostra con chi non ne fa parte.

Prepotente, violento, irrispettoso, Licciardello non si contiene in nessuna circostanza, pretende di spaccare il mondo ogni cinque minuti e non sa stare al suo posto. Maurizio glielo perdona volentieri.

«Primo, perché Licciardello non è Cosa Nostra. Secondo, perché con i giovani ho il metodo di farli sfogare. Ci vuole la superbia di un leone per fare un bravo killer».

Quando si viene a sapere che Campanella sta per uscire dal carcere e tornare nel quartiere, Avola, conoscendone il carattere, decide di istruire Licciardello a dovere.

«Pippo, vedi che Carletto è responsabile del quartiere, gli devi portare rispetto».

Licciardello ha vent'anni, non ha mai sentito parlare di Carletto, che manca quasi da otto anni da Picanello.

«Ma chi se ne fotte di questo? Io a te conosco. Altri non mi interessano».

«Pippo, non sbagliare a parlare, *ca* poi finisci male».

«Ma dai, che ormai i tempi cambiarono, non sono più quelli che dobbiamo stare *ca a testa calata*».

Licciardello è pure mezzo cugino di Mangion, ma se continua a comportarsi in questa maniera, neanche lo zu Ciuzzu potrà proteggerlo. Maurizio decide lo stesso di rivolgersi al boss: con la sua proverbiale saggezza potrebbe aiutarlo a risolvere la situazione.

Lo trova seduto, come al solito, sul divano con il televisore acceso e la bottiglia di Chivas davanti. Ne beve una al giorno, Mangion, un omone da un metro e ottantacinque con i capelli ancora tutti neri a più di cinquant'anni. A vederlo allegrotto, Avola è costretto a reprimere l'espressione divertita che gli si sta stampando sul volto e a tirar fuori quella preoccupata delle circostanze più difficili.

«So che questo Licciardello appartiene a *vossia* e sono

molto preoccupato. Si sta comportando male e, se continua così, *va finisci chi* Carletto lo fa ammazzare».

«Ora ci parlo io con Carletto».

Probabilmente gli parla, ma non può esporsi più di tanto. In Cosa Nostra nessuno può osare mettere in discussione il prestigio di chi ha un compito preciso da portare avanti. I ragazzi li deve gestire Carletto, e invece 'sto Pippo interviene continuamente e gli manca di rispetto. Si atteggia, si intromette, pretende di comandare.

Ancora oggi, per Maurizio la separazione dai suoi ragazzi è dura da accettare. Erano la sua squadra, i compagni di trincea, quelli con cui ingoiava il grappino prima di andare all'assalto o ingannava le snervanti attese che li separavano dalle azioni condotte fianco a fianco. Avrebbe dato la vita per ciascuno di loro, per Licciardello più ancora che per tutti gli altri. Ma arriva il momento che non c'è niente da fare: la pazienza di Scarface è durata troppo, ha già parlato con Aldo Ercolano, ha ottenuto il permesso e la campana suona a morte.

«Entro a 'sta *simana* 'sto Pippo *s'avi a ammazzari.* Ci vuoi andare tu?».

«No, per favore! Ti chiedo scusa, Carletto. Almeno risparmiami questo dispiacere. Siamo troppo amici. Non voglio essere io a farlo!».

Gli avvocati americani esibiscono con orgoglio la cifra in percentuale dei processi vinti: "Ho lo share del novanta per cento". Quello di Avola è del cento per cento. Ma uccidere uno dei suoi ragazzi è un'altra cosa, non lo può considerare un omicidio qualunque. Eliminare i suoi compagni gli ha bucato lo stomaco con ferite che non si sono mai rimarginate. Anche se non lo si comprende dal modo di raccontare le cose, che non subisce alterazioni: mai un'espressione esagerata, un gesto improvviso, un cambiamento di tono. Mi parla come fa con i magistrati, senza alzare i toni e senza invocare comprensione. Elenca i fatti nudi e crudi.

Non pretende condivisione e tantomeno pietà. All'inizio pensavo che la sua fosse spavalderia per conservare l'immagine di killer perfetto, di un esecutore senza emozioni, infallibile e glaciale.

«Ho tanti processi per omicidio e nessuno per tentato omicidio, li ho portati tutti a termine».

Ho sospettato che questa dichiarazione arrogante fosse un modo per intimidirmi e schiacciarmi in un angolo, ribadendo che è lui a guidare le danze nelle nostre conversazioni. Invece è soltanto l'onda lunga della sua identità passata, che lo portava a illudersi di avere il controllo su tutto quanto accadeva intorno a lui.

«Lo giuro, ho cercato di aiutarlo in tutti i modi, Licciardello. Campanella ha ragione; ma io non mi rassegno lo stesso».

Incontra, spiega, rispiega, chiede una prova d'appello o almeno un rinvio. Mangion, D'Agata, Ercolano. Niente da fare. La sentenza è già scritta e non si può cambiare.

Carlo è il più impaziente e teme di perdere la faccia se i tempi si allungano.

«Non lo vuoi fare tu? Allora chi scende scende. Decido io e la chiudiamo 'sta storia».

Giuseppe Licciardello muore strangolato. "'Sto Pippo" ha finito di rompere i coglioni: d'ora in poi Campanella terrà le redini del gruppo senza più avere tra i piedi uno che lo contraddice.

«Sono stato male, ma era giusto. È stato fatto quello che si doveva fare. E io ho obbedito».

L'Italia viene spesso descritta come un'autostrada a due corsie: quella del Nord, efficiente, produttiva, veloce; quella del Sud, piena di rallentamenti per lavori in corso, corrotta e familistica. Due strade parallele che sembrano destinate a non incontrarsi mai. E invece si sono sempre incontrate.

I voti della Sicilia sono stati come le prostitute, di cui tutti sparlano di giorno e che si contendono di notte: decisivi per vincere le elezioni e governare l'Italia. La forza lavoro dei "sudici" ha fatto grande la Fiat e le fabbriche di elettrodomestici. Le rimesse degli emigranti meridionali hanno ingrassato le banche lombarde. I figli e i figli dei figli di quelli che sono andati a morire sul Piave per "fare l'Italia", di cui non gliene poteva fregare di meno, ciò nonostante hanno tollerato questa ipocrisia che ancora resiste e si chiama "unità nazionale". Non sarebbe stato possibile senza uno scambio, e di questo scambio Cosa Nostra è stata uno dei principali garanti. I soldi della droga, della distruzione sistematica dell'ambiente, dell'abusivismo edilizio, sono stati adoperati per compensare il sottosviluppo e la subalternità. Il prodotto interno lordo illegale ha attenuato la miseria e la disoccupazione, rendendo però ancora più feroce la distribuzione disuguale della ricchezza. La corruzione, i favoritismi, l'esaltazione dei più furbi e l'umiliazione degli onesti sono stati adoperati per rafforzare i clan di ogni tipo e per contenere una rivolta che altrimenti sarebbe esplosa.

La mafia ha prosperato perché lo stato di cose esistenti è apparso ineluttabile. La realtà non si poteva cambiare a beneficio di tutti, ma solo volgere a vantaggio di pochi con l'astuzia, la violenza, la forza del branco, la maledetta arte di arrangiarsi da soli, lasciando le briciole ai poveracci. Fino alla stagione delle stragi Cosa Nostra ha seminato il disordine, ma in difesa di un ordine pubblico che altrimenti al Sud non sarebbe esistito.

«Io negli anni ottanta nuoto veramente nell'oro. Ho le quote delle rapine e cento-centocinquanta milioni a fine anno dalla famiglia alla chiusura dei conti. Abito alla Scogliera di Ognina, la parte più bella della città. A due passi da me c'è il calciatore Carnevale che gioca nel Catania ed è ancora sposato con Paola Perego, la conduttrice televisiva».

Maurizio ha talmente tanto denaro da spendere che

convince il padre a lasciare il ristorante, diventato troppo faticoso per lui. Gli compra un panificio-gastronomia e dei terreni da coltivare. Un po' a casaccio cerca di impiegare il denaro in attività diverse: un autosalone, una vetreria, appartamenti. Sempre servendosi di prestanome: vigili urbani, piccoli imprenditori indebitati, casalinghe. Compravendite regolari intestate tutte a persone diverse.

«Orologi, gioielli, case, negozi: compro tutto cash. Niente è intestato a me. Comprese le macchine: Maserati, Porsche, anche diverse Ferrari; mi piacciono solo quelle costose, veloci, eleganti».

Sfreccia sulla sua Honda 650 turbo, una moto che in città non ha ancora nessuno. L'ha pagata quattordici milioni. Passano solo tre giorni dall'acquisto, una corsa al massimo, una curva presa troppo veloce, la scivolata. Lui ne esce sano, la moto con un graffietto alla fiancata. Entra in uno dei bar che frequenta solitamente.

«Maurizio, che ti è successo?».

«Mi si graffiò la motocicletta nuova nuova».

«Posso vederla? Minchia quanto è bella! Quanto vale?».

«Te la do per sei milioni. La vuoi?».

«Per me non valeva più niente. Otto milioni bruciati in tre giorni. Una casa dove abitava mia madre costava allora una quindicina di milioni, per darti un'idea. Solo per una rapina ne prendo duecentocinquanta, ma non ne compro neanche una. Mi girano tanti soldi che parecchi li presto senza interessi a chi ne ha bisogno. A uno gli do cento milioni e lui me li ridà con un orologio d'oro. Un regalo non è strozzinaggio, si può accettare. Prima compro e poi svendo e non mi preoccupo delle perdite».

«Dov'è finito tutto quel denaro?».

«In fumo. Potevo essere miliardario, sono nullatenente. Collaboro con la giustizia gratis. Mi sono fatto trent'anni di carcere senza piagnucolare come fanno i pentiti, e senza chiedere l'elemosina allo Stato».

«Per i vestiti spendevi molto?».

«No, i vestiti erano la qualsiasi, per non farmi notare».

I vestiti, le donne, le auto da corsa, niente si può paragonare all'intensità di emozioni e all'adrenalina dell'azione. Le pistole che sparano e le bombe che esplodono sono i preliminari. Con i morti si raggiunge l'orgasmo. I ragazzi sanno tutti sparare e maneggiare la dinamite. Bum! Bum! Bum! Sono semplicemente perfetti con bombe, fucili e pistole.

È il periodo in cui Carletto Campanella è ancora in carcere e Maurizio è il soldato più prestigioso della decina. Conosce di persona i vertici della famiglia: Ciuzzu Mangion, Aldo Ercolano, Marcello D'Agata, lo stato maggiore di Nitto Santapaola, quelli che si riuniscono per prendere le decisioni più importanti. Lui stesso cresce continuamente d'importanza. Uccidere a ripetizione è un mestiere da superprofessionisti: gli esplosivi e le bombe diventano l'altra sua specializzazione.

«Bombe dappertutto. Nelle cabine elettriche ad alta tensione nella zona industriale per togliere l'elettricità alle grandi fabbriche».

Nella struttura del traliccio c'è una specie di finestra. La forza per entrare e piazzare cinque o sei chili di tritolo da mina. Confeziona personalmente l'esplosivo usando un cestino di quelli con cui i bambini portano la merenda all'asilo. Nessuna attività di successo viene risparmiata. Bomba alla concessionaria Piaggio, a un negozio di bomboniere, alla Bedford. Bomba a una rivendita di sanitari. La lista si allunga ogni giorno: Hotel Santa Tecla Palace, varie villette di commercianti facoltosi, macellerie, ristoranti.

«Sono io l'artificiere. Le metto tutte io le bombe. Accendo le micce la sera tardi per evitare brutti incidenti. È importante non colpire i passanti e chi non c'entra niente».

Aldo Ercolano e Marcello D'Agata lo accompagnano in macchina e si godono lo spettacolo come fossero fuochi d'artificio: Bum! Bum! Bum! I tre sono gli inseparabili della famiglia. Marcello non vale granché come bombarolo e nemmeno come killer. Aldo, invece, non lo ferma nessuno: è famoso in tutte le province per essere tra i killer più micidiali. Spesso guida l'attacco.

«Non perdiamo tempo. Scendiamo, presto, rapidi! A questo lo faccio io. Bum!».

«Il discorso nasce che per lavorare in Italia si paga. È normale. Chi scende dal Nord in Sicilia deve pagare il cinque per cento a Cosa Nostra. Non si scherza. Invece del cinque per cento ci possono lasciare l'affare del calcestruzzo o il trasporto dei materiali; altrimenti pagano e basta».

«Non ci sono eccezioni?».

«Certo che ci sono. Se lo Zio partecipa a qualche affare, non è che gli altri soci gli pagano il cinque per cento. Se i lavori sono a Palermo, anche Santapaola deve dare ai corleonesi il cinque per cento in base alle quote che ha.

Sono tutti "sotto scopa". In particolare quelli del Nord. Se si rifiutano di contribuire fanno la fine dei bresciani delle acciaierie Megara».

Rino Nicolosi, presidente della regione Sicilia, a Catania punta molto sulla Megara, un'acciaieria che fattura cinquanta miliardi e fa parte di un gruppo bresciano. Portare le industrie del Nord al Sud, industrializzare il meridione, è il progetto di una parte importante della Democrazia cristiana, la corrente di sinistra collegata a Ciriaco De Mita, di cui, a metà degli anni ottanta, Calogero Mannino e Nicolosi sono gli astri nascenti. Si oppongono ai Salvo Lima e ai Ciancimino, compromessi con Cosa Nostra. Pensano di sostituirli al comando. Se non è possibile cancellare la mafia con un tratto di penna, almeno bisogna arginarla, contenerla, impedirle di penetrare nei gangli vitali, tenendola ai margini dei processi industriali. Che alle famiglie vada pure, per il momento, qualche subappalto, se non si vuole scatenare una guerra che non si è in grado di vincere, ma è con l'aiuto degli imprenditori del Nord che la Sicilia potrà diventare più ricca e moderna. E la mafia progressivamente si estinguerà.

Il manager della Megara è Alessandro Rovetta, trentatré anni, un duro che non accetta di scendere a patti. Di pizzo non ne vuole nemmeno sentire parlare.

Riina ordina ad Aldo Ercolano di sistemare le cose.

«*Si vogghiunu pigliari 'a terra nostra* 'sti bresciani».

La sera di Tutti i santi del 1990 aspettano Rovetta che esce dalla fabbrica assieme al direttore del personale, Francesco Vecchio. Li inseguono, li trivellano di colpi di mitraglia, la Peugeot senza guida finisce in un prato. Le teste penzolano fuori, i corpi sono irriconoscibili. Doveva morire solo Rovetta, è morto anche l'altro.

«Se lo sono meritato. Ho chiesto delle assunzioni e mi hanno sbattuto la porta in faccia. Gente con la puzza sotto il naso che non si sa comportare non ne vogliamo in Sicilia. Qui comandiamo noi».

È il commento di Campanella a Maurizio al termine dell'azione.

Per collocare uno dei suoi ordigni, Avola scavalca un muro di pietra lavica. Un cane spunta dal buio e lo afferra ai polpacci. Estrae la sua 7 e 65, prende la mira, spara. Il cane si accascia, guaisce disperato. Maurizio non ha avuto scelta ma, nel guardarlo morire, prova una grande pietà. Poi torna in macchina palesemente dispiaciuto. Gli altri lo prendono in giro per la paura che si è preso e ridono di quella povera bestia uccisa con un colpo solo. Lui non risponde, fa finta di niente e resta muto come al solito.

I momenti di tristezza passano presto e l'amicizia, il calore del gruppo, moltiplicano la forza e la determinazione di Maurizio. Marcello è più che mai il maestro di vita e il dispensatore di consigli nei momenti difficili. Aldo il fratello di sangue, il modello, il compagno di baldoria nelle notti indimenticabili di Taormina alla discoteca Taitù. La giostra dei soldi gira, gira, gira e non si ferma mai; produce un'euforia irrefrenabile. Basta che apra un locale nuovo a Milano perché lui e Aldo sentano il bisogno di farci una scappata insieme. Si crea un legame così profondo che, nonostante tutto, dura ancora oggi: rapine, agguati, bombe, attentati, omicidi, festini di sesso e champagne, le notti insieme aspettando l'alba, le corse pazze su Porsche e Ferrari si mescolano in una droga più forte della cocaina. Tutti li conoscono e li rispettano. Sfrecciano sulla via Etnea, al Taitù comandano bottiglie di Dom Pérignon, che una costa quanto lo stipendio di un mese di un lavapiatti, due di un aiuto cuoco, tre di un pasticcere di alto livello. E se scopano non lo fanno con puttane di strada ma con indossatrici, hostess, ballerine e donne sposate con i ricchi della città.

«Lo sanno queste donne chi sei?».

«La maggior parte lo sanno. Comunque, quando lo scoprono, gli piace di più».

«Mi racconti qualcosa? Cambio i nomi».

«Non me lo chiedere. Non ha senso raccontare storie di persone che chissà cosa fanno, che hanno mariti, figli. Proprio non mi interessa parlarne. Sono cose personali e io di personale non ho più niente. Nella mia testa sono tutte uguali. Non me ne frega niente di ricordarmele e, forse, non me n'è mai fregato niente. Non si facevano nessuno scrupolo di venire con me, se è questo che volevi sapere. Non era con loro che mi sentivo bene, ma con Aldo, che era più di un fratello per me. E c'era un solo posto dove non mi sentivo solo: il bar di Ognina con i miei ragazzi. Pensavo che eravamo una famiglia invincibile e che non esisteva niente che ci faceva paura. Sai Aldo cosa diceva? "Beviamo alla faccia di chi deve morire. Noi siamo vivi e ci facciamo il bagno nello champagne"».

È la famiglia. La vera famiglia. Non quella naturale, accomodante, sottomessa, pronta a sacrificare la dignità per sopravvivere. La famiglia che Avola ha scelto: Aldo, Marcello, lo Zio. La famiglia più rispettata della città: nei bar dove entra "il caffè è già pagato", il conto al ristorante "un'altra volta", "per lei c'è lo sconto del trenta per cento". Come un vecchio vestito usato, ha buttato via la vita che gli proponeva suo padre, quella dei sacrifici che non finiscono mai, per indossarne un'altra allegra e spavalda.

Cosa sia una famiglia sembra la cosa più facile da capire. Ci nasciamo con questa parola in testa. Se si chiede quale sia il valore da mettere al primo posto, la risposta che nei sondaggi batte perfino "l'amore" e "la salute" è "la famiglia". Nel mondo fantastico delle buone intenzioni è un concentrato di bontà di cui solo un pazzo può pensare di fare a meno per costruirsene un'altra artificiale. In quello reale non sono tutti Gesù, Giuseppe e Maria in un presepe con la stella cometa sulla capanna. Gli affetti più importanti bisogna sapterseli conquistare, non te li ritrovi alla nascita. D'altra parte, in natura le differenze sono molte: gli ippopotami hanno un senso della famiglia assai forte, si battono fino alla morte per difendere i loro piccoli; i gabbiani li divorano. E gli uomini? Sono gli unici animali che è veramente impossibile prevedere come si comporteranno.

11.
«È una guerra complicata»

Tutto questo parlare deve averlo sfinito. Camminare a rapide falcate nel cuore di Roma, a Trastevere, lo mette di buon umore. Faccio fatica a tenere il suo passo mentre una pioggerellina annuncia la fine imminente dell'inverno e l'inizio della primavera. Costeggiamo il carcere di Regina Coeli che si affaccia minaccioso sulla strada, sul lato opposto del mio ufficio.

«Minchia, m'avete portato in carcere pure oggi!».

Lui e Guido Ruotolo sono in grande confidenza, ridono e gesticolano. Penso di non essere mai riuscito ad annullare fisicamente le distanze dai miei interlocutori: non sono tipo da pacche sulle spalle. È più facile che sia il mio cervello a immergersi nel corpo di un altro per esplorarlo fin quasi a perdersi.

Procedendo verso via della Lungara, diretti al ristorante, passiamo davanti alla porticina dalla quale entrano i parenti dei detenuti.

Ogni mattina scruto la fila di quelli che aspettano di essere ammessi alle visite. Zingare, zingari e zingarelli parlottano in gruppo animatamente. Camorristi firmati dalla testa ai piedi arrivano con macchine potenti e non trovano posto per parcheggiare. Donne firmate dalla testa ai piedi aspettano il turno ritoccandosi il trucco o camminando nervosamente. Poveri ladri che sono padri e fratelli di poveri ladri sostano con rassegnata abitudine tra povere mogli, madri e sorelle. Forse quella si prostituisce, quella lavora, quella cerca di dimenticare. Quasi tutti fumano. Vecchi tatuati e senza denti con accanto vecchie senza denti trattenute a terra da enormi borse della spesa spiano i bambini con tagli di capelli da terrorista dell'Isis. Ci sono anche bambini meno pittoreschi, ordinatamente pettinati e vestiti a festa per incontrare il papà. Si accompagnano a persone sobriamente abbigliate, di età diversa, che cercano di distinguersi dalla massa e di mascherare l'imbarazzo.

Maurizio è distante con Guido, ma smette di camminare per aspettarmi, come se volesse darmi una spiegazione.

«C'è chi in carcere ci nasce e chi ci finisce. Ma non è mai un caso. Doveva andare così».

All'angolo vigilano due carabinieri che parlottano fra loro. Mentre passiamo ci guardano con una certa curiosità. Li saluto; ricambiano. Se fossero senza divisa, confusi nella folla in attesa delle perquisizioni di rito prima di entrare, li avrei distinti dagli altri? Quella divisa l'hanno scelta o gli si è infilata addosso come il destino?

Superiamo l'entrata principale del carcere e incrociamo una serie di stradine laterali. Avola si guarda intorno e si sposta velocemente per cambiare marciapiede al lato opposto. Lo fa a ogni vicolo, a ogni traversa, come a voler anticipare i movimenti di un nemico che vi si potrebbe nascondere. Cosa Nostra a Trastevere è un ricordo talmente lontano, che nemmeno sembra appartenere al secolo scorso. C'era una volta in Sicilia, appunto.

La mafia è diventata un oggetto sconosciuto. Sappiamo che ci sono organizzazioni criminali di stampo mafioso: la 'ndrangheta, per esempio, che controlla il traffico della droga dal produttore al consumatore; la camorra, che è la più numerosa e si articola in diversi clan, alcuni formati da ragazzini. Cosa Nostra, invece, è come se avesse deciso di sciogliersi. Una volta il controllo del territorio era fondamentale e si doveva sapere chi era il padrino. Oggi i capi sono invisibili. Forse si confondono con il potere economico, l'unico che conti effettivamente. Non esistono inchieste che ci restituiscano una fotografia della realtà, ed è come se le istituzioni continuassero a fare la guerra a una mafia che non c'è più. Si moltiplicano le scorte, come se fossimo ai tempi di Falcone, ma non si capisce chi dovrebbe voler uccidere tutti questi scortati.

Mentre ci dirigiamo al ristorante, a bruciapelo, rivolgo una domanda all'avvocato Colonna.

«Sono sicuro che Maurizio non ha raccontato tutto quello che sapeva. Ci sono pezzi della sua storia che tiene nascosti e mi chiedo perché».

«Ci sono problemi giudiziari, credo. E poi ha paura che non gli crediate. Non vuole sembrare un pazzo».

«Chi dovrebbe pensare che Maurizio Avola è pazzo?».

I giornalisti, i magistrati, la cosiddetta antimafia che non vuole rimettere in discussione la ricostruzione ormai ufficiale dei fatti.

«Per quanto mi riguarda, non ho nessuna verità da difendere. Spero che arrivi a fidarsi completamente di me. Non so se lo farà. Non è che ha paura?».

«Ho difeso tanti collaboratori di giustizia, ma uno come lui che non ha paura di niente, te lo giuro, non l'ho mai conosciuto. Semmai fa paura».

Avola è già arrivato davanti all'ingresso di Checco Er Carettiere.

Dentro l'aria profuma di amatriciana. Ci sediamo in fondo al locale in un angolo abbastanza tranquillo, sotto la foto di Giulio Andreotti che, da queste parti, era un habitué.

«La famiglia Santapaola il sangue non lo fa scorrere inutilmente. Quando spara significa che non si trova la soluzione per risolvere il problema».

Avola sostiene che la famiglia dei catanesi sia molto diversa da quella dei corleonesi. Riina pretendeva di controllare il suo territorio da cima a fondo, mentre Santapaola lasciava libere le varie bande di agire «per vivere in concordia, ognuno con i suoi affari e senza pestarsi i piedi». Se qualcuno gli chiede di recuperare un camion rubato, lo va a comprare dai ladri. Non è un dittatore, piuttosto assomiglia a un re.

Catania è piena di organizzazioni criminali piccole e grandi: i Cappello, i Laudani, i Puntina – quelli che si facevano pagare il pizzo da Melo Avola al ristorante La Posada. Non appartengono a Cosa Nostra, sono *stiddari*. Li chiamano così perché, non facendo parte di una famiglia, non hanno una casa: vivono sotto le stelle. Cosa Nostra è una famiglia unica, e non ci possono essere troppi padri a comandare.

I Ferlito trafficavano la droga con Stefano Bontate e Salvatore Inzerillo, che si sono battuti contro i corleonesi e hanno perso; un padre ce l'avevano e lo rispettavano, quando era vivo Pippo Calderone. Ma, dopo che Nitto Santapaola con lo zu Pippo ha fatto uccidere anche Alfio Ferlito, il clan non ha voluto accettare di sottomettersi. Per i loro legami a Palermo e negli Stati Uniti, i Ferlito rappresentano un pericolo costante. Giurano e spergiurano che in guerra non ci sono mai voluti entrare, che i loro erano rapporti d'affari, questioni di soldi. Non si considerano nemici di Riina; vogliono tenersi fuori e restare indipendenti.

«Ognuno deve essere padrone a casa sua. Palermitani a Palermo e catanesi a Catania. Può andar bene in tempo di pace; in tempo di guerra "un uomo d'onore non può fare la Svizzera"».

Secondo Avola, Riina è un filosofo piuttosto rigoroso: A è A e non può essere B. Se non sa che lettera sei, ti toglie di mezzo.

La contraddizione dei Ferlito la deve risolvere il capo della provincia di Catania, ovvero Nitto Santapaola. A meno che non intenda ignorare il principio di identità e non contraddizione e voglia "fare la Svizzera" anche lui. In questo caso, per evitare confusione, Riina si dovrebbe sobbarcare il doppio lavoro. A deve restare A, la prima lettera dell'alfabeto.

L'ascesa di Riina e dei *viddani* di Corleone avviene con una guerra all'interno della provincia di Palermo. Ma, prima di sferrare l'attacco finale ai suoi oppositori palermitani, Riina li ha accerchiati. A Catania con Santapaola ha provveduto a mettere fine ai giorni di Pippo Calderone, e in tutte le altre province di Cosa Nostra ha favorito l'ascesa al potere di uomini di sua fiducia. In questo modo è diventato "il capo dei capi", l'uomo che comanda in tutta la Sicilia.

«I Ferlito erano importanti. Non si potevano far crescere ancora di più».

Maurizio matura questa convinzione dopo la rapina alle Poste centrali di Catania, senza bisogno di ragionamenti troppo complicati, facendo due più due.

L'idea iniziale è di bucare un muro con una trivella con le punte di diamante. Ma l'impianto d'allarme delle Poste è molto sofisticato e scatterebbe sicuramente. Bisogna trovare un altro modo per riuscire a entrare ed è necessario un basista. Dopo una ricerca accurata, si arriva alla conclusione che la persona ideale è il vicedirettore delle Poste.

«Si chiama Leopoldo Todaro ed è un "giovanotto" che gli piacciono assai i soldi».

Al dottor Todaro spetteranno duecentoventicinque milioni di lire: a metà anni ottanta una cifra che cambia la vita e farebbe girare la testa a tutti.

Su incarico di D'Agata, Avola va a trovare questo signore della buona società catanese nel palazzo dove lavora, si fa mostrare come sono disposti gli uffici e che percorso fare per arrivare rapidamente al caveau dove sono custodite le cassette di sicurezza. Todaro sa bene che con il suo interlocutore ogni promessa è debito. Lascerà aperta una finestra. Potranno arrampicarsi sul muro di pietra a scacchi ed entrare da lì.

Il giorno stabilito per la rapina due uomini dei Ferlito che dovevano partecipare al colpo non si presentano all'appuntamento al Motel Agip di Ognina. Tra i ragazzi di Avola c'è molto nervosismo.

«Sono già le due e Paolo ed Emilio non si vedono!».

Anche Marcello D'Agata è perplesso.

«Strano, ba… ba… ba… llano quattro miliardi e quelli non vengono. Hanno fatto un omicidio per la famiglia, li pagavamo con la partecipazione. E adesso co… co… co… me facciamo, Maurizio?».

«C'è un mio amico, Salvatore, che si fa appartamenti. Quello che sta fumando qua fuori. Adesso glielo chiedo».

All'inizio, Salvatore è molto perplesso.

«Maurizio, non sono all'altezza. Io solo appartamenti ho fatto; mai una rapina!».

«Sono un sacco di soldi, *u capisci*? Non devi fare niente. Ti metti *ca machina* sotto la finestra e prendi i sacchi che ti buttiamo».

Il 4 agosto alle 15.00 a Catania fa un caldo che attacca le suole delle scarpe all'asfalto. La città è completamente deserta. Tutti al mare i catanesi, nell'acqua o sdraiati sotto l'ombrellone a svuotare teglie di pasta al forno con le melanzane. Tutti al mare tranne i ladri delle Poste centrali.

Pinuccio Di Leo e altri due si arrampicano agilissimi usando i quadratoni dell'edificio come punti di appoggio ed entrano dalla finestra lasciata socchiusa come stabilito. Gli bastano una decina di minuti per riempire i sacchi e buttarli giù in strada. Il povero Salvatore e un altro "ragazzo" li raccolgono rapidi e li spingono nella Giulietta color Avana, asciugandosi continuamente dalla fronte il sudore della fatica, del caldo e della paura. In poco più di un quarto d'ora portano via due miliardi e mezzo da dividersi.

Marcello e Maurizio sono rimasti al fresco nella Maserati controllando che tutto si svolgesse secondo i piani.

«Certo, noi siamo i ladri, non dico di no. Ma il ladro più ladro di tutti chi è, secondo te? Il vicedirettore. Di miliardi nelle Poste centrali di Catania quel pomeriggio ce ne sono almeno diciotto. Noi ne prendiamo due e mezzo ma, dopo la rapina, spariscono anche gli altri per mano di Todaro e di un suo cugino».

Aldo Ercolano fa le quote di persona e dispone che non vada niente ai due che non si sono presentati. Una quota viene data, invece, a Pinuccio Di Leo, che in quel periodo è del gruppo di via Etnea alta di Salvatore Cappello, che fa capo ai Ferlito.

Guarda caso, la notte stessa della rapina Ercolano, D'Agata e Avola vengono arrestati. Per Maurizio è la seconda volta.

«Porca miseria. Un altro colpo perfetto rovinato da una cazzata. E sono stato proprio io a convincere Marcello a comprarsi una Maserati! Fino allora ci aveva avuto sempre macchine del cazzo! Doveva venirci con la Maserati biturbo a fare il palo?».

Mentre Avola e D'Agata si stavano allontanando è passata una pattuglia di "falchi" della polizia. Si sono accostati alla Maserati per spiare chi c'era dentro e hanno riconosciuto D'Agata. Lui fa l'indifferente e li invita in maniera amichevole a prendere un caffè al bar Duomo. Quel caffè diventerà la prova che, all'ora della rapina, erano nei pressi delle Poste centrali. Il vicedirettore Todaro confermerà dichiarando di aver visto Marcello aggirarsi furtivo intorno al palazzo.

«Di me quel cornuto ha troppa paura e non dice niente».

Li bloccano la notte stessa con un mandato d'arresto mentre sono insieme in macchina. Marcello, Aldo Ercolano e Maurizio finiscono in galera contemporaneamente.

«Per una Maserati e uno stronzo di vicedirettore».

Al processo i poliziotti dichiarano che, quando l'hanno

incontrato al bar, Avola era vestito di nero e sudava dalla paura. Spuntano altri testimoni che confermano di aver visto un uomo vestito di nero armato di una pistola che entrava alle Poste.

«Io ero sudato di caldo, non di paura. Ma dovevo essere io per forza quello vestito di nero che era entrato nelle Poste. Funziona così la giustizia. Invece era Pinuccio Di Leo. Anche l'orario del bar non coincide con la rapina. Ci condannano tutti lo stesso. Pure Santapaola, in contumacia, che non sa niente. Dodici anni per tre».

Per la famiglia, indebolita dagli arresti, si scatena l'inferno. Paolo ed Emilio, proprio i due che il giorno della rapina non si sono presentati, entrano a Misterbianco a casa di Turi di l'Ova, Salvatore Tuccio, sparando all'impazzata. Pensavano di trovarci Nitto Santapaola e hanno sbagliato indirizzo. Lo Zio è latitante da quelle parti, ma non sta in quella casa; si nasconde dalla sorella di Tuccio.

Turi rimane ferito nella sparatoria e si salva per miracolo; quando la polizia lo interroga e gli chiede di fare i nomi degli aggressori, ammutolisce. Lo arrestano per favoreggiamento, perché si è rifiutato di collaborare; finisce in carcere anche lui e racconta per filo e per segno ad Aldo e Maurizio quello che è successo.

«*Chisti* dicono che non vennero perché capirono male l'appuntamento, ma che comunque ha partecipato Pinuccio Di Leo, che appartiene a Cappello. E, siccome è entrato lui a prendere i soldi, è stato uno dei Cappello che ha fatto la parte più importante. *Chisti* dicono che a loro sempre tre quote ci spettano».

Ma è solo una scusa. Non è un problema di soldi: si tratta di stabilire definitivamente che a Catania non c'è un uomo solo al comando. I Ferlito hanno cercato di approfittare del momento decisamente favorevole: i killer migliori e gli uomini più fidati di Santapaola sono in galera, lo Zio è un bersaglio facile da colpire. Ma hanno sbagliato i calcoli e dovranno alzare le mani, perché il giorno del marinaio, quello in cui comanda chi sta sotto, sta per finire.

In carcere Aldo Ercolano ha la possibilità di spiegare a Maurizio quali sono le ragioni per essere ottimista sull'esito dell'appello per la rapina alle Poste.

«Non ti preoccupare. Mio padre mi ha fatto sapere che il nostro processo è finito nelle mani giuste. Ci pensa Ciuzzu Mangion».

Avola non sa dire esattamente come avvenisse la corruzione; non era compito suo distribuire mazzette. Ai giudici ci pensava quasi sempre Mangion, il vicecapo. Prendeva cento milioni dalla "bacinella", la cassa comune della famiglia, oppure trovava il modo di procurare un posto alla figlia del presidente del Collegio giudicante, che era laureata e non riusciva a trovare lavoro.

«E le cose si aggiustavano. Non credo che Mangion parlava direttamente coi giudici. Se li andava a trovare di persona, li poteva sputtanare. E poi era latitante. Ci andavano gli "amici" della famiglia, quelli più rispettabili o i massoni».

I soldi della rapina alle Poste centrali di Catania non li avevano trovati e le prove sono risultate così deboli che al secondo processo si sono sciolte come la neve al sole. Aldo Ercolano aveva azzeccato la previsione.

«Dopo un anno e mezzo usciamo dal carcere. Tutti e tre».

Qualche tempo dopo l'assoluzione, Maurizio incrocerà un giudice del processo d'appello per caso, in un negozio di mobili antichi, mentre è a colloquio con D'Agata. E sarà Marcello a pagare il conto al posto suo. Ma quello non era il compenso del magistrato per il lavoro già svolto.

«Mi interesso perché do... do... dobbiamo seminare bene se vogliamo raccogliere nel futuro».

Prevenire è sempre meglio che curare. Mentre è latitante, sei anni dopo, Alfio Fichera e Santo Battaglia portano a Maurizio la notizia che presto potrà tornare a una vita normale, da libero cittadino.

«Tutto a posto. Il giudice è stato contattato, puoi stare sicuro che l'ordine di custodia sarà revocato».

Come puntualmente avvenne. Le cose a Catania andavano così.

Ogni volta, con sovrumana pazienza, lo zu Melo Avola prova a ricominciare con la storia della pasticceria. Nella sua testa i bignè e i cannoli si confondono alle preghiere che rivolge a dio per salvare il figlio dalla perdizione.

«Levati dai bordelli, Maurì! Ad Aci Trezza c'è il Galatea, un ristorante di un mio amico. Va molto bene e hanno bisogno di un pasticcere. Tu sai fare pure i gelati, perché non provi?».

«Va bene, papà, vado a vedere di che si tratta».

Avola fa già omicidi e in quel momento le granite non sono in cima ai suoi pensieri. C'è uno che in carcere gli ha mancato di rispetto. Abita a Picanello, il quartiere che confina con la Scogliera. Ha già chiesto e ottenuto da Ciuzzu Mangion il permesso. Gli entra in casa e lo ammazza come un cane, senza lasciargli il tempo di aprire bocca. Poi scappa giù dalle scale. Un poliziotto che abita al piano di sotto si affaccia al balcone e lo vede uscire dal portone ed entrare in una A112.

Alla Posada arriva il maresciallo dei carabinieri che conduce le indagini.

«Signor Avola, dov'era suo figlio ieri sera?».

«Al lavoro».

Oltre alla Bmw Maurizio possiede una A112. Ma c'è un altro Maurizio: fa il vicecuoco, è il figlio dell'amico pasticcere di suo padre, e ha anche lui una A112. Lo zu Melo se l'è cresciuto con amore, gli ha insegnato il mestiere e lui non è più voluto tornare in pasticceria. I carabinieri interrogano il personale e non si accorgono che le risposte riguardano una persona diversa da quella che stanno cercando.

«A che ora se n'è andato Maurizio?».
«Alle due e mezza».
«Che macchina ha?».
«Una A112, ma l'ha lasciata qui parcheggiata».
«Come mai non è andato via con la sua macchina?».
«È venuto a prenderlo un amico che gli ha dato un passaggio».

Questo dicono concordi i camerieri, i lavapiatti, il parcheggiatore. E si riferiscono all'altro Maurizio, che all'ora del delitto stava lavorando con numerosi testimoni.

A preparare i gelati al Galatea, alla fine Maurizio ha deciso di andarci, ma non certo per far contento suo padre. Un lavoro che dura solo qualche ora al giorno è molto utile per crearsi una copertura.

Gli elementi che gli investigatori hanno a disposizione non combaciano: i testimoni hanno fornito un alibi al sospettato e quando muore un balordo lo Stato non sta a farsi troppi scrupoli. I parenti hanno paura e non fiatano. Funerale, predica e sepoltura. Resta la testimonianza del poliziotto, che però vive nel quartiere e ha i figli piccoli. Maurizio lo incontra ogni giorno e lo guarda con i suoi occhi di ghiaccio: deve stare attento a non sbagliare. E non sbaglia.

«Mi sembra lui, ma non sono proprio sicuro. Era buio. Aveva in testa mezzo cappuccio. Non lo posso giurare che era lui».

Ci ha pensato Marcello a portargli un pacchetto con cinquanta milioni.

Maurizio mi guarda e intuisce un certo mio scetticismo.

«C'hai mai pensato perché è così difficile catturare i latitanti? Nel mio gruppo c'erano pure poliziotti. Uno era Corrado Caruso. Se stavano per fare un'irruzione o una perquisizione per catturare qualcuno della famiglia, mi avvisava immediatamente. E io allarmavo *agli autri*. Arrivavano e trovavano le case pulite, perfette».

«Una guerra è una guerra: o muore il nemico o sei tu a finire sottoterra».

È questo il pensiero di Avola quando Nitto Santapaola, dopo aver sgominato i Ferlito, decide di muovere le truppe anche contro i Ferrera. Scoprirà presto che le guerre non sono così semplici, e le strategie più complicate di quanto la sua mente riesca a immaginare.

Il padre di Aldo Ercolano è legato ai Ferrera da rapporti di parentela e di affari. Dunque non si può partire con un attacco frontale e si deve procedere per gradi.

Si comincia dai Calì, che sono un clan importante, hanno tradito Santapaola e sono passati al nemico. Trattano auto rubate e non vogliono rispettare la regola dei tre giorni. Vivono asserragliati dentro lo sfascio di loro proprietà che è accanto a una caserma dei carabinieri. Gli uomini di Santapaola aspettano pazientemente per molti giorni che Filippo Calì si allontani di qualche centinaio di metri per farlo. Bum! Bum! Bum! Ma lo mancano.

I Calì si fanno ancora più furbi e si muovono solo con le auto blindate. Non sanno di avere tra loro un infiltrato che comunica ai Santapaola ogni spostamento. C'è un itinerario che Sebastiano Calì, il boss, per i suoi problemi con la giustizia, è costretto a ripetere frequentemente. In quel giorno preciso e a quell'ora lascerà il carcere di Valguarnera per dirigersi verso Catania e, come al solito, si fermerà a far colazione al MonteShell del Gelso bianco.

Avola, come un generale, ha preparato meticolosamente il piano della battaglia.

«Prima di tutto, per fare da punto di appoggio, ho trovato una casa in mezzo a un agrumeto nei pressi del MonteShell. Ci vado alle cinque del mattino con la Lancia Prisma di mio padre, e un camion mi viene addosso, strisciandomi la fiancata. Il conducente scende per constatare il danno. Gli dico solo non fa niente, te ne puoi andare».

Il camionista, che si sente in colpa, lo guarda sbalordito.

Gli basta poco per capire che di quegli occhi di ghiaccio farà bene a dimenticarsi per sempre. Risale sul camion, ingrana la marcia e si allontana velocemente. Aldo Ercolano ed Enzo Santapaola stanno aspettando impazienti nella base d'appoggio. Il piano prevede che se ne stiano lì mentre Maurizio col resto della squadra porterà a termine il lavoro. Si muoveranno solo nel caso di imprevisti o se saranno necessari rinforzi.

Alle sei e mezza del mattino Avola dà inizio all'azione. Alfio Lo Castro, detto Nuccio u Lentinese, e tre uomini di Lentini, uno dei quali ha tre dita della mano destra mozzate e porta un parrucchino, raggiungono il distributore MonteShell a bordo di due macchine rubate. Avola si è sistemato nell'area di servizio di fronte, nel punto che gli consente la visuale migliore, limitandosi a controllare che tutto vada come previsto.

La primavera 1989 è all'inizio. Sebastiano Calì e i tre che lo accompagnano scendono dall'auto blindata. Sono allegri e parlottano rumorosamente con naturalezza. L'odore delle brioche appena sfornate si spande nell'aria. Ordinano la colazione e restano in piedi davanti al bancone in attesa di consumarla.

I lentinesi arrivano correndo, hanno le armi in pugno e si allargano rapidi a ventaglio. Indossano giubbotti antiproiettile. Sebastiano Calì lancia un'ultimo incredulo sguardo al tipo che gli si para dinanzi con un ridicolo parrucchino che gli spiove storto sulla fronte. Un istante dopo cade a terra con gli occhi sbarrati. I killer hanno messo nel mirino un obiettivo ciascuno e hanno fatto fuoco a raffica, contemporaneamente. Subito dopo si avvicinano ai quattro corpi stesi a terra, puntano alla testa ed esplodono il colpo di grazia.

Maurizio Avola vede uscire i lentinesi allegri come sono entrati, chiacchierando senza fretta; li osserva mentre si guardano intorno con disinvoltura per assicurarsi che non ci siano testimoni. Alfio, il capo, è partito per primo, l'altra auto si è messa al seguito. Andranno a bruciare le macchine rubate in un posto a metà strada tra la casa d'appoggio e il distributore.

Avola sale sulla Lancia del padre e osserva con fastidio lo sbrego aperto dal camion sul lato destro. Deve fare un giro lungo per prendere la stessa direzione dei lentinesi. Passa dal punto stabilito e vede che le fiamme sono ancora alte. Pensando al gruppo di fuoco gli viene da ridere.

"E il parrucchino? Dove l'ha messo quel parrucchino del cazzo? Ha bruciato pure quello?".

Il lentinese con le dita mozzate non potrà rispondergli: è già sparito nel nulla con i suoi compagni. Davanti alla casa d'appoggio non ci sono automobili parcheggiate. Aldo Ercolano ed Enzo Santapaola sono andati via. Maurizio respira l'aria di campagna a pieni polmoni e prende la strada del ritorno, guidando senza fermarsi fino al Motel Agip di Ognina. È molto soddisfatto: quando dipende da lui le ciambelle riescono sempre col buco; è un pasticcere che non sbaglia mai dosi e tempi di cottura.

D'Agata gli viene incontro col suo solito vestito triste e inappuntabile da impiegato del catasto.

«Allora?».

«Tutto a posto, Marcello, tutto a posto».

Si fa per dire "tutto a posto", perché la guerra è appena cominciata.

«Le notizie degli spostamenti ce le dà sempre quello che gli abbiamo infilato noi dentro i Calì, u Ciurnu».

È un cocainomane che se la canta in cambio di soldi e droga. Quando u Ciurnu si fa prendere dalla paura e si rifiuta di continuare a collaborare, Avola incarica "i ragazzi" di eliminarlo. Lo colpiscono ma non muore.

«Invece di stare muto se ne va dicendo in giro che a sparare siamo stati io e Pinuccio Di Leo, il mio ragazzo più fidato, quello che "cammina" sempre a fianco a me».

Maurizio la prende come un'offesa personale e decide di

fargli visita a casa in pieno giorno. U Ciurnu lo lascia entrare senza fare problemi, considerato che l'hanno visto in molti e non può essere andato per ucciderlo.

«Tu non lo devi dire nemmeno per scherzo che sono stato io».

«Siete stati visti in zona tu e Di Leo».

«Non c'entriamo un cazzo con te. E sei fortunato. Se sono io che ti devo sparare lo faccio pure in questo momento. In mezzo agli occhi ti metto una pallottola».

«Lo so».

«Quindi lo vedi che non sono io? Però se vuoi vivere ci devi dare notizie».

«Lo so».

«Allora, ci sono notizie?».

«C'è un giovane che lavora in un ferramenta a Aci Catena che sta preparando attentati contro la famiglia Santapaola con gente sua».

«Dammi l'indirizzo del ferramenta».

Pinuccio Di Leo va con un gruppo numeroso per prenderlo vivo, portarlo in uno sfascio e torturarlo fino a farlo parlare per conoscere i piani dei Ferrera. Ma il giovane è sveglio: quando li vede arrivare scappa nel retrobottega, si arma e comincia a sparare. Sono costretti a ucciderlo e il piano va in fumo.

Non resta che tornare all'attacco con u Ciurnu; che però dei Ferrera non vuole assolutamente parlare.

«Arrivati a 'sto punto, meglio che non vada più in giro a dire cazzate».

I ragazzi ci riprovano, solo che u Ciurnu è veramente duro a morire. Gli mettono in corpo diversi colpi, ma lui resta in piedi, riesce a scappare e va a rifugiarsi in un bar.

«Dammi un bicchier d'acqua, per favore».

«Prego. Bevi pure».

Il barista lo vede bere l'acqua e un attimo dopo cadere stecchito. C'è voluto un embolo per togliergli la parola.

Per Maurizio è il momento di andare fino in fondo: bisogna arrivare alla testa del serpente, eliminare i capi dei Ferrera e mettere fine alla guerra. Sguinzaglia la banda, promette milioni a destra e a sinistra e, dopo una serie di tentativi infruttuosi, si presenta finalmente l'occasione che stava aspettando da tantissimo tempo. Un'informazione pagata molto bene lo aiuta a individuare la casa in cui si sono rifugiati Salvuccio e Francesco Ferrera.

Avola organizza l'assalto finale e corre da Aldo Ercolano per informarlo.

«Non mi devi mettere in difficoltà con mio padre, Maurizio».

«Lo so che lo zu Pippo fa affari con loro».

«Non è questo, è che sono parenti».

«*Pi* forza! Con tutti 'sti matrimoni tra Santapaola, Ferrera ed Ercolano, siete tutti parenti. Come facciamo a fare 'a guerra co' tutti 'sti parenti? Che devo fare, prima di sparare vado al comune e ci chiedo gli atti di nascita?».

«Non mi devi mettere in difficoltà con mio padre. È una guerra complicata quando ci sono i vincoli di sangue. La famiglia è la famiglia».

«*E cu* è la famiglia, che qui non ci si capisce niente? Siamo in guerra *cu i* Ferrera o no?».

«Siamo in guerra ma è una guerra complicata. I parenti di mio padre non li possiamo uccidere. È una "guerra fredda". Li dobbiamo mettere in ginocchio tagliandogli l'erba intorno. Si deve sapere e non si deve sapere che siamo noi».

«Scusa Aldo, ho capito bene? Se i tuoi cugini Ferrera ci incontrano insieme, a me mi sparano e a te no? Allora 'sta guerra fredda non mi piace: è una guerra che non ci voglio più partecipare. Hai ragione che è complicata, troppo complicata per me».

12.
«Un pisci senza resca»

Carletto Campanella, il capodecina di Maurizio, si è sempre occupato di droga. Lo faceva negli anni settanta, ai tempi in cui a Catania comandava Giuseppe Calderone, e ha continuato negli anni ottanta col permesso di Nitto Santapaola. Quando esce dal carcere riprende a fare quello che ha sempre fatto: trafficare droga e sniffare.

Quest'ultima cosa senza permesso, ovviamente.

«Te l'ho già detto, hai presente Scarface? Uguale».

Insomma, intelligente ed eccessivo. Spietato e passionale. Comunque, sempre pieno di cocaina.

La sua residenza ufficiale, senza considerare gli appartamenti dove vivono le sue amanti, è una casa arredata con mobili di design, zeppa di quadri preziosi e oggetti di lusso, con le strisce di cocaina in bella mostra sui tavoli. Carletto riceve gli amici avvolto in una lunga vestaglia di seta. Sotto indossa mutande firmate, canottiere firmate e una nuvola di profumo Dior. Si muove proprio come Al Pacino nel film, con un'andatura basculante da spaccone, ma fisicamente non gli somiglia affatto. Piuttosto ricorda vagamente il braccio destro di Scarface. È biondino e ha una faccia pulita da bravo ragazzo con un sorriso rassicurante. A Maurizio Avola è simpatico ed è simpatico a tutti: un uomo di mondo divertente e sempre disponibile ai festini che, con una pistola in mano, si trasforma in una belva.

Comincia la sua carriera come rapinatore, proprio come Avola. Il titolo di uomo d'onore lo guadagna sul campo, servendo la famiglia senza mai uno sgarro e, dunque, venendo "battezzato" e chiamato a farne parte per meriti assolutamente speciali. Quando c'è stato da scegliere tra Calderone e Santapaola non ha avuto dubbi, e da allora lo Zio ha potuto contare su di lui. Non lo tradirà mai. Nitto Santapaola, invece, non riesce a fidarsi fino in fondo di uno che fa abuso di droga. Ordina ai suoi uomini di non perderlo d'occhio e di controllare che fa e chi frequenta.

«Santapaola mi manda a chiamare e mi dice che devo fare a Carletto, per una regola del cazzo, la regola della moglie».

Avola conosce la moglie di Campanella quando il capodecina è ancora in carcere. Va a trovarla per consegnarle di persona gli ottocento milioni di Foggia. Sono i soldi della quota del marito, quelli che gli spettano per aver avuto l'idea della rapina al Monte dei Pegni. La signora Campanella è una professoressa, una donna bellissima, piuttosto altezzosa. Maurizio saluta, si presenta e le porge la busta.

«E quella non la apre nemmeno. Minchia! Mafiosa veramente è».

Un giorno Carletto Campanella arriva a casa di Aldo Ercolano, che lo accoglie a muso duro.

«Carlo, le notizie non sono buone per te. Ce le manda il tuo compare, Piddu Madonia».

«Che c'è, Aldo? Parliamo da soli?».

«Non c'è bisogno, è una cosa *ca riguarda a tutti*. È arrivata voce che quando eri in galera tua moglie ti fece le corna».

Piddu Madonia è il capo di Cosa Nostra di Caltanissetta ed è compare d'anello di Carletto. I suoi uomini hanno visto e hanno riferito. La notizia in seguito è arrivata a Catania, soffiata all'orecchio di Nitto Santapaola, da un politico. Per lo Zio non ci sono dubbi: l'ordine che ha consegnato ad Aldo Ercolano è stato perentorio, e lui non fa altro che riportarlo al diretto interessato.

«Lo sai qual è la regola, Carletto. *Chista avi a scumpariri*».

Se un uomo d'onore è in galera nessuno si deve azzardare a fargli le corna. Sono state tante le donne di uomini d'onore scomparse, mogli, amanti, fidanzate. "Partirono, andarono a Milano, a Torino". E non tornarono più.

Improvvisamente, tra lo stupore di tutti, Scarface comincia a piangere.

Aldo Ercolano non si è lasciato impressionare dalle lacrime. Il giorno dopo, per concludere il discorso si rivolge ad Avola.

«Maurizio, ti interessi tu?».

«Mi interesso io».

«No con la pistola, però. A coltellate la devi uccidere. L'hai a scannare tipo un agnello. Tutta a pezzi che poi *li jetti* dentro la spazzatura».

«Minchia! Ancora mi emoziona 'sta cosa quando la racconto!».

Maurizio Avola già dopo la rapina di Foggia comincia a nutrire il sospetto che nella famiglia le regole si facciano e si disfacciano secondo la convenienza di Nitto Santapaola e Aldo Ercolano. Perché adesso vogliono uccidere Campanella e pensano che li voglia tradire?

«Non sono proprio d'accordo. A me mi piace Campanella, ci assomigliamo. E chi se ne frega di una moglie infedele!».

Maurizio però si guarda bene dal manifestare apertamente il suo dissenso, perché Nitto Santapaola avrebbe fatto uccidere anche lui. Con D'Agata, invece, non ci sono problemi, può esprimersi liberamente. Alla presenza di Campanella espone i fatti senza aggiungere commenti personali, e restano in attesa della risposta.

«Ma che sono pa... pa... pazzi! Qua entriamo negli anni novanta! Questa è una regola dell'Ottocento! Salviamola 'sta povera donna. *U picciriddu* almeno cresce con la madre».

La reazione indignata di Marcello accende una flebile speranza in Campanella, che decide di fare un ultimo disperato tentativo. Si fa coraggio e va a trovare Nitto Santapaola, che gli ghiaccia il sangue nelle vene.

«O si interessa chi era presente quando ne abbiamo parlato la volta scorsa o, se non se la sentono, che hanno pure le loro ragioni, lo devi fare tu di persona. Lo sgarbo te lo fece a te».

«Io non ce la faccio a fare orfano mio figlio».

«Allora buone cose, ci vediamo».

È Aldo Ercolano a comunicare a Maurizio la reazione dello Zio.

«Disse: "Mi doveva rispondere subito sì. Ma che possiamo fare? Carlo è un *pisci senza resca*"».

È un pesce senza lisca, Campanella, un uomo senza spina dorsale, il contrario di quello che deve essere un uomo d'onore. Da lui ci si può aspettare qualsiasi cosa. La storia di sua moglie è ormai sulla bocca di tutti: la conoscono Piddu Madonia, il capo provincia di Caltanissetta, e anche i capi di Cosa Nostra catanese. Si deve mettere subito a tacere, se si vuole salvare l'onore della famiglia, che deve poter andare in giro a testa alta. Se Carletto vuole salvarsi, o uccide la moglie con le sue mani o la fa uccidere da qualcuno che è già a conoscenza del tradimento. Altrimenti, è lui quello che deve morire. Non ci sono altre strade.

Nonostante la volontà inequivocabile dello Zio, D'Agata suggerisce comunque di prendere tempo.

«Io sono contrario, 'sta co... co... cosa si deve aggiornare. Campanella si deve separare dalla moglie. Le affitta una casa ad Acireale e va a vivere lì, lontano dalla Scogliera. E po... po... poi si vede».

Ma la sparizione della donna manda su tutte le furie Aldo Ercolano, che ordina a Maurizio di fare presto, se non vuole morire anche lui.

«Dobbiamo metterci una pietra sopra. Chiaro? Dobbiamo ucciderlo a Carletto Campanella».

Come può Ercolano aver dimenticato quello ha fatto Carlo Campanella per la famiglia? A soli ventitré anni faceva parte del gruppo di fuoco, eliminava Pippo Calderone per mettere sul trono Nitto Santapaola. Decine di omicidi importanti, centinaia di azioni portate a termine con successo, ha sempre servito fedelmente. Ma deve essere eliminato lo stesso. Maurizio non si dà pace.

«Le regole sono regole. Ma cazzo, lo ammazzi per una donna che gli interessa solo perché è la madre del figlio? Carletto l'ha tradita milioni di volte, non dorme con lei. Qual è il disonore?».

«È un ordine che viene da Nitto Santapaola. Io non lo posso rifiutare. Si tratta di un uomo d'onore, lo vuoi capire o no? E nemmeno tu, Maurizio, lo puoi rifiutare quest'ordine. Lo vuoi salvare? Digli: "Ammazza *to mugghieri e goditi a criatura*". Non lo vuole fare? Crepi!».

Tra Marcello e Aldo, Maurizio alla fine ha sempre scelto Aldo. Carletto, però, è lui che si guarda allo specchio. Un altro rapinatore di vocazione e un altro killer di carriera, un altro Avola. Più abile, intelligente, creativo e simpatico. Si è inventato la supermiscela Lo Re, caffè famoso in mezza Sicilia, che ha usato per trafficare la droga, nascondendo ai cani cocaina ed eroina. Sono questi e molti altri i pensieri che gli danzano in testa mentre si dirige verso casa di Campanella alle ventuno passate. In quel periodo, tutti e due sorvegliati speciali, a quell'ora sono obbligati a stare a casa. Di sicuro penserà a un controllo delle guardie e sarà sorpreso di vederlo.

«Chi è?».

«Maurizio sono».

«Come! Che fai qua?».

«Una visita».
«Ma tu non sei sorvegliato?».
«Ti dovevo vedere assolutamente».
«Che succede? Deve essere importante. Entra che beviamo qualcosa».
«Ce l'hai un mandato di cattura in arrivo?».
«Sì, ma non c'è problema. Tutto a posto. Mi avvisano quando lo firmano e me ne vado latitante».
«Lascia stare, Carletto, fatti prendere».
«Ho capito. Ce lo facciamo un po' di champagne?».
Campanella indica il frigobar dove tiene soltanto bottiglie di Cristal e Dom Pérignon e fa per alzarsi. Adesso sa il motivo per cui Avola è venuto a trovarlo. Invece dello champagne, potrebbe prendere una pistola e cercare di colpire per primo.
«Aspetta un minuto».
Avola, che ha con sé la 7 e 65, la tira fuori ostentatamente, scarrella, estrae il caricatore e poggia sul tavolo l'arma scarica. Poi si dirige verso il frigo, dando le spalle all'amico.
«Lascia stare, prendi i bicchieri. La piglio io la boccia».
Bevono senza parlare, il rumore del frigo nella stanza si fa assordante.
«Carlo, credo che hai capito perché sto qua e perché ti consiglio di consegnarti. Poi fai tu».
Carletto non dice niente. Tira fuori la sua 357, una Magnum sei colpi. Maurizio resta impassibile. Gli ha dato le spalle disarmato in segno di totale fiducia e di grandissima amicizia. Lui non ha tradito. Accada quel che accada.
«Ti posso fare un regalo?».
«Un regalo? Che regalo?».
«La vedi questa 357?».
Carletto, nel mostrarla, punta la pistola. Se premesse il grilletto gli basterebbe un solo colpo per uccidere. Sorride. Maurizio non ha avuto una minima reazione di paura. Non un battito di ciglia.

«La conosco, è la tua personale. Bellissima, veramente bellissima».

Carletto Campanella gliela porge, questa volta tenendola dalla parte della canna. Si affida all'amico, che farà la scelta migliore. Sparare o risparmiarlo. Ha messo nelle sue mani la pistola e la scelta.

«La vuoi regalata?».

Lo arresteranno due giorni dopo nell'azienda che fa la miscela Lo Re, nel corso di una normale retata antidroga che non insospettirà Nitto Santapaola. Campanella ha con sé il borsone già pronto per il carcere. Si salvano tutti e tre: lui, la moglie e il figlio.

Anni dopo i due amici si ritroveranno per un confronto in un'aula di tribunale. Campanella guarderà con disprezzo Avola, che ha scelto di collaborare con la giustizia. Non l'avrebbe mai immaginato. Maurizio si rivolge a lui direttamente: «Senti Carletto, se non ti vuoi pentire, io ti auguro che diventi un boss. Te lo meriti di comandare a Catania. Ma fatti una cosa tua. Non gli dare più importanza alla famiglia Santapaola, perché ti volevano morto. Non te lo dimenticare».

Aldo Ercolano comincia a urlare dalla gabbia: «Ma questo vuole fare tragedie, signor presidente, fa l'attore, recita».

Improvvisamente Maurizio interrompe il suo racconto, come di solito fa quando vuole attirare la mia attenzione su qualcosa di molto importante.

«A proposito di Campanella, c'è una cosa che, giudici e giornalisti, dovreste approfondire. Alcuni omicidi a Catania vengono a farli i palermitani e molti omicidi a Palermo li facciamo noi catanesi».

«Carletto Campanella, se si pentisse, ne avrebbe di cose da dire. Per esempio, è stato lui che ha fatto Giuseppe Di Cristina».

Nel maggio 1978, nel corso della prima guerra di mafia, trovano addosso al cadavere del capo di Cosa Nostra di

Caltanissetta carte compromettenti sul traffico di droga. Uno sfregio per un padrino che non dovrebbe sporcarsi le mani con quella roba. Agli investigatori sembra evidente che a compiere il delitto sono stati i corleonesi.

«Non è vero, sono stati i catanesi. Carletto Campanella, Nicola Maugeri e la buonanima di Franco Romeo».

Giuseppe Di Cristina era un pezzo da novanta della vecchia mafia perdente. Ha fatto uccidere Francesco Madonia, il rappresentante della provincia di Caltanissetta, per prenderne il posto, e ha progettato un attentato al "capo dei capi" che è fallito di poco. Due volte i corleonesi hanno provato a farlo fuori senza riuscirci.

«Carletto ha fatto centro al primo tentativo. Come killer è bravo, quasi come me. Ma non è solo Di Cristina la cosa che nessuno sa. È stato lui a uccidere Piersanti Mattarella, il fratello del presidente della repubblica».

«Giovanni Falcone diceva che sono stati i fascisti, Valerio Fioravanti e Gilberto Cavallini».

«Ah, allora, se lo diceva Falcone deve essere vero per forza, no? Intanto i fascisti sono stati assolti. Ma tu te lo ricordi il racconto della vedova, te la ricordi la descrizione del killer?».

Piersanti Mattarella, presidente della regione Sicilia, era un fedelissimo di Aldo Moro, rapito e assassinato dalle Brigate Rosse. Come il suo leader, era convinto che ci fosse una sola strada per liberare la Sicilia dalla corruzione e dal condizionamento mafioso: unire per un periodo limitato tutte le forze politiche sane della maggioranza e dell'opposizione dando vita a un governo che comprendesse anche il Partito comunista italiano.

Il 6 gennaio 1980 esce dal garage di casa con la sua Fiat 132 blu scuro. I figli, Bernardo e Maria, e la moglie Irma lo stanno aspettando per salire in macchina. Le parole della signora Mattarella non le ho mai dimenticate.

«Mi sono accorta della presenza di un giovane, un biondino con un piumino azzurro. È sceso da una 127 bianca ed è venuto avanti con passo elastico e ondeggiante. Io sono salita in macchina e Bernardo è andato a tirar giù la serranda del garage. All'improvviso il biondino è ricomparso dal nulla. Ha tirato fuori la pistola e ha sparato quattro colpi. Uno, due, tre, quattro. L'arma si è inceppata mentre mio marito si abbatteva sulle mie gambe. Un uomo dalla 127 ha urlato qualcosa e il biondino si è diretto verso di lui senza correre. Lo vedo prendere un'altra pistola e sparare altri quattro colpi, uno dei quali mi colpisce al dito. Si allontana un'altra volta mentre dall'auto l'altro, quello che gridava, continua a fargli dei gestacci. Ti prego, Signore, ti scongiuro, fallo andar via. Invece ritorna. Mi guarda fisso con occhi di ghiaccio, poi gira lo sguardo e punta con freddezza mio marito alla testa. Esplode l'ultimo colpo. Si dirige verso la 127, sale a bordo della macchina senza fretta, mettono in moto e spariscono nel nulla».

«Occhi di ghiaccio. Potresti essere tu».

«Io nel 1980 non ho ancora ucciso nessuno. Campanella, invece, è già un killer superesperto. Prendi una foto dell'epoca di Valerio Fioravanti, il fascista che secondo Falcone sarebbe stato il killer, e una di Carletto Campanella. Confrontale. Sono molto somiglianti. Capelli biondi a caschetto tutti e due. Il biondino dagli occhi di ghiaccio è Carletto Campanella».

Nel febbraio 1994, prima che Avola decida di pentirsi e prima del loro confronto al processo, Carletto, Maurizio e altri appartenenti a Cosa Nostra vengono trasferiti da Catania in altre carceri con un aereo militare.

«Approfitto della bontà di un carabiniere di scorta e gli chiedo la cortesia di farmi sedere accanto a Carletto. Ottenuto il permesso, cominciamo a discutere della nostra situazione giudiziaria, delle scadenze processuali e di molte altre cose. Forse qualcuno in carcere mi ha parlato di Mattarella, non lo so, non me lo ricordo».

Fatto sta che Maurizio rivolge una domanda secca al vecchio compagno d'armi. Due uomini d'onore possono tacere in merito a certi fatti, ma non possono raccontarsi bugie.

«Mi avevano detto che eri stato tu a fare Mattarella, è vero?».

«Sì, è vero, l'ho fatto io».

13.
«Vossia m'ava a scusari»

Maurizio Avola, non essendo istruito, è abituato a non essere considerato molto intelligente. Ovvero a essere sottovalutato. La sua mente non è l'album dei ricordi fotografici di un serial killer, è un archivio di fatti che ha messo in ordine a modo suo, secondo una logica personale e stringente. Il suo racconto è talmente scarno da apparire un elenco cimiteriale di morti. Comincio a scorgere una trama che, col crescere della fiducia nei miei confronti, potrebbe riservarmi un finale sorprendente.

Le domande a bruciapelo provocano quasi sempre risposte scontate.

«È il mio mestiere raccogliere storie da raccontare agli altri. La tua potrebbe essere importante e ti sarei molto grato se mi dicessi la verità».

«La verità di come sono andate le cose o quella che ti fa piacere? Te lo dico perché ho sentito pentiti nei tribunali che dichiarano qualunque stronzata; e i giudici fanno di sì con la testa perché la verità già la sanno e gli stanno dicendo quello che vogliono sentirsi dire».

«E tu, hai detto sempre tutta la verità?».

«No. Ma non ho mai detto balle. Guardo chi mi sta davanti, cerco di capire se vale la pena dire proprio tutto. Ci tengo a passare per una persona seria. Non mi piace sentire che mi disprezzano oppure che non mi credono e pensano che sono un bugiardo quando, invece, sto raccontando fatti veri. Essere considerato un pazzo è insopportabile.

Certe volte mi accorgo che la verità la danno per scontata, e io invece so che le cose non sono andate realmente così, ma non posso dimostrare che si sbagliano. Allora non insisto.

Riina ha deciso la strage di Capaci per ammazzare Falcone e Brusca ha premuto il telecomando. Riina ha deciso di uccidere Borsellino con la strage di via D'Amelio e Graviano ha premuto il telecomando. Amen».

«Non è così?».

«Non è proprio così».

«Che cosa non sappiamo ancora?».

«Cosa Nostra prima "camminava" al lato dello Stato, poi è diventata antistato. Perché? Perché ha messo le bombe? Riina secondo te era un pazzo? Io penso di saperla la verità. Ma devo stare attento. Corro il rischio che mi distruggono. Ci vuole poco.

Davanti a un giudice che cerca una verità che non esiste preferisco fermarmi, non arrivare fino in fondo, che se vado avanti finisce che mi blocca perché certi fatti non li vuole nemmeno sentire».

«Ma tu non eri un capo, che fatti puoi conoscere? Omicidi, rapine. Sei stato un esecutore di piani pensati da altri».

«A volte nemmeno i capi sanno tutta la verità. Ti faccio un esempio. Qualcuno dentro Cosa Nostra chiama la polizia e certi attentati falliscono. È quasi impossibile capire chi è stato. Io sono quello che doveva colpire, ero pronto a uccidere, avevo preparato il piano in ogni dettaglio e tutto si è fermato improvvisamente. Mettendo insieme piccoli particolari posso arrivare a capire chi ha fatto la telefonata.

Oppure: ho portato la dinamite in un certo posto e questo nelle ricostruzioni ufficiali non risulta. È importante per mettere in ordine tutto il quadro. Sono stato un killer, ma non un killer qualunque».

«Eri un semplice soldato».

«Un semplice soldato? In Cosa Nostra un semplice soldato è come un generale. Da lui dipendono decine di uomini. Santapaola mi ha sempre rispettato. Ci sono anch'io ogni volta che si vedono per decidere gli omicidi. Sono uomo d'onore, ho il diritto di dire come la penso. Anche se non dico niente, sto muto, aspetto, dopo ci penso io a fare le cose perfette.

Se volevo, Aldo Ercolano mi faceva dare una carica nella famiglia. Non me ne è mai fregato niente. Io non sono quello che *cummannari è megghiu chi futtiri. Futtiri pi mia è megghiu ca cummannari.* E sparare e *futtiri* sono la stessa cosa. Godevo a farlo bene, a farlo perfettamente. La verità alcuni la raccontano per sentito dire, io l'ho fatta con le mie mani. Perciò la so. E me la ricordo esatta. Come una fotografia».

Marcello D'Agata ha preparato adeguatamente Maurizio, che adesso è pronto a fare il salto per diventare uomo d'onore; Aldo Ercolano è stato il suo diretto superiore e il modello al quale si è ispirato, ma Avola ha avuto un altro istruttore di prim'ordine in Francesco Mangion.

«Non si uccide *pi dispettu* o per fantasie personali. La violenza si deve usare per il bene della famiglia e basta».

Così u zu Ciuzzu sintetizza la filosofia della famiglia Santapaola alla quale lo Zio Nitto pretende che tutti si ispirino.

Dei "bravi ragazzi" di Picanello solo Salvatore Cristaldi è diventato Cosa Nostra. È stato istruito a dovere, conosce le regole e ha assimilato i gesti e la cultura che rendono differenti un membro della famiglia e un delinquente di strada. Al suo battesimo di uomo d'onore Santapaola non c'è venuto, e tocca a Maurizio accompagnarlo a fare la conoscenza del capofamiglia.

«Salvatò, vieni che ti porto a conoscere una persona importante».

Avola ha "guardato" scrupolosamente tutta la famiglia di Salvatore fino alla settima generazione passandola ai raggi X.

«Non ci sono mamme, sorelle, nonne o zie zoccole. Non ci sono nonni, bisnonni, zii, parenti di primo e secondo grado poliziotti o carabinieri. Niente scippi o sfruttamento di puttane. È uno a posto Cristaldi».

«*Luntano è?*».

«No. *C'emu a purtari na cosa*, ci facciamo un po' di spesa».

«Ah, ho capito, ho capito».

Passano in macelleria a prendere un po' d'agnello e si mettono in cammino.

Nitto Santapaola vorrebbe tutta Catania ordinata come il quartiere Picanello. Ogni bomba, ogni attentato, sono un dolore per lui. Ci sono dolori necessari, certo, ma fanno male lo stesso.

Aldo Ercolano invece, se potesse, magistrati e poliziotti li ucciderebbe tutti. E Maurizio Avola pure.

Per Maurizio, Ercolano e Riina sono lo squadrone che farà tremare il mondo e lo Stato. Come il Grande Bologna.

«Se Aldo un giorno prende il posto di Santapaola, quella sarà la Cosa Nostra che nessuno ha il coraggio di toccarci e di metterci in galera. Se Aldo mi chiama mi butto nel fuoco per lui. E se mi chiama Riina muoio giovane, anzi giovanissimo. Con lo Zio invece è un'altra musica. Pretende rispetto per lo Stato e ordina che le guardie non si devono toccare. Per nessuna ragione.

Una volta sto in macchina con un amico mio e guido con i piedi sopra il cruscotto. A vent'anni faccio lo sbruffone: con le macchine non mi trattengo, mi piacciono troppo. I soldi non mi mancano e compro automobili, le più potenti. Però vesto normale, voglio sembrare una persona qualunque.

Quindi, quella volta mi fermano e io resto con i piedi sul cruscotto.

"Scendi subito dalla macchina!"».

Il carabiniere per dimostrargli che fa sul serio gli dà un colpo di paletta sul cofano.

«"E perché 'sto colpo di paletta? Io questo l'ammazzo" ho pensato. Ma non lo potevo fare senza chiedere prima il permesso. Altro che permesso! Racconto la storia a Salvatore e quanto si era incazzato lo Zio».

Nitto Santapaola a Maurizio Avola non gli permette praticamente di aprire bocca per giustificarsi.

«Devi stare educato quando ti fermano le forze dell'ordine».

«*Vossia m'ava a scusari*».

«Bravo. Certe cose le fa un delinquente. Che sono i piedi sopra il cruscotto?!».

Quando ha deciso di pentirsi, Avola ha i capelli lunghi e il magistrato se n'è molto sorpreso.

«Perché ti sei fatto crescere i capelli, Avola?».

«Perché, dottore, per dieci anni non li ho mai potuti portare *longhi*. Per Santapaola si doveva stare coi capelli a posto, la barba fatta, i vestiti sempre in ordine. Se una pattuglia catturava uno dei ragazzi che aveva appena compiuto un omicidio, doveva lasciarsi prendere senza sparare e la pistola la doveva appoggiare educatamente per terra. Tanto poi le cose si sarebbero aggiustate.

Una volta sola sono andato dallo Zio per dirgli "abbiamo fatto" e gli ho visto la faccia rossa di contentezza perché avevamo ucciso uno che l'aveva offeso.

A noi gli omicidi ci diceva di evitarli; a lui non lo dovevano nemmeno sfiorare con una parola sbagliata. Chi lo faceva, metteva la mano sui fili scoperti dell'alta tensione».

Con la sua Bmw, mentre guida con accanto Cristaldi, attraversando la campagna, tra gli olivi e i fichi d'india,

Avola è orgoglioso del prestigio che ha guadagnato: è così cresciuto da essere lui a presentare un uomo d'onore appena fatto. Arrivano da Santapaola deferenti, con il pacco in mano, e aspettano che li riceva. Santapaola già lo conosce Salvatore, e si salutano calorosamente. Ma per riconoscersi come Cosa Nostra ci deve essere presente un terzo uomo d'onore. In questo caso è Maurizio, che fa da garante.

«Bravi ragazzi tutti e due. Poggiate il pacco sul tavolo e beviamoci una cosa».

Diventare uomo d'onore è un grande privilegio, significa entrare a far parte di un'élite di persone coraggiose, disposte a morire per difendere i valori della tradizione.

«Un uomo d'onore non deve calare la testa davanti a nessuno. Magistrati, imprenditori, politici non valgono un uomo d'onore.

Un deputato lo elegge il popolo. Per i voti è disposto a fare qualsiasi schifezza. Un uomo d'onore lo sceglie Cosa Nostra. Deve essere pronto a tutto, anche a uccidere; ma non lo può fare per interesse personale. E se non rispetta le regole, muore. Ha messo la sua vita nelle mani di Cosa Nostra per diventare importante».

Tra chi assume cariche di prestigio nella nostra società e chi viene ammesso a far parte di Cosa Nostra c'è tuttavia una differenza sostanziale. Nel parlamento, in magistratura, nello Stato, chi cade difficilmente riuscirà a rialzarsi; perderà il suo status. Un uomo d'onore, "importante" lo sarà per sempre. È un titolo nobiliare che non potrà essergli tolto e al quale tutti dovranno inchinarsi in qualunque situazione si venga a trovare. Se ha bisogno di soldi, se finisce in carcere, se è in pericolo, non sarà mai solo: "i fratelli" faranno quello che serve per difenderlo e garantirgli la condizione sociale e il rispetto che gli sono dovuti.

«Io uccidevo, toglievo la vita. Ma lo facevo per la famiglia, che mi aveva dato il potere di togliere la vita agli altri. Lo facevo e mi sentivo come dio onnipotente. Per me Riina lottava per Cosa Nostra, non per se stesso. Voleva fare grande l'organizzazione, far rispettare le regole e conquistare la Sicilia.

Le regole di Cosa Nostra avevano uno scopo preciso: renderci invincibili. Non erano state create per fottere i più deboli. E valevano per tutti. Per Riina e per Santapaola. Così almeno la pensavo. E così mi aveva spiegato Francesco Mangion.

"Cosa Nostra non la può fermare nessuno. È una grande famiglia legata da un patto di sangue. Fai parte di Cosa Nostra che è una sola. Santapaola comanda a Catania, Riina a Palermo, Messina Denaro a Trapani, Madonia a Caltanissetta, Di Caro ad Agrigento. Ci sono le famiglie, ma Cosa Nostra una è. In Sicilia e a New York.

In America le famiglie sono cinque come in Sicilia. Il capo della famiglia è il re. Un uomo d'onore, senza l'approvazione del capo famiglia, non può commettere reati. A meno che non sono cose sue personali. Quando ci sono decisioni da prendere, che riguardano gli interessi di Cosa Nostra, sono i capiprovincia a discutere tra di loro. Ma una volta stabilito cosa si deve fare, ogni singolo capoprovincia deve comunicarlo ai suoi sottoposti e farglielo accettare"».

Mangion insegna in questo modo a Maurizio Avola l'alfabeto, l'abc di Cosa Nostra, dal quale si dovrebbe partire per ricostruire come sono andati i fatti. Staccando gli occhi da Corleone, si potrebbe scoprire che una parte importante della storia italiana è ancora sepolta alle pendici dell'Etna e rimettere al loro posto i pezzi del puzzle che ancora mancano.

«A noi non ce lo dice nessuno cosa fare. Nessuno. Hai capito, Maurizio?».

«Vuoi dire che Francesco Mangion ti ha spiegato che i servizi segreti, la massoneria, la politica non c'entrano con Cosa Nostra?».

«Certo che c'entrano. Nella massoneria un fratello aiuta

l'altro e se ne fai parte ti devono aiutare. Ma non sono i massoni a comandare Cosa Nostra. Nitto Santapaola e molti altri uomini d'onore fanno parte di logge segrete. Ne approfittano per chiacchierare con persone importanti, sentire notizie e prendere idee. Ma sono sempre loro che decidono cosa fare. E, quando lo hanno deciso, chiamano quelli come me che il lavoro lo portano a termine alla perfezione».

Maurizio non si è mai iscritto a logge massoniche e quello che sa della massoneria lo ha appreso per sentito dire e per esperienze superficiali.

Un giorno gli serve un cardiochirurgo per sua madre. Allo studio del professore gli dicono che ci vogliono quattro mesi di attesa per avere un appuntamento. Allora decide di parlarne con Salvatore Tuccio che lo conosce di persona.

«È un massone, non c'è problema, vai a nome mio».

Ritorna in ambulatorio con la madre e lo accoglie la stessa persona che gli ricorda quanti giorni occorre aspettare per un visita. Maurizio allora le chiede se, gentilmente, può avvisare il professore che il signor Tuccio gli manda i suoi saluti. La signora corre via e in un attimo torna sorridente. Pochi minuti dopo scavalcano la fila e, alla fine di un controllo diligente e accurato che prende un sacco di tempo, non pagano una lira.

Grazie alla massoneria, Marcello D'Agata conosce in anticipo, dettaglio per dettaglio, tutte le indagini che fanno in questura sulla famiglia e in genere a Catania: i mandati d'arresto prima che divengano esecutivi, le perquisizioni, gli accertamenti sulle proprietà.

«È un massone che mi informa».

Al Motel Agip arriva un avvocato con una donna bellissima, una stangona con gli occhi a mandorla, la minigonna e un "culo da paura" che fa girare la testa a tutti. L'avvocato suggerisce il nome di un impiegato che potrebbe fare da basista in una banca. Ha portato con sé la pianta dei locali con le indicazioni di dove sono le porte, come funziona il sistema di allarme e quale sia la via di fuga migliore. Massone l'impiegato e massone l'avvocato.

«Queste sono le cose piccole, ma la massoneria è indispensabile anche in quelle grandi».

14.
Matteo Messina Denaro e il gambero

È il pesce, un animale prezioso e molto particolare, che fa incontrare Maurizio Avola e Matteo Messina Denaro. Anche da morto, il pesce riesce a spostarsi con precisione impressionante, facendo sempre lo stesso tragitto. Segue i soldi e incontra persone della "buona società" in locali particolarmente cari, frequentati da gente danarosa, belle donne, e dove è facile reperire cocaina di qualità. Su certi pescherecci la droga e i crostacei viaggiano nelle stesse casse, tanto sono diventati inseparabili. Fanno così fatica a prendere direzioni diverse che, trasformati in denaro, finiscono nelle stesse tasche. In questo modo spigole, mazzancolle e cocaina si sommano e, altro prodigio, non puzzano.

Il commercio all'ingrosso di un bene così insostituibile e delicato non è un'impresa da gente improvvisata. A fine anni ottanta se lo dividono i Ferrera e i Santapaola, con una particolare attenzione ai carichi di scampi, gamberi, tonno e pesce spada.

Da Mazara del Vallo, porto peschereccio nella provincia di Trapani, territorio dominato dai Messina Denaro di Castelvetrano, arriva a Catania il gambero rosso, che è pregiato quasi come l'aragosta. I Ferrera pretendono di trattare questa prelibatezza, richiesta in tutta Europa, alla stregua di un'alice qualunque, decidendone il prezzo a piacimento, come ogni monopolio che si rispetti.

Nitto Santapaola li ha già invitati ad avere più riguardi nei confronti dei Messina Denaro, ma i Ferrera non ne vogliono sapere: secondo il loro punto di vista, ogni famiglia deve poter fare liberamente i suoi affari. A stabilire il prezzo del pesce, di conseguenza, deve essere chi controlla il mercato, e i mediatori devono accontentarsi della percentuale decisa dal grossista.

Non è questa, però, la regola della "Cosa Nostra" unica e indivisibile che ha descritto a Maurizio lo zu Ciuzzu Mangion. Quella per cui si batte Salvatore Riina, che ha fatto strage dei suoi avversari palermitani accusandoli di violarla per farsi gli affaracci loro e arricchirsi fottendosene dei fratelli in carcere.

Il giovane Matteo Messina Denaro arriva a Catania, col consenso del capo dei capi, e trova un Santapaola entusiasta nel proporgli l'ideale soluzione della controversia.

«Quei cornuti o si piegano o si fottono».

I Ferrera sono legati agli Ercolano da una serie infinita di matrimoni celebrati tra le due famiglie; lo Zio Nitto deve tenerne conto anche se l'unico Ercolano di cui gli importi veramente è suo nipote Aldo. Che, fra parentesi, è il preferito di Riina.

«Sono figli di puttana che non sanno comportarsi. Ammazziamone uno e vediamo se cambiano atteggiamento».

L'uomo che solitamente va a trattare a Mazara il gambero rosso per conto dei Ferrera si chiama Franco Lombardo. Ricco, spavaldo, sempre con gipponi, orologi d'oro e belle donne, è molto amico di Carlo Campanella, con il quale ha gestito parecchie partite di droga. A Carletto viene dato l'incarico di fissargli un appuntamento con la scusa di volergli proporre un investimento in un carico di droga. Lombardo non dovrebbe avere motivo di insospettirsi. Quando, però, trova Maurizio che deve condurlo nel luogo stabilito, si preoccupa abbastanza.

«Carletto ti sta aspettando. Vieni con me. Da solo».

Lombardo lancia uno sguardo interrogativo ai suoi accompagnatori, però poi si rivolge a Maurizio.

«E loro?».

Se lui non dovesse tornare, potrebbero testimoniare. Sarebbe un'imprudenza lasciarli liberi. La risposta di Maurizio è tranquillizzante.

«Tutto a posto. Aspettano qui».

È già successo decine di volte che Lombardo sia andato da solo, gli appuntamenti con Campanella si sono svolti sempre con le stesse modalità, perché questa volta ha paura? Sono quegli occhi di ghiaccio che lo inquietano.

Passano dalla scogliera di Ognina. Lombardo guarda il mare e si sente invadere da una grande malinconia. Maurizio continua a guidare. Per tutto il tragitto non pronuncia una sola parola e quel silenzio non lascia immaginare niente di buono. Finalmente raggiungono una casa di Picanello piuttosto isolata.

«Scendi, siamo arrivati».

Li aspettano in tanti: Pinuccio Di Leo, Marcello D'Agata e Carletto Campanella tra gli altri.

Lombardo entra e saluta tutti cortesemente. Carletto Campanella non risponde al saluto, limitandosi ad accennare un sorriso.

«Arrivo alle sue spalle e faccio due passi avanti per stringergli la corda al collo. Stringo forte, sempre più forte; quando non si muove più, lascio cadere il corpo a terra. I ragazzi lo avvolgono in una coperta e vanno a gettarlo in una discarica. Io e Marcello andiamo a cercare la donna e l'uomo che aspettano per togliere di mezzo anche loro».

Quando arrivano, i due sono spariti nel nulla.

Matteo Messina Denaro e Avola hanno più o meno la stessa età, ma tra di loro c'è la differenza che separa un principe di sangue reale da un addetto alla sua sicurezza. Chi mafioso ci nasce e chi ci diventa non saranno mai uguali.

Anche Aldo è un uomo d'onore "di sangue blu", ma con lui Maurizio non avverte alcuna distanza.

«Matteo Messina Denaro era un elegantone firmato Armani, freddo e superbo; mi ha fatto capire subito che dovevo rimanere al posto mio. Però gli piacevo e mi trattava con rispetto».

A Diabolik, come chiamano il capo emergente di Castelvetrano, quel giovane taciturno, che parla poco ed è sempre efficiente e puntuale, sembra "l'uomo che risolve i problemi" del film di Tarantino. Gli sta un passo indietro e, quando è necessario, un passo avanti. Matteo arriva sempre con un'auto nuova, una Ferrari, una decappottabile o una Porsche e trova Maurizio che lo aspetta per "accompagnarlo".

«Non era mai solo, quando veniva a Catania per divertirsi. Si portava donne bellissime con un fisico da modelle».

Maurizio gli prepara la garçonnière con vista mare in zona Ognina-Scogliera e si assicura che ogni cosa sia in ordine al massimo livello. Riempie il frigo con bottiglie di champagne, prenota i ristoranti più costosi e le discoteche a Taormina. Il principe di Castelvetrano adora trascorrere le vacanze a Catania, e ci pensa la famiglia a renderle indimenticabili.

«Dovunque va, tutto pagato».

Avola lo osserva, ne spia i movimenti e ne considera i comportamenti. Matteo non ama passare le ore al bar con i ragazzi, come invece piace a lui. Si muove solo per incontrare persone importanti.

«Avvocati, medici, notai, commercialisti. E giudici. Massoni. Da tante cose ho capito che l'alleanza tra i Messina Denaro e i Santapaola era fortissima. Più forte di quella tra lo Zio e Riina. Insieme facevano omicidi e insieme si muovevano per "aggiustare" i processi. Coi soldi e i piaceri si riesce quasi sempre a trovare la strada giusta. E Cosa Nostra sa come ottenere il risultato».

Nel 1990 don Ciccio Messina Denaro è il capo della provincia trapanese di Cosa Nostra, la sua "importanza" la conoscono anche i sassi; eppure, un giudice scrive in una sentenza che non lo si può definire un uomo d'onore. Fino a dopo le stragi di Capaci e di via D'Amelio del 1992, lo Stato ignorerà totalmente anche il ruolo di Matteo Messina Denaro. Con un'unica eccezione: il commissario di Mazara del Vallo, Rino Germanà, un poliziotto che si intestardisce a indagare sui rapporti tra la potentissima famiglia di Castelvetrano, la politica e la massoneria. E le sue ipotesi investigative devono avere un tale devastante effetto che, dopo aver eliminato Falcone e Borsellino con le bombe, Riina decide che il prossimo a morire debba essere proprio Germanà.

Il 14 settembre 1992 Matteo Messina Denaro, Leoluca Bagarella e Giuseppe Graviano a bordo di una Fiat Tipo rubata affiancano la Panda del commissario. Sono armati di pistole, fucili e di un kalashnikov. Dal sedile anteriore del passeggero parte un colpo di fucile. Germanà prima risponde al fuoco, poi si getta dall'auto a costo di spezzarsi l'osso del collo. Con la pistola in pugno, raggiunge di corsa la spiaggia ancora piena di bagnanti e si tuffa in mare. I killer restano qualche minuto fermi col motore acceso. Decidono di andar via; ci ripensano e tornano indietro. Bagarella si sporge dal sedile posteriore sinistro; impugna una mitraglietta e spara diversi colpi verso Germanà che si allontana nuotando. L'arma si inceppa.

«Ma state girando un film?».

I bagnanti che circondano il commissario sono increduli e incuriositi.

«È tutto finto o dobbiamo chiamare la polizia?».

«Io sono la polizia».

Per "ragioni di sicurezza" il commissario viene trasferito al Nord quello stesso giorno e le indagini si interrompono.

Anni più tardi, nel settembre 2013, nel carcere di Opera

Salvatore Riina, con Alberto Lorusso, un malavitoso pugliese di Grottaglie di incerta caratura, passeggiando durante l'ora d'aria, ben sapendo di essere intercettato, fa alcune considerazioni a favore di telecamera.

LORUSSO E poi quel Germanà si buttò a mare.

RIINA C'erano i soldati, poverini, a fila indiana, a quel tempo. Tutti i giorni andavano e venivano da Mazara. A chi hanno fatto spaventare? A nessuno! Quello si è dovuto buttare a mare. A chi hanno fatto spaventare? Germanà a mare si è buttato. Ma perché si è buttato a mare vorrei capire! E chi è stato che l'ha fatto buttare a mare? Loro! Minchia! Loro! Bagarella, questi Graviano… e ci mettono pure a me… perché pensano c'entra lui. È lui per tutte le cose.

«Riina si era preso il controllo completo di tutte le province di Cosa Nostra, dominava l'organizzazione in Sicilia e in tutto il mondo. Non ci aveva di bisogno di mettere le bombe e fare le stragi».

«E allora, Maurizio, perché lo ha fatto?».

«Perché è arrivato il giudice Falcone e ha cambiato la legge. Le cose non sono state più come prima. I processi non si aggiustavano e i pentiti diventavano prove. Riina si è sentito tradito dalla politica che permetteva a Falcone di cambiare le regole del diritto e ha dichiarato guerra allo Stato».

«E tu eri d'accordo?».

«Certamente. Che c'è scritto nei tribunali? "La legge è uguale per tutti". Quindi doveva essere uguale per noi e per gli altri. Chi sbaglia paga e chi ci riesce a trovare la maniera per aggiustare i processi se la scampa. Per gli altri non funziona così? Aldo diceva che aveva ragione Riina e che lo dovevamo far saltare in aria lo Stato per fargli abbassare la cresta. Lo Zio, invece, proprio non lo voleva capire che ci volevano distruggere. Ne parlavo spesso con Marcello e lui mi spiegava come la pensava Santapaola».

«Guarda, Maurizio, Aldo si sba... sba... sbaglia. Lo Zio ha tutte le ragioni, te lo assicuro. Non andarci tro... tro... troppo dietro ad Aldo. Fosse per lui ammazzerebbe a tutti senza aspettare l'ordine di Riina; ma la fa... fa... famiglia viene prima e a Catania si fa come dice lo Zio. I ca... ca... caratteri sono diversi, ma Aldo Ercolano e Nitto Santapaola sono una cosa sola».

«Tutta Cosa Nostra siamo una cosa sola e allo Stato lo dobbiamo piegare».

«Co... co... con l'intelligenza, non con le bombe. Sai come dice lo Zio? "Dobbiamo camminare paralleli"».

«Paralleli a chi?».

«Alla politica, allo Stato. Pa... pa... paralleli, capisci? Ci dobbiamo prendere quello che ci serve da chi mangia con noi e non ce li dobbiamo mettere contro tutti. I politici, i giudici, le guardie fanno la loro strada, noi dobbiamo fare la nostra. Non siamo contro il governo, non siamo contro i tribunali, non siamo nemmeno contro i carabinieri. Siamo solo contro i co... co... comunisti che vogliono abolire la proprietà privata. I comunisti sono contro lo Stato; Cosa Nostra cammina parallela. Pa... pa... parallela. Ogni tanto facciamo qualche piacere alla politica, alla massoneria, ai servizi segreti, ma solo Cosa Nostra ci ha la sua utilità. E non prendiamo ordini, li diamo. Non siamo pu... pu... puttane che funzionano a gettone».

Secondo Avola, però, Santapaola aveva un peccato originale da scontare: non sarebbe il capo dei catanesi, se Riina non avesse scatenato la guerra dentro Cosa Nostra per mettere un uomo di sua fiducia alla testa di ogni provincia.

«Nitto Santapaola, a Catania, nasce perché muore Calderone e questo non se lo può certo scordare. A Calderone i corleonesi facevano schifo, ma è finito sottoterra. Si era enormemente arricchito trafficando la droga con le famiglie perdenti palermitane, mettendo da parte i codici e le regole della tradizione. Se ne fregava dei fratelli in galera e distribuiva solo le briciole a chi ne aveva bisogno».

Il popolo di Cosa Nostra considerava un tradimento la trasformazione di un sistema di valori in un affare per poche persone. È interpretando questo sentimento, non solo sparando, che Riina vince. Elimina i Calderone, i Bontate, gli Inzerillo, che hanno dimenticato da dove vengono e il giuramento che hanno fatto, lo fa "per il bene dei fratelli", prima di tutti i carcerati. Al contrario di quelli che si danno arie da principini e disprezzano i *viddani* corleonesi, da vero siciliano Riina mostra di amare l'odore della terra nelle mani e il profumo delle arance.

15.
«Falcone lo ha consumato»

Avola non è famoso come Buscetta e non è un capo come Salvatore Riina, ma non è un killer qualsiasi. È il killer perfetto. Obbediente, preciso e indispensabile nei momenti decisivi. L'esecutore di cui si sono serviti per tessere la tela del ragno. I suoi capi forse lo hanno sempre sottovalutato, pensando che non fosse in grado di archiviare nella memoria ogni particolare dell'ordito, che fosse semplicemente un esecutore utile e silenzioso per i progetti e gli interessi della famiglia.

Oggi, giuridicamente parlando, non è un pentito, non parla in cambio di ricompense. L'unico suo vantaggio lo ricava rispondendo alle domande dei giudici con la verità. Nel 1994, invece, quando l'hanno arrestato per la terza volta, si è pentito esattamente per convenienza, pur di uscire dal carcere. Ma non ha raccontato tutto quel che sapeva. Solo una parte: gli omicidi, le rapine, le estorsioni, le guerre fra bande. Ha cominciato a tirare fuori gli eventi a cui ha partecipato quando l'hanno preso per la quarta volta, dopo pochi mesi che era stato scarcerato. Questa volta senza chiedere niente in cambio e scontando per intero la pena che gli è stata inflitta. Ma come posso essere sicuro che sia tutta la verità?

Man mano che ci addentriamo nel labirinto dei ricordi mi convinco che nasconda segreti importanti.

«A questa guerra che Riina ha dichiarato allo Stato...».

«E al giudice Falcone in particolare».

«A questa guerra tu hai partecipato?».

«I catanesi hanno partecipato, compreso Santapaola che non era d'accordo. Ha dovuto partecipare. Non poteva opporsi a Riina. O gli diceva di sì o l'avrebbero eliminato, come Calderone prima di lui. Sono fatti poco conosciuti».

«Che ruolo hai avuto tu in questa guerra?».

«Importante. Era Aldo Ercolano che teneva i rapporti con i corleonesi e aveva il comando delle azioni militari dei catanesi. E al lato suo c'ero sempre io. Voleva farmi promuovere, farmi prendere più responsabilità. Non ho mai voluto. Però ero cosciente delle mie capacità, in quello che facevo mi sentivo il numero uno, lo specialista, il più bravo. Per comandare bisogna parlare e mi annoiava. Dirigere un'azione, invece, mi esaltava».

«Come puoi essere sicuro di come sono andate veramente le cose?».

«Aldo Ercolano era il vice di Nitto Santapaola. Io ero il suo braccio destro, l'amico più fedele. Si confidava con me su tutto. Ma ero anche un uomo d'onore. E la regola dice che un uomo d'onore non può mentire a un altro uomo d'onore. Comunque, non credo che lo facesse».

«E quando è cominciata questa guerra?».

«Quando Cosa Nostra si è convinta che Giovanni Falcone stava stravolgendo le regole della giustizia. Tutto gira intorno al maxiprocesso».

A questo proposito mi tornano in mente le lettere che Matteo Messina Denaro scrisse nel 2005 a Svetonio, pseudonimo dell'ex sindaco di Castelvetrano, Antonio Vaccarino. Si scoprì in seguito che Vaccarino agiva su mandato del generale dei carabinieri Mori, tenendo questa corrispondenza. Questo avveniva per far catturare l'ultimo padrino in libertà o per farlo scappare? Certo è che di questa "attività investigativa" né la magistratura né le istituzioni sono state informate.

Matteo Messina Denaro è molto chiaro: «Un giorno si abolirà l'ergastolo ma non si rivedrà la nostra posizione nei processi. Io ho condanne assurde senza uno straccio di prova oggettiva, solo due pentiti contro di me che dicono la stessa cosa e a volte basta un pentito solo o più pentiti che si contraddicono. Ho revocato i miei avvocati e non mi difenderò più, facciano quello che vogliono. La mia non è una sfida, non lancio sfide con le scartoffie, per me la sfida ha un valore nobile. In Italia c'è stato un colpo di Stato tinto di rosso di alcuni magistrati con pezzi della politica. Descrivono la Sicilia come un'orda di delinquenti e una masnada di criminali ma ha più storia la Sicilia che lo Stato italiano. Parlano di legalità ma vogliono piegarci alle loro regole e ai loro interessi. La storia la scrive chi vince e loro hanno vinto. Noi non abbiamo più niente da offrire; chi si sporcherebbe la bocca per noi? Nessuno».

Il maxiprocesso è il colpo di Stato di cui parla Matteo Messina Denaro ed è stato Giovanni Falcone a portarlo a compimento. Avola ne è pienamente convinto.

«Falcone arriva alle condanne dei capi con le dichiarazioni dei pentiti, facendo accettare il teorema Buscetta: un omicidio non si può fare se non lo ordina il capo della famiglia. Un uomo d'onore che spara deve chiedere per forza il permesso, dunque i capi sono responsabili come i killer. E siccome un omicidio importante riguarda tutta Cosa Nostra e lo può decidere solo il vertice, tutti quelli che partecipano alla decisione devono prendere l'ergastolo.

Falcone l'ha capito benissimo che Cosa Nostra è una sola. Ma questa maniera di raccogliere le prove vale per noi uomini d'onore e basta. La legge non è più uguale per tutti se per Cosa Nostra è speciale».

E questa è la ragione per cui Cosa Nostra non può più

continuare a "camminare parallela", come avrebbe voluto Santapaola. Deve reagire. Deve fare la guerra.

«Così la pensa Riina, così la pensano Aldo Ercolano e Matteo Messina Denaro e molti soldati come me. La stragrande maggioranza di Cosa Nostra la pensa così: quello che stanno facendo non è giusto e dobbiamo reagire. Per prima cosa facciamo il giudice Scopelliti».

«Ma Antonino Scopelliti viene ucciso in Calabria nell'agosto 1991, si è sempre pensato alla 'ndrangheta, che ne sapete di lui voi catanesi?».

«Io di sicuro non l'avevo mai sentito nominare e forse nemmeno Santapaola. Te l'ho detto che tutto gira attorno al maxiprocesso. Fino ad allora i processi in Cassazione erano sempre stati "aggiustati"».

La sentenza d'appello del maxiprocesso aveva ridotto le condanne all'ergastolo da diciannove a dodici e reso meno stringente la conseguenzialità tra gli omicidi e le decisioni dei vertici dell'organizzazione. Ci potevano essere buone speranze che Salvatore Riina e gli altri capi evitassero le condanne alla pena più dura.

«Matteo Messina Denaro dice ad Aldo Ercolano che c'è una brutta notizia: Falcone si sta muovendo per far arrivare il processo ai giudici che dice lui».

«E come fa Messina Denaro a saperlo?».

«Lo ha mandato a dire l'onorevole Salvo Lima, il parlamentare democristiano. Era uomo d'onore».

«Lima parla con Matteo Messina Denaro e gli dà questa notizia?».

«Ma le cose non funzionano così! Lima lo dice ai massoni; i massoni del trapanese lo dicono a Matteo; e Matteo lo dice a Riina. Sono cose che arrivano "sussurrate". Poi è scattato l'allarme e si è cercato di capire cosa stava facendo esattamente Falcone. Ma come Lima ha avuto le notizie io lo so. Forse, però, non ti interessa».

«E perché non mi dovrebbe interessare?».

«Il nome della persona ai magistrati io l'ho fatto. Può essere che tu lo conosci bene. È un giudice, un amico intimo di Falcone, che ha il vizio del gioco e aveva debiti: Giuseppe Ayala».

«Ma che dici? Giuseppe Ayala? Per me è una balla totale! Lo conosco molto bene e lo stimo moltissimo, soprattutto, è uno degli amici più fraterni di Falcone! Come fai a dire che un esponente dell'antimafia come lui vada a parlare con un parlamentare i cui rapporti con Cosa Nostra sono sulla bocca di tutti!».

«Non è che fa la spia. Commette delle imprudenze. Si fa scappare delle frasi in ambienti che sono in contatto con noi. Fa trapelare quello che gli ha confidato il suo amico: Falcone non vuole assolutamente che il processo arrivi a certi giudici in Cassazione, in particolare a Carnevale che chiamano "ammazzasentenze". Messina Denaro mette insieme tutte le informazioni che gli sono arrivate, quelle dei massoni, quelle di Lima, quelle provenienti indirettamente dal magistrato amico di Falcone. E si arriva a Scopelliti».

Secondo Avola, Cosa Nostra è sicura che Falcone stia tramando per indirizzare il processo in Cassazione a giudici scelti da lui e vuole far sostenere la parte dell'accusa in Cassazione proprio ad Antonino Scopelliti.

«Questo per noi era un gioco veramente sporco, una grave forzatura delle regole che c'erano prima. Una cosa che la legge non consentiva assolutamente di fare. Una dichiarazione di guerra».

Nell'estate 1991 a Castelvetrano, regno di Francesco Messina Denaro, padre di Matteo, si tiene la riunione in cui si decide di scatenare l'inferno. Sono presenti tutti i capi più importanti. A rappresentare i catanesi c'è Aldo Ercolano, che al ritorno passa al Motel Agip di Ognina per aggiornare D'Agata e Avola.

«Com'è andata?».

«Quel cornuto di Falcone vuole fare la guerra e Riina lo

vuole accontentare. Dice che è tutta opera sua: il giudice si è messo d'accordo con la polizia per far tornare in Sicilia quell'altro cornuto, quell'infame di Totuccio Contorno. Uno si pente e lo Stato lo paga per vendicarsi e ammazzare i corleonesi. Che c'è la pena di morte in Italia? A Palermo l'hanno fatto fuori i suoi colleghi e non l'hanno fatto diventare capo del pool antimafia della procura. E che fa quel cornuto? Se ne va a Roma al ministero di Giustizia con Claudio Martelli, il socialista che Riina ha fatto votare a Palermo per fare dispetto alla Democrazia cristiana, e da Roma Giovanni Falcone continua a gestire i processi siciliani.

Falcone al ministero pensa solo a Cosa Nostra, il maxiprocesso deve finire come dice lui. Si sta scegliendo i giudici in Cassazione e lo spinge lui 'sto Scopelliti. Lo sta consumando, lo brucia. Noi ci dobbiamo mettere la parola fine a 'sta storia».

Aldo Ercolano fa una pausa, distoglie lo sguardo da Marcello D'Agata che lo sta ascoltando perplesso e si rivolge a Maurizio, che continua a fare cenni di assenso.

«Falcone, figlio di *buttana*, hai avuto la tua sentenza? Adesso devi far giudicare gli altri! Non ti devi intromettere! Questa non è giustizia, è guerra! Riina dice che dobbiamo fare 'sto Scopelliti assolutamente. Così mandiamo un segnale a Falcone, che solo lui può capire veramente di che si tratta. Forse l'hanno già avvisato e il segnale gli arriverà di sicuro. Se fa marcia indietro bene, se non capisce peggio per lui».

Con Aldo e Marcello si sono salutati al Motel Agip e ognuno se n'è andato al mare in un posto diverso. Maurizio è in vacanza con la famiglia a Fiumefreddo, vicino a Giardini-Naxos, quando, all'inizio d'agosto, cinque giorni prima dell'azione, riceve l'ordine che "è arrivato il momento". Sa già come e dove trovarsi all'appuntamento con gli altri, perché Aldo è venuto in visita a Fiumefreddo.

«Renditi disponibile. A farlo viene Enzo Santapaola. Tu

porti la moto e devi controllare che va tutto come deve andare».

Maurizio sarà l'angelo custode del figlio del capo, che deve compiere di persona il delitto come prova di fedeltà della famiglia a Riina. Il capo dei capi ha diverse ragioni di dubitare dell'atteggiamento di Nitto Santapaola. Lo Zio, prima che partano per la Calabria, chiede di incontrare Avola.

«Mi raccomando, Maurizio, state molto attenti, quello che andiamo a fare mi preoccupa assai».

«Se *vossia* è in pensiero per Enzo, non deve avere problemi. Prima di mettere le mani addosso a lui devono arrestare a me o mi devono ammazzare».

«Non è per Enzo, questa è una strada che non *spunta.* Se diventiamo un cancro, lo Stato se lo dovrà togliere per forza. Abbiamo amici, possiamo parlare, ottenere, aggiustare tutte cose. Senza bisogno di fare i terroristi».

Non sono solo opinioni personali. Lo Zio arriva a queste conclusioni dopo aver parlato con chi di politica ne sa più di lui. Non ha mai smesso di frequentare i massoni, si confronta e si consiglia con loro continuamente. A Maurizio queste "cose politiche" non interessano. Quello che sa è che, se ci tieni alla vita, gli ordini di Riina non si discutono. Aldo gli conferma che i dubbi del capo sono sbagliati e pure pericolosi per la famiglia.

«Enzo si è dovuto offrire per salvare il nome dei Santapaola. Se no le altre famiglie si portano avanti coi corleonesi. E sono cazzi. Questa è una cosa importante, che va fatta. Per te, Maurizio, è una bella occasione. Cresci di grado. La devi prendere così».

Francesco Mangion mette fine alla conversazione con il suo senso pratico.

«A continuare a parlare sprechiamo solo il fiato. Quello che serve lo trovate a Messina».

Il giorno stabilito, con sua grande sorpresa Avola vede arrivare Matteo Messina Denaro.

«Guarda che vengo anch'io».

Maurizio ancora non ci può credere e, mentre mangiano insieme una fetta di anguria gelata, chiede spiegazioni a Marcello D'Agata di questa presenza non prevista dal piano iniziale.

«Trapani e Catania siamo la stessa cosa. Abbiamo già fatto omicidi importanti insieme. Il procuratore Ciaccio Montalto, per esempio».

Agli inizi degli anni ottanta la pericolosità dei Messina Denaro era ancora sconosciuta alle autorità di polizia. Ciaccio Montalto è il primo magistrato che, intuendo i rapporti tra mafia e logge segrete nel trapanese, avvia delle indagini. Viene ucciso il 25 gennaio 1983 da un commando armato di tre mitragliette, mentre rientra da solo nella sua abitazione, senza auto blindata. Il cadavere rimane tutta la notte in strada. I vicini sentono gli spari ma nessuno di loro chiama la polizia o i carabinieri.

«Non lo posso sapere se quello che mi dice Marcello di Ciaccio Montalto è vero. Debbo pensare che è così. Bugie tra uomini d'onore non se ne possono dire».

Il capo militare della missione in Calabria è Aldo Ercolano. La base dell'operazione è a Messina. In questa città si è trasferito da tempo Natale Santapaola, fratello maggiore di Nitto. I Santapaola sono sette figli e c'è posto per un solo capo. Un leone non può restare per sempre nel branco se non vuole correre il rischio di dilaniarsi con i suoi fratelli. Si deve spostare e formare una nuova famiglia. Perciò Natale si è trasferito a Messina, dove ha sposato una leonessa del posto che gli darà due figli, Enzo e Piero, entrambi destinati a diventare uomini d'onore. Tutto sembra procedere per il meglio ma, sfortunatamente, mentre è in campagna alla guida del suo trattore, Natale si ribalta e muore. Passato il tempo del lutto, la vedova chiede a Cosa Nostra l'autorizzazione per risposarsi e la ottiene, visto che Francesco Romeo, il nuovo marito, è una persona a posto. Nel suo garage i catanesi trovano pronte "tutte cose" per la spedizione in Calabria, tra cui un fucile da caccia abbastanza piccolo e particolare.

«Io sparo con la pistola e mi sentirei strano a fare il killer con un coso così. Ma quel fucile lo riconosco, appartiene a Nitto Santapaola e deve essere Enzo Santapaola che lo deve usare».

Maurizio conosce benissimo la storia di quel fucile. È stato regalato allo Zio dal cavaliere Carmelo Costanzo per la caccia, che è una grande passione di Santapaola conosciuta da tutti. "Il cacciatore" è, infatti, l'unico vero soprannome di Nitto e l'arma deve essere lasciata nell'auto del giudice come firma dell'omicidio per sancire l'alleanza indissolubile con i corleonesi. Inoltre, non ci devono essere dubbi sulla matrice dell'attentato e il messaggio a Falcone deve arrivare forte e chiaro.

La moto di Avola è una Honda 1200 di cilindrata, dotata di un'autoradio e di tre grandi bauli, due laterali, uno posteriore. Il fucile viene avvolto in una tela rossa e posizionato tra il sellone e il bagagliaio, in modo che si confonda col colore rosso amaranto della moto.

«Matteo Messina Denaro ed Eugenio Galea, il vicerappresentante della famiglia Santapaola che tiene i rapporti con le altre province, ci raggiungono che siamo già in movimento. Quando sbarchiamo a Reggio Calabria si allontanano per incontrare chi gli deve fornire le informazioni fondamentali. In pieno agosto può essere un conoscente che sta facendo le vacanze vicino a Scopelliti».

Galea non si recherà sul luogo dell'appuntamento e aspetterà poco distante. Messina Denaro è quindi l'unico a conoscere l'esatta identità di questo informatore.

«Noi dovevamo sapere con precisione quando il giudice lascia il luogo della villeggiatura per andare a casa e quale delle sue macchine avrebbe usato. È importante perché non lo conosciamo di persona. Io sono alla guida della moto e, con un auricolare nel casco, sono collegato con Marcello, che ci segue in macchina a distanza».

Messina Denaro li ha messi al corrente. Conoscono il percorso che farà il magistrato e sanno che ha due macchine di colore diverso.

«Mi ricordo ancora quel grido: “Ma... ma... macchina nera, ma... ma... macchina nera!”».

«Minchia, ce l'hai fatta, ho capito!».

Avola si lascia sorpassare dalla Bmw di Scopelliti. Poi accelera e la affianca.

«Durante la manovra sto ben attento a non superare. Nello specchietto il dottor Scopelliti incrocia il mio sguardo. È un attimo: Enzo Santapaola punta il fucile e spara due volte, poi scarrella e spara ancora. Vedo la testa che si abbatte sul volante; l'auto ha un'improvvisa accelerazione e finisce fuori strada».

Il killer scende dalla moto e cerca di avvicinarsi all'auto. Poi valuta la situazione e si accorge che non è possibile raggiungerla rapidamente. L'auto è troppo lontana ed è rischioso perdere tempo per lasciare il fucile nella Bmw com'era previsto, potrebbe sopraggiungere qualche testimone o un'auto della polizia. Accenna a un movimento, ci ripensa e torna indietro.

«Gli vado incontro con la moto. Mi passa il fucile e lo rimetto a posto tra il sedile e il bagagliaio. Porto Enzo per cinquecento metri fino alla macchina dove lo aspetta Ercolano».

D'Agata è solo nella seconda auto ferma; a bordo della terza ci sono Messina Denaro e Galea, che è alla guida.

Mentre Maurizio sta mettendo in moto per allontanarsi dal luogo del delitto, l'auto di Matteo Messina Denaro gli passa davanti e lui lo guarda. Non fa gesti o segnali. Resta immobile e silenzioso con i Ray-Ban poggiati sulla testa mentre fila via.

Avola esclude qualsiasi altra presenza: a uccidere il giudice Scopelliti sono stati Matteo Messina Denaro e i catanesi, nessun altro. L'esecuzione è avvenuta senza il supporto di criminali locali e, men che meno, della 'ndrangheta.

Il racconto ha una sua coerenza. Con l'appoggio logistico della 'ndrangheta gli avvenimenti si sarebbero svolti in maniera diversa. I calabresi avrebbero senz'altro saputo dove nascondere il fucile in un luogo vicino a dove era stato portato a termine l'omicidio, in modo da far ritrovare l'arma qualora fosse stato necessario. E si sarebbero occupati di far sparire la moto. In poche parole, i corleonesi non avrebbero avuto bisogno dei catanesi per trovare un punto di appoggio a Messina, né di Messina Denaro per raccogliere le informazioni.

«A fare la spia con Matteo è stato sicuramente uno delle istituzioni, un massone, uno dei tanti massoni calabresi con cui Matteo stava in contatto. Una persona importante».

«L'hai frequentato anche dopo l'omicidio di Scopelliti Messina Denaro, non ti è venuta la curiosità di chiedere chi era questa sua fonte?».

«Curiosità? Si muore di questa curiosità. Certe domande non è che non si possono fare, non si possono pensare. Non esistono certe domande. Noi non sapevamo niente di Scopelliti: chi era, che faccia aveva, dove viveva. C'era assolutamente bisogno di uno che lo conosceva e aveva rapporti diretti con lui. Una persona "perbene", "pulita". Io non mi occupo di questi rapporti.

Per farti un esempio: di Salvo Lima, quando facciamo Scopelliti, non avevo ancora sentito parlare. Vengo a sapere che è un uomo d'onore quando lo uccidono. Me lo spiega Marcello. Ne parlo con lui dopo che i telegiornali hanno dato la notizia».

«Hanno ucciso un altro politico».

«Non era un po... po... politico. Era un uomo d'onore di Cosa Nostra. È lui che ci ha passato le informazioni e i contatti per fare il magistrato. È stata una partita tra Salvo Lima e Matteo Messina Denaro».

Le parole di Avola arrivano a gocce, irregolari, sparse, disordinate. Le ho dovute riassumere facendo molta fatica a ricostruirne il senso in maniera fedele e a ordinarle con la sintassi. Tuttavia, più la mia mente ha rovistato in quel dialetto a tratti incomprensibile tra le espressioni strozzate, i mugolii di assenso e gli scatti d'ira trattenuti, più è stata catturata dalla logica ferrea di questo strano personaggio che vive sospeso su un precipizio, come trattenuto da una vita precedente. Immagino l'imbarazzo dei giudici: la sua ignoranza può facilmente confondere e disorientare, la sua intelligenza sorprendere e spaventare. Per quanto mi riguarda, avverto nitidamente che l'arida concretezza con cui sta esponendo le sue convinzioni sta mettendo a nudo la precarietà dei pilastri sui quali mi sono illuso di costruire certezze durate molto a lungo.

«Che fine ha fatto la moto?».

«Dovevo portarla a Messina e lasciarla lì. Invece tiro dritto fino a Fiumefreddo, dove la mia famiglia stava continuando la vacanza. Il fucile lo sotterro nella campagna di mio padre, nel posto dove l'ho fatto ritrovare. La moto l'ho lasciata per strada e l'hanno rubata subito».

«Come ti sei sentito dopo?».

«Importante e orgoglioso. Non era il nostro territorio e lo abbiamo fatto lo stesso, siamo imbattibili, nessuno ci può fermare. Che è stata Cosa Nostra, che siamo stati noi, non si deve sapere. Riina non vuole. È un messaggio diretto a una sola persona e a me risulta che Giovanni Falcone ne capisce subito il significato: "Adesso ci ammazzano tutti". Dice così, ma non si ferma, non si vuole fermare. Va fino in fondo. Però al suo fianco tutto lo Stato, la magistratura, la politica non ci sono. Per questo lo eliminiamo, morto lui, le cose torneranno quelle di prima».

Decidiamo di andarcene. La giornata è stata lunga. Ci salutiamo e ci diamo appuntamento per il prossimo incontro.

La corrispondenza di due vite parallele dovrebbe risultare evidente. Invece questo lavorio continuo che la mia mente compie d'istinto, tracciando una linea tra alcuni segmenti della mia vita e quella di Avola, è piuttosto confuso e di non immediata comprensione. Sono riflessioni che mi colgono di sorpresa, balzando fuori dalle pieghe del raccapriccio e dell'indignazione. Vedo qualche affinità tra la mia passione maniacale per il montaggio e quella di Maurizio per le armi. Saranno contenti quei critici che hanno definito "killer" le mie trasmissioni che parlavano dei rapporti della mafia con Berlusconi. «Santoro prepara trappole a tavolino», «le spara grosse», «agisce per conto terzi», «costruisce trasmissioni criminali» sono le espressioni che hanno accompagnato "l'editto bulgaro" pronunciato il 18 aprile 2002 dall'allora presidente del Consiglio, al quale è seguita la mia prima cacciata dalla televisione. Ma non sono certo queste stupide espressioni a effetto usate per denigrare il mio lavoro a suggerire una relazione tra Maurizio Avola e me. È piuttosto il piacere che provo nel buio di una sala di montaggio, dove mi sento al sicuro come in una tana, mentre raccolgo immagini girate spesso in modo casuale e le trasformo in sequenze e in racconto. Con identica tensione perfezionistica, Maurizio si rinchiudeva in uno scantinato tra pezzi di tubi dell'acqua, rondelle di ferro, gommini del gas, ovatta e altri materiali comuni per assemblarli e trasformarli in un silenziatore. Ciò significa per me che esistono qualità e sentimenti che non sono destinati a un unico scopo, ma potrebbero essere declinati in diverse direzioni, più nobili o più atroci, se la sorte o un maestro o uno Stato offrissero opportunità che non si sono presentate.

Avendolo conosciuto da vicino, sono arrivato a concludere che Avola avrebbe potuto abbracciare una professione diversa se avesse intravisto un'altra strada per conquistare quel rispetto che si illudeva di aver guadagnato. E che io, per sfortuna, spirito di emulazione, malinteso senso di solidarietà o per qualche lettura mal digerita, avrei anche potuto uccidere. Invece, ciò che mi divide da Avola in maniera definitiva è che non sono affatto convinto che tutto vada esattamente come doveva andare. Molti benpensanti, al contrario, non ammettendo l'esistenza di possibili varianti nella vita dei criminali e nemmeno nella storia che ha insanguinato il nostro paese, sono d'accordo con lui: le cose sono andate così e non sarebbero potute andare in nessun altro modo. Il killer dagli occhi di ghiaccio per crudeltà, per amore del sangue e per una sua naturale inclinazione a sottomettersi agli ordini di un padrino, aveva davanti a sé un unico destino. Avola, come Riina, non sarebbe altro che un mostro. Un giudizio che ci aiuta a mettere da parte la fatica di cercare la verità.

16.
«Gli *scipperei a testa* a Pippo Baudo»

«Comunque anche tu hai rischiato di morire, questo lo sai?».

La domanda mi coglie di sorpresa all'inizio di un nuovo incontro nel mio studio a Trastevere. Incrocio con un'espressione interrogativa gli occhi di ghiaccio che mi fissano. Maurizio, immobile, sta aspettando la mia risposta.

C'è scritto in molte inchieste giudiziarie. Lo sapevo. Ma non ho voluto cambiare la mia vita, che è continuata come prima. In una commovente testimonianza televisiva Antonio Ingroia, ex magistrato a Palermo e collaboratore di Borsellino, ricorda di aver ricevuto proiettili in una busta quando lavorava spalla a spalla con il giudice di cui era amico fraterno. Il giorno dopo l'arrivo di quel minaccioso avvertimento gli hanno dato la scorta.

A me i proiettili li hanno spediti tre volte e la scorta non me l'hanno data. Nemmeno dopo l'attentato a Maurizio Costanzo del 14 marzo 1993, con l'esplosione di un'autobomba devastante in via Ruggero Fauro, e lui e Maria De Filippi salvi per un pelo. Nemmeno dopo che molti pentiti hanno raccontato che ero nell'elenco dei condannati a morte. Me la propose energicamente il capo della polizia, Vincenzo Parisi, dopo che un rapinatore una notte mi puntò alla testa la canna di una pistola e la notizia finì su tutti i telegiornali.

«Che figura ci facciamo se ti capita qualcosa?».

«Se muoio sai quanto me ne può importare della figura che ci fate voi?» E rifiutai.

Non spetta a me valutare chi merita protezione e chi no, anche se i criteri con cui vengono assegnate queste "protezioni" mi appaiono oscuri e a volte ridicoli. È uno scandalo che non ho avuto il coraggio di far scoppiare, forse per non correre il rischio di danneggiare qualcuno degli scortati. Clientele, amicizie, raccomandazioni e pochi veramente in pericolo. Comunque non ho mai invidiato i tanti che ingrossano il numero infinito di persone che si lamentano di essere costrette a condurre "una vita d'inferno". Mi hanno sempre fatto pena, dal momento che quella vita non sono disposti a cambiarla per nessuna ragione al mondo. Da sopravvissuto guardo agli scortati presumendo di essere stato ritenuto inscalfibile dalle autorità, altra spiegazione non sono riuscito a trovarla. Sono vivo e non devo ringraziare nessuno, né lo Stato né le forze dell'ordine.

«Tu che ne sai dei pericoli che ho corso? È per quella serata che feci con Maurizio Costanzo?».

«Francamente non credo che il motivo era uno solo. Dovresti stare attento: una condanna a morte di Cosa Nostra dura per sempre. C'eri anche tu in quella trasmissione che ha provocato il casino? Io non l'ho vista. Quella con Falcone e Pippo Baudo? Pensavo che era il *Costanzo Show*».

«Erano due trasmissioni insieme, *Samarcanda* e il *Costanzo Show*».

«E che minchia c'entrava Pippo Baudo? Che c'entrava uno che faceva il varietà e il conduttore del Festival di Sanremo? Vi serviva il siciliano famoso? Il siciliano buono che fa la lotta alla mafia? Che poi mafia la chiamate voi, per noi è sempre stata Cosa Nostra. Sei sicuro che non era il *Costanzo Show*?».

«Erano *Samarcanda* e il *Costanzo Show*. Quella serata l'abbiamo chiamata *Staffetta per Libero Grassi*. Trent'anni fa».

Il direttore di Rai 3, la rete per la quale lavoravo nel 1991, Angelo Guglielmi, all'epoca mi fa la stessa identica domanda di Avola. Solo che è leggermente più incazzato.

«Che cavolo c'entra Baudo?».

Nella stanza l'aria è pesante. E, come al solito, tutti i presenti, capostruttura e dirigenti della rete, sono d'accordo con Guglielmi. La mia appare come un'idea bislacca, una contaminazione quasi dissacrante: il principe della televisione di intrattenimento, Pippo Baudo, non sembra la persona più adatta per commemorare Libero Grassi, l'imprenditore che si è ribellato al pizzo ed è stato ammazzato in strada in una giornata bollente dell'agosto 1991, qualche settimana dopo Scopelliti.

Io non reagisco e resto in silenzio per un bel po'; quella mattina non ho troppa voglia di discutere. Vorrei stare dall'altra parte del mondo e buttarmi la televisione alle spalle. I miei amici che sono scappati in Australia a metà degli anni settanta ci vivono da dio, e mi hanno esortato spesso a trasferirmi da quelle parti: sembrerebbe un rifugio ideale per gli orfani della rivoluzione. Mi immagino a oziare di notte su una di quelle spiagge bianche che non finiscono mai nel Queensland, con un fuoco acceso, a fumare marijuana, a guardare le stelle e a parlare di cinema. Scappare da tutto, come hanno fatto loro, e vivere immerso in quella che chiamano "una natura intatta e selvaggia". Mi ritornano in mente in loop le immagini di quando sono andato a trovarli la prima volta. Nemmeno c'erano turisti in Australia. Ero come ipnotizzato da quelle onde che si spegnevano dolcemente a riva: il canto delle sirene di Ulisse non doveva essere altro che un allegro movimento del mare. Ma quando stavo per tuffarmi, nel posto più sperduto nel mondo, sulla spiaggia più simile a un deserto di tutte quelle che avevo conosciuto fino ad allora, compariva un cartello e, tac, da una scena di Wim Wenders mi ritrovavo in un film dei Vanzina: «Pericolo squali!».

Il passaggio dal desiderio alla realtà mi porta a una smorfia che somiglia vagamente a un sorriso. Il direttore mi guarda ancora più irritato: pensa che stia reagendo ai suoi avvertimenti con un gesto sprezzante. Da quando ero ragazzo mi dicono che ho una faccia da schiaffi e sono semplicemente con la testa da un'altra parte.

Guglielmi mi ha sempre lasciato libero. Perfino quando quello che stavo facendo non lo convinceva. L'essere molto diversi non si è mai rivelato un ostacolo ai nostri rapporti. Tutt'altro: ha finito per consolidare fra noi un sentimento di profondo rispetto e ha creato una collaborazione che non si è più ripetuta nella mia carriera.

È l'intellettuale dell'avanguardia che si è divertito ad andare alla conquista del far west televisivo, un vero pioniere. Gli incontri con gli animali sconosciuti come me non lo disorientano; al contrario, lo divertono, lo incuriosiscono. Gli piace intraprendere in loro compagnia nuove avventure, come un cowboy aggrappato a un toro in un rodeo, che non ha paura di essere scaraventato in aria o di precipitare con la faccia nel fango. La routine lo deprime, esercitare il potere per il potere gli farebbe perdere l'autostima; le sfide, al contrario, lo eccitano da morire. I salotti culturali romani e i giornalisti celebrati e protetti dal Partito comunista fingono di venerarlo solo perché sperano di essere reclutati per qualcuno dei suoi progetti. Quelli che mi chiamano "il giornalista di Salerno", con la spocchia razzista che la sinistra nasconde sotto la morbidezza del cachemire.

L'amore di Angelo nei miei confronti, tuttavia, non si può dire che sia scoppiato a prima vista. Inizialmente il suo è stato un semplice azzardo per togliere la prima serata dell'approfondimento ad Andrea Barbato, un grande giornalista celebrato da tutti che lui non pensava avesse i tempi giusti per quella collocazione. La conseguenza è stata che l'intero saloon si è messo a sparare su di me, ma sono sopravvissuto. Paradossalmente Angelo ha imparato ad apprezzarmi nel vedermi affrontare le difficoltà iniziali, mentre correggevo il tiro cercando di migliorare puntata dopo puntata. Mi ha incoraggiato e sostenuto in ogni maniera, liquidando con disprezzo qualunque critica sedicente colta e politicamente corretta.

Quella mattina, però, è convinto di dovermi difendere da me stesso perché sto proprio facendo una gran cazzata.

«Ma lascia perdere Baudo, Michele, tu sei diventato un simbolo, te ne rendi conto? La vuoi buttare in vacca?».

«Cosa dovrei fare, secondo te, la solita zuppa? Continuare come se non fosse successo niente? Libero Grassi ormai era un amico per me. Lo uccidono e lo spettacolo deve continuare?».

«È venuto nella tua *Samarcanda* a denunciare le complicità tra mafia e politica. Non è andato al Tg1, a Canale 5 o al *Festival di Sanremo.* Vuoi andare in onda da un teatro a Palermo invece che dallo studio di Roma? Ti serve fare questo per lanciare un allarme, un grido di dolore più efficace? Fallo! Non dico di no. Ti serve il doppio del budget? Non c'è problema. Ma che senso ha una staffetta con una rete di Silvio Berlusconi! Non lo capisco. Una staffetta con la Fininvest! La televisione privata che Craxi appoggia per distruggere la Rai e il servizio pubblico! Questo proprio non lo capisco e non lo condivido. La Rai e la Fininvest, tu e Maurizio Costanzo, insieme! È un'ammucchiata. Ti rendi conto?».

«Se mi lasci spiegare...».

«Sai cosa mi ha detto Giampaolo Pansa? "Non contare su di me. Io non ci vengo a parlare di mafia su una rete di Berlusconi che era della P2! La loggia segreta di Licio Gelli!"».

«Pansa è un grande giornalista ma non capisce niente di televisione. Lo sai benissimo che quelli come lui pensano che la tv sia solo un microfono per urlarci dentro. Se il medium è il messaggio, la staffetta avrà un solo significato: tutto il pubblico, anche quello meno politicizzato, si è unito per condannare la mafia. E siamo noi l'origine di questa indignazione: la casa da cui si parte è Rai 3».

«E si continua con lo show di Maurizio Costanzo, che era iscritto alla P2, una loggia segreta. Con la mafia la P2 si è data parecchio da fare. O mi sbaglio?».

«Costanzo lo vedeva come un club per fare carriera, ha chiesto scusa: "Sono stato uno scemo". E poi, Angelo, veramente pensi che la mafia sarà contenta quando lo vedrà insieme a me chiedere agli italiani di accendere le luci per spingere il governo a dichiarare guerra a Cosa Nostra? Tu mi stai dicendo che dobbiamo ricordare Libero. Hai ragione, ma non era un comunista. Era un radicale, un liberale».

«E allora?».

«A Palermo lo avevano isolato, ignorando le sue denunce, e lui ha usato la televisione per rompere questo isolamento. L'hanno ucciso per spegnere la luce che aveva acceso. Devi fidarti di me, so cosa sto facendo. Se a rispondere è l'intera televisione, pubblica e privata, il loro piano è fallito. Santoro è "il comunista", l'antitelevisione, la televisione con la t minuscola. Maurizio Costanzo e Pippo Baudo sono la Televisione con la T maiuscola, i più popolari di tutti».

«Ok, sei la solita testa dura. Fa' come vuoi: chiama Pippo Baudo!».

«Grazie, sapevo che avresti capito».

«No, non ho capito; ma vai lo stesso, vai! E chiama pure la Carrà e il corpo di ballo. Così inventiamo l'informazione Tuca Tuca».

Considerando ciò che si vede oggi in tv si direbbe che il sistema dell'informazione assomigli a una banca: custodisce la libertà in una camera blindata. Da questo punto di vista, le trasmissioni che in Italia mi hanno reso famoso, a un certo punto quasi come Riina, si potrebbero definire "rapine di libertà". Quella al teatro Biondo di Palermo è stata tra le più riuscite.

La sera della *Staffetta* con Costanzo è a settembre ma fa più caldo che ad agosto. La temperatura esterna supera i trenta gradi, in teatro arriva a quaranta. L'impianto di aria condizionata non funziona e l'atmosfera è resa ancora più incandescente dalla rabbia dei convenuti. Il pubblico schiacciato sulle pareti, stipato nei palchi, spinto dalla ressa ai bordi del palcoscenico fa fatica a respirare, un inferno: duemila persone accalcate in un forno che dovrebbe contenerne meno della metà, ma nessuno lascerebbe a qualsiasi prezzo il posto che ha conquistato.

Alle otto di sera, mancano ancora trenta minuti all'inizio, i camerini non sono stati aperti e sono arrivato direttamente dall'albergo in cui alloggio già vestito per andare in scena. Dovrò aspettare in platea l'inizio. Vorrei che qualcuno mi aiutasse a districarmi da quel groviglio di corpi, ma i miei collaboratori sono spariti, come se fossero stati inghiottiti da quel mare di facce sudate e ferocemente determinate. Mi viene voglia di scappare mentre mi affanno per arginare spinte, strattoni e mani tese insistentemente per un saluto, che mi impediscono qualsiasi tentativo di concentrazione. Solo un mese prima avevo urlato: «Basta! Io la trasmissione non la faccio più!». Mi sentivo responsabile della morte di Libero. Invece sono qui, teso, emozionato, schiacciato più dal senso di responsabilità che dalla paura. Nonostante me, andrà comunque in scena qualcosa di inedito, un'Italia che vuole liberarsi, riprendersi il voto, scegliere chi governa, decidere il proprio futuro. Una rivolta contro la mafia e i suoi oscuri rapporti con lo Stato e i partiti che si trasforma in un sogno, quello di Libero: un paese senza familismo, ricatti, sudditanza al più prepotente. Il merito, i diritti, la libertà di pensare e di creare che sostituiscono la passività, la rassegnazione, il fatalismo su cui la mafia ha costruito il suo potere.

«Dal teatro Biondo accendiamo le nostre luci per Libero Grassi».

«Dal teatro Parioli accendiamo le nostre luci per Libero Grassi».

Gli applausi del pubblico di Palermo e di Roma si uniscono e milioni di persone sono incollate ai televisori in tutta Italia. Anche Riina e gli altri capi di Cosa Nostra dai loro covi clandestini si sintonizzano. Mai prima d'ora il loro consenso sociale è stato così debole.

Do la linea a Roma, la riprendo, tutto in maniera abbastanza automatica, come in trance, come se fossi fermo a quell'altro giovedì che è costato la vita a un uomo.

«Michele, guarda che Libero non ce la fa a venire in trasmissione».

«Come non ce la fa?».

«È arrivato tardi in aeroporto e non ci sono più posti».

«Facciamo qualunque cosa, non può essere. Chiamatemi il caposcalo!».

«Chi è al telefono?».

«Sono Michele Santoro».

«Il giornalista di *Samarcanda*?».

«Sì, mi faccia questo piacere, faccia partire Libero Grassi. Lo so che purtroppo è arrivato in ritardo all'imbarco. Per noi questa sera è fondamentale».

«L'unico che può fare qualcosa è il comandante, glielo chiamo al telefono».

«Comandante, la prego…».

«Va bene, lo faccio viaggiare sullo sgabello degli assistenti di volo. *Samarcanda* è la mia trasmissione preferita».

Sono passati solo pochi mesi, al teatro Biondo le storie e le denunce si rincorrono, prima strozzate dall'emozione, poi in un crescendo drammatico che diventa travolgente col passare dei minuti. La mafia esce dai confini della Sicilia per diventare un problema nazionale che si somma alla corruzione dei partiti di governo. Un anno dopo arriverà il ciclone di tangentopoli che spazzerà via la prima repubblica.

Riprendo forza, ritrovo la grinta e faccio salire il ritmo d'intensità. Libero Grassi è al mio fianco, con la sua fiducia nel futuro, nella televisione, nelle luci. Non c'è più ragione di spegnerle e di essere pessimisti. *Samarcanda*, la piazza, la gente, il popolo, sono il mondo nuovo che avanza. I muri sono caduti in Europa e l'Italia potrà finalmente cambiare. Mi sono comportato come Libero, non devo avere sensi di colpa, potrò ricordare quell'altro giovedì senza rimorsi.

Ho le tasche piene di biglietti con teschi e minacce di morte che arrivano in continuazione da mani sconosciute. Non me ne preoccupo. L'adrenalina è a mille. Poco più di un'ora e sarà tutto finito. L'emozione iniziale è sparita: non sono stanco, non ho più paura. Qualunque cosa accada, andrò avanti. Nella mia testa l'immagine dell'amico steso sull'asfalto in una pozza di sangue con i sandali ai piedi si fa sempre più fioca. Invece le sue parole è come se le recitassero in coro a migliaia.

«La mafia non è solo un problema morale, è lo Stato che non c'è, la giustizia che non funziona. Voglio leggerle, Santoro, quello che scrive un magistrato, Luigi Russo».

«Faccia pure».

«"Si può anche non pagare, ma chi non paga deve sapere bene cosa gli succede prima o poi. Se tutti facessero così, sparirebbero dalla Sicilia migliaia di imprese, migliaia di aziende andrebbero in fiamme".

Ha sentito? Ha capito cosa ha il coraggio di affermare un giudice? Ti incendiano l'azienda? Devi sapere a che cosa vai incontro se ti rifiuti di pagare il pizzo. Se tutti non pagano, si corre il rischio di vedere danneggiate le attività produttive. Se invece tutti si comportassero come me, si distruggerebbero gli estortori, non le aziende».

«Certo, è un'affermazione grave. Ma se lo pagano tutti il pizzo, lei perché s'intestardisce a non pagarlo?».

«Potrei rispondere che per me è una questione di dignità. Ma questa non è la cosa che mi preme di più. Le leggi contano più della morale. E le leggi le fanno quelli che sono eletti. Ma, a seconda di come vengono eletti, della qualità del consenso che hanno ricevuto, fanno buone leggi o cattive leggi. Ciò che conta veramente è il modo in cui un politico viene votato».

Guardo il teatro Biondo che suda per il caldo e l'indignazione mentre invoca la buona politica. La mafia ha votato per Andreotti e la sua corrente della Democrazia cristiana, e "il divo Giulio" è diventato presidente del Consiglio. Ancora una volta i voti della Sicilia sono stati decisivi. E adesso dovremmo aspettarci che il suo governo, il governo di Andreotti e di Salvo Lima, faccia le buone leggi per liberare il paese da Cosa Nostra?

Chi se ne frega del governo. Potrebbe già appartenere al passato. Questa serata è la prova che la coscienza collettiva sta irreversibilmente cambiando. I partiti e i sindacati hanno isolato Libero Grassi, e i mafiosi gli hanno sparato; ma noi siamo riusciti a riaprire la partita. Non hanno vinto e non potranno più vincere. L'omicidio è stato soltanto il colpo di coda di un animale morente, il gesto disperato di un'alleanza di cosche e politici che ha sottovalutato la reazione di questa gente. I vecchi partiti e Cosa Nostra si sostengono insieme e insieme cadranno.

Le cose andranno più o meno così, ma il futuro sarà meno roseo. Sto commettendo un errore di valutazione assai grave: tra il potere politico e Cosa Nostra non c'è più sintonia, è già avvenuta una rottura profonda. E in quel teatro nessuno ne ha ancora percepito la gravità.

Maurizio Avola ha un ricordo molto confuso della *Staffetta per Libero Grassi.*

«Sei proprio sicuro che Pippo Baudo non era al *Costanzo Show*?».

«Certo che sono sicuro, l'ho intervistato io. Era in diretta in collegamento da un altro teatro».

«Doveva morire Pippo Baudo. Lo dovevamo fare noi catanesi».

Marcello D'Agata è «uno calmo: tartaglia ma la testa non la perde mai». Nei giorni in cui si tiene la *Staffetta*, è diventato consigliere della famiglia Santapaola. Con Aldo Ercolano, che è il vice dello Zio, ed Eugenio Galea, che tiene i rapporti con le altre province, forma il vertice di Cosa Nostra a Catania. Quando Maurizio lo incontra al Motel Agip, è fuori di sé dalla rabbia.

«'Sto cornuto di Pippo Baudo *avi a pagari* prima degli altri. Era un infame e *si metti* a dire in televisione che vuole le leggi eccezionali. Che ci devono mettere in galera a tutti e *jittari* la chiave!».

«*C'amu a fari*, Marcello?».

«Aldo ha preso la decisione. Andiamo a dirlo allo Zio, Maurizio. Poi parti per Roma e lo ammazzi al cornutazzo».

Marcello e Maurizio salgono sulla Bmw e partono sgommando, costeggiando il lungomare.

Il capo supremo si sta godendo la latitanza in una bella casa di campagna all'ombra del vulcano. Ha smesso di essere il ricco e simpatico concessionario di auto che si fa fotografare con il sindaco, il prefetto e con il vescovo, per diventare un ricercato. Ma continua a vivere come i nobili di un tempo tra alberi secolari, vigne, battute di caccia, galoppate a cavallo e tavole imbandite piene di ogni ben di dio. Maurizio e Marcello lo trovano in compagnia del nipote, che li ha preceduti. Aldo è il capo militare della famiglia, un san Michele Arcangelo con il mitra al posto della spada. Ha sentito Riina ed è il primo a parlare.

«Io *na sto momento gli scipperei a testa* a Pippo Baudo».

Aldo farebbe saltare in aria con una bomba anche il papa. Per Avola è un mito, come Riina. Ma lo Zio fa un cenno con la mano e tutti tacciono, perché capiscono che sta per emettere la sentenza.

«Aldo, io prima di muovere un passo ci penso quattro volte. Una più di Marcello, che è il mio consigliere».

«*Allura c'amu a fari*? I corleonesi pensano che noi lo ammazziamo Pippo Baudo».

«Aldo, non siamo bambini che vogliono giocare alla guerra. Io faccio tutto quello che dice u Curtu, ma a Catania non siamo pazzi. Non lo vogliamo distruggere lo Stato. Non ci conviene: dobbiamo camminare paralleli allo Stato».

D'Agata vuole essere sicuro.

«Lei l'ha vi... l'ha vi... sta la tra... tra... trasmissione?».

«Certo che l'ho vista, mangiando uno spaghetto alle vongole l'ho vista. Baudo non aveva a dire certe cose. *Iddu u sapi picchì*. I calabresi di San Luca lo volevano rapire e noi ci siamo messi in mezzo. È un testa di minchia, un cornuto e un infame. Troppi grazie ci deve dire. Ma non lo ammazziamo. *Facemulu scantare* e basta. Mi raccomando».

«Ci pensi tu, Maurizio?».

Per far *scantare*, per spaventare a morte Pippo Baudo, Aldo ordina di spianargli a zero la villa di Santa Tecla ad Aci Reale. Uno come Avola, che già era pronto a "*scippargli a testa* al presentatore", lo considera un lavoretto talmente facile che ci possono tranquillamente pensare Nuccio "Coscia", responsabile del gruppo locale, e i suoi uomini. Entrano, aprono due bombole di gas e lasciano all'interno della casa due candelotti di dinamite con le micce molto lunghe. Poi si allontanano e, una volta al sicuro, danno fuoco alle micce. Bum! I pilastri si sbriciolano e della villa rimane solo qualche fotografia.

Che posto occupa quella trasmissione nella sequenza

dei fatti? Per i magistrati, nessuno. Migliaia di pagine scritte alla ricerca della verità non degnano di una citazione un evento di cui hanno parlato i più grandi giornali del mondo. Anche la Rai l'ha cancellata quando ha affidato a Fabio Fazio la rievocazione ufficiale della strage di Capaci. Come per Avola, è diventata una normale puntata del *Costanzo Show*.

Le rievocazioni sono messe cantate. Non sono mai state il mio forte, non mi sono mai piaciute e non ci hanno mai aiutato a capire un cazzo.

«L'avete terrorizzato Baudo, lo avete distrutto umanamente con quell'attentato, Maurizio. Ha fatto una gran fatica a riprendersi. Mi ha chiamato immediatamente dopo, piangeva, non riusciva a capacitarsi. Una cosa così nella sua Sicilia non se la immaginava».

«Deve ringraziare a Santapaola se è vivo. Io, Ercolano e pure D'Agata facevamo a pezzi a *iddu*, no alla villa. Falcone: c'era pure lui quella sera, vero?».

«Sì. Era a Roma, nello studio di Costanzo».

«E tu, Pippo, ti metti a dire quelle cose proprio quando stiamo per scatenare l'inferno perché siamo convinti che Falcone sta "aggiustando" i processi e chiede leggi speciali contro di noi?».

Quella sera al teatro Biondo io non potrò mai dimenticarla, ma le parole pronunciate da Pippo Baudo le avevo dimenticate: «Quando la mafia emette una sentenza, la esegue subito. Invece i processi dei nostri tribunali hanno tempi lunghissimi. Io sarei garantista: bisogna assicurare a ogni cittadino i suoi diritti di fronte alla legge. Ma, quando un fenomeno così terribile aggredisce un paese come il nostro, è un dovere varare delle leggi eccezionali per aggredire questo fenomeno».

«Non vi siete resi conto di quello che stavate facendo. Quello che diceva Baudo era insopportabile per Cosa Nostra. Leggi eccezionali! Una bestemmia! Come maledire a

Santa Rosalia. Una cosa gravissima. A noi il carcere non ci spaventava, ci bastava sperare che le sentenze si potevano aggiustare. I testimoni si compravano, le prove si nascondevano. Sai come fa Aldo Ercolano a non prendere una condanna per porto abusivo di armi? Facciamo cambiare a un agente la sua versione. Lo so perché Aldo si fa accompagnare da me quando lo va a ringraziare di persona a casa sua. E non è che gli porta un mazzo di fiori. Queste cose non le faceva solo la mafia, una parola che per me, te lo posso ripetere mille volte, non significa niente. Le faceva chi aveva il potere. Aggiustava i giudici, aggiustava le leggi, aggiustava i processi per salvarsi il culo. Perché noi no?».

Tutte le volte che lo incontro, Maurizio Avola ripete lo stesso concetto fino allo sfinimento. Come se fosse convinto che io faccia fatica ad assimilarne la sostanza.

«Tutti aggiustano i processi se ci riescono e se ne hanno la possibilità. I Cavalieri ci vanno in galera? Non ci vanno mai e poi mai. Noi prendevamo più rischi dei Cavalieri. Lo sapevamo che se avevano le prove ci dovevamo fare il carcere senza protestare. Se ci riuscivamo ad aggiustare i processi, bene, se no peggio per noi. Ma Cosa Nostra voleva essere uguale agli altri, non ci doveva essere una legge apposta per gli uomini d'onore. È facile mettere un politico in galera? No, non è facile; allora perché deve essere facile mettere in galera un uomo d'onore? La legge non è uguale per tutti? Pippo Baudo chiedeva le leggi fatte apposta per noi. Per questo meritava di morire».

«Come fai a esserne così sicuro?».

«Dovevo essere io a ucciderlo. E lo avrei fatto, se Nitto Santapaola non mi avesse fermato».

C'è dunque una ragione per cui, subito dopo Scopelliti, doveva essere il presentatore più popolare d'Italia, legatissimo al principale partito di governo, la Democrazia cristiana, a morire. La stagione delle stragi non comincia con Capaci e via D'Amelio nel 1992, ma un anno prima, e gli investigatori, i magistrati e i giornalisti come me dovrebbero tenerne conto. Angelo Guglielmi, il mio direttore, non avrebbe mai immaginato che Cosa Nostra potesse decidere di uccidere Pippo Baudo e mettere una bomba a Maurizio Costanzo, come ha fatto nel 1993. Altro che Tuca Tuca!

La cancellazione simultanea dalle ricostruzioni televisive e da quelle giudiziarie della *Staffetta per Libero Grassi* non mi ferisce più di tanto personalmente. Sono nato e sono invecchiato con la censura e ho finito per farci l'abitudine. È invece più grave la rimozione dal quadro tracciato dalle inchieste di ciò che ha realmente significato la prima rivolta della società civile contro la prima repubblica. I magistrati non considerano il ruolo decisivo avuto dai mezzi di comunicazione nei cambiamenti politici degli ultimi quarant'anni, rivelando una grave carenza culturale, dal momento che la televisione e il cambiamento dell'opinione pubblica sono state concause scatenanti delle reazioni violente di Cosa Nostra.

Avola, al contrario, sia pure involontariamente, mi ha spinto a inquadrare in una nuova luce quella serata al teatro Biondo, materializzando davanti ai miei occhi l'immagine dei capi davanti alla tv.

«Guarda 'sti cornuti dei politici. La gente non li sopporta più. E loro se ne vogliono uscire a spese nostre. Sono senza palle. E Falcone si sta approfittando della loro debolezza. L'hanno chiamato per rifarsi la faccia. Si sono fatti convincere. Ci debbono buttare a mare a noi per continuare a governare, la morte nostra è la vita loro. Abbiamo mangiato nello stesso piatto con questi politici; e si fanno comandare a bacchetta da quel giudice cornuto».

Giovanni Falcone è il nemico numero uno. Ha convinto Tommaso Buscetta a collaborare, ha usato spregiudicatamente i perdenti nella guerra di mafia e il loro spirito di vendetta e ha gettato le basi di una nuova giurisprudenza. Trasformando le dichiarazioni incrociate dei pentiti in prove è riuscito a far condannare all'ergastolo i capi che "non potevano non sapere". È stato lui a suggerire al ministro di Grazia e giustizia, Claudio Martelli, di far ruotare i giudici di Cassazione che erano inamovibili e, in nome del garantismo, mandavano assolti gli uomini d'onore per insufficienza di prove.

È stato Falcone che ha "aggiustato" il ministro della Giustizia socialista. Fino al giorno prima Martelli era un garantista che attaccava lo strapotere dei giudici. Tanto che Riina ha ordinato di votare per lui quando è stato capolista a Palermo.

Davanti alla tv le considerazioni dei capi le immagino di questa natura.

"L'onorevole Martelli è ambizioso, ha fame di potere, ha sentito il vento che cambia e ha nominato uno che prima se la faceva coi comunisti direttore degli Affari penali. Come ha fatto a convincere Giulio Andreotti, il presidente del Consiglio, a farlo entrare nel Palazzo? Andreotti, uno che senza Salvo Lima non contava niente nel suo partito. Lo ha ingrassato Salvo con i voti della Sicilia e della mafia Andreotti, gli ha costruito una corrente apposta per lui. Bella riconoscenza! Questi si vogliono mettere sul petto le medaglie dell'antimafia. Così 'sto Martelli prende il posto di Craxi e diventa presidente del Consiglio e Andreotti fa il presidente della repubblica e conclude la carriera alla grande".

Sono questi i commenti che possono aver pronunciato i boss della mafia, sempre più convincendosi che i politici, sui quali per diverse ragioni avevano puntato in passato, sono radicalmente cambiati. I partiti hanno inasprito le leggi per far dimenticare le accuse di complicità che vengono loro rivolte, e Giovanni Falcone ha capito di avere un'occasione irripetibile per sferrare un attacco mortale a Cosa Nostra.

I boss pensano che sia lui il regista di tutto: è più astuto e più dotato di acume politico di quanto lo sia normalmente un magistrato e sta cambiando le regole del gioco. Quel diritto che gli avvocati riuscivano spesso a volgere a loro vantaggio, non sarà più possibile usarlo come arma di difesa.

A casa del giudice Scopelliti, ammazzato il mese prima della *Staffetta*, sono state trovate tutte le carte del maxiprocesso. Eppure non aveva ancora ricevuto un incarico ufficiale. Per i boss questa è la dimostrazione che Falcone si è mosso per "aggiustare la sentenza", tramando per designare Scopelliti a sostenere la parte dell'accusa. Il magistrato non vuole far arrivare il maxiprocesso sul tavolo del garantista Carnevale, "l'ammazzasentenze" che ha fatto cancellare tante condanne dei mafiosi "per difetto di motivazione". È stato Falcone a suggerire il principio di rotazione delle sessioni della Cassazione a cui assegnare i processi di mafia, e Cosa Nostra pensa che da Palermo stiano volutamente ritardando l'invio degli atti per evitare che finiscano nelle mani di Pasquale Vincenzo Molinari. Molinari è altrettanto scettico di Carnevale sul teorema Buscetta. Non riuscirà a presiedere il Collegio giudicante, perché le carte partiranno da Palermo solo quando sarà evidente che dovranno sostituirlo in quanto è imminente il suo pensionamento. Tutte notizie che i boss hanno ricevuto e riceveranno con largo anticipo.

Doveva restare una gara di astuzia tra guardie e ladri, tra fisco ed evasori fiscali, tra assassini e investigatori, la si sta trasformando in una guerra.

"Se ci vogliono distruggere togliendoci il diritto di difenderci, c'è una sola risposta: le bombe. Ammazziamoli tutti questi cornuti: Andreotti, Martelli e pure Lima, che non serve più a niente, Falcone, Borsellino, Grasso, poliziotti, giornalisti. Tutti li dobbiamo ammazzare".

Così pensano i boss mentre Falcone, il primo nella lista dei condannati a morte, si protende agitandosi nervosamente da uno schermo sulla folla che continua a urlargli contro.

«Basta Lima! Basta Andreotti! Giovanni, scegli da che parte stare!».

Soffre Falcone per quelle urla, per l'incomprensione, per la distanza che si è creata con quella gente. A Roma, nel teatro Parioli, mentre il pubblico si sta diradando e il regista Paolo Pietrangeli non ce la fa a non inquadrare le poltrone vuote, il pianista dello show tenta con poche note l'impresa impossibile di allentare la tensione. «Le Monde» scriverà due pagine su questa incredibile storia italiana, la paradossale alleanza tra il giornalista italiano simbolo dell'antimafia e un conduttore coi baffi accompagnato da un pianista vestito in maniera ridicola, con un frac bianco, che invitano insieme gli italiani a ribellarsi. *Les italiens!*

Falcone è tristemente sfiduciato. Costanzo prova a consolarlo con qualche battuta mentre da Palermo continuano implacabili le contestazioni. Alfredo Galasso, l'avvocato di parte civile di tante famiglie delle vittime, è seduto alle sue spalle.

«Allontanati dal governo, Giovanni! Esci da quel Palazzo corrotto. Sei in pericolo in quelle stanze!».

Il teatro Biondo esplode in una standing ovation di approvazione per Galasso che mi sembra durare un'eternità. Falcone alza i baffi in una smorfia che vorrebbe essere un sorriso amaro. Il ministro della Giustizia pretende di rappresentare il nuovo che avanza, ma ha inventato un impegno improvviso di governo per mandare il simbolo della lotta alla mafia a fare la parte delle istituzioni. Non ha avuto il coraggio di affrontare quella platea infuocata.

«Io non sono il governo. Il mio è un ruolo istituzionale che può svolgere solo un magistrato in servizio».

«Ma Giulio Andreotti è stato d'accordo con la tua nomina!».

A Palermo replicano urlando allo schermo dove giganteggia la faccia del magistrato; dopo cinque ore senza aria condizionata continuano a restare stipati in duemila come sardine. Vogliono mandare la storia in un'altra direzione e sono convinti che Giovanni Falcone dovrebbe sedere in mezzo a loro, e non a Roma in uno studio ormai semivuoto. Lo considerano un traditore? No, un illuso che non ce la può fare stando nel posto sbagliato. Anche io penso in quel momento che il suo giocare d'astuzia sia troppo pericoloso. Vorrei abbassare i toni e le luci, provocare una riflessione, intervistarlo. Non c'è tempo. Mancano pochi minuti. Fra qualche istante gli italiani accenderanno per protesta le luci nelle loro case e saranno molti milioni a farlo, Libero Grassi non sarà morto invano: Falcone o non Falcone, il paese cambierà. Il magistrato ha pensato di potercela fare separandosi da quel teatro e noi siamo convinti, sbagliando, che tra la politica e Cosa Nostra tutto sia rimasto come prima. La stagione delle stragi è già cominciata e, dopo questa serata, continuerà in un mare di sangue.

Nel finale drammatico della *Staffetta per Libero Grassi*, Leoluca Orlando, sindaco del rinnovamento a Palermo, appena deposto da un complotto di Palazzo, arringa la folla. Anche se tutti capiscono a chi si sta rivolgendo.

«Quello che è drammatico non è soltanto che esista la mafia, ma che la mafia rimanga impunita! E rimane costantemente impunita ogni volta che lambisce le soglie della politica! L'onorevole Lima rappresenta al parlamento europeo il nostro paese. Il capocorrente dell'onorevole Lima è Giulio Andreotti, presidente del Consiglio dei ministri, colui che dovrebbe condurre la lotta dello Stato contro la mafia!».

«Che cos'è questo libro che ha in mano?».

«Senato della repubblica, questo testo…».

«Basta! Basta!».

Per impedire all'ex sindaco di rispondere, i provocatori, rimasti attaccati alle pareti a svolgere azione di disturbo, sono insorti come un solo uomo. Ma Leoluca Orlando non si lascia intimidire, si sporge dal palco nel quale l'ho confinato tenendolo in silenzio fino a mezzanotte. Quasi cade in platea per replicare con tutta l'energia che ha in corpo.

«Sì, basta con la mafia!».

Mi tocca intervenire rivolgendomi al pubblico che sta sommergendo di fischi quei tipi loschi, rischiando di creare una situazione fuori controllo.

«Basta applausi! Per favore! Non create un clima che non si capisce quelli che urlano perché urlano. Per favore! Per favore! E lei, Orlando, perché non ci dice che c'è in quel libro?».

«Sono trentasette schede della commissione antimafia dedicate a Salvo Lima, vanno dal 1963 a oggi. Io chiedo: quali inchieste sono state fatte sull'onorevole Salvo Lima per accertare che le sue frequentazioni con i mafiosi che sono qui riconosciute non costituiscono ipotesi di reato? La rabbia è la conseguenza dell'impunità di troppi delitti. La rabbia è vedere esponenti politici collusi con la mafia che restano al loro posto. La rabbia è sentire il giudice Falcone dire che è notorio che l'onorevole Salvo Lima utilizzava la macchina blindata degli esattori Salvo di Salemi. E non c'è nessun seguito. Salvo Lima è un parlamentare europeo e gli esattori Salvo di Salemi sono potenti come non mai».

A questo punto Falcone rinuncia al comportamento mesto e pacato tenuto fino a quel momento.

«Ma perché lo addebiti al giudice Falcone? Eh? Cerco di capire...».

«Lo dicevo come prova dei rapporti che esistono tra gli esattori Salvo di Salemi e un parlamentare come Salvo Lima».

«E c'era bisogno che lo dicessi io perché si sapesse dei rapporti tra gli esattori Salvo e l'onorevole Lima?».

Ha ragione: non c'era assolutamente bisogno che fosse

lui a dirlo. Non serviva una sentenza per stabilire ciò che era già sotto gli occhi di tutti. I partiti dovrebbero fare pulizia da soli quando emergono elementi così gravi di complicità, senza aspettare la magistratura. Basterebbero codici etici applicati seriamente per i politici e per le categorie professionali più importanti: avvocati, medici, notai, architetti. Basterebbe un fisco giusto e inflessibile per garantire una classe dirigente di migliore qualità. Giovanni Falcone lo sa benissimo che queste cose in Italia non ci sono. Ha scelto di concentrarsi su Cosa Nostra, evitando di inseguire accuse difficili da provare che il mondo grigio degli affari e del potere politico non sarebbero in grado di sopportare. In un'intervista mi ha detto: «I pentiti non parlano dei rapporti tra mafia e politica. Se lo facessero, lo Stato potrebbe esserne travolto».

Ma ciò che non gli è chiaro, e non è chiaro a tutti noi in quel teatro, è che sta per crollare un sistema dove le cose si tengono una con l'altra, un sistema di cui la mafia riteneva di far parte. I politici cercano ora disperatamente una via di scampo. I vecchi partiti di riferimento sono al si salvi chi può e noi – quel teatro, gli italiani che hanno acceso le luci nelle loro case – non vediamo la rottura che si è creata tra la vecchia politica e Cosa Nostra. Falcone, dal canto suo, sta approfittando della debolezza dei partiti per combattere la mafia, ma non si accorge che stanno affondando più velocemente di quanto lui stesso potesse prevedere. Si concentra sui mafiosi. E i mafiosi si concentrano su di lui.

17.
«Cosa Nostra è una da Palermo a New York»

«La seconda volta che mi hanno arrestato, nel 1984, dopo qualche mese, da Palermo mi hanno portato nel carcere di Trapani e ho conosciuto questi personaggi. Ero uomo d'onore da un anno, ma non è che tu puoi andare in giro a vantarti che sei Cosa Nostra; ti devono sempre presentare».

Mentre Maurizio, come ogni mafioso che si rispetti, se ne sta tranquillo in carcere per i fatti suoi, senza dare confidenza a nessuno, viene a parlargli un certo Totò Polara di Gela, dicendo che lo manda Mariano Agate.

«Senti, sappiamo che ti chiami Maurizio Avola, ma tu chi sei nel quadro?».

«Sono gli occhi del quadro».

È un'espressione molto precisa. Vuol dire: attento a quello che fai perché io ti guardo e non dimentico; e non chiedermi niente perché non posso risponderti per spiegarti a chi appartengo.

«Veramente sei gli occhi del quadro e la bocca non ce l'hai? Allora chi me lo dice chi sei?».

«Fallo chiedere a Catania chi sono».

A Trapani Mariano Agate è una personalità di prima grandezza. Alleato di ferro di Francesco Messina Denaro e fedelissimo di Totò Riina. È lui quello che a Malta doveva gestire l'affare da millecinquecento miliardi. Nonostante le difficoltà di comunicazione che si hanno in carcere, non ci mette molto a raccogliere informazioni sul nuovo detenuto. Avola viene immediatamente spostato dalla cella affollata in una che condivide soltanto con un altro uomo d'onore. Non mangia più il cibo degli altri carcerati; la sua compagna, che è incinta, può venire a trovarlo e le guardie li lasciano soli. In quel periodo i mafiosi, quando finivano all'Ucciardone, dicevano "vado in villeggiatura", e a Trapani funzionava alla stessa maniera.

«Un pomeriggio sento urla, fracasso, grida di gioia, evviva. Le posate che sbattono sulle sbarre delle celle come fosse capodanno».

«Finalmente l'hanno *fottutu u curnutu*!».

Durante l'ora d'aria si crea un assembramento intorno a Mariano Agate, in attesa di spiegazioni e commenti. Maurizio è tra i più impazienti.

«Che succede?».

«Ammazzarono Paul Castellano. Dobbiamo brindare a champagne!».

Da quel momento Maurizio non vede l'ora di restare da solo con il capomafia trapanese. È l'inizio di una nuova fase della formazione culturale di Maurizio Avola sulle caratteristiche di Cosa Nostra. Oggi può dire di aver fatto le elementari e le medie con Francesco Mangion e l'università e un master accelerato su come funziona l'organizzazione con Mariano Agate.

«È Agate che mi spiega che cinque sono le province siciliane (Palermo, Trapani, Catania, Caltanissetta, Agrigento), ma cinque sono pure le famiglie in America».

I Gambino di New York sono la famiglia più potente e numerosa degli Stati Uniti. A Staten Island vivono in un palazzo che assomiglia alla Casa Bianca; sono ricchissimi, elegantissimi, e hanno ispirato *Il Padrino* di Francis Ford Coppola. Sono loro i Corleone della finzione cinematografica.

Contrariamente a quanto si racconta nel film, però, alla base della fortuna di questa famiglia c'è la droga, il traffico di eroina e cocaina tra Palermo e New York, un affare gestito da Carlo Gambino in collaborazione con gli Inzerillo e i Bontate, le famiglie perdenti nella guerra di mafia. I loro corrieri entrano ed escono dagli aeroporti senza temere controlli; le loro donne viaggiano con le panciere imbottite di eroina o di dollari, a seconda che si tratti di andata o ritorno; la droga si vende come il pane nella catena di pizzerie che possiedono nella Grande Mela.

«E i soldi se li fottevano, come facevano i palermitani. Era Cosa loro».

Mariano Agate gli descrive accuratamente gli ultimi sviluppi della dinastia. Quando Carlo Gambino muore, a prenderne il posto è Paul Castellano, il cognato. In quei giorni il sangue sta scorrendo a fiumi in Sicilia e "gli scappati" delle famiglie perdenti continuano a rivolgersi ai Gambino per chiedere aiuto. Castellano sa perfettamente che Cosa Nostra americana non può prescindere dalla casa madre, Cosa Nostra siciliana, e tenta di trovare un compromesso. È pronto a fare delle concessioni, ma senza rinunciare alla sua autonomia, a gestire in proprio le enormi ricchezze della famiglia e le amicizie eccellenti con politici, giudici e industriali.

È troppo tardi però per stabilire un accordo con Riina, che ha già deciso di fargli fare la stessa fine degli alleati siciliani di Gambino. Dalla Sicilia agli Stati Uniti Cosa Nostra deve tornare ai suo valori originari, quelli di un'unica famiglia di fratelli pronti a morire per gli altri fratelli. Il potere va condiviso e una parte degli utili deve essere distribuita a chi ne ha più bisogno. Le famiglie che governano le province siciliane entrano in azione e quelle americane, come è accaduto a Palermo con i Bontate e i Badalamenti, lasciano Castellano da solo a sbrigarsela con lo zio Totò.

Il vice di Castellano è John Gotti: è lui a progettare l'assassinio del capofamiglia, ucciso a pistolettate davanti a Sparks Steak House, per prenderne il posto, come ha fatto Nitto Santapaola a Catania con Calderone. Può farlo perché ottiene l'autorizzazione preventiva da Riina, consacrandone l'imbattibilità e la supremazia. L'esplosione di gioia nel carcere di Trapani all'arrivo della notizia della morte di Castellano e i cori di evviva per Riina lo testimoniano eloquentemente.

«Io pure sono felice quando Mariano Agate mi fa capire cosa è successo. Per te Riina è un mostro, per me era il capo. O, meglio, come lo chiamate oggi, il leader. Grazie a lui Cosa Nostra è tornata a essere una da Palermo a New York, come vuole la tradizione».

Nei resoconti delle intercettazioni del 2013 nel carcere di Opera tra Salvatore Riina, che se ne frega delle microspie, e il solito Lorusso, a leggere bene si può trovare una straordinaria conferma dell'analisi di Maurizio Avola.

> RIINA La mia famiglia, la famiglia Riina, a Corleone era una famiglia di semplici lavoratori. Diventò una bomba, una cosa sbalorditiva, mentre la famiglia dei Mulieddi, che avevano masserie, tutte proprietà, diventò una famiglia di merda. Veramente la vita è una ruota, no? Si può essere poveri e si può diventare benestanti. Io ho iniziato da zero e mi sono trovato sollevato in alto.
>
> LORUSSO Certo.
>
> RIINA Io ci davo sotto, minchia! Mi sono messo a rubare e mi sono fatto subito la masseria. A quel tempo Corleone, la maggior parte, era del barone Cammarata: terreni, pecore, era tutto Cammarata! Avevano ventimila pecore. Poi c'ero io! Destino della vita!

Qui Riina comincia a ridere di cuore e parla di un emissario delle famiglie americane e di uno Zio Paolo che possiamo ipotizzare, con una certa sicurezza, sia proprio Paul Castellano.

RIINA Pensa che se n'era andato in America "quello" a fare il rappresentante della famiglia dei "corleonesi". Torna e mi dice che lo "Zio Paolo" voleva sapere. Ma cosa vuole sapere? Ma che sei venuto a fare? Che vuoi?

«Noi siamo venuti perché abbiamo persone palermitane là in America, vogliamo sapere se sono coinvolte. Ecco, che responsabilità prendi tu di loro?».

Ma con quale appartenenza sei venuto qua? Ma chi sei?

Lui sta parlando allo Zio Michele e io gli dico allo Zio Michele non risponda, mi dia la parola a me che gli rispondo io a questo signore.

E lui non mi guarda e dice: «Minchia, Zio Michele, ma chi è questo bambino che mi parla in questo modo? Lo conosci tu?».

Eh, lo conosco! Minchia, altro che bambino! Questo ha i coglioni sotto. Mette sull'attenti a me! Minchia, mette sull'attenti a tutti!

«Ma com'è che questo li mette sull'attenti a tutti?».

Ho una storia un pochino lunga, gli dico io. Proprio così, ti devi assumere la responsabilità, gli ho detto.

«Io non ne posso assumere».

Allora vattene. Torna da dove sei venuto e fatti autorizzare. Senza l'autorizzazione non c'è bisogno di venire a disturbare persone.

Io allora potevo pesare quaranta chili. Ero picciottello, avevo una trentina di anni, trentadue anni! Minchia! Per questo quello allo Zio Michele diceva: «Ma tu lo conosci chi è questo picciottello?».

Minchia! Questo picciottello vedi che è importante perché è di Corleone, è corleonese. E la famiglia di Corleone ha fatto sempre mandamento. Quando è successa la *sciarra* tra noialtri, Corleone era capomandamento di tredici paesi. Tredici paesi erano a disposizione di Corleone, compreso il Ciliegiaro, Chiusa Sclafani, era mandamento nostro. Il paese che abbiamo il senatore.

Se n'è dovuto tornare in America per farsi autorizzare. E mi hanno autorizzato. Se ci sono responsabilità voi ve le prendete. Come mai questi americani si sono ridotti così in mezzo a una strada a farsi condizionare da questo *bavuso*? Eh, eh. Perché prima dicevano: «Abbiamo stabilito che non vogliamo più avere a che fare con voialtri italiani. Perché voialtri prima avete bisogno e vi fate sentire e poi prendete e ammazzate. Noi queste discussioni non le vogliamo, perciò da questo momento ognuno camminiamo per conto proprio».

Sta bene, dico io, ognuno per conto proprio; si devono fare i fatti loro gli italiani e chi vuole venire dall'America viene e chi vuole andare va. Questo qua erano pure i palermitani che lo dicevano. E adesso che cosa siete venuti a chiedere? A me piacciono questi americani scappati, mi fanno simpatia. Palermo e la Sicilia è scappata tutta. Chi è che li ha fatti scappare. Ah, ah? Perché la storia è troppo bella, è veramente bella, a volte parliamo, chiacchieriamo, *stravagantiamo*, però è vero che la storia è storia!

Il 30 gennaio 1992 la Cassazione conferma definitivamente la sentenza del maxiprocesso. Per Cosa Nostra è un disastro: non solo le condanne all'ergastolo dei capi diventano definitive, ma persone del calibro di Bernardo Provenzano, Mariano Agate, Nitto Santapaola, che erano stati assolti per insufficienza di prove dall'accusa di aver ordinato omicidi, vedono cancellate le loro assoluzioni. In pratica la suprema Corte ribadisce in maniera definitiva la correttezza del "metodo Falcone" e del cosiddetto "teorema Buscetta", che diventano riferimenti per tutte le sentenze successive. Si stabilisce, in pratica, una volta per tutte un nesso inscindibile tra l'esecuzione di un delitto eccellente, l'appartenenza del killer a una famiglia, il capofamiglia che ha impartito l'ordine di eseguirlo e la riunione dei capi delle province che, quando l'azione riguardi gli interessi generali di Cosa Nostra, deve aver concepito il delitto.

«È stato Aldo Ercolano a chiederti di partecipare alle stragi. Giusto, Maurizio? È successo subito dopo che le avevano decise in quella famosa riunione di Castelvetrano del 1991».

«Vero».

«E tu non hai fatto nessuna obiezione?».

«Io dico subito sì».

«Ma a Capaci non partecipi per ammazzare Falcone».

«Falcone è il numero uno, e ci tengono a farlo i corleonesi per dimostrare a tutta Cosa Nostra che sono loro i più forti».

«Anche agli americani?».

«Soprattutto agli americani».

«Di conseguenza, tu e Aldo Ercolano a Capaci e a via D'Amelio non fate niente».

«Niente, dici?».

«Non lo so. Avete fatto qualcosa?».

«Siamo stati noi a procurare parte del materiale necessario. Per Capaci e per Borsellino».

«Vuoi dire l'esplosivo?».

«Quello e altro. Catania è la santabarbara di Cosa Nostra. Tutte le armi della ex Iugoslavia arrivano nei porti catanesi. Siamo noi che le distribuiamo ai palermitani, ai trapanesi, a tutte le famiglie di Cosa Nostra che ne hanno bisogno.

Le abbiamo date anche a Matteo Messina Denaro, mesi prima di Capaci, per la sua spedizione a Roma. Doveva fare Falcone, Martelli e i giornalisti come Costanzo e come te, e gli servivano le armi».

Aldo Ercolano informa, dunque, Avola della richiesta dei trapanesi, e Avola si attiva con lo scrupolo che dedica alle occasioni più importanti.

Manda immediatamente un ragazzo nel siracusano a prendere una Lancia Delta.

«Ce l'ha anche mia moglie una Lancia Delta. È una macchina che non dà nell'occhio. Vedi che i riscontri non si fanno e le prove vere non si cercano? Ho indicato l'auto, il periodo del furto, la zona dove è stata presa. È così impossibile fare un controllo? Carabinieri e polizia si sono persi tutto? Quella macchina, per fortuna, l'abbiamo rubata in un'altra provincia per caricarci le armi nel bagagliaio. A Catania ci hanno fermati e, pensando che venivamo da fuori, non hanno controllato in questura e non si sono accorti di niente».

Matteo Messina Denaro ha dato ai catanesi "la lista della spesa" il lunedì. Il venerdì mattina viene a ritirare l'auto, con le armi già sistemate all'interno. Il luogo dell'appuntamento è di fronte al Motel Agip di Ognina, dove Maurizio si è procurato tre o quattro posti per parcheggiare. Di notte la Lancia è stata nel garage di un amico meccanico che ha provveduto a cambiare il cilindretto di avviamento difettoso. Poi l'hanno portata al parcheggio nell'attesa che arrivasse Matteo. È accompagnato da un'altra persona, che Maurizio non ha mai visto prima, vestita in modo elegante e molto distinta. Si salutano normalmente, senza usare la formula in uso tra gli uomini d'onore.

«Lo prendete un caffè?».

«No, l'abbiamo già preso, grazie. Andiamo di fretta».

La risposta di Matteo è definitiva: non ha nessuna intenzione di perdersi in chiacchiere. Tratta Avola come tutte le altre volte, un po' dall'alto in basso ma con modi gentili, lo ringrazia e consegna l'auto al suo accompagnatore. Maurizio guarda con un'espressione sarcastica l'uomo di Messina Denaro mentre si mette al volante. Sembra proprio il direttore di una filiale di banca che va a lavorare. Nel bagagliaio trasporta due kalashnikov, un bazooka, qualche bomba a mano e un po' di pistole. Matteo Messina Denaro aspetta che la Lancia si allontani per salutare Maurizio porgendogli la mano e scoprendo il Rolex d'oro che porta al polso. Quindi rimonta sulla macchina potente con la quale era arrivato e se ne va.

«Gli attentati a Roma quell'anno non si fanno. Né a Falcone, né a Martelli, né a voi giornalisti».

«Certo. L'attentato a Costanzo viene dopo Capaci e via D'Amelio, sarà il primo della serie del 1993».

«Ma, fidati, tutto è stato già deciso dal 1991. Scopelliti, Falcone, Borsellino, Costanzo e le altre bombe del 1993 fanno parte di un unico piano già stabilito.

Matteo Messina Denaro e gli altri che sono andati in missione a Roma vengono richiamati. Falcone si deve fare in Sicilia, non a Roma. Dobbiamo dare il segnale che nell'isola siamo noi a comandare».

«E questa decisione chi la prende?».

«Riina. Lo sanno tutti. Quello che non si sa è che gli attentati a Falcone e Borsellino sono stati fatti con il consenso e l'aiuto di Cosa Nostra americana».

Quella di Maurizio Avola è una rivelazione che ha un'importanza straordinaria, ma i magistrati, che spesso si sono innamorati di teorie strampalate, non l'hanno voluta, stranamente, finora prendere in considerazione.

Una mattina, a casa di Aldo Ercolano, Maurizio trova ad aspettarlo un omone alto e largo come un armadio. Quasi non passa dalla porta, tanto è grosso. Parla italiano con l'accento tipico dei siciliani in America. Ha circa quarant'anni, i capelli castani e abiti molto ricercati: giacca, camicia e cravatta. Ne ricorda il nome, John, il cognome non glielo ha mai detto. È fine febbraio, inizio marzo 1992, ma a Catania fa già caldo. Ercolano gli ha dato alcune sommarie informazioni.

«È una persona importante che appartiene a John Gotti, alla famiglia Gambino di New York. È un grande esperto di esplosivi, di elettronica e di telecomandi per governare l'esplosione a distanza. È venuto a insegnarci come si fa. Gli americani vogliono essere sicuri che le cose vanno a posto. È venuto a controllare. È un numero uno nel suo campo. Hai presente Pietro Rampulla? Dei nostri è quello che ci capisce di più di esplosivi e non è niente rispetto a lui».

«Aldo, mi spieghi che vuol dire che l'Americano è venuto a controllare? Noi non le sappiamo fare bene le cose?».

«Falcone e Borsellino li dobbiamo ammazzare con un botto che si deve sentire fino a New York. E gli attentati devono andare a buon fine. Non ci possiamo permettere sbagli. Falcone non deve assolutamente *nesciri vivu*. A proposito, tu sei bravo con gli esplosivi, te la sentiresti di partecipare a fare Falcone?».

«Aldo, che domanda mi fai? Certamente. Ma non devono essere tutti corleonesi a farlo?».

«Sì, però con gli esplosivi vogliono essere aiutati. Non sono troppo bravi».

A Capaci ci andrà Rampulla, ma i corleonesi dovranno fare a meno di Avola, che questa volta è costretto ad accettare il consiglio di D'Agata. Le argomentazioni sono state decisamente convincenti.

«Tutti corleonesi sono. Quelli hanno il vizio che vogliono la sicurezza di non essere traditi: ti fanno mettere l'esplosivo e poi ti strangolano».

Sulla mancata partecipazione di Maurizio a Capaci insisto a lungo con lui e in modo provocatorio. Che ne sa delle stragi se i catanesi hanno deciso di chiamarsi fuori? La sua reazione è ferocemente ironica.

«Bravo, adesso hai capito veramente tutto. Le bombe si sono fatte da sole. Secondo te chi prepara l'esplosivo per Capaci? Che sai tu di Pietro Rampulla?».

«So che era a Capaci come artificiere; è un fascista, un terrorista degli anni settanta».

«E per chi lavora Pietro Rampulla? Da chi dipende, secondo te? Come si trova a Capaci? Se non lo sai, te lo dico io: Pietro Rampulla dipende direttamente dal capo della provincia di Catania, Nitto Santapaola, e fa parte della famiglia di Ciccio La Rocca di Caltagirone».

«E allora?».

«Allora a Capaci ci va con l'autorizzazione dello Zio. Santapaola è personalmente contrario alle stragi, ma si è dovuto piegare per forza. Dopo di che, il contributo di noi catanesi è stato fondamentale. E quello dell'Americano decisivo».

Perché Maurizio insiste sul contributo decisivo di Cosa Nostra americana alle stragi? Cosa Nostra siciliana non aveva il know-how per garantirne il successo. I "botti" per Falcone e Borsellino non potevano essere semplicemente eclatanti, dovevano andare a segno, concludersi con la morte dei due principali nemici dell'organizzazione. Era molto complicato fare esplodere con precisione cariche così grandi manovrandole a distanza. Rampulla e Avola erano esperti di esplosivi, ma l'elettronica non era il forte di nessuno dei due. Avevano provato diverse soluzioni, perfino a utilizzare le apparecchiature degli aeroplanini telecomandati. Nessuno dei tanti esperimenti fatti in preparazione degli attentati garantiva che i congegni funzionassero al momento stabilito. Il problema da risolvere erano i telecomandi e a offrire la soluzione è la famiglia Gambino, che, legata ormai da un patto di sangue a Salvatore Riina, invia dagli Stati Uniti un esperto per formare chi avrà il compito di utilizzarli, rendendolo in grado di allinearli perfettamente alle frequenze dei detonatori elettronici.

«E quanti sono i telecomandi da predisporre?».

«Sono due. E questo vuole dire una sola cosa: che anche l'attentato a Borsellino è già stato deciso».

«Come fai a esserne così sicuro?».

«Lo so e basta. Diciamo che è un mio pensiero».

Un taglio secco per impedirmi di approfondire. Una brusca sterzata che sembra non ammettere repliche. Ne abbiamo parlato praticamente ogni volta che ci siamo incontrati. A Capaci Maurizio non c'era. E a via D'Amelio? C'entra con la morte di Paolo Borsellino? Non mi ha mai detto "non ho partecipato personalmente" né ha mai ammesso di averlo fatto. In molte circostanze mi è sembrato di leggere delle esitazioni quando mi avvicinavo all'argomento, quasi avesse voglia di tirar fuori qualcosa e che poi ci ripensasse. Ma ho imparato ad aspettare il momento opportuno per insistere.

«Per l'elettronica, a Catania Marcello D'Agata ha un riferimento. Gli diamo i telecomandi, li tarano per la distanza giusta seguendo le indicazioni dell'esperto americano. Quando ci dicono che sono arrivati a buon punto, decidiamo di andare a fare una prova. Io, Aldo e Marcello».

«Ma D'Agata non era contrario alle stragi?».

«Certo che è contrario, ma non è che può dire io non vengo».

Per l'esperimento i tre scelgono il Lido Aquarius ad Aci Castello; una Fiat Uno rubata contiene il necessario per la simulazione. Il detonatore è sistemato nel cofano e ha un'antennina per ricevere il segnale dal telecomando. Armeggiano per un po', si assicurano che nei pressi dell'auto non ci siano passanti e Maurizio decide che è il momento di premere il pulsante. Input e Bum! La Fiat Uno fa un salto. Il telecomando ha funzionato alla perfezione.

Normalmente per azionare una bomba si deve dar fuoco a una miccia collegata a un detonatore. La fiamma corre e arriva al detonatore, che fa saltare l'intera carica. Col telecomando elettronico a distanza si riesce a innescare un'esplosione senza usare micce. Semplice, efficace e meno pericoloso.

«Una pacchia, quando funziona. Non c'è pericolo di saltare in aria insieme alla bomba».

Naturalmente, al lido di Aci Castello nel cofano dell'autobomba sperimentale c'è solo il detonatore e non l'esplosivo. Altrimenti sarebbe stata un'altra strage.

«Riina lo sappiamo, ma cosa ci guadagna Cosa Nostra americana dalla morte di Falcone?».

«Falcone ha capito che siamo una Cosa sola e vuole coinvolgere gli americani nella battaglia».

Giovanni Falcone ha stabilito con gli investigatori e con gli inquirenti americani una collaborazione che in precedenza non si era mai realizzata. Mette a disposizione notizie, conoscenza della cultura e dell'organizzazione mafiose e, soprattutto, di fondamentale importanza, le testimonianze dei pentiti. Tra Falcone e il procuratore Rudolph Giuliani si crea un tandem micidiale che si propone di spezzare l'asse Italia-Usa di Cosa Nostra e di mettere fuori gioco la famiglia Gambino. I capi vengono arrestati tutti: John Gotti, Thomas Gambino, figlio di Carlo, e suo cugino, John Gambino. Tommaso Buscetta e Francesco Marino Mannoia diventano testi chiave per l'accusa in diversi processi che riguardano il traffico di droga e molti omicidi, e il gotha della famiglia Gambino sembra destinato a rimanere in carcere in eterno. Giovanni Falcone sta gettando le basi per applicare in Italia e negli Stati Uniti lo stesso principio di tolleranza zero nei confronti della mafia, equiparando Cosa Nostra a un'organizzazione terroristica. Le famiglie americane concordano con Riina sulla necessità di risposte eclatanti per convincere i due Stati a trattare rinunciando alla linea dura, allentando la stretta e considerando con più attenzione i diritti degli imputati. A condizione, però, che gli attentati avvengano fuori dal territorio degli Stati Uniti.

«John Gotti e Riina sono saliti sulla stessa barca».

«Sei sicuro di quello che dici?».

«Sono sicurissimo. Nel 1992 c'è programmata una visita

del governatore dello Stato di New York in Italia. Direttamente da Aldo Ercolano ricevo l'ordine di preparare un attentato».

«Come, a Mario Cuomo?!».

«Mario Cuomo. Dobbiamo farlo a Messina perché lo vuole la famiglia Gambino. Organizzo tutte cose... Studio le caratteristiche del posto. Mi informo sull'auto blindata speciale del governatore e con Aldo decidiamo di adoperare lanciamissili e bazooka. Prevedo la presenza di cecchini e individuo un terrazzo di un palazzo per lanciare il proiettile. Ma l'operazione salta perché improvvisamente Cuomo rinuncia a venire a Messina e decide che si ferma a Roma.

Un attentato a Mario Cuomo in Sicilia sarebbe stato una cosa enorme. Tutto il mondo ne avrebbe parlato, più dell'incendio di Notre-Dame. Aldo Ercolano e Marcello D'Agata lo sanno come sono andate le cose. Dovrebbero fare pressioni su Marcello per farlo collaborare».

«E Aldo Ercolano?».

«Con lui è più difficile, forse impossibile. Se collaborasse ne avrebbe di cose da dire! Certo confermerebbe che è stato lui a dirmi che dovevamo fare a Mario Cuomo. E che era un favore alla famiglia Gambino».

«L'attentato a Cuomo non c'è stato e non ci sono altre notizie di attentati ad altri uomini di Stato americani. Come mai?».

«Loro si sono fermati perché i processi della famiglia Gambino, dopo che è morto Falcone, li hanno "aggiustati". Solo John Gotti è morto in galera come Riina. Ma John Gambino si è fatto cinque o sei anni di carcere; le accuse di omicidio sono cadute e ha preso il comando della famiglia. Ha finito di respirare nel suo letto il giorno dopo Riina, ma da uomo libero. Una bella differenza. Anche Thomas Gambino è stato assolto dagli omicidi».

«E tu esattamente quando l'hai saputo che si dovevano uccidere Falcone e Borsellino?».

«Prima di Capaci, prima che muore Falcone, quando ho conosciuto l'Americano a casa di Aldo».

«E l'hai visto due volte l'Americano».

«Poi si è spostato a Palermo».

«C'era anche D'Agata quando lo hai visto?».

«C'era».

Ma D'Agata nega tutto. Dice che di stragi, a Catania, nella famiglia Santapaola, non ne hanno mai parlato. Tantomeno con Avola. Semmai era lui quello che diceva di essere a favore.

«Di tutte queste storie che racconta Maurizio Avola una sola è vera: io, quando hanno ammazzato Falcone, gli ho detto: "È la fine di tutto". Quelle cose non mi piacciono e non le ho mai fatte. Mi creda, dottore, io e Avola non ne sappiamo niente di stragi».

Il procuratore non si accontenta di questa risposta e prova a insistere.

«Signor D'Agata, Avola dice che vi siete incontrati al ristorante La Tavernetta».

«Dottore, era do… do… dopo le stragi di Capaci e via D'Amelio, non prima. È venuto Salvatore Santapaola, il fratello di Benedetto, e si è messo a dire di uccidere a Claudio Fava, il figlio di Pippo Fava, e che si doveva fare qualcosa per aiutare i palermitani».

«Uccidere qualcuno, insomma».

«Sì, qualcuno importante, per alleggerire la pre… pre… pressione. Cose così. Ma io non ero d'accordo con niente. Comunque siamo dopo Capaci. C'è Salvatore Santapaola, non c'è Galea come dice Maurizio Avola».

«Lei tira in ballo Salvatore Santapaola che è morto e non la può smentire».

«E io che ci posso fare se è mo… mo… morto?».

«E l'Americano lei lo vede?».

«Io, dottore, non vedo nessuno. È stato Avola che mi ha detto che conosce uno, un forestiero, che ne capisce molto di esplosivi, che glielo ha presentato Aldo Ercolano. Io non ve... ve... vedo nessuno. Non so niente».

Dopo avermi riferito questo dialogo, Avola mi fa notare che è una conferma, anche se indiretta, della sua ricostruzione.

Secondo la testimonianza di D'Agata, quando Maurizio non era un pentito gli ha parlato di un forestiero esperto di esplosivi. E quale ragione avrebbe avuto per raccontare una balla del genere ad altri uomini d'onore? Anche perché avrebbe potuto pagarla molto cara.

18.
«La mia Nazionale»

Ugo Colonna, l'avvocato di Maurizio, è stato presente a tutti i nostri colloqui, la maggior parte del tempo ascoltando in silenzio e limitandosi a piccoli accenni e precisazioni, quelli che si chiamano "i puntini sulle i". È stato il difensore di molti pentiti, conosce a memoria la storia di questi anni che ha appreso da fonti dirette, non crede assolutamente che la mafia si sia fatta dirigere dall'esterno e che abbia preso ordini da servizi e organi deviati dello Stato. Ma quella americana, a suo parere, è una pista volutamente trascurata da chi preferisce continuare a correre dietro a teorie complottistiche e dietrologie senza fondamento. Per prima cosa si sarebbe dovuto accertare se c'era stato effettivamente un progetto di attentare alla vita del governatore Mario Cuomo. Non sarebbe stato difficile risalendo ai motivi che lo avevano portato ad annullare il suo viaggio in Sicilia e ci dovrebbero essere i rapporti di polizia e dei servizi dell'epoca.

Nell'estate 2015 un free lance di New York, che scriveva anche sulla rivista «Time», fa sapere all'avvocato Colonna di essere interessato a intervistare Avola. Concordano la formula dell'intervista, risposte scritte a domande scritte, e Avola mette nero su bianco quello che sa della strategia italo-americana delle bombe e del mancato attentato a Cuomo. Come ha fatto con me, Maurizio collega la fine degli attentati al buon esito dei processi della famiglia Gambino e ribadisce di aver saputo da uomini d'onore di Cosa Nostra che sarebbero stati "aggiustati". Il giornalista fa i suoi riscontri e scopre che, mentre per John Gotti la giustizia è stata implacabile, Thomas Gambino e suo cugino John se la sono cavata effettivamente con condanne di scarsa entità e sono stati assolti dalle accuse di omicidio. Nell'articolo che il giornalista invia in visione all'avvocato è riportato fedelmente ciò che Avola gli ha riferito. «Time» lo pubblica a ottobre dello stesso anno, ma i riferimenti all'attentato a Cuomo sono spariti. Il giornalista ipotizza che Andrew Cuomo, figlio di Mario, che oggi è governatore dello Stato di New York e che allora era un politico in ascesa, non avrebbe gradito che il padre fosse citato in una vicenda di Cosa Nostra. «Time» ha scelto la prudenza.

«Cosa Nostra la "guerra" con gli Stati Uniti l'ha conclusa per prima, Maurizio?».

«È così. Con gli arresti di Riina e John Gotti è cominciata la pace. In Italia c'è voluto qualche anno in più, ma Cosa Nostra siciliana ha preso la stessa strada. Qualcuno deve averci guadagnato. Altrimenti la fine della guerra non poteva succedere».

Ma capire chi non è facile. Sappiamo che Bernardo Provenzano ha governato la transizione ed è rimasto a lungo in libertà e che molti tentativi di catturarlo sono misteriosamente falliti. Di Matteo Messina Denaro si sono perse le tracce. Ma che caratteristiche ha assunto lo stato maggiore di Cosa Nostra? Una potenza così grande può essere sparita nel nulla?

È la primavera 1992 quando un giovane arriva a casa del padre di Maurizio a bordo di una Jeep Cherokee con un carico di panetti di consistenza gommosa. Sono cento chili di esplosivo T4 in quattro casse con la scritta dell'esercito iugoslavo.

«Maurizio, mettilo in questi fusti per le olive».

Avola segue l'indicazione di Aldo Ercolano e introduce i panetti nei due vasi a bocca larga avendo cura di aggiungere un detonatore per ciascuno dei contenitori e alcune saponette di un esplosivo diverso solitamente utilizzato per demolire gli edifici. Alla fine del lavoro provvede a caricare tutto su un'auto rubata.

«Dove li dobbiamo portare, Aldo?».

«Marcello lo sa».

D'Agata, che ha assistito pensieroso alla scena con l'aria di chi vorrebbe trovarsi da tutt'altra parte, avvia il motore di una Fiat Uno color verde marcio e Maurizio lo segue con quella che trasporta l'esplosivo. Oltrepassano il cartello che segna il confine della provincia di Palermo e continuano il viaggio fino a Termini Imerese. Non incontrano pattuglie della polizia e raggiungono indisturbati un distributore di benzina parcheggiando a poche decine di metri di distanza l'uno dall'altro.

D'Agata scende dall'auto e va da solo incontro a due persone che lo salutano calorosamente. Maurizio non li ha mai visti prima, ma è sicuro che si tratti di corleonesi. Come convenuto, lentamente si dirige verso la Fiat verde marcio per sedersi al posto del passeggero. Tira giù il finestrino, accende una sigaretta e aspetta pazientemente che D'Agata concluda l'incontro con i due sconosciuti. Quando prendono la strada del ritorno per Catania restano in silenzio per un bel pezzo.

«Tu non ci vai, Maurizio, siamo d'accordo? Ci va Pietro Rampulla per aiutarli. La famiglia Santapaola dimostra che non si tira indietro e ai corleonesi la cosa sta bene. Tutto a posto».

«Quando c'è stato Capaci, io e Marcello siamo in macchina e sentiamo la notizia alla radio: "Falcone è morto".

Io non riesco a trattenermi, caccio un urlo dalla gioia,

come se l'Inter avesse segnato cento gol con un tiro solo. Marcello invece non era per niente contento».

«Tu non hai capito un cazzo. Questo è l'inizio della fine di Cosa Nostra. È l'errore più grosso che potevamo fare».

Riina si è preso in mano Cosa Nostra dell'intera Sicilia sterminando i suoi avversari e promettendo di governare l'organizzazione nel rispetto di tutti, come fosse un'unica famiglia e non tante famiglie separate da interessi meschini. Ora che Cosa Nostra è unita e c'è un solo comando sulle azioni di interesse generale, si può portare la guerra allo Stato fino alle estreme conseguenze e costringerlo a trattare.

Nitto Santapaola ha capito che non ci sarebbe stato scampo per chi avesse scelto l'alleanza sbagliata e ha voluto diventare un alleato fedele di Riina. Ma, nascosta nel profondo del cuore, porta ancora stampata una frase dello zu Pippo Calderone: «I palermitani *'un hannu a cumannari* a Catania».

Non è d'accordo col "capo dei capi", ma non è che non lo dice, il pensiero non se lo fa uscire dalla testa nemmeno sbattendo le ciglia.

«In Cosa Nostra non siamo tutti uguali, credimi: io non sono uguale a Marcello e a Nitto Santapaola. "Facciamo la guerra per fare la pace", questo era il pensiero di Riina; e io ci ho creduto che era necessario fare questa guerra. Sono stato un soldato che è andato in guerra con lui. Che si fa in una guerra, secondo te? Si spara, si mettono bombe, si ammazza, si tortura. Iraq, Afghanistan, Sicilia, non c'è differenza. In tutte le guerre muoiono persone innocenti. Non è così?».

«Ma non tutti quelli che combattono hanno le stesse ragioni. Tu sei stato un soldato ma dalla parte sbagliata».

«"Dalla parte sbagliata" lo dicono i pentiti. Per me dalla parte sbagliata era lo Stato e noi di Cosa Nostra dalla parte giusta. Riina non era un mostro assetato di sangue o un pazzo scatenato. Voleva massacrarli tutti, certo! Ma perché? Ci sbattevano in carcere senza prove, ci umiliavano, ci torturavano, ci toglievano la dignità e il rispetto. E per che cosa? Per proteggere il loro mondo, un mondo corrotto che pesa sulle spalle della povera gente. Cosa Nostra non lo poteva cambiare, ma se ne poteva prendere un pezzo e gestirlo con le sue regole e il suo senso della giustizia. La pensavamo così».

«Anche a costo di una guerra».

«Che Santapaola non voleva, mentre io e Aldo Ercolano sì. Aldo era pronto ad andare fino in fondo.

"Se non combattiamo, Cosa Nostra finisce. È meglio morire che finire in galera per tutta la vita senza prove. Ci hanno tolto tutti i diritti, quei cornuti".

In Cosa Nostra tutti uguali sono. Fa comodo pensarla così. Santapaola e Riina sono uguali, secondo te? Non sono uguali. Santapaola le stragi non le voleva. Aveva amici tra i giudici, amici nella polizia, amici nei servizi segreti, amici nella massoneria. Dobbiamo camminare con lo Stato, diceva. Tanti capifamiglia in Sicilia e negli Stati Uniti la pensavano come lui. Ma dovevano obbedire se non volevano finire sciolti nell'acido o strangolati o abbandonati in mezzo a una campagna con una pallottola in fronte».

«Ma Santapaola a te di questo dissenso sulla strategia delle bombe non ha mai parlato. Come fai a fare queste affermazioni con tanta sicurezza?».

«"Questa è una strada che non *spunta*", mi ha detto una volta Santapaola. E io, non te lo dimenticare, parlo con Marcello D'Agata che è il suo consigliere, si fida ciecamente di me. Marcello e Nitto Santapaola sono una cosa sola».

Secondo Avola, Riina conquista Cosa Nostra con la forza e con l'ideologia: la droga non deve essere il centro degli affari dell'organizzazione, vanno ripristinati i valori e le regole della tradizione; i carcerati non possono essere abbandonati al loro destino per nessuna ragione e, soprattutto, la legge deve tornare a essere "uguale per tutti". La base popolare mafiosa è entusiasta e nutre nei confronti dello Zio Totò un'autentica venerazione. I capi delle province siciliane che sono arrivati al vertice grazie a Riina devono tener conto di questo consenso, se non vogliono fare la stessa fine dei loro predecessori.

Maurizio insiste molto per convincermi dell'esistenza di un dissenso all'interno di Cosa Nostra, che si manifesterà gradualmente e in maniera più esplicita dopo l'arresto di Riina, nel 1993, fino a portare l'organizzazione a cambiare completamente pelle. Un dissenso che già all'epoca delle stragi non riguardava il solo Nitto Santapaola, che si piega alla strategia delle bombe, non esclusivamente per paura e perché gli manca la forza militare di contrastare i corleonesi. Riina, capo riconosciuto di Cosa Nostra, non si spinge sulla strada del terrorismo per semplice delirio di onnipotenza. Ha un preciso disegno: ottenere l'abrogazione di quelli che considera provvedimenti "speciali" ispirati da Giovanni Falcone. Tra i suoi obiettivi al primo posto ci sono la modifica del carcere duro e dell'uso dei pentiti. I pentiti, l'arma principale del magistrato per mettere in ginocchio Cosa Nostra, diventano un incubo per l'organizzazione. Centinaia di morti nella guerra di mafia hanno portato molti esponenti delle famiglie perdenti a tradire il giuramento di fedeltà e a passare dalla parte dello Stato per spirito di vendetta e per cercare di salvarsi la pelle. A Catania basta un semplice sospetto per intervenire preventivamente. Nel settembre 1992, immediatamente dopo le stragi di Capaci e di via D'Amelio, cancellare ogni traccia che potesse far risalire alle responsabilità della famiglia era diventata una necessità impellente.

Maurizio Avola non si permette di fare obiezioni se gli ordinano di eliminare i traditori. Anche quando si tratterà di Salvuccio Marchese. Capirà però solo in seguito che per la famiglia Santapaola non era necessario tradire per essere uccisi, e che sarebbe potuto accadere anche a lui.

Nella famiglia Calderone decapitata, Nino non ha la statura del fratello Pippo, "Cannarozzo d'argento". Suo cugino Salvuccio Marchese, invece, ha la stoffa del leader. È un ragazzo elegantissimo, dai modi signorili e di notevole intelligenza, un picciotto di quelli che piacciono a Santapaola. È stato autista di Luciano Liggio, e anche Riina lo tiene in grande considerazione.

«Era un ragazzo per bene, niente da dire».

Avendo l'approvazione sia dei corleonesi che dei catanesi, Salvuccio è l'uomo giusto per fare la spola tra le due province di Cosa Nostra e per rappresentare la famiglia Santapaola negli incontri che si tengono una volta alla settimana nella stazione di servizio dell'autostrada Palermo-Catania tra i rappresentanti delle diverse province.

Ha il compito di comunicare le valutazioni dello Zio e di fare in modo che vengano accolte quando si tratta di agire in territori fuori da Catania. Inoltre Marchese ha rapporti strettissimi col cavaliere Carmelo Costanzo, ancora più stretti di quelli dello Zio. Tutto fila alla perfezione, fino al giorno in cui Nitto Santapaola comunica a Maurizio che è stata presa la decisione di mettere da parte Salvuccio Marchese.

«Che è successo, *vossia*, se mi posso permettere?».

«Si è pentito suo cugino, quel gran cornuto di Nino Calderone».

«E Salvuccio *chi* c'entra?».

«Giovanni Falcone ha interrogato il cugino e ha messo a verbale fatti che quello non li poteva sapere».

«E chi glieli ha detti? Nino Calderone è scappato, non sta più in Sicilia!».

«Riina pensa che è stato Salvuccio Marchese, suo cugino. E lo penso pure io».

«Ci sono prove?».

«No, non c'è la certezza. Ma io gli avevo spiegato bene a 'sto Salvuccio che, siccome il suo parente si era pentito, noi a lui lo dovevamo per forza posare, sospendere dal ruolo di uomo d'onore. Lo rimettevamo al suo posto solo se ci aiutava».

«E che cosa doveva fare Salvuccio?».

«Convincere Nino Calderone a ritrattare le accuse oppure farcelo trovare per ammazzarlo. Solo così le cose potevano andare tutte a posto. Lui mi dice che è d'accordo e io lo mando in Francia per localizzare Calderone.

Quando lo ha incontrato a Marsiglia si deve essere messo a raccontare che abbiamo ammazzato gli scippatori della madre di Aldo e altri fatti, cose che non le poteva sapere perché sono successe dopo che se n'è andato da Catania. E quell'infame le ha raccontate a Falcone. Quel bastardo di Salvuccio Marchese di sicuro ha raccomandato a Nino Calderone di non mettere piede per nessuna ragione in Sicilia».

Quando Marchese ritorna a Catania dal viaggio in Francia, Nitto Santapaola ha una sola domanda da fargli.

«Adesso lo sappiamo dove abita?».

«Non sono riuscito a capirlo».

È troppo sveglio Salvuzzo per non aver "preso nota" dell'indirizzo. Dunque, visto che si rifiuta di collaborare, spetta a Maurizio risolvere il problema. Come al solito si mette rapidamente in azione. Per prima cosa decide che, se non la si vuole allarmare, occorre "mettere assolutamente tranquilla" la vittima per individuare una crepa nel suo sistema difensivo.

Franco Garilli, il braccio destro di Salvuccio, ha costruito una diga a protezione del suo boss che non sarà semplice perforare. È abilissimo con le armi ed è a capo di un gruppo di ragazzi selezionati e ben addestrati. Paradossalmente, può essere proprio lui il tallone d'Achille, per la smania che ha di entrare a tutti i costi in Cosa Nostra. Ogni volta che ne ha l'occasione tormenta Aldo Ercolano.

«Sono un bravo ragazzo, voglio farmi uomo d'onore».

Aldo ha immediatamente informato il capo della richiesta assillante di Garilli e, con la sua astuzia proverbiale, Nitto Santapaola ha intravisto la possibilità di utilizzarla per espugnare l'accampamento nemico.

«Va bene, fagli sapere che sono d'accordo e che adesso organizziamo».

Allestiscono una cerimonia finta in un casolare: Aldo, Marcello e Maurizio presenziano al rito, Salvuccio Marchese fa da padrino per la presentazione. Il ragazzo è molto emozionato, avrebbe dato dieci anni di vita per arrivare a fare questo passo, per lui è il giorno più importante. *Pungitura*, bruciatura del santino, giuramento, e Garilli diventa finalmente un uomo d'onore di Cosa Nostra. Così almeno pensa; invece ha soltanto partecipato a un film per il quale è l'unico a immaginare un lieto fine. L'organizzazione a cui ha appena giurato eterna sottomissione e fedeltà ha già emesso la sua condanna a morte.

Nonostante il battesimo di Garilli, Marchese non smette di essere molto prudente e non abbassa la guardia. La sospensione da Cosa Nostra per il pentimento del cugino gli permette di mantenere una certa distanza dalla famiglia senza doversi giustificare. Continua tuttavia a incontrare periodicamente Nitto Santapaola per ricevere direttive. Se gli capita di essere presente, Maurizio non dimentica di rivolgere allo Zio un piccolo cenno con la testa, quasi impercettibile, come a dire: "Lo strangolo adesso?". Nitto Santapaola risponde con un gesto ancora più impercettibile della mano, facendo segno di no.

Non si può mettere la firma sotto un omicidio.

«La moglie lo sa che è qui. Se questo non torna a casa chi lo ha fatto, se non io?».

Per Ercolano e per Avola è una prudenza eccessiva, che non capiscono e non condividono, ma non possono fare a meno di obbedire. Maurizio prova ad aspettare Marchese sotto casa sua quando rientra, una volta con Aldo, una con Pinuccio Di Leo, ma in maniera troppo improvvisata.

«Salvuccio non si fa cogliere alla sprovvista. Bisogna programmare bene e ci vuole una buona organizzazione».

Un giorno Franco Garilli passa al bar del Motel Agip.

«Salvo è alla clinica Motta. Ha avuto una colica renale e si è dovuto ricoverare d'urgenza».

Maurizio pensa di cogliere al volo l'occasione: potrebbe essere arrivato il momento di mettere fine a una storia durata troppo a lungo. Si precipita al Cocktail, il bar dove bazzica Salvatore Barcella, il poliziotto killer che fa parte del suo gruppo di fuoco.

In ospedale prima chiedono ai medici e agli infermieri del reparto urologico, poi esplorano gli altri reparti uno per uno; entrano perfino in rianimazione.

Salvuccio Marchese?

«Non abbiamo nessun Marchese ricoverato».

L'informazione era giusta. E allora, come può essere sparito nel nulla? Il direttore della clinica non ha registrato il ricovero di Salvuccio. Non solo l'intervento, anche le cure gli sono state fornite in maniera riservata.

Qualche giorno dopo Marchese ricompare al bar del Motel Agip per prendere un caffè e qualche consiglio da Marcello D'Agata che, appena lo vede, comincia a tartagliare più del solito.

«Io pe... pe... penso che non è giu... non è giu... non c'è biso...».

Salvuccio fraintende il discorso trascinato a fatica e ci legge un riferimento a Nino Calderone.

«Sono d'accordo, non è giusto, a mio cugino non lo devono toccare».

Marcello lo guarda diritto negli occhi e smette di balbettare.

«Hai ragione Salvuccio, hai proprio ragione».

Quando Marchese se ne va, Marcello chiama immediatamente Aldo Ercolano, che si precipita al bar e impartisce gli ordini.

«È venuto il momento, Maurizio, questa è una cosa che non la puoi affidare agli altri, la devi fare tu direttamente. Se quello scappa non lo prendiamo più. Ci devi pensare tu. Muoviti!».

Sono passati cinque anni e non sono ancora riusciti a risolvere il problema. "Maurizio, pensaci tu" è l'Amen di Aldo Ercolano. Quando è incazzato: "Pensaci tu"; se un omicidio non si conclude nei tempi stabiliti: "Pensaci tu"; se si deve essere particolarmente precisi per portare a termine la missione: "Pensaci tu".

«Maurizio, pensaci tu».

«Tutto a posto, ci penso io».

Intorno a loro, Salvuccio e Franco hanno un gruppo di pistoleri che li protegge, dispongono della forza per fare una guerra. Non si può correre il rischio di provarci senza colpire l'obiettivo in maniera da distruggerlo, se anche Salvuccio Marchese decidesse di pentirsi sarebbe un disastro. Aldo Ercolano vuole evitare qualsiasi rappresaglia.

«Bisogna farli contemporaneamente, lui e Franco Garilli. Maurizio, organizzati con Natale Di Raimondo».

Salvuccio considera Natale soltanto una bestia violenta e il suo sentimento di odio è sinceramente e apertamente ricambiato. Se Maurizio andasse a trovarlo con Natale, Marchese gli sparerebbe dalla finestra senza aspettare che suonino il campanello. Avola, tuttavia, si pone anche un'altra domanda: chi può dire che Salvuccio non abbia già deciso di passare dall'altra parte? Che non sia un infiltrato e che non sia protetto dai servizi segreti? Uno dei poliziotti corrotti che fa parte della banda li ha avvertiti che ha raccolto strane voci in giro e ci potrebbe essere il pericolo di una trappola.

Non è facile verificare che non ci siano agenti appostati nelle vicinanze. Potrebbero essere in qualche furgone e, in questi casi, sono sempre in borghese. Per Maurizio Avola l'unico modo per assicurarsi che non sia così è andare in visita e vedere con i propri occhi come stanno le cose.

Lo fa e si rende conto che i sospetti sono assolutamente ingiusti e infondati. Non c'è traccia dei servizi segreti.

«Che c'è, Maurizio, a che devo il piacere?».

Il bacio in segno di amicizia e un palpeggiamento affettuoso e garbato per vedere se è armato precedono qualsiasi risposta. Alle spalle di Salvuccio è spuntato vigile Franco Garilli.

«Ciao, Maurizio».

«Ciao, Franco. Sono venuto a dirvi che c'è una storia che non mi piace come va avanti».

«Parliamo e ci beviamo qualcosa».

Marchese non rinuncia in nessuna circostanza ai suoi modi da "elegantone".

«Franco, che ti dispiace *pigghiari* 'na bottiglia di champagne?».

Dopo le stragi, lo Stato si è mostrato tentennante. Perciò i corleonesi hanno deciso di continuare a colpire ma con meno clamore, ammazzando poliziotti e guardie carcerarie. Santapaola non ci pensa nemmeno lontanamente a portare avanti a Catania questa strategia, e invita i suoi a temporeggiare. Aldo e Maurizio obbediscono a malincuore e Marchese è a conoscenza di questa differenza di opinioni con lo Zio.

«Salvuccio, la questione è che io e Aldo siamo pronti, ma lo Zio ce lo impedisce. I poliziotti non li possiamo toccare. L'ho detto a Marcello D'Agata che lo vuole Riina e lui mi ha risposto che assolutamente no, non lo dobbiamo fare. Siamo l'antistato o no?

Tu queste cose le sai bene, fammi capire, Salvuccio: sul mio territorio, a Ognina o a Picanello, ho bisogno dell'autorizzazione per un poliziotto? Santapaola non lo vuole fare, e va bene, fatti suoi, ma un poliziotto lo possiamo uccidere o no senza il suo permesso? Io penso di sì e anche Aldo è d'accordo con me».

«Avete ragione voi. Per un magistrato o per un uomo

d'onore avete bisogno dell'autorizzazione, per un poliziotto no. Lo uccidete e andate a riferire al rappresentante. Le regole sono queste».

Effettivamente Maurizio aveva chiesto il parere di D'Agata, e Marchese, che conosce perfettamente il codice di Cosa Nostra, ne è al corrente. Sa che la risposta del consigliere è stata che non si potevano uccidere poliziotti e che mai e poi mai Maurizio e Aldo avrebbero potuto agire di testa loro.

«A me, caro Salvuccio, 'sta storia di Cosa Nostra fatta in questo modo non mi sta bene. Cosa Nostra è una famiglia sola. Fosse per me avrei già deciso cosa fare, ma Aldo non la prende la decisione. Allora ho pensato di venire da te. Tu hai un bel gruppo di ragazzi e io a Ognina ho i killer più bravi. Sono tutti con me. Non ci sta bene lo stipendio che ci danno. Mi voglio dividere da Santapaola. Fammi entrare nel tuo gruppo».

«E Santapaola?».

«*Ci facemu* fare la fine che *fici to* cugino Pippo Calderone, a lui e a *chiddi* come Natale Di Raimondo che gli leccano il culo. A 'sta maniera Aldo prende il comando e non se ne parla più».

«Come faccio a sapere che i ragazzi di Picanello sono dalla parte tua?».

«Domani ti porto a Pippuzzu Crisafulli e hai la conferma».

Naturalmente Avola, prima di recarsi in visita da Marchese, ha chiesto ad Aldo Ercolano di avvisare chi di dovere. Se lo Zio fosse venuto a sapere che Maurizio lo stava per tradire, la rappresaglia sarebbe stata immediata.

Il giorno stabilito per l'omicidio la macchina diretta a casa di Marchese viene fermata dalla polizia. Per fortuna trovano solo un coltello da sub; le armi sono sull'auto al seguito. Bisogna comunque rinviare tutto e attendere un'altra occasione.

Maurizio va un'altra volta da solo a casa di Marchese. Bacio. Abbraccio. Palpeggiamento per vedere se ha la pistola.

«E Pippuzzo?».

«Gli hanno messo un appuntamento per la chemioterapia; lo sai che è malato di cancro. Possiamo fare in settimana?».

«Sicuro, fammelo sapere un giorno prima che organizzo una mangiata di pesce. Invitiamo pure Franco Garilli. A posto?».

«Tutto a posto».

Il giorno prima dell'incontro dei congiurati, Natale Di Raimondo, responsabile del quartiere Monte Po, chiama Garilli. Deve fare un omicidio e gli serve qualcuno che guidi la motocicletta. In quanto uomo d'onore e semplice soldato, non può assolutamente rifiutarsi: deve mettere da parte l'ostilità per Di Raimondo e partecipare all'azione. La trappola di battezzarlo per finta uomo d'onore ha funzionato.

«Dobbiamo fare uno a San Cristoforo».

«Scusa, Natale, ce l'hai l'autorizzazione?».

«Aldo me l'ha data».

«Va bene, è solo per essere sicuro, allora andiamo».

Immediatamente dopo lo chiama al telefono Salvuccio Marchese.

«Franco, vedi che domani sera facciamo una mangiata di pesce con due *carusi*. Maurizio Avola ci vuole presentare uno dei suoi molto in gamba».

«Cazzo, non posso. Alle otto e mezza ho un impegno».

«È una cosa lunga?».

«Spero di no».

«Allora sbrigati e poi vieni».

Maurizio sceglie tutti i migliori, quelli delle occasioni importanti, che ancora oggi chiama "la mia Nazionale", e descrive il piano e il ruolo che devono svolgere. All'esterno della villa Pino Di Leo, Umberto Di Fazio e i due Cristaldi si posizioneranno in punti strategici. Comandano ognuno una squadra di quartiere di *carusi* che sanno sparare: sono i capitani, gli attaccanti, i fuoriclasse. L'obiettivo da eliminare potrebbe chiedere aiuto e chiamare rinforzi. Se arrivano, devono essere pronti a fare una strage.

Tutto procede come stabilito. Mentre "i ragazzi" vanno a prendere posizione, Maurizio si dirige, alla guida della sua auto, verso l'ingresso della villa, chiacchierando con Pippuzzo Crisafulli. Tiene il finestrino abbassato e il gomito fuori.

«Pippo, mi raccomando, resta distante. Lui mi bacia, mi abbraccia e mi tocca *pi controllari si aju a pistola...*».

Un clacson alle loro spalle interrompe la conversazione dei due amici, che si stava svolgendo in maniera spensierata, come tra chi pregusta l'allegria di una mangiata di pesce. Maurizio guarda preoccupato nello specchietto.

«E chi cazzo è adesso?».

«Maurizio! Che ci fai qua?».

«Porca miseria, Pippo! Giuseppe è, *u frati ri* Salvuccio!».

«Siamo venuti a trovare a tuo fratello. Vai avanti tu, ci sta aspettando, tu la sai la strada».

La serata è tranquilla. Il cielo è stellato. Parcheggiano l'auto senza preoccuparsi di chiuderla. Salvuccio si affaccia per salutare, lancia uno sguardo intorno, e non vede niente di strano. Il fratello sale per primo. Maurizio e Pippuzzu aspettano che sia entrato in casa e cominciano a salire le scale, uno dietro l'altro.

«Appena mi allontano dal raggio di fuoco tu spara, mi raccomando, non aspettare, spara, anche se c'è il fratello».

Marchese gli sta venendo incontro come al solito, lo bacia, lo tasta nei punti giusti, controlla che sia disarmato.

«Maurizio, tutto a posto?».

«Salvuccio, lui è Pippuzzu. Dove sta la cucina *chi staiu murenni di siti*? *Nun c'a fazzu chiù*».

Maurizio si libera dall'abbraccio con naturalezza e fa un passo di lato lasciando il bersaglio scoperto. Crisafulli spara immediatamente e Salvuccio cade a terra ferito.

«Figli di puttana!».

Avola non risponde all'insulto, indica col dito la testa di Marchese e Crisafulli si accosta per sparare di nuovo. Bum! Bum! Salvuzzo ha finito di essere un problema per la famiglia.

Nel frattempo suo fratello si è rannicchiato in un angolo con la testa fra le mani. I due killer si avvicinano.

«Pippo, sparagli qua *rintra a nuca*».

Maurizio sembra un esperto chirurgo che dirige un aiutante nel corso di un delicato intervento. Altri due colpi con la 357 e la storia di due fratelli si conclude in meno di un minuto. Non era previsto, è stata una decisione presa sul momento, rispettando le indicazioni di Aldo.

«Non lasciare testimoni».

Diversi anni dopo Nitto Santapaola, durante un processo in cui Avola sta testimoniando contro di lui, urlerà la sua rabbia dalla gabbia in cui è rinchiuso.

«Dillo che hai ucciso un innocente. Dillo, infame!».

Maurizio non si volterà a guardarlo.

«Signor giudice, voglio precisare che io ho sempre obbedito ad Aldo Ercolano. Lo giuro sui miei figli che mi disse: "Maurì, mi raccomando, non lasciare testimoni. Chiunque trovi nella casa, la moglie, il suocero, i figli, li devi uccidere". Potevo fare un massacro. L'ordine era di uccidere anche i bambini. Per fortuna Salvuccio ci ha aspettato da solo perché doveva parlare con noi di cose delicate e ha fatto andare la famiglia a mangiare alla Perla ionica. Santapaola, subito dopo il fatto, è vero che si è arrabbiato per il fratello, non lo nego, ma io gli ho detto che ho avuto l'ordine da Aldo. E finisce così».

Dopo il duplice delitto, i due killer trovano il gruppo

che li aspetta al cancello. In un lampo la Nazionale è tutta in macchina, pronta ad allontanarsi velocemente. Se fossero arrivati, carabinieri e poliziotti avrebbero dovuto essere forniti di carrarmati e mitragliatrici per sperare di avere la meglio.

«E Franco Garilli che fine ha fatto?».

«Natale Di Raimondo l'ha strangolato due ore dopo. Con la corda al collo e lo stecco che gira, la garrota catanese. Chissà se ha avuto il tempo di dire qualcosa prima di morire. Non credo».

19.
«I professionisti dell'antimafia»

«Quando arrestano a Riina, Marcello D'Agata mi dice: "Ora c'è Provenzano al comando e si aggiusta tutto". E invece non si aggiusta niente. Provenzano prende il posto di Riina, si vorrebbe fermare, ma se lo faceva che pensavano? Che era stato lui a far prendere a zu Totò!».

Il 15 gennaio 1993 Salvatore Riina viene arrestato e la reazione di Cosa Nostra non è immediata.

«È significativo. Aspettiamo di capire cosa succede, che mosse fa lo Stato».

Ma lo Stato non abbandona la linea dura, anzi, la legislazione di emergenza si inasprisce e il carcere speciale, che sospende i diritti dei detenuti condannati per mafia, viene prorogato. L'ala più fedele a Riina ottiene che si riprenda la strategia delle bombe.

«Le stragi le abbiamo fatte con l'obiettivo di costringere lo Stato a venire a patti. E lo Stato le leggi non le cambia. Arrestano Riina, o glielo fanno arrestare, questo non lo so, e rimane tutto come prima. Per questo gli attentati, che si sono fermati, riprendono. Semplice».

Leoluca Bagarella, cognato di Riina, è il più determinato, il più feroce e il più diffidente nei confronti di Nitto Santapaola.

«Bagarella ci viene a dire che dobbiamo far uomo d'onore a Mazzei e farlo entrare a far parte della famiglia».

Santo Mazzei ha una sua banda, radicata in un quartiere di Catania, e non si è mai voluto sottomettere. Nitto Santapaola, tuttavia, non gli dichiara guerra, perché secondo lui altri gruppi organizzati possono condurre i loro affari, rapinare, spacciare e riscuotere il pizzo in certe zone, basta che non disturbino ciò che costituisce il core business della famiglia. Fino a prova contraria, Mazzei non è un pericolo imminente. Se non si toccano i suoi interessi o si creano gravi problemi di ordine pubblico, "vivi e lascia vivere".

In questo è avanti: Cosa Nostra la vorrebbe invisibile, tutta affari e moderazione. Il sangue solo se non se ne può fare veramente a meno. Santo Mazzei parla un italiano stentato, è un violento, un macellaio. Nella famiglia non è mai entrato un uomo d'onore che non sia stato deciso personalmente da Nitto Santapaola. È probabile che i corleonesi stiano tessendo qualcuno dei loro piani diabolici: occorre essere attenti e agire d'astuzia.

La cerimonia di iniziazione di Mazzei viene fissata in un casolare isolato in campagna, nei pressi dell'aeroporto di Catania e non lontano dall'autostrada per Palermo. Leoluca Bagarella verrà a presenziare con Giovanni Brusca e Nino Gioè. Tre di questa importanza per una *puncitura* è molto strano; inoltre, i corleonesi hanno insistito fino allo sfinimento per far partecipare anche lo Zio.

«Ci convinciamo che vogliono ammazzare a Santapaola; è una situazione uguale identica a quando Riina manda avanti lo Zio per sotterrare Calderone.

Io convoco la Nazionale e, con Aldo Ercolano, circondiamo il casolare.

Al primo sparo, al primo segno che ci fa l'uomo che abbiamo messo di vedetta, alla prima sensazione che abbiamo di qualcosa che non va, i corleonesi li dobbiamo fare tutti. Compreso Bagarella, che per Riina vale moltissimo».

Quella sera non succede niente. Nei giorni successivi si decide la tattica da seguire.

«Lo dobbiamo mettere tranquillo Santo Mazzei».

La famiglia obbedisce all'ordine di Nitto Santapaola e si mette a disposizione del nuovo acquisto, procurandogli rapine e offrendogli supporto per fargli guadagnare soldi. Commette omicidi per aiutarlo a sgominare le bande rivali. Gli fornisce armi. In poche parole, tutto quello che gli serve. Poi Leoluca Bagarella decide di spedire Mazzei in missione a Firenze.

«In che anno Mazzei va a Firenze, Maurizio?».

«Nell'autunno 1992, subito dopo le stragi».

«L'attentato di via dei Georgofili, però, si farà un anno dopo, nel '93».

«Vedi che è stato tutto già programmato prima? Matteo Messina Denaro va a Roma nel '91 a fare il sopralluogo per Maurizio Costanzo. Poi la bomba a via Fauro la mettono nel '93. Prima di Mazzei ci vado io a Firenze a fare un sopralluogo, nella primavera del '92».

Maurizio va due giorni in vacanza con la moglie a Firenze, al Grand Hotel Baglioni. Due turisti confusi tra le migliaia che si aggirano in quella città piena di meraviglie uniche al mondo. Il duomo. Il battistero. Gli Uffizi. Due belle bistecche alla fiorentina e la bottiglia di Chianti che costa di più. Avola è colpito da piazza della Signoria.

«Una bomba in piazza della Signoria avrebbe fatto rumore in tutto il mondo».

«Dicono che le stragi del '93 non sono solo opera di Cosa Nostra, che le bombe ai musei non sono farina del vostro sacco, qualcuno ve le ha suggerite».

«Noi volevamo far parlare tutto il mondo, seminare il terrore. Si era parlato di siringhe infettate lasciate sulla spiaggia di Rimini, di scatole di cibo avvelenate nei supermercati. Ci voleva una laurea per capire che se metti una bomba a Firenze o a Venezia si sente in tutto il mondo?».

La missione di Avola si conclude rapidamente. Dei musei ne ha abbastanza e preferisce spostarsi per andare a vedere dal vivo il Gran Premio di Formula 1 di San Marino. Il blitz di Firenze è stato così veloce che non ha avuto il tempo di imparare il nome dell'autore del David in piazza della Signoria.

«Penso che è buono se la bomba la mettiamo sotto il Donatello che è una copia. Dobbiamo solo spaventare, non fare morti. Invece il discorso non riprende con me ma con Santo Mazzei dopo Capaci e via D'Amelio. Tutto quello che dice Bagarella lui lo fa: è il suo cagnolino. Ha l'ordine di lasciare una bomba nei giardini di Boboli, una roba militare della seconda guerra mondiale. Ma, per sfortuna dei corleonesi, non ci riesce perché è un cretino che non sa dire due parole in italiano. Per eliminare a Santapaola, che è la persona più furba del mondo, i corleonesi si sono affidati a uno scemo».

Santo Mazzei non solo sbaglia la telefonata che non capisce nessuno e doveva essere un semplice avvertimento, ma in seguito commette un altro gravissimo errore. Convoca una riunione senza informare Aldo Ercolano, il vice dello Zio.

«Non si può fare una cosa così. Aldo è il suo superiore, glielo deve dire per forza. Che scherziamo?».

I corleonesi Gioacchino La Barbera e Nino Gioè e i catanesi Santo Mazzei e Giuseppe Pulvirenti, detto u Malpassotu, si riuniscono "all'insaputa" dei vertici della famiglia per organizzare una scissione. Con un blitz provvidenziale della polizia, mentre è sulla strada del ritorno, Mazzei viene arrestato. Tutto a posto. Chi ha avvisato le forze dell'ordine? Un uccellino.

«Certo è che era un coglione 'sto Mazzei! Per la sua telefonata di merda, a via dei Georgofili moriranno un anno dopo quattro persone e una bambina di nove anni. Colpa di quel deficiente che non è stato capace di dire in italiano dove aveva sotterrato la bomba nel giardino di Boboli. Altrimenti a Firenze non ci tornavamo nel '93».

«Mi pare di capire che secondo te non si dovevano far morti, nelle stragi sul continente, fuori dalla Sicilia?».

«No, non si dovevano fare».

«Però nel '93 le bombe fanno cinque morti a Firenze e cinque a Milano; Costanzo e Maria De Filippi si salvano per un miracolo».

«Costanzo è un discorso diverso. È condannato a morte: se muore va bene e se non muore va bene lo stesso. Comunque non muore; e i morti sono stati per sbaglio. Quegli attentati servono a fare rumore, a spaventare, a costringere lo Stato a trattare. Non devono fare morti. C'è molta differenza con Capaci e via D'Amelio».

«Che sono andate come dovevano andare grazie ai famosi telecomandi tarati seguendo le istruzioni e gli insegnamenti dell'Americano».

«Bravo! Vedo che hai capito! Cosa Nostra non ha artificieri esperti. Si arrangiano, s'improvvisano e fanno molti errori. A Firenze, secondo me, i morti ci sono perché mettono la bomba in un posto sbagliato; a Milano la bomba non doveva esplodere e l'hanno disinnescata male. Alle due chiese di Roma non c'è stato nessun morto. Per Costanzo il telecomando l'hanno premuto in ritardo, quando la sua macchina aveva già girato l'angolo, con la colonna di cemento armato che l'ha protetto».

«Volutamente?».

«E chi lo sa! Lui era condannato e il lavoro è stato fatto da dilettanti».

«Sono attentati strani. Ci sono rivendicazioni firmate "Falange Armata" che fanno pensare ai servizi segreti».

«Non esiste nessuna "Falange Armata". I rapporti con i corleonesi e con le altre province li tengono Eugenio Galea e Aldo Ercolano, i due vice di Santapaola per la provincia di Catania. Sono loro che hanno partecipato alla riunione di Castelvetrano del 1991. Quando sono tornati hanno riferito quello che Riina ha chiesto: "Dobbiamo danneggiare lo Stato, fargli paura. Ma non ci dobbiamo far riconoscere. La gente non lo deve sapere che Cosa Nostra mette le bombe. È impopolare". Da quel momento, qualunque cosa facciamo contro lo Stato, mettiamo la firma "Falange Armata". Omicidi, attentati, in Sicilia e fuori della Sicilia sempre ci dobbiamo firmare "Falange Armata". Così ci ha chiesto Riina. E così facciamo. Il piano è di attaccare i tralicci, i traghetti tra Villa San Giovanni e Messina, i camion che trasportano i militari. Ma Nitto Santapaola e anche Marcello D'Agata sui militari non sono d'accordo. "Ci sono anche i figli nostri in mezzo a loro. Questo noi non lo facciamo assolutamente" diceva Santapaola».

«Ma l'espressione "Falange Armata" sembra più da servizi segreti che da Cosa Nostra».

«Può essere che qualcuno abbia dato qualche suggerimento a Cosa Nostra, ma un ordine no, non esiste. Ordini non ne ha presi da nessuno. Te l'ho detto, non siamo puttane che funzionano a gettone. Quando mai Cosa Nostra rivendica un omicidio?

Volevamo depistare, non prenderci la responsabilità con la gente. Tanto, chi li deve ricevere i segnali, li riceve. Gli attentati contro lo Stato del 1993 sono stati decisi per il carcere speciale e le torture. Fattene una ragione. L'hanno catturato Riina, l'hanno fatto inginocchiare e lo hanno umiliato sputandogli in faccia. E Cosa Nostra se la prende con le chiese, coi musei, con Maurizio Costanzo che comunque sono cose già decise due anni prima».

«Alla fine del 1992 arrestano i due figli dello Zio. A richiedere il mandato è un magistrato, Amedeo Bertone, deciso a smantellare il clan. Nitto Santapaola, all'epoca latitante, pensa che l'incarcerazione dei figli sia un abuso senza prove certe. È inferocito e programma di uccidere Bertone. Si procura un bazooka e manda sua moglie Carmela a parlare col vescovo di Catania Luigi Bommarito: "Sua Eccellenza, vorrei umilmente ricordare che mio marito stragi contro lo Stato non ne ha fatto fare"».

«Perché la moglie di Santapaola va dal vescovo?».

«Poveretta! Dopo l'hanno ammazzata per dare un segnale al marito. Il vescovo sa benissimo che è la moglie del boss. Però Carmela Santapaola non ha a che vedere con gli affari della famiglia, si preoccupa soprattutto dei figli. Viene dalla borghesia ed è molto religiosa. Sono amici lei e il vescovo; vuole ricordargli che i preti e le chiese suo marito li ha sempre protetti».

«E perché Cosa Nostra doveva avercela con la Chiesa? Questa per me è una novità».

«Dopo la morte di Falcone e Borsellino, nelle carceri la situazione è diventata insopportabile. C'è la tortura e nessuno ne ha mai parlato. Ciuzzu Mangion me lo manda a dire dal carcere: "Ammazza le guardie subito. Scegli gli obiettivi e falli fuori"».

Pinuccio Di Leo e Maurizio a fare l'appuntato Agrippino ci vanno in moto. Aldo Ercolano ha dato l'ordine e ha spiegato che abita non lontano dalla madre di Maurizio. Avola e Di Leo si fermano a pochi metri dall'auto della guardia penitenziaria, fingendo di chiacchierare, e aspettano che scenda per andare al lavoro. Lui esce dal portone e i killer accendono il motore. Avola guida la moto. Inaspettatamente si trova di fronte una signora incinta con una pancia enorme. Fa da scudo ad Agrippino che le sta aprendo lo sportello per farla entrare. Per essere sicuri di colpire il bersaglio devono sparare a tutti e due. Avola sterza per evitarla ma non riesce a scansarla completamente e la prende di striscio su un fianco. Di Leo non spara. Maurizio guarda nello specchietto la donna che è finita a terra. Si dimena dolorante, piange e urla disperata; ma è salva. Un bambino stava per nascere senza padre e, grazie a lei, il destino ha preso un'altra strada. L'appuntato Agrippino si è accasciato su se stesso e non ha ancora trovato la forza di soccorrere sua moglie. Maurizio dà gas e la moto si allontana.

Quando il gruppo di Natale Di Raimondo uccide Giovanni Lizzio, un ispettore di polizia, Nitto Santapaola si è incazzato a bestia: «Puttana di la miseria, non sono riuscito a bloccarlo per un pelo».

«Nel carcere di Piazza Lanza a Catania c'è una guardia carceraria che mi prende storto».

Un giorno Maurizio è a colloquio con la moglie e sta per salutarla. Le fa un'ultima raccomandazione: portargli un accappatoio al prossimo incontro. Luigi Bodenza entra e interrompe la conversazione.

«Tempo scaduto!».

Il marito le viene strappato via e la donna se ne va spaventata, sentendo sbattere violentemente il portone di ferro che separa il carcere vero e proprio dalla sala colloqui.

«Mi trascinano in cella, mi fanno spogliare completamente e mi ordinano di piegarmi per perquisirmi in maniera umiliante.

"Tu puoi essere il killer migliore del mondo, ma qui dentro sei solo un pezzo di merda".

"E tu, Bodenza, prega Dio che mi danno l'ergastolo. Se no esco e ti sparo in faccia".

"Ah sì? E quando esci? La sai la data?".

"Anche se non esco ti faccio sparare in faccia lo stesso. Ti deve guardare negli occhi quello che ti ammazza e ti deve dire che lo mando io".

Per le minacce che gli ho fatto mi è andata bene. Io mi sono assunto le mie responsabilità e Bodenza ha detto: "Non ho ricevuto nessuna minaccia".

Per un mese mi sospendono i colloqui coi familiari. E questo è tutto. Ma non può finire così.

Tramite il figlio di un detenuto che è venuto a trovare suo padre, faccio avere un messaggio a Salvatore Cristaldi.

Lui mi manda a dire che non è possibile. Allora chiedo di occuparsene a uno che sta per essere scarcerato e mi deve molti favori. Gli ho fatto avere anche lo stipendio da Marcello D'Agata, a lui e agli altri ragazzi del suo gruppo. Non fa in tempo. Bodenza muore per mano di altri. Il suo destino non ero io».

Nel sito del ministero dell'Interno si legge: «Bodenza era una figura limpida, un uomo costretto ogni giorno a confrontarsi con esponenti mafiosi che in carcere cercano di riprodurre condizioni di privilegio di cui godono all'esterno.

Lo Stato ha conferito a Bodenza la medaglia d'oro al valor civile per il suo mirabile esempio di elette virtù civiche e di alto senso del dovere spinti fino all'estremo sacrificio».

A Catania Santapaola fa molta fatica a impedire le rappresaglie sugli agenti carcerari. I suoi uomini vivono il carcere duro come un'umiliazione e un'ingiustizia, hanno voglia di reagire, sono infuriati con la Chiesa e con il Vaticano. Accusano i cappellani del carcere di non protestare per le condizioni disumane a cui sono sottoposti i detenuti e di non portare alla luce le violenze che avvengono quotidianamente, nonostante li abbiano scongiurati in ginocchio di farlo.

Carmela Santapaola non si limita a lamentarsi col vescovo dell'arresto ingiusto dei figli, ma fa presente con una certa energia che non si può più andare avanti con le torture. Gli uomini d'onore e gli affiliati vengono massacrati fino a quando non decidono "spontaneamente" di collaborare. Solo chi denuncia gli altri uomini d'onore si salva. Le deposizioni convergenti di due o tre pentiti fanno una prova, ma sono prove spesso estorte con violenza estrema.

Si è passati dalla villeggiatura con lo champagne, il sesso in cella e le aragoste, a Guantanamo, dai processi "aggiustati" alle prove raccolte un tanto al chilo.

Ci si è messo pure il papa. Ad Agrigento il 9 maggio 1993 Wojtyla ha lanciato un messaggio potente.

«Lo dico ai responsabili: convertitevi! Una volta verrà il giudizio di Dio!».

Chi appartiene a Cosa Nostra non è musulmano, la sua conversione presuppone l'abbandono dell'organizzazione e il pentimento. Sono parole che per i mafiosi non si dovevano pronunciare, la Chiesa in passato li ha sempre perdonati per le loro azioni e li ha accolti come le pecorelle smarrite del gregge. Adesso li sta cacciando dall'ovile, nonostante i loro santini e i loro oboli da nababbo per le feste del santo patrono. I cappellani dei carcerati sono "infami", invitano i detenuti a pentirsi non nel sacramento della Confessione, non davanti a Dio, ma davanti ai giudici. Fanno rapporto alla polizia su chi è più debole, su chi sta crollando ed è già pronto a collaborare. Parlano alle famiglie degli incerti perché facciano pressione per invitarli a "saltare il fosso". Ma, quel che più conta, i preti si rifiutano di raccontare alla magistratura e ai giornali delle sevizie che gli uomini d'onore in carcere sono costretti a subire. Stanno zitti. Per Cosa Nostra la Chiesa è diventata complice dei torturatori.

Anche a Trapani le mogli dei detenuti vanno dal vescovo a chiedere aiuto per fermare la violenza nelle carceri. Lo implorano, lo scongiurano di fare in modo che la Chiesa torni a essere neutrale, alzando la voce contro quella che ritengono giustizia sommaria. Carmela Santapaola al suo vescovo può permettersi di parlare con estrema chiarezza.

«Mio marito ha già salvato la vita a due preti, ma non garantisce per il futuro. Il cappellano del carcere di Catania vede quello che sta succedendo e non fa niente per bloccare le porcherie. Volevano ammazzarlo, e solo grazie a Nitto non l'hanno toccato. Non è stato facile per mio marito, mi creda. Intervenga, Eccellenza; solo lei può far capire quello che sta succedendo. Chi sbaglia deve pagare, siamo d'accordo, ma così non è giusto. Se uno Stato non rispetta più le sue leggi, come può pretendere che le rispettino gli altri?».

«Per questo i palermitani ammazzano don Puglisi. Fa parte dello stesso discorso. Per dare un segnale alla Chiesa, non per le sue prediche».

Sono le 20.45 del 15 settembre 1993, don Pino sta tornando a casa. È stanco della sua giornata, ma contento. Nel quartiere Brancaccio di Palermo la famiglia Graviano ha smesso di essere dio in terra. Il prete ha puntato sui giovani con un lavoro instancabile, mettendo in secondo piano il catechismo e cercando prima di tutto di costruire una comunità fondata sull'allegria nel tempo libero, la solidarietà e l'aiuto reciproco. I giovani sono la speranza, bisogna credere in loro. Se gli uomini d'onore perdono la stima delle nuove generazioni, si ridurranno a poco, diventeranno un fenomeno destinato a sparire.

Mentre rincasa don Puglisi pensa alla prossima predica, alla maniera più efficace di far comprendere che la misericordia e l'indifferenza verso i soprusi dei prepotenti sono cose molto diverse. Chi lo dice che bisogna redimere tutti? Parcheggia la sua Fiat Uno e si avvia verso il portone. C'è un commando di cinque persone ad aspettarlo: deve essere assolutamente eliminato stasera.

«Don Pino! Don Pino!».

Si volta e sorride ai killer che sono ormai alle sue spalle. Una pistola esplode diversi colpi, tutti in testa. Un'esecuzione.

«Cosa Nostra vuole che i preti pregano per la salvezza di tutti. Se scendono in guerra con lo Stato, li considera nemici. E i nemici si ammazzano».

Don Pino muore come il giudice Scopelliti, senza sapere il vero perché. Ma il discorso è lo stesso delle stragi del 1993: il problema è il carcere, il 41 bis, le torture.

A conferma di questa sua valutazione, Maurizio Avola

ritiene che sia fondamentale la presenza tra gli assassini di don Puglisi di Gaspare Spatuzza, il pentito che ribalterà la falsa ricostruzione della strage di via D'Amelio, attribuendone la paternità ai Graviano. La famiglia che delibera la morte di don Puglisi è la stessa degli attentati a Roma, a Milano e a Firenze. Spatuzza ha partecipato anche a quelli.

«Maurizio, l'hai sentita la polemica tra Nino Di Matteo e il ministro Bonafede?».

Tutta l'Italia ne parla. La telefonata alla trasmissione di Massimo Giletti *Non è l'Arena* ha scatenato un pandemonio: uno dei magistrati più famosi d'Italia che accusa il ministro della Giustizia 5 Stelle, il "ministro del cambiamento", di averlo silurato.

Nino Di Matteo è il simbolo dell'antimafia, ha una protezione di primo livello, era in cima alla lista dei preferiti del movimento fondato da Beppe Grillo per la carica di presidente della repubblica. Il comico che prometteva di rovesciare il sistema come un calzino lo adorava e il ministro Bonafede lo ha chiamato per affidargli un incarico di primaria importanza comunicandogli che poteva diventare a sua scelta direttore degli Affari penali o direttore dell'Amministrazione penitenziaria.

Il procuratore chiede di avere il tempo di pensarci, ma sa benissimo che la carica assunta da Giovanni Falcone ha perso nel tempo la sua importanza. È lui stesso che racconterà alla commissione antimafia come si è svolto l'incontro.

«Va bene, ma deve fare in fretta».

«Quarantotto ore?».

«No, sono troppe, venga domani al ministero a via Arenula; ma tenga conto che il Dap corrisponde al grado di generale, mentre gli Affari penali, oggi come oggi, sono un compito da capitano. C'è pure un altro problema: gli Affari penali attualmente sono affidati a un magistrato, la dottoressa Donati, che sciaguratamente è stato scelto da Orlando, il mio predecessore del Pd. Dovrei avere il tempo di rimuoverla e la nomina non sarebbe immediata».

«Ha visto che ci sono state delle indiscrezioni pubblicate dai giornali su queste sue decisioni?».

«Certo».

«E ha saputo delle reazioni che ci sono state nelle carceri?».

«Sì, ho saputo».

Di Matteo lo chiede perché, alla notizia della sua possibile nomina, la tensione è salita a mille. Le intercettazioni fatte in carcere registrano le urla che si rincorrono di cella in cella e da un corridoio all'altro. Siciliani, campani e calabresi si sono uniti in una voce sola.

«Fanno a Di Matteo capo delle carceri!».

«Ci vogliono chiudere di nuovo come i topi di fogna. Ci vogliono far stringere come i topi».

«Bastardi!».

«Vogliono aperta Pianosa per farci morire là dentro!».

«Vigliacchi! La mafia! La mafia! Solo la mafia c'hanno in testa!».

«Se ci toccano, altro che proteste! Incendiamo tutte cose!».

La ricostruzione di Di Matteo è meticolosa. Riceve la telefonata il 18 giugno 2018 alle 13.30. Alle 11.30 del giorno dopo si reca al ministero per comunicare la sua decisione di accettare la nomina a responsabile del dipartimento amministrativo penitenziario. Sono passate meno di ventiquattro ore e non può immaginare che Alfonso Bonafede ha già cambiato idea.

«Forse lei non è la persona più adatta a occuparsi di sindacati, dell'organizzazione degli agenti carcerari, di appalti...».

«Guardi, ministro, il carcere speciale e il modo come viene gestito è fondamentale. L'obiettivo principale della mafia è alleggerire il 41 bis. Per questo ci sono state le stragi. Io non consentirò, come è avvenuto nel passato, che personaggi dei servizi segreti possano avere in carcere incontri con detenuti senza l'autorizzazione della magistratura. Farò rispettare la legge».

Quella stessa legge che i detenuti sottoposti alla vigilanza speciale considerano un sopruso, una grave ingiustizia che lede i loro diritti.

Giletti trasmette la telefonata di Di Matteo nel 2020, due anni dopo che il magistrato incontra il ministro. Cosa capisce l'opinione pubblica di quanto è successo? Che Bonafede voleva nominare Di Matteo a capo delle carceri, le mafie sono insorte e il ministro 5 Stelle ha dovuto cedere. Beppe Grillo, che urlava a Cosa Nostra "vaffanculo!", si è dovuto abbassare i pantaloni e dire ai mafiosi "accomodatevi".

Le cose non stanno così. Non c'è stato un cedimento a Cosa Nostra, ma la semplice sostituzione della tanto invocata "onestà, onestà" con "*che s'adda fa pe' campà*".

Per varare il primo governo di Giuseppe Conte, il 1° giugno 2018, due settimane prima dell'imbarazzante *rendez-vous* dell'appena nominato ministro della Giustizia Bonafede, i 5 Stelle hanno scelto di allearsi con Matteo Salvini, per anni fedele sostenitore di Silvio Berlusconi. E Salvini ha preteso come sottosegretario alla Giustizia l'onorevole Giulia Bongiorno. I rapporti della mafia con Giulio Andreotti sono stati processualmente provati, ma in tempi troppo lontani per provocare una condanna. Il suo avvocato è diventato un'esponente importante della destra italiana. Dichiara in un intervento alla Camera: «Ai pentiti non ci credo e non ci ho mai creduto».

L'affermazione della Bongiorno non scandalizza nessuno, mentre possiamo immaginare Falcone e Borsellino dall'altro mondo che fanno la ola.

Maurizio Avola si dovrebbe rassegnare al fatto che i collaboratori di giustizia stiano passando di moda.

«Pace. E allora?».

«Allora perché dovremmo continuare a credere che i pentiti siano indispensabili?».

«Perché senza i pentiti Cosa Nostra starebbe ancora là e voi non sapreste un beneamato cazzo di quello che è successo».

Chi ha stoppato la nomina di Nino Di Matteo? Cosa Nostra o la coppia Salvini-Bongiorno? La domanda ha perso di significato, visto che il governo è diventato in un lampo da giallo-verde a giallo-rosso. Alleato con i grillini nel Conte II c'è il centrosinistra. Ai tempi di Avola i buoni e i cattivi o, semplicemente, quelli a favore e quelli contrari, si potevano ancora distinguere, c'erano muri alti che li separavano. La marmellata di oggi, del sangue ha soltanto il colore e una gran puzza di merda.

Bonafede chiede a Di Matteo, ancora sconvolto dal fatto che era andato per accettare una nomina e si era trovato un ombrello nel sedere, cosa ne pensa di Franco Basentini.

«Non lo conosco».

Non lo conosce nessuno questo magistrato di Potenza, di cui gli addetti ai lavori ricordano l'inchiesta sul petrolio che portò alle dimissioni di una ministra del governo Renzi. Dopo la pubblicazione di alcune intercettazioni di natura privata, Federica Guidi non fu neppure formalmente indagata. Una personalità controversa, Basentini, diventa responsabile del Dap al posto di Nino Di Matteo.

Due anni dopo arriva il Covid e, per salvaguardare la salute dei detenuti, vengono scarcerati a centinaia condannati definitivi e mafiosi di rango. Il governo è cambiato, ma il ministro è rimasto lo stesso. La destra, che ha voluto Basentini, attacca furiosamente denunciando la liberazione di criminali pericolosissimi; il Pd ottiene le dimissioni del direttore incapace e Di Matteo, in tutto questo casino, "per responsabilità istituzionale" chiama Giletti e racconta in televisione ciò che era accaduto due anni prima e che "per responsabilità istituzionale" aveva taciuto.

Infuria il dibattito sul perché sia stato "segato" il giudice scomodo. Si crea il senso comune che sia successo per riaprire la trattativa con Cosa Nostra e nel frattempo nessuno si accorge che in carcere le rivolte si moltiplicano e muoiono tredici persone.

Delle decine di talk show esistenti nessuno se ne occupa, argomento impopolare: una terrificante censura e un conformismo dei media ancora più terrificante. Cosa chiedevano i rivoltosi? Il rispetto dei diritti dei detenuti, la fine del carcere speciale e della legislazione d'emergenza, le stesse cose che Riina aveva esposto con relativa chiarezza al solito Lorusso nell'ora d'aria nel carcere di Opera sette anni prima.

RIINA Questa antimafia che vuol dire? Ci sono settecento pericolosi in carcere, ma tutti pericolosi siamo questi settecento? Hanno messo tanti bravi ragazzi al 41 bis, al carcere speciale, ragazzi di diciannove anni, nipoti, pronipoti. Per portare l'acqua al mulino loro. Dico, porta anche l'acqua al tuo mulino, se la devi portare, ma quando fai una legge, falla con un definitivo.

LORUSSO Ma così metterebbero un limite a una cosa che non deve finire mai.

RIINA E si limita il loro potere se si fa una legge che ha un punto fermo. Perché io dico una cosa, una sorveglianza deve pigliare massimo tre o quattro anni.

LORUSSO Avere un punto fermo.

RIINA Eh, eh, proprio così. Dopo tre anni, quattro anni, tu non sei più sorvegliato. Devi fare un altro reato per essere sorvegliato speciale. Fai un altro reato e ti fai altri tre anni di sorveglianza. Ma dopo tre o quattro anni deve finire. Quattro anni in isolamento, quattro anni senza mangiare. Quello che gli vogliono dare; però dopo quattro anni si ritorna.

LORUSSO In teoria la legge stabilisce che ci devono essere determinate esigenze per rinnovare la sorveglianza speciale, ma sono punti fermi apparenti. Loro li superano ogni volta. Scadono i termini e li superano.

RIINA Questa fu una condanna, nel codice penale italiano, che non può ingoiare mai nessuno.

LORUSSO E ci sono queste angherie, che fanno quello che vogliono.

RIINA Finché non ti penti. Se io verrò tra altri mille anni io verrò a fargli guerra per questa legge. Minchia! Questi qua non hanno cervello, sono troppo intelligenti per capire una verità: se questo Salvatore Riina è vero che ha fatto tutte queste cose, e voi dite che è vero, perché un uomo solo vi attacca per tutta la Sicilia a tutti quanti e vi fa ballare la samba? Cosa ha questo uomo in più di voi?

LORUSSO Non hanno capito niente.

RIINA Non siamo noi a disturbare i "cristiani". Noi facciamo le cose giuste. Uno solo che vi fa ballare la samba, che vi fa salire e scendere nei palazzi come vuole. Come è possibile? Chi è? Una potenza nazionale? Omettono di dire le ragioni, dicono soltanto il finale, senza dire il perché.

LORUSSO Salvatore Sciascia li chiamava «i professionisti dell'antimafia».

RIINA Minchia! Ma quello era tremendo, sembrava un mafioso vero; ma poi quello era una persona studiosa.

LORUSSO Studiosa e onesta che non si faceva intimorire dai magistrati.

RIINA Minchia, così sono, «professionisti dell'antimafia». Li aveva come l'uva da appendere.

LORUSSO Lo sanno che fanno ingiustizie, è per questo che hanno paura. E triplicano la scorta, da cinque a quindici.

RIINA Ma 'sta paura perché non vi veniva al momento giusto, che tutti stavate spensierati tranquillamente?

Il finale sono le stragi che ci sono state, come ricorda Di Matteo a Bonafede, per i pentiti e il 41 bis, il carcere speciale, appunto. Il capo dei capi, nei suoi dialoghi con Lorusso, conferma.

La Corte europea dei diritti umani ricorda all'Italia che non si possono continuare a comprimere i diritti dei detenuti. Chi ha il coraggio di porre agli italiani questa imbarazzante domanda: quella guerra tra lo Stato e Cosa Nostra dopo un quarto di secolo è finita o è destinata a durare in eterno?

Dal 1994 Cosa Nostra non spara più. Non staremo mantenendo in piedi armi vecchie, studiate per contrastare un nemico che in quelle forme non esiste più e che è diventato invisibile? Sono passati ventisei anni da allora, e non c'è stato un solo omicidio eccellente.

Durante le sue passeggiate Riina non si è limitato a parlare dei professionisti dell'antimafia, ma ha fatto intuire la nuova fase in cui è entrata l'organizzazione.

> RIINA Una persona responsabile fuori ce l'ho; e sarebbe Messina Denaro.
>
> Ma di lui non so più niente. Potrebbe essere pure all'estero. L'unico ragazzo che poteva fare qualcosa perché era dritto. Se ci fosse suo padre! Don Ciccio, buonanima, un bel cristiano, a lui gli ho dato la possibilità di muoversi libero! Il figlio me lo ha dato per farne quello che dovevo fare. È stato quattro o cinque anni con me. Imparava bene, minchia! Si è messo a far luce e finì. Mi dispiace dirlo, questo signor Messina che fa il latitante e fa i pali eoli. Adesso fa luce. Si *potessi* mettere in culo la luce. *Ci facessi più figura si sa mittissi into o culu a luci* e se lo illuminasse! Questo si sente di *cummannari e fa pali pe pigghiari* i soldi. Non ha fatto niente Messina Denaro, un carabiniere. Io penso che è andato all'estero.

E se la nuova Cosa Nostra avesse assunto le caratteristiche che Riina attribuisce a Matteo Messina Denaro? Se avesse sotterrato l'ascia di guerra nei confronti dello Stato? Se in cambio i padrini sopravvissuti avessero avuto il tempo di riciclarsi in affari miliardari come l'eolico? In questo caso Cosa Nostra continuerebbe a esistere confusa con il capitalismo e le lobby che dominano il mercato. Investigare potrebbe voler dire paralizzare completamente la Sicilia e una parte importante del paese. Meglio continuare a pensare che tutto sia rimasto fermo ai tempi di Falcone. Come si potrebbe interpretare diversamente l'intercettazione di Filippo Graviano: «Quell'uomo... di Giletti e quel Di Matteo, stanno scassando la minchia»?

E se non fossero minacce di morte ma solo un giudizio politico sul fatto che si vuole continuare a prorogare senza fine il carcere duro? Oggi un mafioso condannato all'ergastolo, se non si pente, non può chiedere d'essere ammesso ai benefici come gli altri detenuti e, dopo ventisei anni di carcerazione speciale, non può sperare di ottenere facilitazioni. Si chiama ergastolo ostativo, è un fine pena mai. Siamo sicuri che lo Stato alzerebbe bandiera bianca se affidasse a un giudice la valutazione sull'effettiva pericolosità sociale del condannato? Se avessimo, per esempio, permesso a un Bernardo Provenzano incapace di intendere e di volere di morire fuori dalle sbarre sarebbe stata un'offesa per le famiglie delle vittime? È più giusto onorare chi è morto incolpevole o facendo il proprio dovere costruendo uno Stato efficiente nella repressione di ogni tipo di illegalità e capace di amministrare la giustizia in tempi certi. Ma oggi non esiste una classe politica in grado di affrontare a viso aperto questi interrogativi. Non si tratta di essere buonisti o perdonisti. Non amo i condoni e gli sconti che scattano automaticamente per i colpevoli col trascorrere del tempo. Si tratta, invece, di rispettare la nostra Costituzione che impone di tendere al recupero dei condannati senza porre la condizione che denuncino altri. Certe garanzie possono essere sospese in uno stato di guerra, non all'infinito. È necessario punire con particolare severità chi si unisce in associazioni criminali di stampo mafioso, ma non può esistere in eterno uno Stato di diritto per i cittadini e uno Stato speciale per chi ha fatto parte di Cosa Nostra. Non sparano da ventisei anni, ma non si può mai sapere. Aumentiamo il numero delle scorte e ci mettiamo l'animo in pace. La guerra continua.

«Mia moglie va a trovare a D'Agata in carcere per vedere se gli serve qualcosa. Ci sono già state Capaci e via D'Amelio. Siamo nel '93. Sono appena stato arrestato.

"Devi dire a Maurizio che non si deve preoccupare dei pentiti. Quelli, se vogliamo, ce li atta... atta... attacchiamo tutti alla caviglia".

Sai che significa? Che Cosa Nostra ha deciso che ci mette pentiti suoi in mezzo ai pentiti e gli fa dire cazzate. Così le acque si confondono e non si capisce più chi sono i pentiti veri e quelli falsi».

«Come è successo per la strage di via D'Amelio quando avete ammazzato Borsellino?».

Si blocca Maurizio a questa domanda diretta. Gli occhi di ghiaccio mi scrutano ancora più intensamente del solito. Poi abbassa la saracinesca e ho l'impressione che voglia finirla lì.

«Perché dici "avete"?».

«Cosa Nostra. L'hai detto tu che è un'unica organizzazione. A Palermo e a Catania. Quindi, avete».

«Ah, ho capito. In questo senso».

«E c'è stato Scarantino, il falso pentito. Giusto?».

«Non credo che c'entra Cosa Nostra col pentimento di Scarantino. Con quei processi lo Stato ha fatto una figura di merda. A Cosa Nostra, invece, gli è andata di lusso».

Ma come fa Maurizio a essere così certo che all'ideazione e all'esecuzione delle stragi non abbiano partecipato elementi estranei a Cosa Nostra?

Sono convinto che la questione da approfondire sia questa, ed è anche il tema sul quale mi sono accorto che Avola dice e non dice.

«Io però alle bombe del '93 non partecipo. Sono in carcere. Ma ti posso dire che c'è sempre stata in mezzo una persona».

«Chi?».

«Matteo Messina Denaro».

«Per questo ho voluto incontrarti, Maurizio. Mi interessa il giudizio di chi lo ha visto di persona. Mi sembra molto diverso dagli altri capi. L'ho studiato il suo personaggio e non mi sono fatto l'idea di un pazzo sanguinario».

«Perché il problema sempre quello è: voi pensate che in Cosa Nostra sono tutti pazzi e sanguinari e non volete capire che c'è una ragione in quello che è successo. Ma ne parliamo la prossima volta che ci vediamo. Che ora devo andare di corsa».

«Dimmi solo una cosa, prima: a Capaci non c'eri, ma per Borsellino, a via D'Amelio, eri presente?».

«Perdo il treno».

«Che ne pensi di Gaspare Spatuzza? Ha fatto crollare il castello costruito sulle accuse del falso pentito Vincenzo Scarantino».

«Sono cose che capitano ai magistrati che pensano che la verità già la sanno. Spatuzza ha ragione che sono stati i Graviano. Ma adesso, scusami, si è fatto tardi e me ne devo andare».

Maurizio lascia il mio studio appena in tempo per correre alla stazione dove lo aspetta l'ultimo treno che lo condurrà in una località segreta. È uscito dal carcere, non ha protezione e, con l'aiuto del suo avvocato, ha potuto trovare un lavoro che gli assicura la sopravvivenza. Non sarà facile per lui reinserirsi nella società, ma sono certo che ci proverà con tutte le forze. Ci siamo salutati calorosamente e, nello stringergli la mano, sono stato io a guardarlo negli occhi per primo. Manca un ultimo incontro e sono sicuro che c'è un segreto che custodisce, qualcosa di straordinariamente grave che non ha ancora deciso di rivelare.

«Non so se riesco a venire a Roma ancora una volta. Altrimenti ti mando a dire dall'avvocato dove ci possiamo vedere. Va bene?».

«Certo, Maurizio. A questo punto sarà dopo Natale. Ci sentiamo al telefono per gli auguri».

In tutte le feste comandate Avola mi chiamerà con una premura quasi affettuosa che ricambierò, non senza provare un certo turbamento per una vicinanza che non saprei descrivere a parole e che non è normale. I nostri colloqui mi hanno sradicato da certe sicurezze spingendomi a scavare nella verità della storia e nella mia.

20.
«Lo hanno torturato»

Vincenzo Scarantino, il falso pentito, io l'ho conosciuto bene. Un poveraccio con qualche precedente per droga costretto a recitare una parte da protagonista in una delle storie più importanti del dopoguerra.

A Palermo frequenta la parrocchia della Madonna Assunta. La domenica la chiesa si riempie di gente che si batte il petto, sviene, emette urla agghiaccianti, si graffia la faccia e il corpo, si dimena in preda a crisi epilettiche. I fedeli intonano canti sacri e recitano il rosario strillando per mettere in fuga il demonio.

Nell'estate 1992, Vincenzo Scarantino e il suo amico Salvatore Candura, che è stato in carcere per violenza carnale, sono presi dai preparativi per i festeggiamenti della Marunnuzza, come nel quartiere della Guadagna chiamano affettuosamente la Madonna a cui sono devoti. È il giorno più importante dell'anno in questo pezzo dimenticato di città, attraversato da un fiumiciattolo puzzolente, con un numero enorme di lenzuola stese da un balcone all'altro per nascondere la povertà.

Nella piazza Scarantino svolge la sua attività lavorativa da pochi soldi vendendo sigarette di contrabbando e spacciando qualche dose di eroina ogni tanto. Un mestiere da miserabile per altri miserabili. Non si è mai visto un uomo d'onore fare una vita così. Eppure, dopo l'attentato di via

D'Amelio, Salvatore Candura se la canta con gli sbirri e racconta che quel pezzente del suo amico c'entra di sicuro con la morte del giudice Borsellino. E il povero Enzino finisce a Pianosa sotto il regime del carcere duro, mentre tutti i telegiornali annunciano che la verità sulla strage di via D'Amelio questa volta è a portata di mano.

Una cosa così importante non si può fare senza l'autorizzazione, la partecipazione e la direzione esecutiva della famiglia che controlla il territorio, quella degli Aglieri. Capofamiglia della Guadagna è Pietro Aglieri, braccio destro di Bernardo Provenzano. In un locale semidiroccato di sua proprietà, dove una volta si allevavano i maiali, sarebbero state preparate le bombole di ossigeno per ampliare la potenza della bomba.

Tre sentenze – primo grado, secondo grado e Cassazione – stabiliscono in maniera definitiva che Scarantino ha rubato la Fiat 126 e l'ha nascosta nel quartiere della Guadagna. Lì la famiglia di Aglieri ha preparato l'autobomba per ordine di Riina.

Giovedì 30 gennaio 2014, dopo quindici anni passati in carcere e a ventun anni di distanza da via D'Amelio, Scarantino è seduto davanti a me, nello studio televisivo di *Servizio pubblico* a Cinecittà, e si arrampica faticosamente sulla ripida e scoscesa altura del suo italiano. Non mostra segni visibili di affaticamento: la faccia è coperta da una maschera. Deve essere un uomo dilaniato dalla paura, paura di tutti: della mafia, dello Stato e di chi lo incalza con le domande.

«Cosa successe dopo il suo arresto?».

«Mi portarono nel carcere speciale di Pianosa. Calci, pugni e sputi in faccia. Appena arrivato peso centootto, centonove chili. Un anno dopo ne peso cinquantotto».

«Ma perché, non mangiava?».

«Mi davano la pasta con i vermi e con le mosche dentro. La minestra, la prima volta che sento questa cosa salata penso: "Ma che, la fanno con l'acqua del mare?". Dopo sono stato attento. Mi sono messo a origliare dietro alla porta. Proprio nel momento che la guardia apre e portano il cibo. E sento a uno che dice: "Ma ti viene da pisciare? Perché a me mi viene"».

«Questo le guardie?».

«Le guardie. Hanno fatto la pipì nella pasta prima di darmela. Io non la mangio. La prendo e la butto. La notte non mi facevano dormire. Secchiate addosso di acqua gelata appena mi addormento. La spesa non la posso fare più. Bene o male riuscivo a comprare qualcosa per mangiare. Così non tocco più il cibo. Né quelle zozzerie né niente. Sto male. Vado pure in depressione. Senza televisione in cella, sempre la stessa tuta, le stesse scarpe, le stesse calze, le stesse mutande. Un asciugamano per il viso, che mi ci lavo anche i denti che non ho lo spazzolino, e uno per il bidet. Prima che arriva l'avvocato mi fanno la perquisizione e mi fanno spogliare completamente nudo. Mi costringono a fare le flessioni e con la paletta di teak mi danno colpi sotto i testicoli. Il dottor La Barbera, il capo della squadra mobile che mi ha preso, ha deciso che io devo fare come Buscetta: "Così diventi più importante e ti diamo i soldi".

Quelli del servizio centrale di protezione mi hanno fatto promesse: "Sarai un imprenditore di un albergo". Mi hanno assicurato che mi comprano l'albergo».

«Queste cose chi gliele dice?».

«Il dottor La Barbera me le dice».

«A Pianosa, nel carcere?».

«Appena io mi addormento, vengono, mi svegliano e mi portano da lui. Non mangiando, non avendo zuccheri, una persona si indebolisce non solo fisicamente, ma anche psicologicamente. Però, con tutto ciò, io glielo dicevo».

«Cosa?».

«Io sono innocente. Io collaboro; ma delle cose vere, della droga; io di queste mostruosità non ne so niente».

«E la riunione, che ha testimoniato di aver visto, alla quale avrebbero partecipato tutti i boss per decidere l'attentato a Borsellino?».

«Loro me l'hanno detto, io non avevo nessun motivo di inventarmi le cose».

In trasmissione quella sera ci sono anche Marco Travaglio, direttore del «Fatto Quotidiano», e Giorgio Mulé, direttore di «Panorama», oltre a Dina Lauricella, la giornalista che ha condotto l'inchiesta per *Servizio pubblico*. Tutti incalzano quest'uomo in maschera di cui si possono solo intuire le reazioni e le esitazioni. Barcolla, balbetta, ma, in definitiva, non si contraddice.

«Chi le ha detto di dire queste cose, chi è stato?».

«Loro. Il dottor La Barbera e i suoi uomini. Facciamo continuamente conversazioni e loro indicano le soluzioni: "C'è stata una riunione qui"; "Erano presenti Tizio e Caio". Io gli dicevo: "Natale Gambino e Tanino Murana non c'entrano niente, quelli erano in viaggio di nozze". Mi assalivano: "Non è vero, nelle nostre indagini ci sono anche loro"».

«E lei accetta queste bugie e le mette a verbale».

«Volevo scappare da Pianosa perché mi stavano facendo morire».

Il castello accusatorio nasce da un'intercettazione in cui si chiede a Scarantino il piacere di aiutare a ritrovare un'auto rubata. La Barbera ne deduce che deve essere lui ad aver procurato il veicolo dell'autobomba e su questa pietra costruisce una chiesa. Le false accuse tengono in galera per più di diciotto anni sette innocenti, solo sei di loro sono ricollegabili in qualche modo a famiglie mafiose.

Tanino Murana, invece, è incensurato, ha un regolare contratto come operatore ecologico. Chiedo alla regia di mettere in onda il video col suo racconto. È agghiacciante e il pubblico lo segue senza fiatare.

«C'era la finale della partita Italia-Brasile. Nell'intervallo tra il primo e il secondo tempo, il Tg1 parla di un pentito, Vincenzo Scarantino, e della strage di via D'Amelio. Lo conoscevo perché siamo della stessa borgata e lui abitava a cinquanta metri da casa mia.

Finita la partita sono andato a letto e, come ogni mattina, alle quattro e mezzo mi sono alzato e mi sono preparato per andare al lavoro. Prendo la macchina, imbocco contromano un senso unico, faccio una curva e mi tagliano la strada. Mi bloccano. Penso: "La multa, pazienza...".

I poliziotti scendono dalla macchina: "Si deve accomodare con noi".

In questura non ho capito più niente. Mi portano in cella di sicurezza. Io ridendo chiedo: "Che cos'è questo foglio, posso andare a casa?".

"No, lei ha un ordine di custodia cautelare per la strage di via D'Amelio".

"Che cosa state dicendo? Vi sbagliate!".

Non sentono ragioni. Due poliziotti mi prendono e mi portano nel carcere di San Cataldo in isolamento totale».

«Quale era il suo ruolo secondo l'accusa? Mi pare che forse aveva il compito di controllare che sul percorso non ci fossero poliziotti?».

«Sì, questo. Un battistrada».

«Un ruolo importante in una strage di mafia. Un ruolo che dovrebbe ricoprire un uomo d'onore. E lei non lo era».

«Non le so queste cose. Io non capivo niente. Mi sembrava d'impazzire».

Nel video Murana ha gli occhi lucidi. Una violenta commozione lo porta a fare parecchie pause. Ma l'incubo è appena iniziato.

«Quando sono sbarcato dalla nave che parte da Piombino per andare a Pianosa, c'era un pezzo di lamiera, ho dovuto fare un piccolo salto per evitarlo. Dopo quel salto la mia vita è cambiata.

In carcere mi fanno spogliare come mia madre mi ha

fatto. Poi tutte le sevizie che esistono in questo mondo. Con la paletta, con le flessioni, la saponetta infilata. Devo far entrare i genitali in un buco del metal detector e poi tirarli fuori. Finalmente la perquisizione finisce e mi portano in una cella dove ho visto l'inferno ventiquattro ore al giorno. Mattina, mezzogiorno, pomeriggio, sera, notte.

Appena mi vedevano nel letto che mi riposavo perché i dolori erano atroci o che stavo seduto sul letto per prendere fiato: "Alzati! Passeggia! Ti devi fermare solo quando te lo diciamo noi. Hai capito?".

Io passeggiavo, passeggiavo e un giorno non ce l'ho fatta più perché i piedi fumavano. "Entrate e uccidetemi", ho detto.

Ero ridotto pelle e ossa, non mangiavo più. Un giorno passa la guardia con il carrello del cibo, butto l'occhio dallo spioncino e vedo che c'è un coso strano. "Che cos'è che mi date?" chiedo. "Un pochino di brodo". Prendo il brodo e sopra c'è quel coso che galleggia. Era un profilattico.

Ho comprato una scatola di marmellata di ciliegie, a me piacciono le ciliegie, e delle fette biscottate. La mattina spalmo la marmellata sulla fetta biscottata e comincio a mangiarla. Dopo che do il secondo morso ho il fuoco in bocca. Cosa ci hanno messo? Sputo quello che avevo mangiato in un fazzolettino e vedo che la marmellata è piena di peperoncino.

Quando esco dalla cella per andare all'aria, mi fanno la perquisizione con le mani al muro. Mi abbassano i pantaloni della tuta, le mutande, e mi lasciano così per ore. Poi mi devo girare e far vedere la bocca, come i cavalli, e pure alzare i piedi per farmeli "ferrare". Sono diventato una bestia.

A mio figlio, a mia moglie e mia madre li ho visti dopo tre mesi. La prima volta che l'ho toccato, mio figlio mi sembrava di plastica, un neonato che è entrato che portava ancora il pannolino. Gli hanno fatto tutte le porcherie del mondo, a un neonato, uno schifo. Cose senza dignità.

Da Pianosa vengo trasferito a Caltanissetta. Altro inferno, invivibile. Da offendere la dignità e l'onore della mia famiglia.

Un giorno vado a colloquio. A mia moglie, sapendo che doveva lasciarmi e che ero innocente, spuntano le lacrime.

"Stai tranquilla", le dico mentre me ne vado. "Fatti coraggio!".

Uno di qua, uno di là e due di dietro per accompagnarmi. Mi provocano: una spinta, un'altra spinta; e io sempre zitto. Quello sulla destra mi fa: "A Murà, tu qua ti corichi solo e tua moglie si diverte!".

Non ci ho visto più: "Appunta', io sono qua e dormo tranquillo. Lei no. Mentre è qua sua moglie ha il ragazzo a casa. Lei esce e il ragazzo *trase* da sua moglie!".

Immediatamente mi spogliano nudo. Flessioni, pugni, calci. Con le finestre spalancate. Era febbraio e faceva molto freddo. Per un'ora mi hanno tenuto nudo con le finestre aperte. Ridevano mentre facevano tutte queste cose, ridevano e, appena cercavo di protestare, di dire una parola, erano schiaffi o calci. Dovevo stare in silenzio.

Poi, quando finiscono: "Prepara la roba che devi cambiare cella".

Preparavo la roba, cambiavo cella e, appena mi sistemavo, venivano, spalancavano lo spioncino e urlavano. "Si prepari che deve cambiare cella!".

Una volta mi hanno fatto girare cinque celle e pulire cinque celle!».

In primo grado Murana viene condannato a otto anni per associazione mafiosa, ma è assolto dal reato di strage. Ha già scontato sei anni come carcerazione preventiva e dunque, in attesa del processo di appello, viene rimesso in libertà.

«Non ha pensato di scappare?».

«Assolutamente no. E perché dovevo scappare? La mia coscienza era pulita!».

Tanino Murana aspetta con fiducia la nuova sentenza, ma il 18 marzo 2002 viene condannato all'ergastolo.

Alle due di notte i poliziotti lo trovano con il borsone pronto. Beve l'ultimo caffè e li segue. Un anno dopo, la condanna viene confermata anche in Cassazione e diventa definitiva.

«Ma lei è stato mai messo a confronto con Scarantino?».

«Solo dopo che ha ritrattato nell'aula bunker di Como. Diceva che lo ha fatto perché gli ero antipatico e non gli davo confidenza. È vero, non gli davo confidenza. Ma non gli porto rancore, lo giuro. Se lo incontrassi gli offrirei anche il caffè. È stato una vittima come me».

«Non avrebbe niente da chiedergli?».

«Una cosa sola: non perché ci ha accusato, ma chi gli ha detto di accusarci».

«Come ha saputo che l'incubo era finito?».

«Venne l'assistente: "Murana, mi dia la sua residenza".

"Sovraintendè, cosa c'è?".

"Prepari la roba che è in libertà!".

Mi viene anche ora da piangere, ho la pelle d'oca. Solo con la morte il dolore che mi porto dentro si può cancellare. Ho perso tutto, ho perso il lavoro e la dignità. Sono entrato in carcere che mio figlio era appena nato, l'ho rivisto che era diventato maggiorenne».

Quando l'intervista a Murana si conclude e torniamo in studio, c'è solo una maschera che mi fissa. Il pubblico è ammutolito. Poi Vincenzo Scarantino ricomincia il suo racconto da quando, grazie al suo pentimento, lascia il carcere di Pianosa per raggiungere in una località protetta una casa vigilata giorno e notte.

«Gli investigatori mi leggono tutto e io devo memorizzare tutto quello che sento».

Arnaldo La Barbera è morto nel 2002. È stato un poliziotto pluridecorato ed è considerato un eccellente investigatore. I suoi collaboratori appartengono al gruppo "Falcone e Borsellino". Anche loro sono poliziotti di prim'ordine, che continuano a negare di essersi prestati a una cosa così vile. Allora come è potuto accadere questo depistaggio?

«Ma se io racconto cose che ho fatto veramente, perché me le fanno studiare?

"Non ti dimenticare, qua, che l'avvocato ti fa la domanda e tu cosa ci rispondi?".

"*Nun sacciu nenti*".

"No, devi rispondere così e così".

Mi minacciavano che arrestavano mia mamma, mia moglie.

Io soffrivo, stavo male; però quando andavo davanti ai magistrati mi facevano sentire un leone, mi facevano sentire importante. Mi davano due milioni e mezzo al mese e viaggiavo con l'auto con la sirena. Quando tornavo a casa mi veniva da piangere, ma non potevo piangere davanti ai bambini e a questi poliziotti supereroi. Andavo in bagno e piangevo in bagno».

Mando in onda un altro filmato: Dina Lauricella che va alla ricerca dei parenti di Scarantino.

«Siamo dietro la piazzetta della Guadagna. Vediamo se questa signora può darci qualche indicazione. Cercavo la signora Scarantino, non è qua?».

«Non lo so, non glielo so dire».

«La madre di Vincenzo Scarantino, non la conosce?».

«Il signor Scarantino morì».

«No, non è morto. È stato in galera, adesso è libero».

«Le dico che è morto questo Scarantino».

«No, non è morto. È quello che ha accusato della strage di via D'Amelio...».

«Ah! Ma quello chissà dov'è finito!».

«Non sto cercando lui, sto cercando la madre. Dove sta la madre, che abita qua, come ci arrivo?».

«Provi ad andare da quella parte. Giri di là».

Dina Lauricella riesce a trovare la casa, suona il campanello e le si para di fronte il fratello del falso pentito.

«Oh, salve, buongiorno, mi scusi, stavo cercando la signora Scarantino».

«Piano terra».

«Ma lei, se non sbaglio, è il fratello».

«Parli con mia madre».

Umberto Scarantino accompagna la giornalista giù per le scale. La madre però rifiuta di incontrarla e non vuole farsi vedere. Si intravede a letto mentre si copre la testa con una coperta per la vergogna.

«Signor Umberto, non ne vuole parlare, non ne vuole sapere più niente di suo fratello? Perché?».

«Perché era innocente ma ha rovinato un mare di famiglie. Gente che è uscita dopo vent'anni e si ritrova i figli sposati e le mogli con tumori. Gente che lui nemmeno conosceva. Gli hanno scritto un bigliettino, "fai questi nomi", e li ha fatti».

«Ma lui dice che lo hanno torturato».

«Ma non è che hanno torturato solo lui. C'è gente che ha dignità. Non è che si giustifica col fatto che è stato picchiato».

«Quindi, quello che non gli perdona è che ha ceduto e invece gli altri no».

«Perché ci avevano una dignità. Lo Stato, lo Stato lo sa. Loro dicono "la mafia", ma la mafia non c'entra niente».

«Ma perché hanno scelto proprio Vincenzo Scarantino?».

«A uno lo dovevano prendere».

«Ma non vi fa neanche un po' di pena?».

«Lui? No. A noi ci fanno pena le persone che ha offeso in carcere, perché sappiamo che cosa è il carcere; ma di più mi fanno pena i parenti di Borsellino, che hanno accettato il lavoro dello Stato che gli ha massacrato il papà. Il figlio di Borsellino è ispettore?».

«Sì, Manfredi Borsellino. Lei lo conosce?».

«Lui se ne doveva andare a muratore, no a fare il poliziotto».

«E della mafia che pensa?».

«Per me non esiste, non è mai esistita. Saranno tutte invenzioni dei giudici».

«Cosa Nostra non esiste? E tutte le famiglie che ci sono anche in questo quartiere, gli Aglieri?».

«Gente lavoratori. Mio fratello, buonanima...».

«Perché dice buonanima, mica è morto!».

«Non è morto, ma nei nostri cuori è morto. Stavo dicendo che mio fratello quello che gli scrivevano diceva».

«Dice che lo hanno minacciato con la pistola?».

«La versione che so io è che ci sono andati da lui con una valigia di soldi, non con la pistola».

Quando Scarantino decide di ritrattare, chiama il telegiornale di Italia 1.

«Voglio dire tutta la verità e non voglio collaborare più, perché ho detto tutte bugie».

«Quello che ha deciso di raccontare su via D'Amelio, allora?».

«Non è vero niente».

«La gente di cui lei ha fatto i nomi sono tutti innocenti?».

«Tutti, tutti».

Dopo la telefonata a Italia 1, Enzino Scarantino ritorna a casa. Il dottor Bo, uno dei collaboratori di La Barbera, sta parlando più che animatamente con sua moglie. Il poliziotto urla, gesticola minacciosamente, mette le mani addosso alla donna. Quando si accorge dell'arrivo di Scarantino, che accenna a protestare, comincia a colpirlo con pugni e calci in mezzo alle gambe. Il collega, Giuseppe Di Gangi, afferra il pentito per il collo e gli infila in bocca la canna della pistola. In questo modo vuole fargli ingoiare la telefonata alla televisione.

«Davanti a mia moglie, davanti ai bambini, mi fanno

questo. Io non avevo paura dei mafiosi quando ero nella mia borgata. Lo Stato mi fa molta più paura. La mafia arriva e ti spara in faccia, ti spara in testa, uno si accascia e muore. Lo Stato ti fa morire giorno dopo giorno».

«Prova vergogna?».

«Eh, sì! Per i figli. Cosa c'è di più bello dei figli? Ne ho tre e li ho persi da tanti anni».

Sotto l'impassibile maschera bianca Scarantino piange, singhiozza disperato: le sue lacrime sono invisibili.

Finita la trasmissione, lo saluto. Senza maschera posso guardarlo negli occhi, stringergli la mano, ringraziarlo. È molto provato, come se fosse in trance, spaesato. Un uomo stanco, distrutto dai rimorsi, perso nella nebbia.

«Mi faccia sapere se ha bisogno di qualcosa».

Non risponde, fa solo un lieve cenno della testa. Lo accompagnano alla macchina con autista che lascia gli studi di Cinecittà a notte fonda diretta a un albergo nel centro di Roma. Riesce a percorrere poche centinaia di metri sulla Tuscolana prima che cinque auto della polizia la circondino. L'arresto di Riina ha impiegato un dispiego di forze minore.

Scarantino viene prelevato con la forza; fa appena in tempo a chiamare al telefono Dina Lauricella.

«Mi devono notificare un atto in questura e poi mi portano in albergo».

La giornalista si precipita con la troupe e lo vede arrivare circondato da dieci poliziotti. Alle quattro del mattino mi chiama.

«Stanno perquisendo la sua camera senza la presenza di un avvocato. Pare abbiano un mandato di cattura per violenza carnale».

A quell'ora sveglio e faccio svegliare diversi avvocati. Finalmente ne troviamo uno disponibile. Passa qualche ora e ci informa delle accuse a Scarantino. Avrebbe costretto a un rapporto orale una donna affetta da disturbo bipolare nella comunità di Torino alla quale è affidato ai servizi civili. È successo più di un mese prima. La polizia si giustifica: «È scomparso da Ivrea, dove risiede».

«Ma l'avete sentito al telefono pochi giorni fa, come mai non gli avete detto che lo cercavate?».

«Problemi di comunicazione tra uffici».

«Non potevate aspettare altri quattro giorni? O almeno notificargli l'atto domani mattina? Avreste evitato tutto questo casino appena dopo che è andato in televisione».

«C'è un mandato di cattura...».

«Da un mese e più. Lo avete detto alla procura di Caltanissetta?».

La procura di Caltanissetta di questo mandato non ha mai sentito parlare.

Le accuse di violenza sessuale di Scarantino cadranno e verrà assolto, ma si è dovuto difendere in due gradi di giudizio. Ma chi se ne frega di uno come Scarantino? Chi protesta? Chi si indigna? Chi se lo ricorda?

Caltanissetta è il tribunale competente per fare giustizia su Paolo Borsellino. Se un processo riguarda un magistrato di Palermo, anche da morto, il tribunale competente è quello. Quindi la strage di via D'Amelio finisce lì.

Al tempo ci presta servizio Ilda Boccassini, uno dei magistrati più famosi d'Italia, amica di Giovanni Falcone. Ci lavora anche Nino Di Matteo, che famoso diventerà, invece, in seguito, per aver istruito il processo sulla trattativa tra lo Stato e la mafia. Procuratore capo è Giovanni Tinebra, del quale Ilda Boccassini dice che «si chiudeva per lunghissime ore con il presunto pentito in una stanza». È l'unica a esprimere forti perplessità sulle dichiarazioni di Vincenzo Scarantino. Gli altri sostituti, Annamaria Palma e Carmelo Petralia, sono d'accordo col capo, e anche il giovane Nino Di Matteo, che è l'ultimo arrivato, non muove obiezioni.

Per la prima volta lo Stato italiano è arrivato a scoprire gli autori di un attentato in pochi mesi. Il dottor La Barbera, che ha condotto le indagini, e i magistrati, che le hanno istruite, conquistano le prime pagine per meriti speciali. Ma quello che appare un grande successo è un brutale depistaggio o una colossale cantonata.

«Massoni» s'indigna Fiammetta Borsellino, la figlia del giudice ucciso, invocando complotti sempre difficili da provare. Tuttavia l'enormità di questo errore giudiziario è tale che non si dovrebbe archiviare senza punire chi l'ha compiuto.

Basterebbe rileggere il confronto avvenuto l'8 marzo 2002 tra un pentito da novanta, già reggente della famiglia di Porta Nuova, Totò Cancemi, e Vincenzo Scarantino.

Il pubblico ministero dà il calcio d'inizio.

PM Lei, Scarantino, conferma le dichiarazioni rese in precedenza? La riunione nella villa di Peppuccio Calascibetta c'è stata?

SCARANTINO Sì, c'è stata. C'erano Totò Riina, Pietro Aglieri, Giovanni Brusca, Giuseppe Graviano e Totò Cancemi.

CANCEMI Signor giudice, io gentilmente vorrei invitare questo signore a ricordarsi bene di me. Guardami, io sono Cancemi. Come sono arrivato? Chi ci ha presentati? E tu sei uomo d'onore?

SCARANTINO Sì, sono uomo d'onore.

CANCEMI E allora spiegami, che significa uomo d'onore?

SCARANTINO Uomo d'onore?

CANCEMI Sì, dillo: che significa?

SCARANTINO Uomo d'onore...

CANCEMI Tu neanche lo sai, sei un bugiardo. Chi ti ha dato questa lezione? Chi ti ha messo queste parole in bocca? Devi dire la verità.

SCARANTINO Questa è la verità, che avete fatto la riunione.

CANCEMI Ma veramente volete dare ascolto a questo individuo? Questo non sa nemmeno che significa uomo d'onore.

PM Scarantino, chi c'era? Com'era l'arredamento? Dove erano sedute le persone? Descriva bene questa villa.

SCARANTINO Si trova in via Chiavelli, all'ingresso c'è un portone grande, poi uno spiazzale con le galline.

PM Cancemi, questo racconto le ricorda qualcosa?

CANCEMI No, io mai sono stato in questa casa, non ne conosco l'esistenza.

PM Va bene, andiamo avanti. E cosa è successo in questa villa?

SCARANTINO Nello scantinato c'era una seduta grande con tutti questi uomini d'onore; e c'era la porta aperta per fare uscire il fumo. Io vedevo che c'era uno lì seduto che guardava. Era Totò Riina.

PM Seduto dove?

SCARANTINO A capotavola. Poi ho visto a Pietro Aglieri accanto a Riina, Giovanni Brusca e Giuseppe Graviano.

PM Lei ha sentito qualcosa della discussione che stavano facendo?

SCARANTINO Io ero entrato là dentro per prendere una bottiglia d'acqua e ho sentito a Totò Riina che diceva: «A questo cornuto lo dobbiamo far saltare in aria come a quell'altro».

PM Lei, signor Scarantino, è entrato proprio nell'attimo in cui Totò Riina diceva cose così delicate.

SCARANTINO Sì, sarà che forse si è perso di cervello, che ne so?

CANCEMI Chi è che ha perso l'equilibrio del cervello, Totò Riina?

SCARANTINO Sì, può essere.

CANCEMI Dottore, mi creda, questo raccontino lo

può fare chiunque. Io non vi voglio suggerire niente che mi potete fare scuola, siete più intelligente di me. Ma io accompagnai personalmente Pippo Calò a una riunione, allora io ero capodecina, a casa di Bernardo Brusca. Attenzione, io ero già un capodecina. C'erano Greco, Calò e Riina. Sono entrati nella casetta e si sono seduti. Mentre io, Salvatore Cancemi, capodecina di Pippo Calò, sono rimasto fuori. Perché sono rimasto fuori? Perché assolutamente Cosa Nostra è una cosa seria, chi sbaglia paga. Questo signore vi ha raccontato che è entrato per prendere una bottiglia dell'acqua in una riunione tanto importante. Ma assolutamente! Se fosse vero, come minimo doveva intervenire Pietro Aglieri e ci doveva fare un cazziatone, scusate l'espressione: «Esci fuori, che cosa ci fai tu qui!». E Riina viene a dire quelle parole mentre tu prendi una bottiglia d'acqua?

SCARANTINO Sì, proprio in quel minuto!

CANCEMI Riina vede uno sciacallo *ca mancu u canusce* e continua a parlare? È contro ogni regola, non esiste proprio. Riina non avrebbe più nessun valore se un soldato si siede e ascolta la riunione. Sarebbe finito.

Dopo un confronto di questo tipo, non solo un magistrato, non solo un siciliano qualsiasi, ma uno svedese da tre generazioni avrebbe capito che la testimonianza era una bufala. Invece solo Ilda Boccassini si insospettisce e afferma di aver messo per iscritto le sue perplessità prima di andarsene a Milano. E cosa risponde Di Matteo a questa obiezione?

«Io non ne ho saputo niente. Per me Ilda Boccassini era il magistrato più autorevole, se l'avessi saputo, ne avrei tratto qualche conclusione. Nessuno mi ha parlato di questa lettera».

21.
«I Santapaola prima ti usano e poi ti ammazzano»

Le città deserte piegate dal Covid non mi sembrano belle per niente. Giulio Carlo Argan, grande storico dell'arte e sindaco di Roma, mi confidò: «Meglio mille volte una piazza di Spagna piena di cartacce e di rifiuti che una scalinata vuota e senza vita». Dirigendomi all'ultimo appuntamento con Avola in una località segreta, leggo i tanti cartelli dei negozi che annunciano la fine delle attività. Mi viene in mente un'altra frase che mi ha colpito: «La malattia sopravviene quando si resta sospesi tra il passato e il futuro, senza la forza di produrre un vero cambiamento». Non ricordo chi l'abbia detta.

Una fioraia si prepara a ricominciare. Dispone ordinatamente i vasetti dei fiori all'ingresso del suo negozio su una strada desolatamente vuota.

L'alberghetto in cui ci incontriamo è un posto economico, poco distante dalla stazione. Non si sentono rumori e dovremmo essere gli unici clienti. Anche sulla strada sotto le nostre finestre regna il silenzio.

«Maurizio, ti trovo bene».

«Tutto a posto».

«Oggi vorrei approfondire cosa è successo quando sei finito in galera la terza volta, nel '93, e dopo qualche mese hai deciso di rompere con Cosa Nostra».

«È stato per Pinuccio Di Leo».

È il suo braccio destro Di Leo, un inseparabile compagno e un amico devoto. Camminano insieme e sparano insieme. Come delinquente si è formato nella banda di Salvatore Cappello. Per i lombrosiani, che in Italia sono in costante crescita numerica, la sua storia sarebbe la prova evidente che rapinatori si nasce.

Da ragazzino Di Leo riesce ad avvicinarsi a un cardinale, che gli sorride paterno. Lui, rapidissimo, ne approfitta per sfilargli la catena d'oro e scappa via, lasciandolo di stucco a metà della benedizione. A Catania "lo scippo del cardinale" è una leggenda. Il suo capo banda, Cappello, gli è molto affezionato e si preoccupa del suo futuro.

«Con la famiglia Santapaola ti vuoi mettere? Peggio *pi tia*. Quelli per uno scippo alla mamma di Santapaola strangolarono a quattro bambini. Non te lo scordare. Prima ti mandano avanti a far cose e poi t'ammazzano».

Maurizio stabilisce con Pinuccio, come ha preso a chiamarlo affettuosamente, una forte complicità. Un giorno si vede rivolgere una domanda che esprime una certa preoccupazione.

«Tu che ne sai più di me, Maurì, è vera questa storia che mi disse Cappello, che i Santapaola prima ti usano e poi t'ammazzano?».

«Ma che vai dicendo, Pinuccio! Che gli hai risposto a Cappello?».

«Io non voglio far parte di famiglie, voglio rimanere rapinatore».

«Va bene, tutto a posto».

Piano piano, un passo alla volta, Avola porta Di Leo a nutrire una fiducia completa nei suoi confronti. Trasforma il rapinatore di banche della banda di via Etnea alta in un killer che fa omicidi a raffica per la famiglia.

«Mi vuole bene, si lega stretto a me, mi segue in tutto e per tutto. 'Affanculo Salvatore Cappello!».

Killer scatenati, *Città insanguinata*, *Terrore sotto l'Etna*,

Guerra tra bande. I titoli dei giornali di quegli anni fanno pensare a eserciti che si fronteggiano composti da centinaia di uomini armati. Invece le armi letali di Nitto Santapaola sono quasi sempre Maurizio Avola e Pinuccio Di Leo, con l'aggiunta di qualche ragazzo del gruppo di Picanello.

«*Buttana* della miseria, questa è la grande organizzazione? Siamo in quarantaquattro gatti e la metà è in galera».

Quarantaquattro gatti sfidano polizia, carabinieri, giudici e tengono sotto il tallone un'intera città e centinaia di migliaia di onesti cittadini. È possibile? Non è possibile. O meglio, non lo sarebbe se lo Stato facesse la parte dello Stato e se la stragrande maggioranza dei cittadini fosse onesta, come amano ripetere i politici che li rappresentano. Pagano tutti le tasse? Non chiedono favori? Non fanno abusi edilizi? Denunciano chi gli chiede il pizzo? E la classe dirigente che hanno scelto è meglio o peggio di loro?

Pinuccio Di Leo non è perfetto e non ha il profilo giusto per diventare un uomo d'onore. Tira troppa cocaina, gli piace la bella vita, ha una moglie e un sacco di altre donne da mantenere. Soprattutto della droga non riesce proprio a fare a meno. Maurizio lo vede lucido e determinato quando è in azione. Di sicuro la coca aiuta a essere freddi ed efficienti, ma a lui non è mai servita per mantenere il pieno controllo della situazione.

«Che ti racconti? Che uccidi perché sei fatto? Che non sei tu ma la droga a sparare? Io lo voglio sapere quello che faccio. Sono io responsabile, e nessuno più di me. E poi quella roba fa male, a lungo andare. Per forza, se no la venderebbero in farmacia. Finiscila, se lo viene a sapere lo Zio succede un casino».

Pinuccio non ne vuole sapere di smetterla: di questo passo, è destinato a rimanere un semplice affiliato. Il giudizio di Nitto Santapaola è definitivo: «È troppo ballerino. Peccato, perché come rapinatore è bravo e come killer è spietato».

Avola fa più fatica del solito a parlare. La distanza che mette tra sé e il suo racconto si è assottigliata. La storia di Pinuccio deve avergli riportato alla mente brutti pensieri. Sono costretto a fermarlo diverse volte per chiedergli il significato di certe frasi pronunciate in dialetto e con voce talmente flebile da essere quasi impercettibili.

«Forse è la coca che lo rende più insicuro e spaventato. Forse è la famiglia che ha paura di tutto da quando Buscetta ha aperto la strada dei pentiti e Falcone ci ha costruito un'autostrada».

Prima delle stragi era tutto più facile. Bisognava guardarsi soltanto dai nemici e dai poliziotti. Adesso basta un niente per sentirsi in pericolo anche all'interno della famiglia. E quando questo accade, la soluzione è soltanto una.

Di Leo sente che non si fidano di lui, che lo tengono ai margini e lo trattano con diffidenza. L'avvertimento di Cappello, "i Santapaola prima ti usano e poi ti ammazzano", non riesce a toglierselo dalla mente.

«Tieniti libero per le due del pomeriggio. Andiamo a vedere una villa a Valverde che la voglio comprare. Così mi vado a rilassare il sabato e la domenica».

L'ordine glielo dà Carletto Campanella, che è il suo superiore e per i suoi trascorsi giudiziari non può guidare. Di Leo, invece, non ha gravi carichi pendenti, è solo imputato per furto, la patente non gli è stata ancora ritirata. Arrivano alla villa e trovano ad aspettarli Natale Di Raimondo e Francesco Di Grazia. Pinuccio si preoccupa: come mai Carletto non lo ha informato che ci sarebbero stati anche quei due?

Valverde è alle pendici dell'Etna. Da lì si può vedere Catania con gli occhi del vulcano. Distesa ai piedi del mare, sembra bellissima. Francesco Di Grazia chiama Pinuccio dal balcone del casolare.

«Pino, corri, avvicinati, vieni a vedere. Da qui sembra il paradiso! Il paradiso!».

"Adesso ti faccio vedere il paradiso" è proprio l'espressione che Di Leo pronuncia prima di strangolare qualcuno.

«A posto, non ti preoccupare. Tutto a posto. Non hai fatto niente? Allora sei innocente. Fra poco finisci di soffrire, chiudi gli occhi e vai in paradiso. In mezzo agli angeli».

Pinuccio Di Leo non si avvicina al casolare. Corre da Campanella e comincia a urlare.

«Cosa ho fatto? Perché mi volete strangolare?».

«Ma *si impazzutu*? Ti sei sniffato a testa?».

«Carletto, se mi vuoi bene, ce ne dobbiamo andare via subito da qui».

«Tu *si* completamente pazzo. Mi stai rovinando la giornata. Comunque se dobbiamo andare...».

«Allora andiamo, prima che vengono quelli».

«Ma che cazzo dici? Amici sono».

Il giorno dopo Di Leo si reca alla stazione di servizio di Ognina. Piange mentre D'Agata e Avola ascoltano il suo racconto con aria partecipe.

«Mi *scantai* e scappai, ero terrorizzato. Feci una fesseria. Ve lo giuro, non so che mi passò per la testa».

Cercano di rassicurarlo, ma non gli nascondono di essere preoccupati per il suo stato di salute mentale. Si deve dare una calmata e cambiare qualcosa nel suo stile di vita: basta discoteche, basta frequentare tutta quella gente che si strafà di cocaina e di pasticche. La sua convivente si lamenta che non si fa mai vedere. Pinuccio ha altre due amanti stabili e ha cominciato una relazione con una fresca vedova di un uomo d'onore che abita nel suo palazzo senza chiedere il permesso alla famiglia.

La verità è che si è pentito Claudio Samperi, un uomo d'onore della famiglia, e ha seminato il terrore nel clan Santapaola. Pinuccio ne ha fatti tanti di omicidi con lui: sommando le accuse coincidenti di due pentiti il risultato per gli esecutori e per i capi che li hanno ordinati è l'ergastolo. L'unica parola che terrorizza un uomo d'onore. Fine pena mai. Non c'è niente di peggio che perdere per sempre la speranza di tornare in libertà, essere costretto a rassegnarsi a morire in galera. Due pentiti che confermano gli stessi episodi sono un peso che non si può sopportare.

I pentiti scavano la fossa a Cosa Nostra, infrangono il codice d'onore che ha nell'omertà e nel segreto i suoi pilastri fondamentali. I mafiosi sono ombre sfuggenti che si muovono veloci nel buio e spariscono al sorgere del sole come i vampiri. Se la illumini, Cosa Nostra perde forza e potenza. La famiglia non solo decide di cancellare i pentiti dalla faccia della terra, ma deve fare la stessa fine anche chi è soltanto sospettato di potersi pentire.

A Maurizio di morire non è mai importato niente. Prima o poi capita a tutti: succede quando deve succedere. È inutile agitarsi, è inutile scappare; quando la morte ti deve raggiungere, puoi correre più veloce del vento, ti mette la mano sulla spalla e tutto finisce. Gli dispiace, però, per Pinuccio, che, dopo l'arresto di Campanella, continua la solita vita. Anche se è solo un affiliato, non si dovrebbe permettere di sniffare senza porsi dei limiti e di avere tre mogli contemporaneamente.

Lo Zio è molto nervoso per il pentimento di Samperi, troppo per tollerare certi comportamenti.

«Se questo drogato riscontra le dichiarazioni di Samperi siamo fottuti».

E poi c'è un altro vizio che il suo amico non riesce a correggere: al Motel Agip, davanti a tutti, Di Leo parla troppo.

«Guardate che io non me li faccio trent'anni di carcere. Se mi prendono, mi faccio pentito. La prima cosa che dico è che a uccidere quel gioielliere non è stato mio fratello, sono stato io. Poi ho consegnato a Maurizio la 7 e 65 e lui l'ha buttata a mare».

Aspetta le reazioni, Pinuccio, e, quando li vede tutti accigliati che lo guardano inferociti, esplode in una risata.

«Che fai quella faccia, Maurizio?! Una battuta è! *Chi fa*, mi vuoi ammazzare subito?».

«Meglio che te le dimentichi queste battute».

«Oh, se devo morire, Maurizio, fammi un piacere, non voglio morire strangolato. Mi raccomando. Almeno questo».

Marcello deve riportare "la battuta" ad Aldo Ercolano. È obbligato a farlo, sia come consigliere che come uomo d'onore. È un problema di sicurezza per la famiglia. Aldo risponde senza pensarci un minuto.

«Ammazziamolo, che aspettiamo?».

D'Agata chiede di soprassedere ma solo per il momento.

«Ne rispondo io, mi prendo la responsabilità. Non lo facciamo subito, adesso serve».

Maurizio e Pinuccio continuano a sparare insieme per liberarsi delle bande rivali. Agli inizi degli anni novanta si sa chi comanda a Catania: i dubbi sono stati sepolti nei cimiteri. Si continua a uccidere solo per rinfrescare la memoria ai sopravvissuti.

La coppia perfetta Avola-Di Leo ne ha appena fatti due a Barcellona Pozzo di Gotto e già c'è un'altra commissione da sbrigare: un cornuto che esce dal carcere di Nicosia.

«Pinù, ci dobbiamo andare con Franco Di Grazia e Natale Di Raimondo. Le armi le hanno loro nel garage».

«Ancora 'sti due? Che è una fissazione? *Nun putemu spidughiari nuatri 'sta cosa*? C'è bisogno *d'iddi*?».

«Tu ne hai o non ne hai fiducia in me?».

«Io con te, Maurizio, me ne vado a morire. Ma in quel garage entri vivo ed esci morto, lo sai».

Quando arrivano sul posto, Maurizio chiede di Natale Di Raimondo, e Franco Di Grazia gli indica il garage.

«È là dentro. Vi sta aspettando».

Pinuccio Di Leo sbianca in volto e guarda Avola terrorizzato; ma Maurizio, con tono sicuro, gli ordina di seguirlo.

«Natale nel garage ci aspetta. Pinuccio, *sintisti*? *Amunì*!».

Di Leo s'incammina malvolentieri al seguito del suo diretto superiore. Di Raimondo ha preparato per loro un borsone pieno di armi e li invita a scegliere quelle che preferiscono.

«Una pistola la diamo a Pinuccio. Prenditi quella che vuoi! Il kalashnikov a Franco, *n'autra* pistola per Maurizio. Fuori c'è la macchina blindata. Sbrighiamoci!».

In macchina Pinuccio tira un sospiro di sollievo. Quasi quasi si mette a cantare. È una bella giornata e anche oggi il morto non sono io. Ma, tornando a casa, Maurizio ha la conferma che la paranoia dell'amico è grave e pericolosa.

«Maurizio, guarda che io l'ho sentito Natale Di Raimondo che dice a Franco Di Grazia: "*Facemulo* subito a Pinuccio Di Leo". Erano lontani ma, te lo giuro, l'ho sentito bene. Gliel'ho pure chiesto perché aveva detto così. "Ma che dici, che ti inventi?" mi ha risposto. Il labiale però era chiarissimo, sono sicuro, non mi sono sbagliato».

Avola cerca di rassicurarlo: si deve assolutamente liberare di questo pensiero fisso che lo sta mandando al manicomio. Le cose sono tutte a posto, ci ha pensato lui a mettere tranquillo Aldo Ercolano.

Non è così. Il vice di Nitto Santapaola è stato categorico: la sentenza è stata emessa e non può essere revocata.

«Va bene, lo lasciamo in vita e Maurizio se ne assume la responsabilità. Se non è oggi è domani, per me se n'è già andato. È troppo strano. E quelli strani meglio averceli fuori dai coglioni. Non possiamo correre rischi».

La goccia che fa traboccare il vaso arriva dopo un anno, quando Di Leo vende la sua Mercedes Coupé e chiede a D'Agata di intercedere col costruttore per farsi restituire la caparra di centoventi milioni che ha versato per comprare una villa a Mascalucia.

«Non c'è dubbio, questo vuole scappare. Bisogna farlo imme… imme… immediatamente».

«Marcello, col permesso della famiglia, lo faccio io. È

mio amico, non deve morire strangolato o come un cane per strada».

«Guarda che Aldo ha chiesto di dare una bella pulita. Non è che prendi l'impegno solo per rinviare. Non ci devono essere altri pentiti. Facciamolo e ba... ba... basta».

Prima fanno il compagno di festini di Pinuccio, Ernesto Carbonaro. Insieme gareggiavano a chi sniffa di più. Ci pensa un altro del gruppo dei ragazzi di Picanello. Lo strangolano e buttano il corpo in un cassonetto.

Di Leo non sa dell'omicidio e, come ogni sera, raggiunge la casa dove Avola è latitante per la riunione del gruppo. Maurizio ha incaricato dell'esecuzione Salvatore Barcella, il gigante che fa il killer di notte e il poliziotto di giorno.

«Portati la calibro 9 col silenziatore. Ti chiedo un favore personale. Ci spari tu, va bene?».

«A posto. Ce l'hai l'autorizzazione della famiglia?».

«Ce l'ho».

«Tutto a posto, Maurizio, lo faccio io, non ci sono problemi».

Di Leo è molto in ritardo. Crisafulli è andato perfino a cercarlo. Pensano che abbia sospettato qualcosa e sia scappato. In questo caso sarebbe un vero disastro per tutti, una catastrofe per Maurizio che ha garantito per lui.

Quando finalmente arriva, Pinuccio nota che gli altri lo accolgono con un entusiasmo perfino esagerato, mentre Maurizio è a disagio: passeggia nervosamente per la casa avanti e indietro. Di Leo comincia a sentire nell'aria qualcosa di strano. L'amico fa il gesto di allontanarsi per andare a prendere da bere in cucina e lui lo segue per chiedergli la ragione di quel nervosismo così evidente. Si ferma sulla soglia tra la cucina e il corridoio.

«Scusa se ho fatto tardi, non lo sapevo che era importante la riunione. Sei incazzato? Che cos'hai? Ti vedo agitato, è successo qualcosa?».

«Si è pentito il figlio del Malpassotu e...».

«E noi che ci abbiamo a che vedere col Malpassotu, Maurizio? Non appartiene a noi. Non sa niente della famiglia. Non ci dobbiamo preoccupare di lui. Che cazzo ci interessa di 'sto figlio del Malpassotu?».

«È il figlio del padrino di battesimo di mia figlia, butta vergogna sulla mia famiglia. Non mi piace che si è pentito».

Non è un omicidio "normale" quello di Pinuccio Di Leo. Maurizio soffre. Mai prima d'ora gli è successo di avere addosso una tensione come questa. Il rischio, il sangue, le rapine, l'allegria del colpo riuscito, l'adrenalina degli omicidi, Aldo e Marcello che dicono "siete i migliori". Lui e Di Leo hanno condiviso tutto: una vita in due e quattro mani che sparano come una sola.

Ma il passato, l'amicizia, la fedeltà non contano più niente. Bisogna uccidere Pinuccio per proteggere la famiglia, il bene da difendere a costo di qualunque sacrificio, il mondo da preservare, il futuro. La famiglia è tutto.

Dunque non ha scelta, Pinuccio è un pezzo del suo corpo e deve tagliarselo per evitare la cancrena. Di Leo non immaginava che stava andando incontro alla morte quando ha suonato il campanello della casa del suo compagno più fidato. Un'imboscata può sempre capitare. Ma non lì, non quella sera, non con un fratello che "metto la vita nelle sue mani". Avola prende tempo fingendo di rovistare nei cassetti alla ricerca di qualcosa. Pensa: "Bisognava spararagli subito, appena è entrato. Perché non l'abbiamo fatto? Abbiamo sbagliato, porca miseria!".

Continua a passeggiare nervosamente davanti al frigorifero senza decidersi ad aprirlo dando le spalle a Pinuccio. Salvatore Barcella aspetta il segnale che avevano stabilito: "Appena ti giri e mi guardi io lo faccio".

La cucina gli sembra enorme. Avanti e indietro; avanti e indietro; avanti e indietro. Senza una parola, senza alzare lo sguardo verso il killer, che non capisce cosa stia succedendo.

«Maurizio, me lo vuoi dire che hai? Parla, cazzo!».

A un tratto, improvvisamente, Di Leo capisce.

«Me ne posso andare?».

«Sicuro, quando vuoi, anche in questo momento».

Avola pronuncia la frase nell'istante in cui decide di mettere fine alla lunga agonia che è anche la sua. Alza la testa lentamente. Gli occhi di ghiaccio non guardano in faccia l'amico, ma il poliziotto-killer alle sue spalle. Barcella ha già in mano la calibro 9 col silenziatore. Bum! Bum! Due colpi in testa. Fine di una coppia perfetta.

«È andato in paradiso!».

Maurizio fa questo commento e mi guarda, poi continua il suo racconto che adesso non sembra più provocargli emozioni particolari.

«Ci riuniamo intorno al cadavere disteso nel corridoio. Lo trasciniamo in cucina. Lo spogliamo. I ragazzi lavano il pavimento con stracci, secchio, paletta e candeggina e avvolgono la testa con un sacchetto della spazzatura».

Per evitare che lasci tracce di sangue per terra e per trasportarlo meglio, con del nastro da imballaggio legano mani e piedi del cadavere, lo infilano nel portabagagli dell'ennesima Fiat Uno rubata e partono.

C'è un posto non molto lontano da Ognina, alle spalle di via Feudo Grande. Lo raggiungono a velocità di crociera. Scendono dall'auto, preparano un letto di paraurti e copertoni abbandonati e ci adagiano il corpo nudo che cospargono con un'intera tanica di benzina. L'auto la bruciano sulla collina di Aci Trezza. Dentro c'è la roba che hanno usato per pulire la casa. Quando la fiamma si alza verso il cielo, vanno via.

Alla fine si dividono: Crisafulli va con un gruppo a recuperare altri stracci al Cocktail Bar per pulire meglio la casa dove è avvenuto l'omicidio. Maurizio e Barcella tornano al falò per controllare che il fuoco continui ad ardere. Ma quando ci arrivano, scoprono che sono passati i pompieri. Li hanno chiamati per l'incendio di un cassonetto e sono intervenuti anche lì. Avola ha portato previdentemente altra benzina e il fuoco viene riacceso.

Per finire i lavori di pulizia si riuniscono tutti di nuovo a casa di Maurizio, che nota una macchia di sangue sul muro.

«Bisogna smontare il battiscopa. Ci può essere sangue là sotto».

Lavorano con un cacciavite. La sua proverbiale pignoleria viene premiata ancora una volta: non si è sbagliato, sotto il battiscopa c'è del sangue. Maurizio pretende che lo rimuovano con metodo, perfettamente; nel frattempo raccoglie i bossoli dal corridoio, esce di casa e li getta nel giardino della villa del vicino.

«Dobbiamo andare a vedere se il cadavere è bruciato bene».

Per tutta la notte, con meticolosa regolarità, ogni due ore tornano con altra benzina. Alle due Licciardello chiede il permesso di andarsene a casa.

«Maurizio, se qualcuno mi dà un passaggio alla macchina me ne vado. Devo alzarmi alle quattro per andare a lavorare in pasticceria».

Avola non fa cattivi pensieri sulle ragioni di questa richiesta, ma non lo accontenta.

«Non ti preoccupare, ti porto io quando finiamo».

Meglio stare uniti in situazioni come questa. Tiri dritto fino al mattino, ci bevi sopra, cerchi di dimenticare. Ci vuole un po' di compagnia dopo una notte così. Tutto qua.

Il ragazzo, però, si spaventa e pensa al peggio. "I Santapaola prima ti usano e poi ti ammazzano": anche lui conosce questa diceria. Insiste e se ne va. Arriva a casa che è ancora notte fonda, sveglia la moglie e i bambini e li costringe a salire in macchina ancora mezzi addormentati. Guida senza mai fermarsi fino a Reggio Calabria e va a suonare al portone della guardia di finanza.

«Chi è?».

«Per favore, fatemi parlare col comandante. Devo confessare quattro omicidi. Appartengo al gruppo di Maurizio Avola».

Alle prime luci dell'alba Maurizio torna a casa distrutto. Mentre si appresta a coricarsi, solleva le coperte e scopre che un proiettile ha attraversato la porta della stanza ficcandosi nel piumone del letto matrimoniale. È la pallottola che ha ucciso Pinuccio: ha perforato il corpo e ha continuato fino ad arrivare nel posto esatto dove di solito dorme lui. Come fosse destinata a tutti e due. Estrae il piombo accuratamente, si sdraia e resta a guardare il soffitto per un tempo interminabile. "Il corpo di Pinuccio avrà finito di bruciare" pensa e cade in un sonno profondo.

"Compare, svegliati! Non dormire, svegliati! Leva tutte cose, scappa! Svegliati compare, che ti vengono ad arrestare!".

«Pinuccio è lì nella stanza, davanti a me. Il mio compagno mi sta avvisando del pericolo».

Maurizio si ferma di nuovo, fa un'altra lunga pausa, come volesse lasciare anche me in compagnia di quel fantasma. Poi la voce sottile riparte monotona.

La sua imperturbabilità però è ormai scalfita e la nenia non riesce a nascondere un turbamento profondo dell'animo. Il ricordo di Pinuccio Di Leo, l'amico che ha fatto uccidere, lo emoziona fino alle viscere a tanto tempo di distanza, incrinando irrimediabilmente la maschera del killer spietato che ha indossato durante tutti i nostri incontri.

Di fronte alla tragedia di un uomo schiacciato dal peso dei suoi spaventosi delitti, la presunzione che mi ha spinto a inseguire la verità, anche dove probabilmente non c'era, mi suggerisce una considerazione agghiacciante. In molti paesi le organizzazioni criminali sono diventate potenti con crimini mostruosi, ma in nessuno come in Italia la crudeltà ha assunto fattezze così ordinarie, trasformando l'assassinio in normale amministrazione e le stragi in una variante della politica.

Avola non ce la fa a confessarmi che il dubbio e il senso di colpa stanno squassando la sua anima. Il pentimento presupporrebbe una trasformazione, un cambio di identità, come Gaspare Spatuzza, che decide di studiare teologia e di farsi prete. Maurizio invece non riesce a togliersi definitivamente di dosso i panni del killer; vive questa sua impotenza come una condanna definitiva e irrimediabile. Può diventare un altro uomo chi ne ha uccisi più di ottanta? È un perdono che Maurizio non chiede e, soprattutto, non pensa di potersi concedere.

Ma all'orrore fetido di quegli anni e al rimorso si mescola un grande sentimento di nostalgia e non ce la fa a separare gli uni dall'altro.

«Quando ti appare Pinuccio era un sogno?».

«Forse era lui di persona. Chissà! Chi lo può dire cosa succede dopo che muori? Ho chiamato Crisafulli, che dormiva nella stanza attaccata alla mia.

"Sbrigati, prendi il borsone, metti dentro tutte cose che ce ne andiamo. Arrivano gli sbirri!".

"E chi te lo disse *a tia*, Maurì?".

"Pinuccio fu".

"Ma *chi si* impazzito? Sta ancora bruciando!"».

Crisafulli non capisce, ma non è il caso di stare a discutere. Raccoglie tutto quello che può essere compromettente: divise, pistole, un cannocchiale a raggi infrarossi arrivato dalla Iugoslavia per sparare di notte. Ma lascia nel cassetto una 9 e 21 smontata in tanti pezzi, senza la canna, che era stata portata dal solito meccanico per costruire il silenziatore. Maurizio non si accorge dell'oggetto dimenticato, c'è un altro elemento che attira la sua attenzione.

«L'orologio e il bracciale di chi sono?».

«Li ho tolti a Pinuccio».

«Lasciali per strada e butta il telefonino di Pinuccio in un cassonetto. Non ti tenere niente, *capisti*?».

Maurizio arriva in mattinata al Motel Agip e D'Agata un po' ride per il racconto del fantasma e un po' si preoccupa.

«Che sono 'ste minchiate? Avete fatto bene a levare le cose, ma non è che stai diventando ne... ne... nervoso tu pure?».

«Ho un brutto presentimento. Dobbiamo controllare se è restato qualcosa del cadavere e portarlo via di là, se no lo trovano».

«Maurizio, va bene, adesso ci mandiamo qualcuno a vedere. Però, siccome sei il suo amico del cuore, va dalla convivente e tranquillizzala. Se no le viene l'idea che siamo stati noi a fa... fa... farlo».

Maurizio non è cinico come D'Agata. Non è uno che sa mentire, fingere a comando e adattare l'espressione del viso alla menzogna. Manda Battaglia e Fichera a vedere cosa è successo alla discarica. I due tornano preoccupati, sono stati usati troppi copertoni e il fuoco non li ha distrutti completamente. I fili di metallo di cui sono composti si sono intrecciati ai resti del corpo, formando un'unica massa indistricabile.

«Non si possono levare».

A mezzogiorno si sentono passare le sirene dei pompieri e della guardia di finanza.

«E dove cazzo stanno andando?».

Vanno da Pinuccio a spegnere il fuoco che arde sotto la cenere e a recuperare ciò che può costituire un elemento di prova.

Il giorno dopo Avola va a trovare la vedova di Pinuccio, come gli ha detto di fare Marcello, senza sapere che Licciardello si è pentito. La trova con le mogli di altri ragazzi, che piangono insieme abbracciate. C'è anche la sua. Lo guardano fisso con aria interrogativa, ma non osano chiedere niente. Forse c'è troppa gente estranea, forse hanno già capito. Resta poco con loro; se ne va alla Scogliera per pensare.

"La guerra è diventata tra noi e noi. Fratello contro fratello. Se tradisci ti ammazzo, è normale; ma se non tradisci, perché ti uccido lo stesso?". Di nuovo quell'adrenalina che non si scarica, di nuovo l'energia che rimane in circolo nel corpo e non si consuma, di nuovo il sonno che non arriva e il tremito e l'ansia della prima volta.

«Perché mi stai ammazzando?».

L'urlo di Pinuccio continua a risuonargli nella testa. Perché? Forse non c'è una ragione. Forse la famiglia è un imbroglio. Forse fra poco uccideranno anche lui per seppellire i segreti delle stragi. Così Santapaola potrà dire che non c'entra; che era contrario, che non si è mai piegato a Riina.

Maurizio ritorna a casa di Pinuccio alle quattro di pomeriggio. Sotto il portone c'è una Tipo della polizia. Lo circondano, gli mettono le manette: non oppone nessuna resistenza. Lo spingono sul sedile posteriore dell'auto con accanto un agente per sorvegliarlo. Il resto dei poliziotti salgono in gruppo a perquisire l'appartamento di Di Leo.

Dal fondo della strada Maurizio vede avvicinarsi una Peugeot 205 con tre persone a bordo. Ha un flash. Aldo Ercolano di recente è venuto a trovarlo da solo per parlargli a tu per tu.

«*Ci hai a diri* a Marcello che se ha brutti pensieri per la testa se li può levare».

Come? Marcello D'Agata, il suo maestro di vita, il consigliere della famiglia, ha fatto brutti pensieri sul suo "cucciolo"? Prima Di Leo e adesso tocca a lui? È questa la sequenza prevista?

Quelli della Peugeot hanno i passamontagna non ancora abbassati, l'auto continua ad avvicinarsi e Avola intravede la canna di un fucile. Lo imbraccia l'uomo accanto al guidatore.

«Abbassati! Abbassati che ci ammazzano!».

L'agente raccoglie l'avvertimento, apre lo sportello e si precipita fuori, inginocchiandosi dietro la ruota anteriore della Tipo con la pistola in pugno. La Peugeot fa retromarcia e se ne va da dove è venuta.

Con Marcello hanno litigato per un prestito di quattrocento milioni che Avola gli ha fatto. Doveva comprare dei terreni che interessavano a un costruttore amico per farci una speculazione. D'Agata li avrebbe pagati, al solito, a un prezzo molto conveniente e il margine di guadagno sarebbe stato enorme. Dopo quattro mesi, contrariamente alle sue abitudini, Maurizio li ha rivoluti indietro.

«Mi servivano per comprare una villa. Forse D'Agata pensava di averli avuti regalati e si è indispettito».

Ma non è solo questo. A Ognina ormai comanda Avola. È lui che decide ogni cosa. Lo sanno tutti e chi ha bisogno non si rivolge più a D'Agata.

«Comunque non può essere una questione di soldi, sono un uomo d'onore, la decisione di ammazzarmi non spetta a D'Agata, deve essere tutta la famiglia a prenderla. Lo Zio e Aldo Ercolano compresi».

Aldo, per Maurizio, è molto di più di un fratello, ma anche Pinuccio aveva messo la vita nelle mani di Avola ed è finito sparato in testa a casa del suo migliore amico.

«Prima ti usano, i Santapaola, e poi ti ammazzano».

Potrebbe essere il turno del killer perfetto, che non ha mai sbagliato un colpo e custodisce i segreti di tanti omicidi.

Pare che, quando gli hanno riferito che Avola si è pentito e se la sta cantando, Nitto Santapaola abbia fatto un solo commento.

«Come? Non era muto?».

Non si può sapere in quanti saranno stati a ridere di quella battuta, ma di sicuro la risata non deve essere durata a lungo. Avola ha visto e ha sentito troppo e, soprattutto, ha capito anche quello che non pensavano potesse arrivare a capire.

«L'ho incontrato in carcere, Marcello D'Agata, recentemente. Sempre pulito, educato, tranquillo».

«E cosa ti ha detto?».

"Fi… fi… figuriamoci! Pensi che ti volevamo uccidere! Ma stai sche… sche… scherzando? Io che ti ho cresciuto e ho pro… prote… protetto tuo padre?".

"Lascia stare mio padre!"».

Dopo la perquisizione a casa di Pinuccio Di Leo, portano Maurizio in questura.

«Ci sono anche due dei miei agenti affiliati. So che aspetteranno il momento giusto per avvisarmi di che cosa sono accusato. Il primo che si avvicina è Corrado Caruso.

"Per caso hai bisogno di andare in bagno?".

Dico di sì e mi accompagna.

"C'è un pentito che ti accusa di aver fatto Pinuccio Di Leo, ma non sappiamo chi è".

Una vita a cercare la perfezione. Mai un errore, mai un passo falso e mi prendono sempre per colpa degli altri. È Giuseppe Licciardello che se l'è cantata, si è fatto pentito. Ci arrivo subito perché non l'ho più sentito da quella notte che è scappato dopo che abbiamo dato fuoco al corpo di Pinuccio. Sicuro che è lui. E pensare che ne ho ucciso un altro che si chiamava uguale nome e cognome, e lui mi è scappato!».

Alla questura di Catania ben sette poliziotti sono a disposizione di Avola. Tre sono quelli che fanno parte del suo gruppo, gli altri forniscono informazioni preziose e si attivano quando partono le operazioni per catturare i latitanti.

Caruso, quello che voleva far uccidere l'amante della moglie, è tra i poliziotti più fedeli. Quando si pente Samperi, la soffiata di Caruso arriva in tempo reale.

Tutta la famiglia si sente in pericolo e alla paura degli arresti si aggiunge la macchia insopportabile del tradimento. Lo avrebbero sciolto nell'acido il pentito se lo avessero avuto tra le mani.

Gli agenti infedeli avvisano che lo hanno portato in questura per trasferirlo in un luogo sicuro e la notizia crea nel clan un'agitazione pazzesca.

«Dobbiamo fare qualcosa».

«Aspettiamo domani per avere la conferma che lo spostano».

«Lo terranno dove alloggia la Celere».

«Possiamo tentare un assalto?».

«Non è impossibile se entrate con le divise e tre o quattro facce pulite».

Avola convoca la Nazionale. I killer sono undici, un'intera squadra di calcio. Barcella, il più abile tra i poliziotti killer, sarà il dodicesimo uomo. Seguirà l'azione e farà fuoco nel caso dovesse essere necessario.

Tutto a posto. Allora l'azione può cominciare? Nemmeno per idea. A frenare è di nuovo Santapaola. Lo Stato a Catania non si deve toccare; ci sono altri modi per aggiustare le cose e lui e Marcello D'Agata pensano sempre di sapere come salvarsi il culo nelle situazioni più disperate.

«Smonta tutto: lo Zio non vuole».

22.
«Quasi un movimento naturale»

«Quando vengo arrestato io per Di Leo non mi mettono subito al 41 bis, ma tra i comuni. Se mi muovo immediatamente ho qualche possibilità di scappare».

Con l'aiuto di altri nove uomini d'onore Avola organizza un'evasione. Il carcere a Catania ha muri molto vecchi, basta mettere all'esterno una bomba, fare un buco e il gioco è fatto.

«Marcello D'Agata mi manda a dire che non è il momento, che è meglio aspettare, fra poco si aggiusta tutto, non c'è bisogno di evadere. Il problema si sta per risolvere perché abbiamo i contatti buoni».

«Che cosa voleva dire?».

«Che sta per salire Silvio Berlusconi. E Cosa Nostra è contenta. Io penso che Cosa Nostra scivola verso Berlusconi quasi come un movimento naturale. Non è che Previti o Berlusconi o Dell'Utri o i servizi segreti danno gli ordini e i corleonesi vanno e sparano o mettono bombe. Non funziona così. Non prende ordini Cosa Nostra».

«Forse, Maurizio, questa è la Cosa Nostra che hai conosciuto tu».

«Questa è Cosa Nostra».

«Ma la Standa di via Etnea a Catania l'avete bruciata quando Berlusconi era proprietario di quella catena di grandi magazzini! Ma il pizzo non ve lo paga!».

«È vero che non ce lo paga. Aldo Ercolano se ne occupa della Standa proprio perché non pagano il cinque per cento; e noi questo non lo possiamo permettere. Non è che gli servono i banconi della Standa a Santapaola per fare soldi. È la regola. A Catania chi non paga non lavora. Vale pure per Berlusconi. A lui, però, non gliene chiediamo soldi. E siccome sappiamo che a Milano Cosa Nostra parla con Dell'Utri, al bar del Motel Agip, con Marcello D'Agata, mi faccio avanti.

"Ci vado io a parlare a Milano".

"Meglio che ci va Salvatore, così ci parla direttamente dei latticini"».

Salvatore Tuccio cura gli affari nel settore alimentare della famiglia Santapaola e gestisce il caseificio di Aci Castello MaTuRa (Mangion, Tuccio, Ragusa). Non può certo esibire il biglietto da visita dell'incendio: si fa presentare dalla famiglia Graviano di Brancaccio, quartiere dove è nato Dell'Utri, e riesce facilmente a ottenere un incontro. Propone a Dell'Utri di distribuire i suoi prodotti in tutta la catena nazionale invece che pagare il cinque per cento. Tuttavia ritorna senza avere in tasca nessun accordo.

«Perché il pizzo Berlusconi sono già una quindicina di anni che lo paga ai palermitani. Dell'Utri, che è sceso a Catania tre volte per risolvere il problema, si sente sicuro della protezione. Infatti passa poco tempo e i corleonesi ci mandano a dire che non ci dobbiamo intromettere. Dell'Utri è un rapporto riservatissimo che gestiscono loro. I Graviano, per essere precisi. Io queste cose le so da Marcello D'Agata, nella famiglia se ne parla così poco di questo incendio alla Standa che deve essere per forza una cosa molto delicata. Però, attenzione, per le stragi non è stato Dell'Utri a dare ordini. Non poteva dire lui a Cosa Nostra "fai questo" o "fai quello". Cosa Nostra sente, considera, si fa un'idea della convenienza e decide a chi appoggiare e cosa fare per farlo vincere. Se vince Berlusconi, Cosa Nostra è convinta che metterà i magistrati con le spalle al muro, toglierà il carcere speciale e le torture».

LORUSSO Berlusconi non l'hanno condannato perché non poteva non sapere.

RIINA Miserabile, mutandaro, poteva fare tutto quello che voleva. Ringraziate il mutandaro.

LORUSSO Lui tra poco decade dalla politica, va definitivo e finisce la storia.

RIINA Dovrebbero metterlo in galera a vita questo individuo qui.

Gaspare Spatuzza ha unito con un filo Graviano, Dell'Utri e, di conseguenza, Silvio Berlusconi.

Secondo il pentito che ha demolito la falsa ricostruzione di Scarantino su via D'Amelio, le stragi terminano quando Berlusconi e Forza Italia vincono le elezioni nel 1994. Ha raccontato ai magistrati di aver incontrato il suo capo, Giuseppe Graviano, a Roma, al bar Doney in via Veneto, a pochi passi dall'albergo in cui Dell'Utri conduce i suoi incontri più riservati.

«È Giuseppe Graviano che mi ha dato gli ordini per via D'Amelio nel 1992. È stato lui a darmi le direttive, lui a indicarmi anche gli obiettivi delle stragi del 1993. Sarebbe bellissimo per me che si pentisse. Quando mi incontra al bar Doney mi dice: "Ci stiamo mettendo l'Italia tra le mani grazie al nostro paesano. Adesso diamo un colpo di grazia, facciamo un attentato all'Olimpico e le cose si sistemano. Ci sono imprenditori del Nord che vogliono che le stragi continuano"».

Secondo Spatuzza, il paesano ha un solo volto, quello di Marcello Dell'Utri.

Nella famiglia Graviano, Filippo si occupa degli affari, Giuseppe è il capo militare. I magistrati decidono di esaminare Giuseppe che, sorprendentemente, non si avvale della facoltà di non rispondere e lancia una serie di messaggi tutti da decodificare.

GRAVIANO Io Marcello Dell'Utri nemmeno lo conosco. Gaspare Spatuzza, invece, lo conosco da bambino, anche se mio zio mi ha sempre detto che era un delinquente, un rapinatore, e io non lo dovevo frequentare. Lo cacciava quando mi veniva a trovare.

PM Ma la frase «Abbiamo acchiappato il paese in mano» l'ha detta, sì o no?

GRAVIANO L'ho detta, ma volevo intendere per fare delle cose belle: spiagge, alberghi, depuratori, il mare, il turismo. Trasformare il quartiere Brancaccio. Veda, dottore, mio cugino Salvatore ha un rapporto stretto con Silvio Berlusconi e gli ha consigliato di scendere in Sicilia con progetti di moltissimi miliardi.

PM E come si conoscono?

GRAVIANO Mio nonno ha investito venti miliardi nelle aziende del Cavaliere; sa, era un grosso commerciante di frutta. E noi ce ne siamo dovuti occupare per cercare di riaverli questi soldi, di sistemare la situazione.

PM Noi?

GRAVIANO Io e Salvatore.

PM Quindi lei lo ha incontrato personalmente Silvio Berlusconi?

GRAVIANO Tre volte con mio cugino Salvo, l'ultima nel '93. Dovevo incontrarlo la quarta volta nel febbraio del '94, ma sono stato arrestato a gennaio.

PM Ma lei era latitante, Berlusconi lo sapeva quando l'ha incontrata?

GRAVIANO Lo sapeva. E sono convinto che mi ha fatto arrestare per non ridarmi i soldi di mio nonno.

PM In una intercettazione in carcere lei dice: «Ogni volta che ci penso, penso a quello che poteva essere e non è stato per la testa di uno stupido, è un traditore».

GRAVIANO È un traditore, ma per i soldi di mio nonno e perché poteva fare quello che voleva per la Sicilia e non lo ha fatto.

PM Non lo considera un traditore per non aver abolito l'ergastolo?

GRAVIANO Anche per quello. I radicali volevano abolirlo e lui ha firmato. Ma per noi, gli stragisti, l'ergastolo sarebbe rimasto. Io non chiedo niente, solo che si applichi la Costituzione.

PM E delle accuse riguardo alle stragi che dice?

GRAVIANO Tutto falso, Spatuzza mi doveva più di due miliardi di lire e mi ha fatto arrestare.

Le parole dei Graviano vengono considerate un messaggio ricattatorio nei confronti di Berlusconi.

C'è una gigantesca contraddizione sulla strada di chi vuole dimostrare il coinvolgimento di Berlusconi e Dell'Utri nella strategia delle stragi: il fallito attentato all'Olimpico, "il colpo di grazia" che Spatuzza afferma essergli stato ordinato da Giuseppe Graviano. Un'azione programmata da tempo che avrebbe dovuto procurare la morte di un centinaio di carabinieri e la cui esecuzione viene ribadita il giorno prima nell'incontro del bar Doney. Il pentito fornisce elementi fondamentali per individuare la data precisa: 23 gennaio 1994, il giorno di Roma-Udinese. Una Lancia Thema è arrivata da Palermo ed è stata posizionata nei pressi dello stadio carica di tritolo, chiodi e ferraglie per rendere più atroci le conseguenze dell'esplosione. A Roma sono state rubate le targhe per mascherarne la provenienza. Spatuzza si apposta sulla collina di Monte Mario con Salvatore Benigno, che preme ripetutamente il telecomando. La carica non esplode. Tre giorni dopo Silvio Berlusconi annuncia la sua discesa in campo: «L'Italia è il paese che amo». È un momento spettacolare quello del Cavaliere, studiato in ogni particolare. Un attentato con centinaia di morti che effetto avrebbe avuto su quell'evento? Ne avrebbe imposto il rinvio, annullato la portata e stravolto il significato. Qualunque fossero i loro scopi, Graviano e Spatuzza non possono aver agito per conto di Berlusconi.

Gaspare Spatuzza ha anche riferito di un suo colloquio in carcere con Filippo Graviano. Il boss gli avrebbe confidato che stava «aspettando segnali dall'esterno». Se non li avesse ricevuti sarebbe stato il momento di avviare una collaborazione con la magistratura. Recentemente la procura di Firenze ha deciso di sentire il capomafia di Brancaccio sul possibile ruolo nelle stragi del 1993 del leader di Forza Italia e di Marcello Dell'Utri. Filippo Graviano ha confermato di essersi dissociato da Cosa Nostra, ammettendo di aver fatto parte dell'organizzazione, ma respingendo ogni accusa riguardo alla partecipazione alle stragi. All'epoca del governo Letta, nel 2013, suo fratello Giuseppe scrisse una lettera alla nuova ministra della salute, Beatrice Lorenzin: «Come ben sapete voi esponenti del Partito delle Libertà, mi è stato detto che se non avessi accusato il presidente di Forza Italia e collaboratori, venivo accusato di tutte le stragi… Non giudico i politici che hanno varato queste leggi, in particolare il centrodestra, inumane e inesistenti in nessun altro paese del pianeta terra, non danno la possibilità di uscire dal carcere se non si confermano, anche accusando persone innocenti, le dichiarazioni dei collaboratori di giustizia». La linea dei fratelli Graviano sembra essere la stessa: la Cosa Nostra di cui parlate appartiene al passato, il mantenimento di quelle leggi è un'offesa al diritto. E se invece di essere un ricatto per Silvio Berlusconi fossero rivolte alla nuova Cosa Nostra, a quell'organizzazione che oggi, come direbbe Riina, «fa i pali della luce» confondendosi con il mondo del denaro e della finanza? Potrebbero assumere un altro significato, quello di un messaggio rivolto ai capi attuali che garantiscono i loro affari e la sicurezza dei familiari: rendiamo ufficiale la fine della stagione terroristica contro lo Stato in cambio del superamento del carcere duro e del fine pena mai. Questa comunque è l'interpretazione che ne dà Avola.

«I Graviano e Matteo Messina Denaro erano la generazione che si preparava a prendere il posto di Salvatore Riina. Di sicuro conoscono i nomi di quelli che comandano oggi».

C'era già stato un altro confronto tra Giuseppe Graviano e Gaspare Spatuzza. Il pentito in carcere ha fatto un percorso religioso, ha studiato teologia, ha chiesto perdono in ginocchio per la bambina morta a via dei Georgofili, dilaniata dalla bomba.

GRAVIANO Deve dire la verità! Io non ho ville, non ho niente! Lo passavo a prendere in macchina, quando era latitante, saliva e mi dava le direttive! Siamo stati in vacanza insieme a Triscina con le mogli in un villaggio di una persona vicina a Matteo Messina Denaro!

GIUDICE Una persona che è stata assolta.

GRAVIANO Potete fare la prova del Dna in tutti posti che dice Spatuzza, potete sottopormi alla macchina della verità, non troverete niente.

GIUDICE La macchina della verità non è ammessa come prova in Italia, non scantoni.

GRAVIANO Va bene, signor presidente, non è ammessa. Guardi che io ho sempre lavorato. Dopo la morte del mio papà mi sono dedicato completamente al lavoro. Sono stato condannato per la prima volta al 41 bis nel maxiprocesso per le dichiarazioni di Salvatore Contorno. E ho lasciato la Sicilia. Sono andato a farmi la latitanza al Nord.

Contorno è stato lasciato libero da Giovanni Falcone di andare in giro a fare omicidi e ha ucciso anche mio padre Michele. È stato un suo cugino che lavorava nel nostro cantiere a portare mio padre a morire. Borsellino non era d'accordo con questi metodi illegali. Perché farlo uccidere? Spatuzza mente su Borsellino; una volta era con Contorno, faceva parte dello stesso gruppo. Per questo adesso dice queste cose.

GIUDICE Dopo la cattura sua e di suo fratello Filippo il mandamento a chi passa?

GRAVIANO Non lo so.

GIUDICE A Mangano, vero?

GRAVIANO Non lo so.

Nel 2001, alla vigilia di un appuntamento elettorale decisivo per riconfermare Berlusconi alla presidenza del Consiglio, Sigfrido Ranucci, oggi conduttore di *Report* e allora inviato speciale di Rai News 24, trova un filmato inedito che risale al 1992, realizzato da due giornalisti freelance, Jean-Pierre Moscardo e Fabrizio Calvi, prodotto da Canal Plus: un'intervista a Paolo Borsellino girata solo un paio di giorni prima che venisse ucciso Falcone. «L'Espresso» ne aveva pubblicato la trascrizione cinque anni prima, ma Ranucci è riuscito a scovare, tra i ricordi custoditi dalla figlia del magistrato, una cassetta mandata in visione alla famiglia con il montaggio provvisorio del documentario. Nel 2001 il direttore di Rai News 24 è Roberto Morrione, che decide di trasmetterlo provocando le reazioni furibonde di Forza Italia. Ma sono in pochi a vederlo e i telegiornali non ne diffondono il contenuto.

Mancano poche settimane al voto, il Cavaliere nei sondaggi ha dieci punti di vantaggio sul centrosinistra. Marco Travaglio presenta il suo ultimo libro nella trasmissione di Daniele Luttazzi, *Satyricon*. All'origine della fortuna economica di Berlusconi, secondo il giornalista, ci sarebbero soldi sporchi di Cosa Nostra. Questa volta gli ascoltatori sono più di due milioni, ma non possono rappresentare un danno irreparabile in termini di voti. L'intera Casa delle Libertà, come paradossalmente si chiama l'alleanza di centrodestra, insorge, gridando all'attentato e invocando la censura. In realtà Silvio Berlusconi è convinto di aver subito un attacco maldestro e sta cercando di sfruttare "l'agguato" a suo vantaggio invadendo con le proteste i telegiornali pubblici e privati. A una bomba a mano risponde con un'atomica.

Dedico una prima trasmissione del *Raggio verde* alla censura nei confronti di Luttazzi e una seconda ai rapporti tra Cosa Nostra e il senatore Dell'Utri. Le polemiche crescono di intensità. L'Autorità delle comunicazioni riceve l'esposto di Berlusconi che chiede la chiusura del programma, ma si limita a impormi di invitare il diretto interessato e un altro esponente del suo partito "per riequilibrare". Accolgo l'intimazione con dissimulato entusiasmo: mi si offre l'occasione irripetibile di ritrasmettere la settimana successiva per diritto di cronaca l'intervista integrale di Paolo Borsellino a un pubblico di oltre sei milioni di spettatori. Marcello Dell'Utri sarà presente e potrà controbattere.

Il risultato è devastante per la Casa delle Libertà, che riuscirà a vincere le elezioni soltanto per una incollatura e decreterà per più di tre anni la mia radiazione da tutte le televisioni. Ma cosa aveva detto in quel filmato trasmesso dal *Raggio verde* Paolo Borsellino, accendendo e spegnendo in continuazione le sue proverbiali sigarette?

La prima domanda riguardava Vittorio Mangano, che a metà degli anni settanta Dell'Utri aveva chiamato nella villa di Arcore, ufficialmente come fattore, in realtà per proteggere la famiglia Berlusconi dai rapimenti, che a Milano erano l'incubo dei più facoltosi.

BORSELLINO Vittorio Mangano l'ho conosciuto perché mi occupavo di estorsioni a carico di alcune cliniche private palermitane. Ai titolari venivano inviate teste di cane mozzate. E lui era coinvolto nell'inchiesta. Poi l'ho incontrato di nuovo nel maxiprocesso. Tommaso Buscetta lo indicava come uomo d'onore appartenente alla famiglia di Porta Nuova di Pippo Calò. Fu condannato per traffico di droga. Al processo risultò che risiedeva stabilmente a Milano, dove faceva da terminale per il traffico di eroina.

GIORNALISTA Prima del 1975 Mangano era già uomo d'onore?

BORSELLINO Buscetta dichiara di averlo conosciuto in carcere nel 1977 come uomo d'onore.

GIORNALISTA Le date, dottor Borsellino, sono importanti, perché nel 1975 Mangano va a lavorare come fattore da Berlusconi.

BORSELLINO Le posso dire che sicuramente era uno dei pochi personaggi che facevano da testa di ponte al Nord per la mafia. L'altro era Alfredo Bono. In una intercettazione parlava di cavalli, ma voleva dire droga. È difficile che i cavalli vengano portati in albergo.

GIORNALISTA Dottor Borsellino, anche con Marcello Dell'Utri parla di un cavallo che può essere un buon affare e Dell'Utri gli risponde che occorrono *piccioli* per quello e che lui non ne ha. Mangano insiste: «Fatteli dare dal tuo amico Silvio». Dell'Utri gli risponde che quello non *surra*, non sgancia.

BORSELLINO Faccio un rapido controllo: l'intercettazione di cui parlo io è un'altra, con Inzerillo. Mangano poi si occupava veramente anche di cavalli. Comunque ci deve essere un procedimento aperto a Palermo su Dell'Utri.

GIORNALISTA Marcello o Alberto, perché i fratelli Dell'Utri sono due.

BORSELLINO Tutti e due.

GIORNALISTA Quelli di Publitalia, dottor Borsellino?

BORSELLINO Sì.

GIORNALISTA Ci sono connessioni tra Dell'Utri e Mangano?

BORSELLINO Non me ne sono occupato.

GIORNALISTA Marcello Dell'Utri ha lavorato con il finanziere Filippo Rapisarda che dice che gli è stato presentato da qualcuno della famiglia Bontate.

BORSELLINO Come magistrato preferisco non parlare di cose di cui non sono certo. Ma Cosa Nostra fino all'inizio degli anni settanta si occupava di agricoltura e della trasformazione di terreni agricoli in terreni edificabili. A Milano Luciano Liggio aveva accumulato, con i rapimenti, i capitali necessari da investire nel traffico di stupefacenti. Così Cosa Nostra si è trovata a gestire in maniera monopolistica il traffico di droga, una mole enorme di capitali per i quali ha cercato uno sbocco. Si spiega così la vicinanza con certi finanzieri che si occupavano di questi movimenti di capitali, poter utilizzare quelle capacità imprenditoriali per far fruttare questi capitali.

GIORNALISTA È normale?

BORSELLINO È normale che chi è in possesso di tanto denaro cerchi gli strumenti per impiegarlo ed entri in contatto con certi ambienti industriali. Mangano era una delle poche persone in grado di gestire questi rapporti.

Due giorni dopo quell'intervista, Falcone, sua moglie Francesca Morvillo e la scorta vengono dilaniati dall'esplosione di una bomba. Incredibilmente Canal Plus non la rende pubblica né lo fa due mesi dopo, quando c'è l'attentato a Borsellino. Non al fine di accertare reati, ma per ricostruire il contesto, i magistrati avrebbero dovuto occuparsene.

Canal Plus è un canale a pagamento, all'epoca in mano a un ex collaboratore di Mitterrand, il presidente che ha impedito l'ingresso del Cavaliere sul mercato francese della televisione. Il documentario nasce in un clima ostile al *tycoon* che diventerà il leader di Forza Italia, ma l'emittente ritiene opportuno non utilizzare uno scoop mondiale quale indubbiamente è l'ultima intervista di Borsellino. Negli Stati Uniti si sarebbero contesi a suon di milioni il documento che in Italia avrebbe potuto cambiare il corso degli eventi. In quel periodo Canal Plus sta cercando di acquisire l'italiana Telepiù, controllata di fatto da Berlusconi, per dar vita a un polo europeo della tv a pagamento. Perché i due giornalisti ne daranno notizia solo anni dopo? Non lo sappiamo.

I fratelli Graviano, che sono stati in contatto permanente col braccio destro di Silvio Berlusconi, vengono arrestati il 27 gennaio 1994 a Milano nel ristorante Gigi il Cacciatore, frequentato da Marcello Dell'Utri. L'11 maggio dello stesso anno Berlusconi diventa per la prima volta presidente del Consiglio.

Lasciamo pure che siano i giudici a pronunciare le sentenze, che non dovrebbero basarsi su indagini che si prolungano all'infinito. Ma ci sono alcuni fatti evidenti che non possono essere messi in discussione.

Il primo club di Forza Italia ha sede in un palazzo di via Festa del Perdono a Milano di proprietà di Filippo Rapisarda, un finanziere mai condannato per mafia che ha ammesso conoscenze e frequentazioni con i rappresentanti al Nord delle famiglie mafiose siciliane. La richiesta di sostenere la nascita del nuovo partito gli è stata rivolta da Marcello Dell'Utri, che ha lavorato alle sue dipendenze dopo essere stato costretto a lasciare l'incarico di segretario personale di Silvio Berlusconi.

Rapisarda testimonierà che Dell'Utri era tornato a lavorare per il Cavaliere in un ruolo apicale dopo aver preso in consegna dalla famiglia Bontate grandi somme di denaro da investire. Dell'Utri si difenderà accusando Rapisarda di essere lui il terminale degli investimenti di Cosa Nostra al Nord. Le due versioni tuttavia coincidono nell'affermare che il passaggio di denaro avveniva nello stesso palazzo che ha poi ospitato il primo club di Forza Italia.

Il secondo club viene aperto, invece, a Palermo nel

quartiere Brancaccio, in un edificio riconducibile alla famiglia Graviano.

Negli Stati Uniti circostanze inconfutabili come queste basterebbero a bloccare l'ascesa alla presidenza di un politico, in Italia no. Per l'informazione, misurare l'attendibilità dei politici viene considerato inopportuno, improprio o addirittura proibito. La questione morale viene vigliaccamente delegata ai giudici. E le sentenze, se arrivano, arrivano quasi sempre a babbo morto.

Ma se le cose fossero andate seguendo lo schema che traccia Avola, in che modo potremmo arrivare a trovare delle prove definitive?

«Adesso ti spiego come funziona. Un politico conosce un giudice che può aggiustare la sentenza di un reato che ho fatto io o uno della famiglia. Il politico ce l'ha in mano 'sto giudice. Mi ha fatto già favori o me li può fare. Arriva uno e sta per fottere il politico amico mio. Io che faccio? Lo fotto per primo. Lo faccio per difendere la famiglia, per non farla indebolire. Non è che il politico mi dà l'ordine. Lo faccio per convenienza. Il politico non mi ha chiesto niente e non mi ha comandato di fare niente, ma ci arriva a capire che ha un conto in sospeso da pagare».

«E le stragi: Capaci, via D'Amelio, le bombe del '93?».

«Nessuno ci ha dato ordini. Le ha decise Cosa Nostra. Ma molti altri ci hanno guadagnato. Certi cavalli hanno vinto e sono arrivati primi e certi altri hanno perso».

«Si vede che avete scommesso sui perdenti».

«Penso che abbiamo scommesso sui vincenti, se no le stragi non finivano; ma la vincita però non l'hanno incassata Riina e i corleonesi!».

Quando Silvio Berlusconi diventa presidente del Consiglio le stragi e gli omicidi eccellenti hanno termine, eppure i capi in libertà sono ancora tanti. A cominciare da Bernardo Provenzano, il vice di Riina. È stata una scelta smettere di ammazzare.

«In America e in Sicilia Cosa Nostra non è finita».

«Pensi a Matteo Messina Denaro, Maurizio?».

«Forse è vivo, forse no. Aveva problemi molto gravi agli occhi, potrebbe essere cieco e stare in un posto che non si può muovere.

Cosa Nostra oggi non ha più necessità di mettere bombe. Se deve eliminare un politico, un magistrato, un poliziotto o un giornalista usa altri mezzi. A ogni modo, è un consiglio che ti do: mai dire mai.

Cosa Nostra c'è ancora, questo sicuro è. Ma certo non sono io che posso dire come è fatta. Non lo so e manco lo voglio sapere. Non sono più quello che ha messo bombe con Aldo Ercolano, che ha trasformato Catania in Beirut. Non sono più il soldato che per dieci anni ha combattuto in una guerra.

Mi avevano spiegato che senza la guerra non puoi fare la pace. La guerra è finita, io mi sono arreso, ma la pace per me non viene mai.

Una volta alla stazione di Voghera vedo due signore con valigie pesanti. Mi avvicino e mi offro di dare una mano. Sento che una dice all'altra: «Attenta, ci sono cose di valore!». Cazzo! Ho pagato la mia pena, ho raccontato come sono andate le cose, ho collaborato con lo Stato per la ricerca della verità. Vesto normale. Mi comporto gentilmente. Eppure mi guardano e hanno paura. Cosa vuol dire questo, secondo te? Ci può essere un'altra vita, una vita diversa per me? Dimmelo tu, io non lo so, non credo. Dal carcere sono uscito, ma dal mio passato credo che non uscirò mai.

Mi guardano negli occhi e mi vedono ancora come ero ventisei anni fa. Chi ha ragione? Io o gli altri? Sai qual è la vera condanna? Essere costretto a restare quello che eri».

«Non sono d'accordo, Maurizio. La vita è imprevedibile».

«Imprevedibile? Certo, imprevedibile».

23.
«L'Italia è una puttana»

Da tempo ho deciso di alleggerirmi di ogni fardello lavorativo, prendendo atto con realismo della mia solitudine, senza disperarmi o provare a riempirla con surrogati poco attraenti. "Il gruppo" con il quale ho lavorato per tanti anni non esiste più, ma "i miei ragazzi" hanno trovato facilmente lavoro. È stato meglio per tutti. La fabbrica dei nostri sogni era diventata la catena di montaggio delle mie illusioni. Mi ostinavo a non compiere atti di sottomissione ai potenti di turno e i miei collaboratori avevano bisogno di uno stipendio per sopravvivere.

Per quasi un ventennio i partiti, la censura, la mafia non sono riusciti a togliermi la voglia di combattere e di dare una mia versione dei fatti. Il pubblico è stato sempre dalla mia parte e mi ha difeso; oggi non è più al mio fianco ma non saprei dire da che parte sta. Pensiamo di scegliere gli argomenti di cui ci interessiamo senza avere bisogno di giornalisti e conduttori, e invece sono gli argomenti a scegliere noi, perché la macchina dei social ci conduce alla meta come Google Maps. Tutti cambiano opinione così disinvoltamente e a tale frequenza da non averne più nessuna che conti veramente e il flusso della rete ci trasporta come una marea. Più ci convinciamo che "uno vale uno", più lasciamo che sia un algoritmo a decidere per noi; e quando il risultato è Trump o Salvini non è mai colpa nostra: "è la democrazia della rete, bellezza" oppure facciamo finta di niente e puntiamo su un altro cavallo. Purtroppo il gioco delle scommesse di Facebook, Twitter e Instagram è truccato. La neutralità è finta. Vincono le frasi e le immagini capaci di scatenare i clic dei cellulari. I sentimenti più elementari tendono a prevalere, le storie più semplici a diffondersi, la brevità divora la nostra capacità di attenzione; il dubbio, il pensiero diverso, la propensione al dialogo sono sommersi dall'odio.

Il fatto che la mafia, non la criminalità o la criminalità organizzata, ma Cosa Nostra, sia stata cancellata dagli argomenti di maggiore interesse potrebbe apparire un progresso importante della società. Non ci sono più stragi, delitti eccellenti, sangue, lacrime, dolore. Il tumore è stato dunque sconfitto definitivamente? Anche il potere politico, che da Craxi, Andreotti e Berlinguer si è ridotto a Prodi e a Berlusconi, per poi diluirsi in tante fazioni senza visioni del mondo o programmi. Partiti inconsistenti. Chi governa, finanzieri o algoritmi, è invisibile. Per questo ho deciso di mettermi sulle tracce di Matteo Messina Denaro, come lui si è messo sulle mie trent'anni fa, perché se avessi certezza della fine che ha fatto capirei a che puntata siamo arrivati. Mi sono imbattuto in Maurizio Avola quasi per caso, convinto che, scoperchiando il vaso di Pandora dei suoi ammazzamenti e delle sue riflessioni, non sarei andato da nessuna parte. Invece il confronto tra la grandezza di quelle tragedie e l'inconsistenza del presente mi ha riempito di un'angoscia profonda. Allora i lenzuoli bianchi stesi sui balconi a Palermo per rompere l'omertà e sfidare la mafia, oggi i cori da stadio dei social e i contenitori dediti allo scambismo degli esperti e degli opinionisti. Avevamo un nemico e i suoi complici con nomi, cognomi e paternità da combattere coraggiosamente, non un male di cui noi stessi siamo i diffusori.

Su Avola avrei fatto una trasmissione. Ma di *Annozero*

Berlusconi, Salvini, Renzi, il Pd e anche Beppe Grillo sono stati contenti di liberarsi. Per Cairo *Servizio pubblico* costava troppo, meglio il bla, bla.

Un programma che può cambiare l'agenda politica presuppone interlocutori forti, politici ed editoriali. È stato un miracolo riuscire a farlo per tanto tempo. Quando al governo sono arrivati i seguaci di Beppe Grillo, che contro la censura si era battuto, ho sperato che almeno la televisione sarebbe stata più libera. Invece è partito il solito Bolero, quel gioco in cui la musica si ferma e chi resta senza sedia è eliminato. E a ogni giro riesce a sedersi uno assai più scadente di quelli di prima. Il Pd, la sinistra, che fanno? Grillo urlava «Sono morti! Sono morti!». Adesso sono morti che camminano insieme. Anche i talk show erano "tutti morti!". E invece sono sopravvissuti, tranne uno. Doveva essere una palingenesi totale, è ripartita la solita musica che si ripete in crescendo.

I partiti si uniscono e si dividono, si fondono e si confondono e i dirigenti della televisione pubblica cambiano con lo stesso ritmo del Bolero pur di sopravvivere e conquistare una sedia quando la musica si interrompe.

Governo Bolero 1: il Comico Finale con il Dittatore dello Stato libero del Papeete, presidente del Consiglio Giuseppe Conte, avvocato del popolo. Bolero 2: il Comico Nuovo Finale con l'odiato Renzi e il Pd, presidente del Consiglio Giuseppe Conte, dottore del popolo che prescrive medicine per la pandemia da mandar giù senza discutere. Bolero 3: il Comico Terzo Finale, tutti in scena appassionatamente, presidente del Consiglio Mario Draghi, ricette mediche e ricette economiche, altre pillole da ingoiare "per il bene del paese". Saranno efficaci?

Come diceva trent'anni fa Libero Grassi, per capire se un politico fa leggi buone o cattive c'è un unico modo: vedere come è stato eletto. E gli ultimi tre presidenti non li ha eletti nessuno.

Sono state le stragi, le bombe e i complotti a ridurci in questo modo? Non l'ho mai pensato, eppure nella mia carriera non ho mai smesso di cercare le verità nascoste. Alla trattativa, per esempio, sono dedicate molte puntate di *Annozero*, la mia trasmissione nata nel 2006, al termine di una lunga battaglia politica e giudiziaria con la Rai che mi ha visto vincitore. Nemmeno due sentenze, in primo grado e in appello, erano bastate a farmi rimettere in onda. Ci sono voluti un invito di Adriano Celentano a *Rockpolitik* e sedici milioni di telespettatori che si sono raccolti intorno alla condanna dell'"editto bulgaro". Berlusconi, invece, non si è mai arreso e voleva cancellare anche *Annozero* dal palinsesto, dopo che Massimo Ciancimino ha rilanciato dai miei studi le accuse in merito ai soldi della mafia che avrebbero contribuito alla sua fortuna. Il figlio di don Vito ha raccontato che suo padre aveva investito denaro nella costruzione di Milano 2, e sul presidente del Consiglio è tornata ad allungarsi l'ombra di Cosa Nostra.

Dal mio punto di vista, non ci sono dubbi che Cosa Nostra, come dice Avola, converga "naturalmente" su Forza Italia. Marcello Dell'Utri non è uno qualsiasi, è tra i fondatori del nuovo partito. Dopo la vittoria elettorale del 1994 appaiono striscioni negli stadi che osannano a Berlusconi e lo esortano ad abolire il carcere speciale. I parenti dei detenuti cantano "E Forza Italia, è un mondo bellissimo» davanti alle carceri. Vittorio Sgarbi dalle televisioni Mediaset spara a palle incatenate ogni giorno contro i pentiti. I candidati azzurri vanno in visita ai capi della 'ndrangheta in galera. In parlamento si propongono leggi contro i collaboratori di giustizia. In un comizio il presidente del Consiglio esalta il ruolo di un uomo d'onore come Mangano e porta in trionfo Marcello Dell'Utri, dal quale non prenderà mai le distanze. Ma l'opinione pubblica aspetta che siano le sentenze a decidere in merito a questi comportamenti. O si dimostra che sono reati o si fa fatica perfino a parlarne.

Calogero Mannino. Ha partecipato come testimone a matrimoni di appartenenti a famiglie mafiose di importanza internazionale come i Caruana. Dopo la morte di Salvo Lima si è mosso per ereditarne i voti, trattando direttamente con il segretario della sezione Dc di Brancaccio, Gioacchino Pennino, massone e uomo d'onore della famiglia Graviano. Secondo Borsellino due circostanze come queste, una volta venute alla luce, dovrebbero mettere fine a una carriera politica. Anche Libero Grassi la pensava così. Allora? Onoriamo la memoria dei martiri e preferiamo ignorare ciò per cui si battevano. Per giudicare un politico aspettiamo che si pronunci la Cassazione.

A coordinare le operazioni per la cattura di Salvatore Riina è stato il generale Mori. Sappiamo che ha deciso di non perquisire il covo del capo dei capi e che Matteo Messina Denaro ne ha approfittato per ripulirlo dei documenti che conteneva. È il risultato della trattativa o un clamoroso errore?

Se pure la trattativa fosse semplicemente un'operazione di polizia avventata, non potrebbe avere avuto l'effetto di accelerare la decisione della strage di via D'Amelio? Come minimo quel generale non sarebbe dovuto diventare il capo dei servizi segreti e fare la carriera che ha fatto.

Anche nel racconto di Massimo Ciancimino c'è un dettaglio inquietante. Suo padre Vito per condurre la trattativa si sarebbe rivolto a Bernardo Provenzano, uno dei latitanti più ricercati del mondo, che va a trovarlo nella sua casa romana a piazza di Spagna. Questi incontri hanno a che vedere con la cattura di Riina? Guarda caso, Provenzano sarà preso solo nel 2006, dodici anni dopo. Difficile tuttavia arrivare a una verità giudiziaria definitiva. Ma, puntata dopo puntata, chiedo come un tormentone che le forze dell'ordine smentiscano che ciò sia potuto avvenire. L'abitazione non era vigilata nel periodo in cui lo scontro tra Cosa Nostra e lo Stato raggiungeva il massimo della ferocia ed era in atto un'operazione di polizia? Chi è responsabile di questa mancata vigilanza? Le domande semplici non ricevono risposta. Solo i complotti fanno discutere.

«Giuriamo di farla ora e sempre fuori dal vaso!».

L'idea del giuramento, irriverente e paradossale promessa di indipendenza, è stata di Vauro, geniale vignettista di *Annozero.* Seimila persone stipate come sardine nel Pala-Dozza di Bologna tengono la mano sul cuore in maniera solenne. Rappresentano un pubblico di milioni di spettatori che sta seguendo l'evento in tutto il mondo, riuniti in piccoli gruppi davanti ai televisori e ai computer o a centinaia di migliaia nelle piazze davanti ai maxischermi.

Parigi, Boston, Londra, New York, Roma, Milano, tutti i capoluoghi di regione italiani, cinema, teatri, palestre ricevono il segnale che invia la nostra regia. Lo raccolgono anche le antenne di moltissime radio e televisioni locali, i siti dei maggiori quotidiani, Current, il canale indipendente di Al Gore su Sky. La somma degli ascolti di questa multipiattaforma è da rete ammiraglia.

In vista delle elezioni regionali del 2010, in parlamento è stata approvata la proposta dei radicali di chiudere tutte le trasmissioni di approfondimento. Il partito del presidente del Consiglio, Silvio Berlusconi, e la maggioranza di centrodestra l'hanno votata senza esultare. Otto anni prima, da Sofia, Berlusconi aveva dato l'ordine ai dirigenti del servizio pubblico di cancellare dal palinsesto *Sciuscià*, provocando uno scandalo internazionale. Quella di sospendere *Annozero* deve apparire una normale decisione amministrativa per garantire la correttezza della campagna elettorale. L'assassino si è costruito un alibi perfetto, ma non ha messo in conto la risposta dell'opinione pubblica. Quel palazzetto gremito all'inverosimile è la prova eloquente della fine della sua onnipotenza.

Grazie alla rete, la censura non è più possibile. Si può

essere il presidente del Consiglio e contemporaneamente avere tre televisioni di proprietà, controllare la Rai, possedere un'enorme ricchezza personale e non riuscire più a impedire all'informazione scomoda di continuare a esistere.

Ai tempi dell'"editto bulgaro", insieme a me il Cavaliere ha cacciato dalla televisione il più popolare dei giornalisti, Enzo Biagi, e il più dissacrante dei comici, Daniele Luttazzi. La gente che quella sera gremisce gli spalti è convinta che una cosa del genere non potrà più ripetersi.

Sono emerse intercettazioni che provano una frenetica attività per far chiudere *Annozero*.

«Bisogna concertare un'azione per dire alla Rai "chiudiamo tutto". Non solo Santoro, tutte le trasmissioni che vogliono parlare dei processi in corso».

A parlare così al telefono è il presidente del Consiglio in carica, che per di più si rivolge a un membro dell'Autorità delle comunicazioni, Giancarlo Innocenzi, che farfuglia giustificazioni imbarazzate. Il Cavaliere ha un solo obiettivo, in tv non si deve parlare dei suoi processi e il suo nome non deve essere associato alla mafia.

La procura di Trani con una mole impressionante di intercettazioni ha documentato l'ingerenza del governo nella libertà d'espressione che la Carta europea dei diritti considera una violazione gravissima da parte di uno Stato membro dell'Unione.

Innocenzi, che fa parte di un'autorità indipendente, sarebbe tenuto per legge a essere assolutamente imparziale.

«Ci stiamo muovendo. Abbiamo creato un gruppo di giuristi per vedere come fermare Santoro; lo coordina un magistrato, Cosimo Ferri, membro del Consiglio superiore della magistratura».

Com'è possibile una cosa del genere? Un provvedimento disciplinare ingiusto può essere revocato solo dai giudici. E chi vigila sulla magistratura è proprio il Consiglio superiore di cui fa parte Ferri.

Invece accade che, alla faccia di tutte le leggi e della Costituzione, su mandato del presidente del Consiglio, controllori e controllati si riuniscano in un gruppo di studio per trovare un cavillo ed eliminare un giornalista scomodo. Come se non bastasse, Innocenzi chiama Mauro Masi, direttore generale della Rai.

«Bisogna capire che cazzo si può fare».

E lo sciagurato risponde.

«Vediamoci fuori per concordare una strategia».

Il membro dell'autorità indipendente, dopo aver creato ad hoc un gruppo di giuristi per arrivare a una censura preventiva, si riunisce in segreto con il suo principale "vigilato", il direttore generale della Rai, il quale avrebbe il dovere di difendere i dipendenti e l'autonomia dell'azienda.

Nonostante questa frenetica attività, Berlusconi, quando lo richiama, è furioso.

«Giancarlo, stasera sono in onda».

«Masi non ci ha informati».

«Lo sanno tutti, lo scrivono i giornali, e voi non fate un cazzo».

«Ma noi non abbiamo il potere di intervenire prima che si verifichi una violazione. Ho perfino scritto a Masi una bozza per suggerirgli come prendere provvedimenti, ma anche lui dice che se ne può parlare dopo, non prima della trasmissione».

«Ti saluto. Siete una barzelletta. Consentire un processo mediatico è una barbarie».

Masi non ci sta a passare per inetto.

«Santoro si appella al diritto di cronaca, riporta quello che scrivono i giornali. Non è facile impedirglielo. Però le critiche del presidente nei confronti della Rai sono ingenerose. Noi stiamo facendo di tutto. I telegiornali, uno, due e tre danno un altro messaggio».

Purtroppo per loro la censura, per essere efficace, deve essere totale.

Per realizzare *Raiperunanotte* sono stati raccolti duecentotrentamila euro con sottoscrizioni da due euro e cinquanta, e non c'è stato un solo partito che ci abbia appoggiati o che abbia esaltato il significato di questa esperienza.

Ciò che succede negli anni che seguono è molto significativo. Il magistrato che coordinava il gruppo di lavoro agli ordini del Cavaliere, Cosimo Ferri, abbandona Berlusconi per passare col centrosinistra. Il Pd lo nomina sottosegretario in due governi e lo elegge deputato. Infine Ferri aderisce a Italia Viva, la scissione di Renzi dal Pd. A dieci anni dal PalaDozza lo ritroviamo tra i principali protagonisti di uno scandalo che affossa il prestigio della magistratura, le correnti dei giudici che si spartiscono le poltrone peggio che in Rai.

«Giuriamo di farla sempre fuori dal vaso!».

L'Italia è una puttana come Catania. La mia missione? Mi illudevo di redimere l'Italia come Maria Maddalena! Col giornalismo! Quando si dice un povero cristo.

24.
«La talpa»

Non è un personaggio shakespeariano, tragicamente ambiguo, Avola. Non è un combattente che cerca il riscatto in un'altra epica guerra rispetto a quella che ha perso. Non racconta ciò che ha vissuto con enfasi retorica. Non si sente un eroe che è passato dall'altra parte con la stessa intensità e determinazione. Si limita a raccontare ciò che ha vissuto al solo scopo di togliersi di dosso l'odore del sangue. L'esatto contrario di Buscetta.

Incontro Tommaso Buscetta in un locale per matrimoni ai Castelli Romani completamente vuoto, un deserto con trecento sedie. L'uomo che ha cambiato la storia di Cosa Nostra, imponente e carismatico, la faccia maschera di una tragedia, non ha perso il suo fascino e non è ancora segnata dalla malattia. Parla anche lui con una cantilena monotona, più chiara e comprensibile, senza mai alzare il tono della voce, mentre gli uomini della scorta ci guardano da lontano.

«Dopo che ho finito di testimoniare in un processo ho incontrato l'assassino dei miei figli. Io ho perso due figli, spariti con la lupara bianca.

L'ho salutato, mi sono seduto di fronte a lui, l'ho guardato diritto negli occhi e gli ho detto: "Raccontami tutte cose. Voglio sapere ogni particolare. Quando li avete presi i miei figli? Li avete torturati per farli parlare? Cosa gli avete fatto? Sei tu che gli hai passato la corda intorno al collo, è vero? Ogni goccia di sangue mi devi dire. Ogni lamento".

Lui parla, parla, parla; e io zitto, nemmeno una parola. Lo guardo silenzioso tutto il tempo. Fino a quando ha cominciato a tremare, si è nascosto la testa nelle mani e si è messo a singhiozzare. Allora mi sono alzato in piedi e mi sono avvicinato».

Mentre cinque poliziotti da lontano cercano di capire con una certa apprensione cosa stia succedendo, Buscetta sposta la sedia con un gesto brusco. Mi afferra le braccia e mi solleva di peso. Ora miei occhi sono a dieci centimetri da quelli di un gigante minaccioso e vendicativo. Si rivolge a me come fossi Salvatore Cancemi.

«Giuseppe, il figlio di Santino di Matteo, il tuo amico fraterno, l'hanno strangolato e l'hanno sciolto nell'acido. Non aveva nemmeno quindici anni e l'ordine l'hanno dato quegli infami che ti hanno mandato a uccidere i miei due figli. Per me non c'è più Cosa Nostra. Non ci sono perdenti e vincenti. C'è lo Stato. E io sono dalla parte dello Stato, dalla parte della giustizia. Se anche tu sei con lo Stato, allora sei dalla mia parte. E io ti abbraccio. Non posso dimenticare e non sono io che ti devo perdonare. Ma ti abbraccio perché dobbiamo combattere insieme. E questa è l'unica cosa che conta. Chi sceglie di stare con lo Stato sta dalla mia parte e ha il mio stesso nemico».

Quella stretta possente che mi ha schiacciato l'anima si scioglie e l'inconfondibile cantilena del più grande tra i pentiti di Mafia si interrompe. Buscetta indietreggia e torna a sedersi. Sento la pelle che mi si sollevava dal corpo coprendosi di bollicine. Il sudore mi bagna completamente la schiena. Finalmente c'è di nuovo un tavolo che ci separa; tiro un sospiro di sollievo.

Nel film di Marco Bellocchio sulla vita di Buscetta, *Il traditore*, c'è una scena che lo rappresenta in difficoltà, sudato e balbettante, mentre gli avvocati lo incalzano per dimostrare l'infondatezza delle sue accuse.

Dopo la morte di Falcone e Borsellino, Tommaso Buscetta decide di tornare in Italia per deporre a Perugia contro Giulio Andreotti nel processo Pecorelli. Falcone era il suo faro e si è sentito obbligato a testimoniare. Ha conosciuto Gaetano Badalamenti quando era un "soldato" come lui, l'ha visto diventare "capo della commissione" ed essere espulso da Cosa Nostra. Il Principe di Villagrazia, Stefano Bontate, aveva appena dieci anni quando sono diventati amici e lo sono rimasti fino a quando Totò Riina lo ha fatto ammazzare. Negli anni ottanta era stato ospite nella villa del genero di Nino Salvo. I cugini Ignazio e Antonino Salvo controllavano le esattorie, riscuotevano le tasse di tutti i siciliani. Erano uomini d'onore della provincia di Trapani e grandi elettori di Salvo Lima e Giulio Andreotti.

AVVOCATO I cugini Salvo le parlarono mai di esponenti politici?

BUSCETTA Sì. Mi parlarono di Andreotti, del senatore Giulio Andreotti. Mi dissero che Andreotti era il referente nazionale a Roma per sistemare gli affari di Cosa Nostra.

AVVOCATO Le dissero qualcosa di specifico?

BUSCETTA In Cosa Nostra non esiste molta curiosità. Questo è il comportamento di un uomo d'onore: "Non chiedere". Se gli viene detta una cosa la apprende, se non gli viene detta è una cosa che non si chiede.

AVVOCATO Invece cosa le dissero Badalamenti e Bontate del giornalista Pecorelli?

BUSCETTA Mi dissero che l'omicidio di Pecorelli era stato fatto per richiesta dei cugini Salvo, nell'interesse del senatore Andreotti.

AVVOCATO Cosa intende quando dice «nell'interesse di Andreotti»?

BUSCETTA Molte volte si può dire a una persona, anche indirettamente: "Avrei bisogno di questo favore", dicendo semplicemente: "Questo mi sta dando fastidio". E può avvenire di essere interpretati in una maniera, così come è stata interpretata nei riguardi di Pecorelli.

AVVOCATO Cioè facendolo fuori.

BUSCETTA Precisamente.

AVVOCATO Ma il senatore Andreotti ha detto a Bontate o a Badalamenti: "Questa persona mi dà un po' fastidio?". Le risulta questo?

BUSCETTA No.

AVVOCATO Badalamenti e Bontate le dissero che Andreotti aveva dato l'ordine o comunque chiesto di uccidere Pecorelli?

BUSCETTA No.

La scena del film riproduce questa parte dell'interrogatorio di Buscetta. Lascia il pentito alle corde, esitante e contraddittorio nella sua ricostruzione "senza prove e basata su frasi sentite dire". Ma non viene riportato il seguito del confronto, che è una vera e propria perizia scientifica sul funzionamento di Cosa Nostra.

AVVOCATO Quindi è una sua congettura che Pecorelli sia stato ucciso perché dava fastidio a Giulio Andreotti?

BUSCETTA Congettura no, diciamo praticità della vita.

AVVOCATO Badalamenti come mai le disse queste cose?

BUSCETTA Nacque un certo equivoco. Badalamenti si spiega malissimo, lascia sempre la gente in sospeso su quello che dirà dopo, fissa strettamente negli occhi, rimane con le labbra serrate e uno aspetta. Poco tempo prima era stato ucciso un ragazzino, che amoreggiava con la figlia del mafioso Salvatore Inzerillo, e il ragazzino si chiama Pecorella. Perciò, quando Badalamenti mi parla di Pecorelli, io faccio mente locale al ragazzino strangolato da Cosa Nostra e dico: «Ma scusa, ma che c'entri tu nella faccenda del ragazzino?». Lui si mette a ridere: «Ma che dici? Pecorelli, il giornalista, quello che stava facendo degli articoli contro Andreotti, che erano stati portati dei documenti che forse nessuno sapeva».

AVVOCATO Badalamenti chi le ha detto esattamente che aveva fatto uccidere Pecorelli?

BUSCETTA «Io e Stefano Bontate». Non la Cosa Nostra totale, io e Stefano Bontate. Potrei citare qua la parola che mi fu detta da lui, e la traduzione poi la farete voi: «*u ficimo nuatri*, io e Stefano».

AVVOCATO Quindi le disse che l'omicidio era stato fatto materialmente da lui, Gaetano Badalamenti, e da Stefano Bontate.

BUSCETTA Stefano Bontate non è l'uomo che viene a Roma e viene a sparare a Pecorelli.

Lo può dire ad altre cinquemila persone, ma farlo lui, no! Quando Badalamenti dice «*u ficimo nuatri*, io e Stefano», lo intende dire come un'assunzione di responsabilità.

AVVOCATO Non ha prove di quello che dice, perché dovremmo crederle?

BUSCETTA Una delle prime volte che ci incontravamo, il giudice Falcone mi chiese: «Come fa a fidarsi dei mafiosi?»; e io gli risposi: «Un uomo d'onore ha sempre l'obbligo di dire la verità a un altro uomo d'onore».

AVVOCATO L'obbligo assoluto?

BUSCETTA L'obbligo assoluto. Se un uomo d'onore dice che una cosa è successa, è successa. Per Cosa Nostra è una regola di sopravvivenza. Se un uomo di Cosa Nostra, in presenza di un altro uomo d'onore, non rispetta questa regola, o sarà lui a morire o morirà la persona con cui sta parlando.

AVVOCATO Badalamenti le disse che Pecorelli aveva documenti pericolosi per Andreotti. Le spiegò di che documenti si trattava?

BUSCETTA Secondo lui riguardavano Moro. Documenti segreti che riguardavano Moro.

AVVOCATO Sull'omicidio Pecorelli lei ha avuto notizie dirette anche da Stefano Bontate?

BUSCETTA Bontate mi disse che il giornalista avrebbe voluto portare fuori delle notizie che avrebbero compromesso la politica del senatore Andreotti. Dalla morte dell'onorevole Moro sembra che c'erano dei documenti che il Pecorelli voleva far uscire fuori.

AVVOCATO Bontate o Badalamenti spiegarono perché loro avrebbero dovuto fare un favore al senatore Andreotti?

BUSCETTA Loro non hanno fatto il favore ad Andreotti, loro hanno fatto il favore ai cugini Salvo! E i cugini Salvo lo hanno fatto ad Andreotti.

AVVOCATO A Falcone faceva domande sui rapporti fra mafia e politica?

BUSCETTA Chi dice che lui voleva coprire i politici racconta bugie. Mi ha torturato per aprire quel capitolo.

AVVOCATO Ma allora, perché non gli ha mai parlato di Andreotti? Falcone le ha mai chiesto di Andreotti?

BUSCETTA Io gli dissi: «Signor giudice, se faccio i nomi dei politici io sarò preso per pazzo e lei sarà ucciso». Non c'erano le condizioni politiche, lo Stato non era pronto.

Nel ristorante vuoto ai Castelli Romani guardavo Buscetta seduto davanti a me. Era andato a Perugia per onorare la morte di un servitore dello Stato, convinto di essere anche lui lo Stato. Lo hanno trattato come un delinquente, come un mafioso. Lo hanno massacrato e hanno fatto tornare indietro le lancette della sua esistenza. Erano solo la rabbia e la delusione che lo facevano apparire in difficoltà. Stava constatando che le sue parole valevano cento se riguardavano Salvatore Riina e meno di zero se si trattava di Giulio Andreotti. I riscontri? Non si possono chiedere a un uomo d'onore che sta raccontando qualcosa a un altro uomo d'onore. Non li poteva chiedere Buscetta su Andreotti e nemmeno Maurizio Avola su Mattei.

È stato indimenticabile ed emozionante incontrare Buscetta. Non ho avuto paura. Fascinazione, commozione, profonda pietà, tensione, tutto ma non paura. Invece perché quando sono davanti a Maurizio a volte ho paura? Non saprei spiegarne il motivo. Lui non si sente un uomo dello Stato, non teorizza e non pretende di chiudere il cerchio come ha fatto Buscetta. I suoi pezzi di verità non si compongono in una spiegazione esauriente e definitiva, ma non si contraddicono e portano a risultati sconvolgenti.

In carcere Maurizio ha molto tempo per pensare. Gli tornano in mente "i consigli" di Marcello D'Agata. Si rende conto che non si trattava di semplici scenate di gelosia nei confronti di Aldo Ercolano, ma di veri e propri tentativi di portarlo a ragionare come lo Zio. Potendo scegliere liberamente e senza temere rappresaglie da Riina, i catanesi non avrebbero mai fatto stragi o attacchi allo Stato. Santapaola ha cercato di tenere Catania fuori dalle bombe, su questo non ci piove, ma hanno scelto comunque di assecondare la strategia dei corleonesi. Tenevano molto riservate le loro opinioni e sarebbe stato un tradimento se avessero apertamente ostacolato il capo dei capi.

«Guarda, Marcello, che io non sono il tipo che si tira indietro. Non mi metto a dire che non ho il coraggio. Dobbiamo fare la guerra allo Stato e non me ne importa di morire. Quello che mi dice Aldo Ercolano mi sta bene, sono d'accordo. Non insistere su queste cose con me».

Messo di fronte alle sue conclusioni brutalmente realistiche, vedo sgretolarsi l'immagine stereotipata dei mafiosi che assomigliano ai nazisti dei film, tirannosauri pazzi come Riina o killersauri come Avola. Maurizio ha ucciso molte decine di persone ma c'è sempre stata una ragione per quello che ha fatto. Non i soldi né le donne o le macchine. Si considerava l'antistato. Se ammazzava un magnaccia, un delinquente, un "pezzo di merda" stava facendo un'operazione di pulizia che lo Stato non fa, stava mettendo le cose a posto, in ordine. Le stragi le condivideva, ideologicamente e politicamente.

«Ero già pronto a entrare in azione. La visita di Mario Cuomo a Messina, però, l'hanno cancellata per una soffiata».

Aldo Ercolano e Maurizio Avola, quando viene annullata la visita del governatore di New York, non riescono a capire chi può essere stata la talpa. Pochissime persone sono al corrente. Chi è l'uomo d'onore che ha messo in allarme le forze dell'ordine? In seguito Maurizio si accorge che non è stato un caso isolato, il copione si ripete ogni volta che si prevede di fare qualcosa di clamoroso a Catania.

Con Antonio Di Pietro, che nell'estate 1992 è il magistrato più famoso d'Italia, si verifica la stessa sequenza di fatti.

«Deve essere eliminato».

Maurizio è un killer, non ha trafficato coi servizi segreti, non è stato iscritto alla massoneria e non ha frequentato politici, ma è stato incaricato di azioni importanti e ogni volta ha cercato di capire che logica avessero. Da Marcello D'Agata e da Eugenio Galea, che vi hanno partecipato, apprende di una riunione che si è tenuta al Grand Hotel Excelsior a Roma nel '92, subito dopo che la procura di Milano ha arrestato politici e imprenditori facendo esplodere lo scandalo di Mani pulite. All'incontro sono presenti personaggi dell'area del Partito socialista di Bettino Craxi, imprenditori lombardi e massoni, alcuni dei quali al Nord sono i colletti bianchi che fanno da punto di riferimento per l'investimento dei capitali di Cosa Nostra. Lo sviluppo impetuoso delle indagini ha seminato il terrore, travolgendo protagonisti economici di primo piano e i leader dei vecchi partiti di governo. Cesare Previti, che poi diventerà ministro nel primo governo del Cavaliere, in quell'occasione avrebbe parlato di Antonio Di Pietro, che stava provocando un terremoto e il crollo di un intero sistema.

«Mi hanno chiesto: "Che prove hai?". E che cazzo volete che vi porto o' filmato? Sono cose che ci riferiscono Eugenio Galea e Marcello D'Agata quando tornano da Roma. Dicono ad Aldo Ercolano che gli è stata fatta la richiesta di ammazzare Di Pietro».

Ercolano capisce che non c'è un minuto da perdere, corre a parlarne con Nitto Santapaola, che dà l'incarico a Galea di informare le altre province e Riina.

«E Riina ci manda a dire: "*Facimuci st'autru favuri a chisti*"».

Avola è un killer, non è uno stratega, ma ci mette la mano sul fuoco che *st'autru favuri* può avere un solo significato.

«È l'ordine di ammazzare a Di Pietro».

I catanesi adesso sanno che devono agire da soli e si mettono in movimento per fare le cose per bene. L'attentato deve avvenire a Curno, in provincia di Bergamo, dove risiede il magistrato. Studiano il territorio centimetro per centimetro, fanno appostamenti per monitorare il percorso quotidiano di Di Pietro e considerare le vie di fuga possibili.

«Fatica sprecata».

Gli eventi previsti con la presenza del magistrato vengono tutti annullati e la sua scorta triplicata.

«C'è stata un'altra soffiata e siamo costretti ad annullare il piano».

Per le forze di polizia scatta l'allarme rosso e consigliano a Di Pietro di andare all'estero per qualche settimana, allontanandosi prudentemente dal suo luogo di residenza.

Comunque sia, l'attentato non c'è stato perché la talpa ha scavato ancora e ha fatto il vuoto sotto gli attentatori.

Maurizio non avrebbe mai ammazzato un uomo delle istituzioni per ricavarne un utile. Era convinto di agire per un'idea, per Cosa Nostra, per i fratelli carcerati che subivano l'ingiustizia delle leggi speciali. Rimuginando su quanto gli è capitato si rende conto, al contrario, che i valori nei quali credeva, quelli della famiglia, non avevano per tutti lo stesso significato. C'è stato chi si è servito di lui solo per realizzare i suoi scopi personali.

«Poi ci sono arrivato. Uno più uno fa due. Lo so chi è la talpa. Più mi faccio convinto della mia idea, più mi sento preso per il culo per averci creduto così tanto in Cosa Nostra».

«E chi è la talpa?».

«Nitto Santapaola. Anzi, Marcello D'Agata per conto di Nitto Santapaola».

Non c'è bisogno di inventare servizi segreti deviati, con i quali non è che Santapaola non avesse contatti. Marcello D'Agata ha stabilito un canale di comunicazione con uno dei più capaci investigatori della polizia di Stato e gli ha fornito notizie utili che hanno salvato la vita a Cuomo, a Di Pietro e anche a Salvo Andò.

Andò è il più importante tra gli esponenti socialisti in Sicilia quando Claudio Martelli chiama Falcone al ministero della Giustizia a fare il direttore degli Affari penali. Riina si sente tradito dai socialisti e ordina di reagire.

«Prima della sentenza del maxiprocesso, Santapaola me lo aveva già fatto pedinare a Salvo Andò. Ma solo per farlo *scantare*, per farlo spaventare. L'ho seguito fino al suo ufficio di Giarre più di una sera senza nascondermi. L'ordine di eseguire la condanna a morte è arrivato dopo la sentenza del maxiprocesso in Cassazione.

Vado con Aldo Ercolano a un comizio, in piena campagna elettorale. Siamo pronti. Ci appostiamo aspettando che finisce la manifestazione. Deve passare davanti a noi, è tutto calcolato. Ma a un certo punto vediamo un movimento di polizia in tutta la piazza. Come se cercano qualcuno. Siamo costretti ad andarcene velocemente. Hanno fatto la spia. Lo capisco da un altro particolare.

Vengo a sapere che l'onorevole Andò è andato a incontrare Santapaola in una villa a Mascalucia e le cose si sono sistemate: tutta la famiglia dobbiamo votare ad Andò. Parenti, conoscenti, amici».

Il traditore per Avola è Santapaola, non ci sono dubbi.

«Più che un traditore è uno che pensa a salvarsi il culo dal primo minuto. Ci tiene a farlo sapere segretamente che non è d'accordo a toccare lo Stato. La conferma definitiva che collaborava con la polizia l'ho avuta in un'altra circostanza.

Restiamo soli, io e il dottor Manganelli, quello che poi è diventato capo della polizia. Sono sicuro che la moglie di Santapaola ha parlato anche con lui: "Ma perché ve la prendete con i miei figli? Sono innocenti. Voi lo dovreste sapere che senza mio marito anche a Catania ci sarebbero state le bombe". Ero stato trasferito, forse non casualmente, al carcere di Ancona, ed è stato lui a convincermi a "fare il passo". Mi ha fatto credere che anche D'Agata aveva cominciato a collaborare.

"Penso che avevate in mente di fare l'attentato a Di Pietro".

"Dottore, sta scherzando?"».

Manganelli accenna a un sorriso. Avola riflette in silenzio: nei giorni dell'attentato a Di Pietro, Nitto Santapaola è latitante. Se va lui da Manganelli, lo arrestano. Aldo Ercolano ci va ma per strangolarlo, non per fargli una spiata.

«Come cazzo fa a saperlo? Siamo solo in quattro coinvolti: Aldo, io, Marcello e Santapaola. Noi quattro e basta.

Io no. Lo Zio no. Aldo no. Ne resta uno. Lo stesso che darà al dottor Manganelli l'indirizzo per catturare Santapaola a Mazzarrone: Marcello D'Agata».

«Il consigliere tradisce il capo?».

«No, gli salva la vita, che se no *a testa gliela scippano* i corleonesi. Ogni volta che gli fanno la domanda, Santapaola giura che lui non c'entra niente con l'attacco allo Stato. Ma non è che possiamo essere stati solo io, Aldo, Natale Di Raimondo e qualche altro a fare le cose. Lui lo sapeva quello che facevamo. Se non ci ha fermati è perché gli è convenuto. Se si metteva di traverso, una bomba sotto al culo i corleonesi la mettevano pure *a iddu*.

Io mi prendo le mie responsabilità, ma ci sono quelli che continuano a non prendersi le loro. Certo, se mi uccidevano era più facile nascondere quello che i Santapaola sono stati costretti a fare».

«C'è un fatto che ti mette in cattiva luce, non hai parlato di stragi quando ti sei pentito la prima volta. Qual è la ragione?».

«La prima volta che mi pento lo faccio per interesse, per uscire dal carcere. È una specie di legittima difesa: mi vogliono ammazzare. Cosa Nostra come la vedevo io non c'era più, quella che non tradisce i fratelli nel momento del pericolo.

Racconto tutto, ma a pezzi. Mi concentro su cose facili da riscontrare: omicidi, rapine. Delle stragi ne parlo e non ne parlo. So che sono importanti e io mi voglio tenere basso. Con quello che dico ci riesco a tornare fuori senza infilarmi in vicende troppo complicate».

«Ma com'è possibile che, essendo tornato in libertà, con la protezione dello Stato, una casa, avendo ancora una famiglia, ti fai prendere per la quarta volta?».

«In carcere ci torno per una rapina».

«È un vizio?».

«È la mia maniera più facile di risolvere i problemi. Mia moglie ha bisogno di soldi per finire di pagare una casa. Mi assilla: "Come facciamo, come non facciamo...". "Quanto serve? Cinquanta milioni? Ci vado io a prenderli"».

«E dove sei andato a prenderli?».

«Dove ci sono. Nelle banche. "Eccoti i soldi", gli dico a mia moglie. Qua ci sono i cinquanta milioni e non mi fare più scoppiare la testa. E per colpa di un altro che se la *canta* e di quei cinquanta milioni, mi faccio ventidue anni di carcere».

«Parlami dei tuoi figli».

È un colpo basso, lo so. Ma è la nostra ultima volta e voglio arrivare fino in fondo.

«Mia figlia mi assomiglia. Non ha paura di niente. Abbiamo ripreso il rapporto».

«E il maschio?».

«È un gran lavoratore. Una persona perbene. Di me non ne vuole sapere. Non mi vuole vedere più. Dice che io non cambio. Ha sofferto quando sono tornato a fare rapine e mi hanno sbattuto di nuovo in carcere. Il padre l'ha perso in quel preciso momento».

«Quindi anche per i tuoi figli decidi di parlare senza chiedere niente in cambio. C'entra anche Di Leo, l'amico che hai dovuto ammazzare, in questa tua decisione?».

«Semmai c'entra la prima volta che mi pento, quando decido che io di Cosa Nostra non voglio sapere più niente».

Pinuccio Di Leo è un fantasma dal quale credo non sia mai riuscito a separarsi: erano la coppia perfetta. Non ha sentito il rumore dell'anima che lasciava il corpo quando l'ha fatto ammazzare. Non l'ultimo soffio. Niente. Ha visto Barcella che sparava, il sangue, Pinuccio cadere a terra. Tutto al rallentatore. Come quando era in coma e si vedeva nella sala di rianimazione. L'anima di Pinuccio non ha cominciato una vita nuova in un altro corpo. Forse gli è rimasta accanto e gli parla, lo consiglia e ancora "camminano insieme". Forse lo sta aspettando per un'altra missione. Oppure è Maurizio che l'anima del suo amico non l'ha potuta sentire andar via perché prima che morisse Pinuccio, prima che Barcella esplodesse quei colpi e il sangue schizzasse sulle pareti, prima che il proiettile affondasse nel piumone, prima di quel maledetto falò, era Maurizio a essere già morto. Ha ricevuto quell'ordine ed è morto.

Ci potrebbe essere tuttavia un'altra possibilità: che non sia morto del tutto. Se fosse la sua anima, e non quella dell'amico, a non essersi liberata? Se fosse ferma nel limbo di un interminabile coma? Il Maurizio Avola di Cosa Nostra ha smesso di esistere, quello che vedono gli altri è un corpo tenuto in vita artificialmente, che respira ricordi, e io sono il medico che prova a rianimarlo. Il segreto che mi sta nascondendo non ha niente a che fare con Di Leo.

Sento che vorrebbe liberarsi di tutto, del passato, dei rimorsi, delle mie domande: l'unica cosa che veramente desidera è essere libero, di vivere o di morire.

«Ti fa soffrire questa situazione con tuo figlio?».

«Basta, non ne voglio parlare. Cosa ci posso fare? Torno indietro, cancello tutto e mi metto a fare il pasticcere? Penso che sono nato rapinatore, sono nato killer. Se esiste dio significa che mi voleva così, che era giusto così. Se non esiste, se moriamo e torniamo a vivere in eterno, penso che anche in un'altra vita tornerò a essere quello che sono stato. Il destino è una maledizione».

Forse questo è l'ultimo alibi che Maurizio si è dovuto inventare per "convenienza", per cercare di salvare quello che resta della sua vita dagli attacchi del nemico più spietato e intransigente che ha, se stesso.

Abbassa la testa e torna a rinchiudersi in un silenzio minaccioso e ostile. Nella sua vita privata ci sono certamente omissioni, rimozioni, tentativi maldestri di trovare giustificazioni, paura di non farcela a riprendere un cammino. Il segreto, invece, deve essere necessariamente un altro delitto, forse quello più grande. A Capaci e all'uccisione di Falcone, della moglie e della scorta non ha partecipato. Sono stati i corleonesi a condurre l'azione e le inchieste lo hanno confermato. Le testimonianze sulla presenza di uomini dei servizi al momento sono senza solidi riscontri.

Resta via D'Amelio.

25.
L'agenda rossa

Ci hanno preparato una colazione veloce. Io ne approfitto per appartarmi in una stanza dell'albergo con la scusa di fare delle telefonate. Tento di tirare le fila. Secondo Maurizio, Cosa Nostra non ha agito per conto terzi. In fondo anche Falcone escludeva che esistesse un'entità superiore. Funzionari di polizia, carabinieri, esponenti dei servizi segreti hanno mantenuto rapporti con gli uomini d'onore per ricevere informazioni. Qualcuno di sicuro ne avrà approfittato per inscenare operazioni utili a fare carriera, favorire disegni di potere o guadagnare denaro. Non si può escludere che i consiglieri politici esterni a Cosa Nostra adottassero la strategia di Licio Gelli, "stabilizzare destabilizzando".

Il potere è una scacchiera, la mossa di una pedina condiziona quella di tutte le altre. Se i giocatori animati da intenzioni diverse sono tanti, il bene e il male si possono incrociare, accavallare e confondere. Ci sono anche imprenditori, banchieri e politici che hanno giocato sulla scacchiera con Cosa Nostra partite aperte e pericolose. Colpire il singolo reato è più facile che dimostrare l'esistenza di una trama organica. Al Capone è finito in galera per evasione fiscale, non per omicidio. Senza dimenticare che spesso a giocare sono uomini dello Stato, che agiscono in concorrenza fra loro, alcuni senza lasciare traccia delle proprie mosse. Per certificare la lealtà di chi ha operato a distanza di tempo dovrebbe essere necessario aver depositato e secretato delle pezze d'appoggio. Per questo capire come sono andate le cose è molto complicato. Buttiamo fuori Cosa Nostra dalla scacchiera con qualsiasi mezzo, pensava Falcone, e il sistema sarà costretto a rinnovarsi. Se non si riforma il gioco, non sapremo mai quando la partita finisce, con quali regole è stata giocata e se qualcuno ha barato.

A questo pensavo rinchiuso in quella stanza d'albergo.

La pausa è finita. È il caso di tornare da Maurizio Avola. Credo di aver capito cosa mi nasconde.

«Che vuoi chiedermi ancora, che altro vuoi conoscere della mia vita? E per farne cosa? Lo sai anche tu che non serve a niente».

«Questa storia che non puoi cambiare, che sei condannato a essere sempre lo stesso è insopportabile. Pensa a tuo figlio, per me ha ragione: avete avuto dei momenti felici e ti ha visto come un padre, non come un assassino. Ha bisogno di avere la certezza che sei tornato a essere un padre. Ma tu non sei rassicurante nemmeno per me, non sono convinto che mi hai raccontato tutto».

«Che vuoi dire?».

«La tua non è paura, lo so che non hai paura di niente. Ma non hai fiducia nella giustizia. Non hai fiducia negli altri. Non hai fiducia in me. Pensi che io continui a vederti come un killer. Non è così? Ti sei rassegnato a essere come ti vedono gli altri».

«Fammi un esempio».

«Borsellino. Sono certo che ne sai molto di più».

«E chi te lo dice che è così?».

«Molte volte ho notato che stavi per dire qualcosa e ti sei bloccato».

«Io mi sono bloccato? Ho parlato della famiglia Gambino, di Cosa Nostra americana, che ha partecipato alle stragi. Nessuno ha indagato. Ho detto che i detonatori erano due e che è stato l'Americano a insegnarci come farli funzionare perfettamente, come adoperarli a distanza massima di un chilometro dall'obiettivo, come tarare le frequenze ed evitare le interferenze».

«Maurizio, io credo di aver capito che ci sono cose che non vuoi raccontare».

«Non è che non le voglio raccontare. Non ho capito se interessano».

«A me interessano».

«Ma tu non sei un giudice».

«Di che si tratta? Di Capaci? Di via D'Amelio?».

Avola non risponde. Si torna sempre a quegli anni, a quel sangue, alla verità che viene fuori un pezzo alla volta e che non si sa mai se è la verità.

«Devi raccontare tutto, Maurizio, ogni cosa».

«E passare per pazzo? Come Leonardo Vitale, che ha raccontato tutto prima di Buscetta ma è andato a finire in manicomio e poi è stato ammazzato? Racconto quello che ho vissuto, e soprattutto quello che ho fatto. Non spetta a me trovare le prove. Ma se non le cerchi come fai a trovarle?

L'ordine delle stragi lo ha dato Riina. Nessun servizio segreto. Borsellino e la sua scorta li ha uccisi Cosa Nostra con le famiglie degli Stati Uniti. Cosa Nostra americana, quello che voleva lo ha ottenuto dopo via D'Amelio e ha chiuso con le stragi. Per Cosa Nostra siciliana c'è voluto più tempo, dopo che hanno preso a Riina. Segui i soldi e scoprirai quale compromesso hanno fatto.

Vuoi la verità? Questo è l'inizio della verità. Se vuoi dimostrare che Borsellino l'hanno ucciso i servizi segreti, la verità non la troverai mai. Se fosse vivo Riina, si farebbe una bella risata».

Bernardo Provenzano l'hanno preso nel 2006. Da allora non sono stati catturati grandi capi. Un esercito di investigatori continua a cercare Matteo Messina Denaro con grande impiego di risorse, ma è chiaro che non c'è una bussola a guidarli. Conosciamo la 'ndrangheta, la camorra, i "nigeriani", ma di Cosa Nostra sono rimaste soltanto pallide caricature. Ogni tanto incarcerano delinquenti che per darsi delle arie dicono al telefono di voler rifare la Cupola, ma sono spacciatori di strada, bancarellari, sottoproletariato. Continuano i sequestri dei patrimoni illeciti, sempre seguendo la scia delle vecchie famiglie. Cosa Nostra non c'è più, come la Democrazia cristiana, il Partito comunista, il Partito socialista e l'Unione Sovietica. Perfino i servizi segreti hanno smesso da tempo di essere "deviati". Resistono come al tempo delle stragi solo le istituzioni antimafia, le inchieste alla ricerca della verità e le scorte che proteggono magistrati e giornalisti da eventuali quanto improbabili pericoli imminenti, dagli attacchi di un nemico sconosciuto di cui si conservano foto di decenni fa.

Le leggi sono rimaste e i "fratelli" carcerati hanno pagato il prezzo della scommessa politica persa. Ma qualcuno il culo lo ha portato in salvo e, forse, anche l'organizzazione. Come? E chi?

Che ci sia stata una trattativa per porre termine alle stragi, nessuno lo può negare. Nino Di Matteo pensa che abbia avuto inizio subito dopo la morte di Salvo Lima, quando Cosa Nostra decide di sterminare i politici siciliani (Calogero Mannino, Rino Nicolosi, Salvo Andò), azzerando la vecchia classe dirigente e spianando la strada a nuovi interlocutori.

L'onorevole Calogero Mannino è il leader più influente della Dc dopo la scomparsa di Lima. Sempre secondo Di Matteo, viene a conoscenza dei piani per ucciderlo, e coinvolge l'Arma dei carabinieri. Il generale Antonio Subranni, comandante dei Ros, incarica il colonnello Mori di attivarsi e nasce "la trattativa".

Dopo Capaci, il Reparto operativo speciale dei carabinieri che indaga su mafia e terrorismo decide di entrare in rapporto con Vito Ciancimino, ex sindaco di Palermo, responsabile del sacco edilizio della città e uomo d'onore acclarato. Il colonnello Mori va a trovarlo insieme al capitano Giuseppe De Donno e afferra, come si dice, il toro per le corna.

«Ma signor Ciancimino, cosa è questa storia qua? C'è un muro contro muro. Da una parte Cosa Nostra, dall'altra lo Stato. Ma non si può parlare con questa gente?».

Secondo Di Matteo questa frase, pronunciata per sua stessa ammissione dal colonnello, è un invito a trattare. Secondo Mori e De Donno sono soltanto parole adoperate nel corso di un'operazione di polizia investigativa.

È stato il capitano a contattare Massimo Ciancimino chiedendo di procurargli un appuntamento col padre agli arresti domiciliari. I carabinieri vedranno il mafioso quattro volte. Tre volte De Donno da solo; una Mori e De Donno insieme prima della strage di via D'Amelio.

«Signor Ciancimino, gli deve dire a questa gente che si devono arrendere e saranno trattati bene loro e i loro figli».

Dalla risposta si capisce che è impossibile che il gioco sia proseguito senza mettere *fiches* nel piatto.

«Colonnello, lei mi vuole morto e vuole morire anche lei; io questi discorsi non li posso fare. Ma voi chi rappresentate?».

Don Vito sa perfettamente come ragiona Cosa Nostra. È da sempre interlocutore diretto di Bernardo Provenzano. La mafia lo considera uomo di grande intelligenza e scaltrezza, capace di aprire ai corleonesi le stanze del potere politico. Se l'operazione andrà in porto potrà ricavarne parecchi benefici, ma non può permettersi di sventolare accordi inesistenti e restare vivo. Per questo la prima garanzia che chiede è di avere la certezza che i carabinieri abbiano le spalle coperte. Sono sicuri di poter mantenere quello che promettono? Sono autorizzati a trattare? Il colonnello Mori lo rassicura.

«Lei non si preoccupi, vada avanti».

La storia straordinariamente avvincente della trattativa vede nel ruolo di protagonista un personaggio ambiguo e inquietante, Massimo Ciancimino. Mori e De Donno, i due ufficiali dei carabinieri, affermano sotto giuramento di non aver ricevuto nessuna richiesta dal capo dei capi. Massimo Ciancimino li contraddice producendo ai giudici in fotocopia l'ormai famoso "papello", che conterrebbe le richieste di Cosa Nostra consegnate a suo padre, e da suo padre ai carabinieri.

Le reali intenzioni di questo testimone enigmatico, che ha disegnato sul volto una specie di ghigno feroce, non sono facili da interpretare. Vuole riscattare l'onore del cognome che porta? Mettere in salvo l'ingente patrimonio della famiglia? Oppure è solo uno di quei falsi pentiti di cui parla Maurizio, un cavallo di Troia di Cosa Nostra nelle inchieste di mafia? Afferma con convinzione di custodire l'originale del "papello", che non sarà mai trovato. Anche tale «Carlo Franco», il «contatto istituzionale dei servizi segreti», presunto riferimento di Vito Ciancimino durante la trattativa, resterà un fantasma e la sua foto non sarà mai consegnata ai magistrati.

Quasi a voler confermare una volta per tutte i sospetti sulla genuinità della sua collaborazione, Massimo Ciancimino commette due strane imprudenze: fa ritrovare nel suo giardino una grossa carica di dinamite, che tuttavia non può avervi trasportato da solo, e in aeroporto confida a un agente che in realtà Carlo Franco sarebbe l'ex capo della polizia Gianni De Gennaro. Finisce per beccarsi una condanna a otto anni per calunnia. O è scemo o il processo è diventato troppo pericoloso per l'erede di don Vito, che corre il rischio di rimetterci la vita e i milioni.

Da tempo Di Matteo va avanti nelle sue indagini a prescindere dalle dichiarazioni di Ciancimino, e istruisce il processo ereditato da Antonio Ingroia imbastendo una trama coerente che tenga insieme molti documenti e testimonianze. Già nel 1997 Giovanni Brusca, il pentito che ha premuto il telecomando a Capaci, un killer spietato e un boss di primo livello, ha parlato di una trattativa di cui erano a conoscenza i capi della mafia, Riina, Provenzano e Bagarella, e di una confidenza che gli ha fatto Salvatore Riina in persona.

«Si sono fatti sotto».

Un'altra conferma è la testimonianza di Pino Lipari, l'ex contabile di Cosa Nostra.

«Ho messo io in contatto Vito Ciancimino con Bernardo Provenzano. In seguito Riina ha consegnato ad Antonino Cinà, che lo ha portato a Ciancimino, un documento che conteneva le richieste allo Stato. Ciancimino ha garantito a Cinà che quelle richieste erano state consegnate al capitano De Donno».

Infine Nino Giuffrè, "mafioso di spessore", porta l'ultima pezza di appoggio.

«Provenzano mi ha detto di stare tranquillo, Vito Ciancimino è in missione».

Secondo Di Matteo la dimostrazione che la politica sta cominciando a cedere al ricatto e cerca la strada di un compromesso la si trova nella formazione del nuovo governo, con la presidenza di Giuliano Amato. Giovanni Conso ministro di Grazia e giustizia non rinnova a trentotto carcerati il 41 bis.

Ma la mafia non si fida più; non crede che i vecchi partiti siano in grado di garantire nuovi equilibri e, avendo trovato finalmente nello Stato le sponde necessarie per realizzare i suoi scopi, decide di proseguire con le bombe. Marcello Dell'Utri è il nuovo ambasciatore che, secondo l'accusa, sostituisce Calogero Mannino nella Trattativa. È lui a riportare le richieste di Cosa Nostra ai nuovi referenti politici. Silvio Berlusconi, una volta diventato presidente del Consiglio, abolirà l'ergastolo e il carcere speciale. Infatti le stragi finiranno quando Forza Italia va al potere. Per sintesi estrema è questa la ricostruzione accusatoria che fa Di Matteo.

Ma l'ex ministro Mannino viene processato col rito abbreviato ed è assolto dall'aver innescato «una minaccia al corpo politico dello Stato». Nel processo parallelo in cui Di Matteo svolge il ruolo dell'accusa, invece, vengono condannati in primo grado a dodici anni Marcello Dell'Utri e il generale Mario Mori, mentre a otto anni il colonnello Giuseppe De Donno. Tutti per lo stesso reato imputato a Mannino e giudicato inesistente.

LORUSSO Questa giurisprudenza, però, è usata soltanto per la mafia, è stata fatta apposta per attaccare voi. Se no non vi potevano fare niente.

RIINA Il presidente mi punta gli occhi e mi guarda e io pure lo guardo. Tà. Tà. Ma non mi intimorisce, non mi fa paura.

LORUSSO È lui che è intimorito, che ha la *cacarella*.

RIINA E allora organizziamola questa cosa! Facciamola grossa e non ne parliamo più!

Questo Di Matteo gli hanno rinforzato la scorta; e allora, se fosse possibile, una esecuzione, come eravamo a quel tempo a Palermo con i militari...

LORUSSO Possono essere tutte cose larghe...

RIINA Merdosi tutti pieni di merda. E io sempre: «Signor presidente, no, io non ho nessuna dichiarazione». E loro mi condannano che non poteva non sapere. Vigliacchi! Di Matteo tutte, tutte cose le *impupa* lui. E ha paura. Pensa: "Ma se questo è così terrificante, così malvagio, questo ci macina a tutti e ci mette a tutti sotto i piedi". Minchia!

Le insegno, caro Lorusso, un segreto siciliano: «Chi il dito bene si attaccò... lo ha sempre sano!». Siete voialtri che avete sbattuto la testa quando eravate bambini. Che volete da me? A me mi hanno condannato, però mi hanno condannato così!

«Se fosse possibile» è una minaccia diretta di morte a uso dei microfoni che lo stanno intercettando, oppure il significato vero della frase che pronuncia è un altro: "Se io fossi ancora quello che ero lo farei saltare in aria"? Difficile da stabilire con certezza.

Ride Salvatore Riina, con una grassa risata, del suo avversario che inventa complotti inesistenti e si spaventa delle sue stesse invenzioni.

Gaspare Mutolo fornisce un elemento che diventa fondamentale per l'impianto accusatorio di Nino Di Matteo e dei suoi collaboratori. Depone di aver incontrato Borsellino due giorni prima che il giudice venisse ucciso. Si è trovato ad ascoltare una telefonata in cui il magistrato parlava apertamente di «dissociazione e benefici» esprimendo ad alta voce la sua disapprovazione e il suo disgusto.

«Sono pazzi! Sono pazzi!».

Il movente dell'uccisione di Borsellino e di un'improvvisa accelerazione del piano per eliminarlo potrebbe essere la sua ostilità alla trattativa. C'è chi insinua che con questa motivazione la procura di Palermo indaghi sull'attentato di via D'Amelio, la cui competenza spetta per legge a Caltanissetta. I processi sulle stragi in Italia non sono in un'unica sede giudiziaria, ma si rincorrono tra Firenze, Caltanissetta, Palermo eccetera eccetera.

Comunque la si pensi, la morte di Borsellino è lo snodo fondamentale. È lo stesso Riina a dire che il finale sono le stragi e le stragi hanno un perché. Secondo Avola, perché Falcone viene assassinato e Borsellino lo segue immediatamente nella tomba non è difficile da capire. Deve saperne di più di quanto mi ha detto.

Falcone e Borsellino volevano dotare lo Stato di una superprocura antimafia informata e inflessibile, e ritenevano deboli e inadeguati i normali strumenti della giustizia. Per un cambio di rotta, in Italia e negli Stati Uniti, bisognava assolutamente farli fuori. Tutti e due.

Lunedì 4 gennaio 2021 va in onda *Report*, Paolo Mondani intervista Salvatore Baiardo che tra il 1989 e il 1994 è stato accanto ai fratelli Graviano, aiutandoli durante la loro latitanza. Non è un uomo d'onore ma un faccendiere a disposizione della famiglia di Brancaccio. Nel 1994 è stato arrestato dai carabinieri; due anni dopo, in forma anonima, ha fornito informazioni riservate a un investigatore della Dia, che le ha verbalizzate e trasferite a Firenze, dove si conducono le indagini giudiziarie sulle stragi del '93. Un magistrato straordinario, qual era Gabriele Chelazzi, non ha ritenuto di darvi seguito. È probabile che Baiardo, che temeva le reazioni di Cosa Nostra, abbia richiesto un grosso premio in denaro per continuare a collaborare. Mondani lo incalza sul contenuto di quelle sue dichiarazioni.

MONDANI Lei ha mai visto Filippo e Giuseppe Graviano con Berlusconi e Dell'Utri?
BAIARDO Qui lo dico e qui lo nego.
MONDANI E dove vi siete visti?
BAIARDO All'Assassino.
MONDANI È il ristorante a Milano dove arrestano i Graviano nel '94. C'erano Berlusconi e Dell'Utri insieme?
BAIARDO Sì.
MONDANI E si è fermato a pranzo?
BAIARDO No.
MONDANI In che data?
BAIARDO 1991. Venivano anche in zona qui, non a Omegna ma a Orta.

MONDANI Dove si incontravano?

BAIARDO All'Hotel San Rocco.

MONDANI Lei alla direzione antimafia aveva detto che Dell'Utri o Berlusconi avevano vere e proprie imprese con…

BAIARDO Con Rapisarda e Carboni, tramite Graviano. Costruivano, in Sardegna hanno fatto ogni ben di dio.

Non sono i venti miliardi: Berlusconi i soldi li ha presi, ma da ben altre fonti che lui giustamente non tira in ballo. Da Michele Graviano, il papà di Giuseppe.

L'intervista continua. Secondo Baiardo, i Graviano avrebbero preso in affitto una villa in Sardegna a fine 1993 a pochi passi da villa Certosa con lo scopo di consegnare somme importanti a Berlusconi per il nuovo partito. Del nuovo progetto politico ne avrebbero già parlato quando erano latitanti tra Omegna e Orta, in Piemonte, nella primavera 1992, prima che Borsellino venisse ucciso.

MONDANI I Graviano vanno in Sardegna ad agosto del 1993 per stringere gli accordi, lei dice.

BAIARDO E secondo lei cosa vanno a fare in Sardegna? Hanno i parenti in Sardegna, potevano andarsene a Muravera a farsi la vacanza.

MONDANI I Graviano quanto hanno scucito, quanto hanno dato a Dell'Utri per Forza Italia?

BAIARDO Questo non lo so, non posso quantificarlo.

MONDANI Erano miliardi?

BAIARDO Ecco, non lo dico io, l'ha detto Rapisarda che quando arrivava in ufficio vedeva le valigie di soldi.

MONDANI Lei i soldi li ha visti?

BAIARDO Sì.

MONDANI Giuseppe e Filippo sono riusciti a mettere incinte le loro mogli dal carcere. Come è avvenuto secondo lei?

BAIARDO Secondo me è costato un po' di soldini. Lui ha ancora una speranza, Graviano.

MONDANI Legata a che cosa?

BAIARDO Che... tirino via 'sto 41 bis, che l'ergastolo venga abrogato, lui facendosi trent'anni di galera, già se n'è fatti ventisette quasi... quella è l'unica sua speranza.

MONDANI Le sembra possibile?

BAIARDO Non è impossibile.

MONDANI Dove è finita l'agenda rossa che il giudice Borsellino portava sempre con sé?

BAIARDO In più mani.

MONDANI Che vuol dire?

BAIARDO Graviano e Messina Denaro; ma quell'agenda interessava anche ad altre persone.

MONDANI Ai servizi?

BAIARDO Non solo. C'è stato un grosso incontro per quell'agenda rossa. A Orta. C'è più di una copia in giro.

MONDANI Graviano l'ha vista?

BAIARDO Graviano l'ha avuta!

MONDANI I Graviano le hanno mai parlato di Matteo Messina Denaro?

BAIARDO Per me i due fratelli erano loro, non Giuseppe e Filippo, ma Giuseppe e Matteo.

L'inchiesta di *Report*, che è firmata anche da Giorgio Mottola, ipotizzando che Baiardo possa aver detto almeno in parte la verità, costruisce un'ipotesi suggestiva quanto terribile. Perché l'attentato di via D'Amelio sarebbe stato realizzato in fretta e furia? Perché Paolo Borsellino aveva intuito che si stava creando un'alleanza tra Cosa Nostra e certi imprenditori del Nord e che era in corso una trattativa tra uomini dello Stato e organizzazioni mafiose per trovare nuovi equilibri politici.

La deposizione di Baiardo, che però è stata completamente ignorata da Firenze, non viene presa in considerazione neanche a Caltanissetta. Potrebbe spiegare la falsa testimonianza di Scarantino, che sarebbe stata costruita dai servizi segreti e avallata dai magistrati nisseni allo scopo di nascondere i veri mandanti della strage di via D'Amelio.

Ma se quel depistaggio non è il risultato di un errore, dell'ambizione e del voler fare carriera, vorrebbe comunque dire che l'attentato non sarebbe solo frutto dell'opera della mafia. Vedrebbe il coinvolgimento diretto di elementi dei servizi o delle istituzioni. Come proverebbe la scomparsa dell'agenda rossa di Paolo Borsellino, che proprio Baiardo ci assicura essere in possesso di Giuseppe Graviano, di Matteo Messina Denaro, dei servizi deviati e di molte altre persone che la userebbero come arma di ricatto.

L'unica conclusione logica di tutto ciò sarebbe la stessa a cui arriva Riina nei colloqui con Lorusso: l'attentato di via D'Amelio è una strage di Stato.

Condivisibile? No. Le tesi di Baiardo non sono credibili. L'investigatore che le ha raccolte può averne riscontrato il contesto, ma le suggestioni che ne ha tratto vengono da un soggetto ambiguo, ritenuto non affidabile.

Effettivamente c'è stata un'accelerazione improvvisa nell'attuare la decisione di sopprimere il magistrato e le ragioni potrebbero essere diverse: l'intervista a Canal Plus è una concausa. Conta di più la possibilità che l'erede di Falcone divenga procuratore nazionale antimafia, che sia venuto a conoscenza della trattativa, che abbia scoperto l'esistenza di un dossier volutamente ignorato sugli appalti a Palermo che fotografava il rapporto tra politica e Cosa Nostra.

E dovremmo aggiungere il punto di vista di Maurizio Avola sulla scelta stragista di Cosa Nostra americana. Insomma, Borsellino viene ucciso perché con lui vivo sarebbe stato molto complicato abbandonare la strada giudiziaria tracciata da Giovanni Falcone.

È vero che i rapporti tra Marcello Dell'Utri e Cosa Nostra sono provati. È anche vero che Rapisarda ha parlato di valigie di soldi consegnate a Dell'Utri nel suo palazzo di via Festa del Perdono.

Ci sono però delle affermazioni di Baiardo assolutamente stridenti. Può aver orecchiato un paio di telefonate, come ha scritto nella sua relazione il commissario Messina, che è stato il primo a raccogliere le dichiarazioni di Baiardo. Ma Cosa Nostra è un'organizzazione seria: i fratelli Graviano non avrebbero mai gestito sotto gli occhi di un personaggio di spessore insignificante, che, fra parentesi, non era uomo d'onore, rapporti come quelli con Marcello Dell'Utri e, figuriamoci, con Silvio Berlusconi. L'idea che abbiano addirittura condiviso con un Baiardo qualunque un tale segreto, come essere entrati in possesso dell'agenda rossa, è semplicemente ridicola.

La chiave della strage di via D'Amelio non è dunque la scomparsa dell'agenda del magistrato, che non sappiamo cosa contenesse esattamente. Possono averla presa membri dei servizi segreti, investigatori, qualunque pezzo del gioco degli scacchi di quegli anni. Ma chi era presente quando è stato premuto il telecomando? Chi ha progettato l'attacco allo Stato? Chi ha dato l'ordine a chi?

«Certo è che Graviano aveva un rapporto forte con Aldo. Ercolano gli trovava la casa per le vacanze quando veniva a Giardini-Naxos».

«Maurizio, tu proprio lo escludi che i servizi segreti deviati possano aver partecipato all'attentato di via D'Amelio e insisti sulla storia di Cosa Nostra americana che però non ha trovato riscontri al momento».

«Se non li cerchi! Li potrebbe dare D'Agata i riscontri. Io pensavo che si era pentito prima di me. Me lo ha fatto credere Manganelli. Così mi ha convinto a collaborare. Lo penso ancora che si può pentire. Sa più fatti di me. Poi c'è

Eugenio Galea, che era il delegato di Santapaola. Portava lui le notizie e le decisioni della riunione delle province. Galea, se lo catturano può confermare».

«Galea ha inviato i telecomandi a Palermo per Falcone e Borsellino. Giusto?».

«Sì, due telecomandi neri. Erano come i primi telefonini. Con quelli si va a colpo sicuro».

«Un telecomando per Falcone e uno per Borsellino?».

«Certamente. Il T4, l'esplosivo che ho consegnato a Termini Imerese, è stato adoperato a via D'Amelio per ammazzare Borsellino e la sua scorta. Ma le spiegazioni sui telecomandi sono state importanti. Giovanni Brusca dice che ha premuto il telecomando a Capaci. Va bene. Ma non ne capiva niente di esplosivi e congegni elettronici. Pensa che doveva fare l'attentato al giudice Grasso».

«Che poi è diventato presidente del Senato?».

«Proprio lui. Brusca si è dovuto fermare perché c'era vicino il sistema di allarme di una banca che interferiva. Non ha saputo risolvere la situazione. Con Maurizio Costanzo il telecomando ha funzionato in ritardo. Le bombe del '93 sono state un gran casino. A Capaci e a via D'Amelio, invece, tutto perfetto. Come mai? Perché c'era dietro l'Americano. L'ho detto, ma Giovanni Tinebra e Annamaria Palma si sono fermati. Forse perché non conoscevo il nome del forestiero. Forse perché pensavano che non era americano. Che ne so perché si sono fermati? E hanno messo sull'altare quel poveraccio di Scarantino».

«Ma sai cosa dice Giovanni Brusca di te? "Maurizio Avola? Non ne sa niente e nemmeno D'Agata o Galea ne sanno niente"».

«Va bene, ricominciamo da capo? Chi lo sa cosa è successo a via D'Amelio, Scarantino?».

«Giochi facile con me: Scarantino non sapeva niente. Non c'entrava col furto dell'auto. Adesso sappiamo di sicuro che l'auto che è stata imbottita di tritolo l'ha rubata Gaspare Spatuzza. Il pentito ha confessato e ha fornito riscontri che sono stati verificati. Su questo non ci possono essere dubbi».

«Perfetto. Spatuzza non è un capo, è un esecutore e non è nemmeno uomo d'onore quando partecipa alle stragi. Chi gli dà gli ordini? La famiglia Aglieri, come diceva Scarantino?».

«No, fa parte della famiglia Graviano, Spatuzza».

«Bravo. Quindi la strage di via D'Amelio operativamente la organizza la famiglia Graviano. E io ti dico che dei sistemi elettronici per attivare l'esplosivo di Capaci e di via D'Amelio se ne cura Cosa Nostra americana. La famiglia Gambino invia un esperto in Sicilia a parlare con chi deve farlo funzionare. C'è un'altra cosa importante: i telecomandi li procuriamo a Catania e sono due».

«E perché è importante?».

«Vuole dire che la decisione per Falcone e Borsellino è già presa. Quelli che devono fare Falcone sono tutti corleonesi e quelli che devono fare Borsellino...».

«Sono i Graviano di Brancaccio».

«Esatto, ma non hanno agito da soli».

«Infatti Spatuzza dice che ha consegnato la macchina dell'autobomba a uno sconosciuto che potrebbe essere dei servizi segreti».

«Uno sconosciuto significa uno che non conosceva, non significa uno dei servizi segreti. Magari lo sconosciuto è un catanese».

«Un catanese?»

«I catanesi in queste cose camminano con Messina Denaro».

«E Messina Denaro e i fratelli Graviano sono una cosa sola. Il discorso fila. Che dici, Maurizio, facciamo una pausa pranzo?».

26.
«Questa è la verità»

Durante le sue passeggiate con Lorusso nel carcere di Opera, Riina, a conferma dei suoi ragionamenti "garantisti", porta come esempio via D'Amelio e l'attentato a Paolo Borsellino.

> Sapevamo che lui doveva andare là perché lui gli ha detto: «Domani, mamma, vengo». Questa del campanello però è un fenomeno. Una cosa così dio l'ha fatta una volta e basta. Arriva, suona e scoppia tutto. Il fatto che è collegato là è un colpo geniale proprio. Perché siccome là era difficile stare sul posto per attivarla, è lui che l'attiva.
>
> Una vita ci ha combattuto, una vita. Ma chi glielo dice a lui di andare a suonare; ma perché lui non si fa dare le chiavi da sua madre e apre?

Siccome non c'era nessun telecomando nascosto nel citofono della madre di Borsellino, che messaggio sta inviando Riina, ben sapendo che le telecamere stanno registrando tutto? Il significato potrebbe essere questo: dite che quella di via D'Amelio era una bomba talmente sofisticata che non potevamo essere stati noi di Cosa Nostra a metterla? Giornalisti e magistrati, pensate che non abbiamo agito da soli? Sapete che vi dico? Avete proprio ragione. Lo Stato è il colpevole, noi siamo innocenti. Insomma, quasi.

Maurizio sa benissimo di parlare con un giornalista che ha a lungo indagato sui rapporti tra mafia e politica. Mi rendo conto che, incastrando i pezzi del puzzle, mi ha obbligato a guardare le cose in un'altra maniera.

Congiungendo i punti della sua ricostruzione appare un ritratto coerente di Cosa Nostra: non è stata soltanto un'organizzazione criminale, ma un soggetto politico, immerso in una rete di relazioni, che si riteneva indispensabile per mantenere gli equilibri di potere. La mancanza dello Stato e la sua inefficienza hanno consentito che l'influenza della mafia nell'economia e nella società crescesse in maniera smisurata. Al punto che la linea dura di Giovanni Falcone non appare agli uomini d'onore come un'azione di legittima difesa delle istituzioni, bensì come una macchinazione ai loro danni. E perciò decidono di reagire con il terrorismo.

Se così è, non c'è mai stato un Grande Vecchio che abbia diretto le azioni dei mafiosi; tante "menti raffinatissime" hanno agito contemporaneamente per realizzare i propri fini, fuori dello Stato e dentro lo Stato, parallelamente e, in qualche caso, in maniera convergente. La rivolta dei cittadini ha portato alla crisi della prima repubblica e dalle bombe è nato un nuovo sistema politico e partitico dalle basi così fragili da liquefarsi nel nulla pericoloso in cui viviamo oggi.

Queste considerazioni devono indurci ad archiviare il dolore delle vittime e a rinunciare a cercare tutta la verità? Al contrario, dovrebbero farci considerare la necessità di riprendere la strada delle riforme delle istituzioni per dare al paese governi stabili e uno Stato autorevole, efficiente e moderno. Uno Stato che per funzionare non debba continuamente ricorrere a leggi eccezionali. Solo in questo modo potremo arrivare a definire responsabilità, connivenze e complicità sulla base di prove certe in tempi ragionevoli. Senza confondere il piano morale, la giustizia e la storia. Le rivelazioni di Avola, l'attentato a Mattei, l'uccisione di Mattarella e di Scopelliti, il ruolo di Cosa Nostra americana, il dissenso nascosto nei confronti di Riina, mi portano a queste conclusioni. Il segreto che ancora custodisce è l'ultimo punto da unire con una linea per completare il quadro.

Mi torna in mente un episodio che mi ha raccontato e al quale, sulle prime, non avevo dato importanza.

«Maurizio, arruolati. Fatti carabiniere. Con 'sta cosa delle Brigate Rosse prendono a tutti. Tu sei magro, sei bello. Con la divisa le fai impazzire le donne. Ascolta a *to matri*: arruolati e ti sistemi».

Da quando era bambino sua madre sognava per lui quella divisa che lo fa vomitare. Però, è vero che gli sta così bene; quando la indossa per una rapina non è facile intuire che si tratti di un travestimento. È un militare da parata. Si muove con naturalezza e va dritto dove deve andare. Se un poliziotto lo vede pensa a un collega, a un poliziotto più poliziotto di lui. D'altra parte, come potrebbe capire con uno sguardo che non è dei suoi? Dovrebbe conoscere uno per uno tutti i poliziotti, non solo quelli che vede più spesso perché fanno i turni con lui.

«Ho fatto un lavoro alle Poste di Bari passando tranquillamente davanti ai blindati. Avevo la divisa originale e il borsone con la scritta "Polizia". Dentro ci ho messo il mitra».

«E dove hai preso la divisa e il resto?».

«I poliziotti del mio gruppo mi procuravano quello che mi serviva. Le divise ingannano e si usano per l'effetto sorpresa, ma non puoi farle indossare a tutti. Si deve avere il portamento giusto e, prima di tutto, non essere tatuato.

Io e Aldo siamo perfetti. Lui è un signorotto, può fare la parte dell'ufficiale. Non gli fa niente mettersi una divisa addosso. Io, invece, mi sento male, ogni volta che lo faccio. E...».

Si è interrotto bruscamente. Riguardo alla divisa gli stava per sfuggire qualcosa che non avrebbe voluto dire, qualcosa di molto grave.

«Scusa, Maurizio, che ti è successo quando hai messo la divisa?».

«Non fare il furbo. Hai capito benissimo che non ne voglio parlare. L'ho messa per le rapine, a posto così».

Seduti uno di fronte all'altro nella sala da pranzo deserta dell'albergo decido che è arrivato il momento di andare fino in fondo.

«Maurizio, c'eri anche tu a via D'Amelio? Hai detto che la divisa l'hai indossata non solo per fare rapine. Eri in divisa a via D'Amelio? C'eri anche tu?».

Avola non risponde immediatamente e ne approfitto per mettere ordine tra i miei ricordi.

Gaspare Spatuzza ruba la Fiat 126 dieci giorni prima della strage. La porta nell'officina di Maurizio Costa per riparare freni e frizione. Mancano ventiquattro ore all'attentato. L'auto viene spostata in un garage nei pressi di via D'Amelio dove, al numero 21, abitano la madre e la sorella di Borsellino. Lavorano in tre a imbottirla di esplosivo. Gaspare Spatuzza ricorda solo due nomi, il terzo è uno sconosciuto.

«Eri tu lo sconosciuto di cui ha parlato Spatuzza?».

«Non ero io. Quando la macchina è arrivata non c'ero. Ero con Giuseppe Graviano per prendere gli ultimi accordi. Forse Spatuzza ha visto Aldo Ercolano, ma non si poteva permettere di chiedere chi era. Lui non era stato ancora combinato, non era uomo d'onore, non poteva fare certe domande».

Questa volta sono io che resto in silenzio. Senza fiato.

«Tu sai come è stata preparata l'autobomba della strage di via D'Amelio e non l'hai detto a nessuno!».

«Sono io che ho preparato l'autobomba. Ho lavorato in quel garage per collegare la centralina all'esplosivo. Non c'era nessun servizio segreto».

Lo ascolto attonito, faccio fatica a trattenere le emozioni, sono sbalordito, frastornato e ho un'unica certezza: non è né un pazzo né un mitomane. Perché diavolo ci ha messo ventotto anni per liberarsi di questo segreto?

«Sapevo che le dichiarazioni di Scarantino erano false. Non me lo spiegavo il motivo che stavano dando retta a uno così. Sapevo che gli arrestati non c'entravano niente. Per me lo stavano costruendo questo pupo. Ma era un'operazione così perfetta, così chiusa, che ho pensato: "È meglio che mi faccio i cazzi miei". Poi mi hanno messo in cella con un pentito che aveva partecipato a dire false dichiarazioni su via D'Amelio e mi sono spaventato. C'erano cose grosse sotto, che ci puoi rimettere la pelle. Era un imbroglio di Stato. E ho deciso di stare zitto. Chi mi avrebbe creduto? È capace che mi chiudevano in manicomio».

«Maurizio, dici che hai preparato la bomba, ma in via D'Amelio ci sei andato? Quando hai parlato della divisa era a questo che pensavi? Eri in divisa a via D'Amelio?».

«Sì. Ero in divisa».

«Quando è esplosa la bomba?».

«Quella maledetta esplosione. Io c'ero».

Se dice la verità, stiamo riscrivendo completamente una pagina fondamentale della storia del nostro paese.

«Io e due palermitani imbottiamo d'esplosivo la macchina. Usiamo plastico, una quarantina di saponette di quello che si usa per demolire i palazzi. Erano dentro i fusti per le olive che avevo portato io a Termini Imerese, li ho tirati fuori con le mie mani. Borsellino deve assolutamente morire e l'autobomba non era l'unica soluzione».

«Che riscontri puoi fornire?».

«Non è vero che furono mischiati novanta chili di esplosivi diversi. Non è vero che abbiamo utilizzato pile e batterie bis. Non è vero che la carica esplosiva era tutta nel bagagliaio.

Abbiamo diviso il T4 in panetti piccoli. Io ne ho messo una quindicina sotto il sedile del passeggero; gli altri ne hanno sistemato una trentina nel bagagliaio anteriore. Altrimenti non si spiega il piccolo cratere che si è formato dove era parcheggiata la 126. La potenza dell'esplosione è dovuta alla distribuzione delle due cariche d'esplosivo. Abbiamo collegato le due cariche con un filo. Ogni carica aveva una piccola antenna per ricevere il segnale e trasmetterlo al detonatore posizionato tra l'esplosivo. Il telecomando ha lanciato il segnale alle antenne; le antenne lo hanno trasmesso al detonatore e l'autobomba è esplosa».

Maurizio non si ferma più. Non riferisce chiacchiere di terzi. La sua è la cronaca di una tragedia di cui è stato protagonista. In due atti: il giorno della strage e quello che lo precede.

«Io e Aldo Ercolano siamo in missione a Palermo dal martedì. Abbiamo a disposizione un appartamento trovato dai Graviano poco distante da via D'Amelio. E saliamo e scendiamo da Catania e Palermo e da Palermo a Catania. La prima volta ci vengono a prendere Renzino Tinnirello e Fifetto Cannella e ci accompagnano».

«Con chi comunicavate?».

«Con Giuseppe Graviano».

A via Mariano D'Amelio, che è una strada senza uscita, si accede da via dell'Autonomia siciliana. Alle diciotto la Fiat 126 imbottita di esplosivo è già in posizione, parcheggiata a qualche metro dal cancello del palazzo dove abita la madre del giudice. Esattamente di fronte, su via dell'Autonomia, un furgone fermo contiene un intero arsenale: bombe a mano, kalashnikov e due bazooka. All'interno Giuseppe Graviano si prepara a uscire al momento giusto e ad azionare il telecomando, che assomiglia a un telefonino di vecchia generazione. Con lui c'è Maurizio Avola. Sanno di dover agire in un tempo assai breve, ma se qualcosa dovesse andar storto faranno un secondo tentativo quando Borsellino, al termine della visita, uscirà dal palazzo. Se l'autobomba non dovesse esplodere per la seconda volta, attaccheranno in sette con le armi in pugno: Maurizio Avola e Aldo Ercolano, Giuseppe e Filippo Graviano, Fifetto Cannella, Renzino Tinnirello e Matteo Messina Denaro. Il corteo in uscita da via D'Amelio non avrà via di scampo. Un commando deciso a tutto ridurrà in cenere l'auto blindata di Borsellino.

«Ma Spatuzza dice che per azionare il detonatore sono state usate delle batterie di auto».

«Lui non le ha viste queste cose. Non sono state usate batterie».

Poco lontano dal furgone stazionano altre due auto: una Fiat Uno, con a bordo Matteo Messina Denaro, e una A112, con Aldo Ercolano. Anche loro aspettano. Avola indosserà la divisa da poliziotto con la pistola d'ordinanza, lascerà il furgone, attraverserà la strada e raggiungerà rapidamente via D'Amelio. Gli basterà percorrere qualche decina di metri per fermarsi all'angolo di un fabbricato. Da lì avrà una visione perfetta del cancello e potrà dare il segnale al momento opportuno, proteggendosi dall'esplosione dietro un muro.

«Ma la telefonata che ci doveva avvertire non arriva».

Avola sta demolendo molte ricostruzioni dietrologiche. I servizi segreti che intercettano la linea telefonica della madre del magistrato e ordinano l'inizio dell'azione, il centro d'ascolto posizionato sul monte Pellegrino con complicati congegni per far esplodere la bomba. Non c'è stato niente del genere. Via D'Amelio è il momento culminante di un'azione militare a tappeto e di una caccia all'uomo realizzata con punti di avvistamento, staffette e presidi.

Domenica 19 luglio Maurizio Avola e Aldo Ercolano sono nella casa che dista quattrocento metri dal luogo dell'attentato. I fratelli Gangi, Totò Cancemi e molti altri sono appostati nei pressi dell'abitazione di Borsellino per controllare i movimenti. Se la sua auto e quelle della scorta prenderanno una certa strada, vorrà dire che stanno andando fuori Palermo, se invece si muoveranno in un'altra direzione di sicuro starà andando a trovare la madre in Via D'Amelio. Lo seguono e capiscono che si sta recando nella sua casa al mare.

Quando si muove da Carini per dirigersi in via D'Amelio Giuseppe Graviano viene a chiamarli per iniziare l'operazione.

«Muoviamoci! Ha lasciato la villa al mare. Arrivano!».

Bastano pochi minuti per essere tutti di nuovo in posizione. Maurizio si precipita verso il furgone e ne esce vestito da poliziotto. Il corteo di auto di Borsellino arriva su via dell'Autonomia siciliana e stranamente rallenta. Gli uomini di scorta sono sei. Tre sulla prima macchina: Claudio Traina, Antonio Vullo e Vincenzo Li Muli. Tre sulla terza: Agostino Catalano, Walter Cosina ed Emanuela Loi. Il magistrato è al centro, da solo, alla guida della sua auto di ordinanza. Perdono tempo, incerti su dove svoltare. Borsellino è nervoso, da quando sono partiti la scorta ha dimostrato di non conoscere bene la destinazione da raggiungere e il percorso; si spazientisce, sorpassa l'auto che lo precede, si porta in testa ed entra per primo in via D'Amelio. La strada è piena di veicoli parcheggiati, non solo lungo i marciapiedi ma in mezzo alla carreggiata. Borsellino ferma l'auto in mezzo alla strada e scende da solo, lasciando lo sportello spalancato: ci pensino i suoi uomini a sistemarla. Non aspetta che gli agenti lo raggiungano per fargli da scudo, arriva per primo davanti al cancello chiuso, suona il citofono e si mette a fumare una sigaretta in attesa che gli aprano.

«Non voglio parlare male di un uomo straordinario e di quei poveretti addetti alla sua sicurezza. Ti ho detto che eravamo in sette, ma siamo stati aiutati da un ottavo uomo: la disorganizzazione. Io non ci potevo credere. A poche settimane da Capaci un obiettivo così importante lascia da solo la macchina blindata, arriva davanti a un citofono senza protezione, si mette a fumare e aspetta per tutto quel tempo? È veramente incredibile!».

Finalmente gli agenti raggiungono Borsellino senza i controlli di routine che si sarebbero dovuti fare prima che il magistrato abbandonasse la sua auto. Tutto sembra tranquillo. Non si notano movimenti sospetti e non si sentono rumori diversi da quelli dei televisori che gracchiano dalle finestre aperte. Giuseppe Graviano è sceso dal furgone e aspetta che Maurizio gli faccia un cenno di assenso abbassando la testa. A quel punto l'autobomba, confusa tra le tante auto parcheggiate in fila accanto al marciapiede, esploderà.

«Devo dare il segnale per quella maledetta esplosione. Guardo per l'ultima volta il giudice fermo davanti al citofono. Ha gli occhi rivolti al cielo, con la sigaretta accesa tra le labbra. Mi sembra sospeso nel vuoto con la sigaretta accesa. Sono l'ultima persona che incrocia il suo sguardo. È un'immagine che mi rimarrà attaccata alla pelle tutta la vita. La rivedo continuamente. Come se fosse ieri.

Della scorta faceva parte un'agente donna. Accelera il passo e si dirige quasi di corsa verso Borsellino. Forse ha notato una lucina che lampeggia. Abbiamo lasciato i finestrini della 126 leggermente abbassati per essere sicuri che le antenne ricevono il comando. Giuseppe Graviano attiva il telecomando e qualche spia ha cominciato a lampeggiare. Bisogna farlo presto. Adesso. Guardo verso il furgone, vedo che Graviano aspetta il segnale, abbasso la testa, e giro l'angolo per mettermi al riparo».

L'inferno scende in terra a via D'Amelio. Un boato assordante, un'enorme fiammata. Borsellino e la sua scorta vengono dilaniati dalle lamiere e dall'esplosivo; ci sono brandelli di carne sparsi dappertutto. Il muro davanti a Maurizio Avola si sbriciola e gli entrano in bocca frammenti di calcinacci che quasi gli impediscono di respirare. L'odore penetrante di bruciato gli fora le narici. Antonio Vullo è l'unico sopravvissuto: l'esplosione è avvenuta mentre stava cercando di sistemare l'auto di Borsellino nella posizione corretta prevista dal protocollo.

«Ho fatto il mio lavoro alla perfezione, come al solito. Ho raggiunto velocemente Aldo Ercolano che mi stava aspettando in macchina col motore acceso e siamo tornati a Catania. Volevi sapere la verità. Io e altri sei siamo stati il destino di Paolo Borsellino, questa è la verità. Se la bomba non funzionava usavamo i missili. E questo è tutto».

Di come si è svolto l'attentato a Paolo Borsellino, la sequenza dei fatti, non si sapeva niente. Le dichiarazioni di Avola sono clamorose. Gaspare Spatuzza è stato fondamentale per distruggere la falsa ricostruzione di Scarantino, ma all'epoca non era ancora uomo d'onore e non ha avuto parte nella fase finale.

Se però Avola non va dal magistrato per mettere a verbale il suo racconto, non saprò mai se mi ha raccontato la verità.

«Francamente non lo so se me la sento di dire queste cose al magistrato».

«Lo devi fare, Maurizio, se no non le scrivo».

«Diranno che sono pazzo. Ogni volta che parlo di Cosa Nostra americana non succede niente. Te l'ho detto: ci sono verità che non vogliono sentire. Io vorrei tornare indietro. Se fosse possibile, che ci guardiamo negli occhi con Paolo Borsellino e io lo salvo. Ma non si torna indietro.

Te lo giuro, ci ho provato. Quando esco di galera, dopo solo tre anni che mi hanno preso, e ho raccontato soltanto quello che avevo deciso di raccontare, ho buone intenzioni. Mi sono fatto pentito, collaboratore di giustizia, e abito a Savona sotto protezione. Mi sento un uomo fortunato. Non capita a tutti di finire in galera e ti ritrovi ancora una moglie, due figli e la speranza. Non ci penso che farò un'altra rapina e ventidue anni di carcere. Voglio respirare l'aria del mare di Alassio da uomo libero.

Passeggiamo insieme come turisti con mia moglie e i bambini, visitiamo i giardini della villa e ci fermiamo in una pasticceria vicino alla collegiata di Sant'Ambrogio per mangiare i baci di Alassio. Ai bambini quasi ci scoppia la pancia, tanti ne mangiano. Poi entriamo nella pizzeria-ristorante in piazza San Francesco. La maschera di ceramica con la bocca spalancata c'è ancora.

"Vi voglio far vedere una cosa. È la cornice del forno. Lo andò a comprare mio padre a Caltagirone"».

Dentro Maurizio vede un bambino di quattro anni che corre. Corre talmente veloce che adesso di anni ne ha già otto e va a scuola dalle suore. Sente una voce che lo invita a ripartire, a riprendere dall'inizio il film della sua vita. In questa bella giornata ha davanti un'altra strada da percorrere, un'altra possibilità.

«Chiamo mio padre a Catania.

"Papà, lo sai? Il Ciclope, il nostro ristorante, c'è ancora ad Alassio. Me lo prendo?".

"No, non lo prendere. Non si torna mai indietro nella vita. Vai avanti».

«Quella è stata la prima e l'unica volta che ho fatto quello che mi ha detto mio padre. Si vede che doveva andare così».

Epilogo

Quando ci siamo salutati Maurizio era stanco, svuotato, confuso. Un'altra persona rispetto a quella che ho incontrato la prima volta a Voghera. Liberarsi dell'ultimo segreto lo ha reso più fragile, un naufrago che non vede terre all'orizzonte e certezze a cui aggrapparsi. Ce la farà o lo ritroverò nelle cronache di un'altra rapina?

Ho letto e riletto le sue parole, le ho ordinate e a volte tradotte in modo da coglierne il significato autentico, ho verificato scrupolosamente che ogni nome citato sia stato riferito al magistrato. Nel racconto che Avola ha fatto ai giudici ci sono accuse ancora oggetto di valutazione, ma Maurizio non è mai stato condannato per calunnia. Fino a oggi nessuna delle sue affermazioni è stata giudicata falsa. E via D'Amelio?

Abbiamo combattuto da due contrapposte trincee e non ci sono giustificazioni per quello che ha fatto, né lui le accetterebbe. Sulla sua pelle è attaccata una condanna incancellabile: l'odore del sangue delle vittime. Tuttavia conoscerlo mi ha cambiato fino al punto di spingermi a oltrepassare il confine tra la mia storia e la sua. Quale sentimento può averci uniti? Forse la meridionalità, la rabbia che ci portiamo dentro, che come la lava di un vulcano prende direzioni imprevedibili e a volte terribili? Oppure l'essere ripiombati nel pessimismo della fiamma che si spegne, nell'eruzione che diventa pietrisco e stende sulle cose la sfiducia in un cambiamento possibile?

Credo che ce ne sia un terzo, che chiamerei desiderio di giustizia o di uguaglianza, parole che per me hanno un identico significato. Cosa c'entrano con un killer? Maurizio nasce in un mondo dominato dai più forti, dove la differenza non la fa se sei ricco o povero, ma se sei degno di rispetto o irrilevante. Si può accettare di non avere soldi, fama, popolarità, prestigio. Non di essere offesi quotidianamente nei propri diritti fondamentali. Perciò è la legge che ci rende uguali, non il conto in banca. In sua assenza subentra la rassegnazione del "si salvi chi può" per il mite o la prepotenza di "chi non si fa lupo il lupo se lo mangia" di Cosa Nostra. La mafia e l'omertà nascerebbero dunque da una reazione all'ingiustizia? Direi proprio di no. Sono solo due modi di adattarsi all'assenza dello Stato e alle forme concrete assunte dal potere.

Il nostro paese non ha mai conosciuto la normalità che deriva dal buon funzionamento dello Stato. Terremoti, alluvioni, pandemie sono stati affrontati con strumenti straordinari, da diecimila commissari con poteri eccezionali operanti al di fuori o al di sopra delle norme. E l'attacco stragista di Cosa Nostra alle istituzioni repubblicane è stata la catastrofe più grave che l'Italia abbia dovuto affrontare dal dopoguerra a oggi. Sono stati impiegati per contrastarla reparti "speciali" di polizia, carabinieri, servizi segreti e una struttura investigativa creata appositamente, la Dia, che spesso si sono sovrapposti o hanno agito in concorrenza fra loro, allo stesso modo delle varie procure impegnate nella ricerca della verità. Ci sono circostanze che richiedono di appannare le ragioni del diritto, ma, trasformando l'emergenza in una condizione permanente, le istituzioni speciali hanno indirizzato il loro lavoro anche in maniera da giustificare la loro stessa esistenza. Tracciare l'identikit del nemico e stabilire un piano di guerra non è un esercizio neutro, sposta denaro e cariche, presuppone promozioni e avanzamenti di carriera, potrebbe perfino portare a violare la legge in buona fede in nome di un interesse superiore.

Ho faticato molto a mettere ordine nel fiume di riflessioni di Maurizio Avola, a rendere comprensibile il suo italiano incerto senza alterarne il significato. Nel farlo ho imparato a incassare duri colpi, a modificare pregiudizi e convinzioni. Ma ho sempre pensato che chi lavora con onestà, ponendo al primo posto l'interesse del pubblico alla sua narrazione, non abbia da compiere umilianti autocritiche. Basta che prenda atto dei risultati a cui è arrivato e vada avanti. Certi giudici, di fronte alla gelida logica di Maurizio, secondo il quale per esempio la firma "Falange Armata" non apparteneva a "servizi deviati" ma veniva adoperata da Cosa Nostra per confondere sulla matrice degli attentati, si sono parecchio irritati. Portare alla luce questa inedita ricostruzione di via D'Amelio non mi farà molto amare da tanti colleghi o compagni di strada. Chi è convinto che i mafiosi non abbiano agito da soli, non rinuncerà facilmente a immaginare trame senza riscontri o a disegnare pupari e poteri occulti al lavoro. Il fatto è che a mio parere, e anche a parere di Avola, non si può escludere che esistano altri attori, mandanti e ideatori delle stragi. Si deve però avere il coraggio di ripartire dai fatti, circoscrivendo le responsabilità accertabili e non inseguendo teoremi. Ciò dovrebbe indurci a riscoprire l'importanza di un risanamento della società e di una riforma della Giustizia, riconsiderando i diritti dei processati e dei carcerati, senza rinunciare al cuore degli insegnamenti di Giovanni Falcone. Non perché ce lo chiedono i Graviano, ma perché per battere definitivamente il nemico bisogna smettere di assomigliargli. In questo modo potremo mostrare ai tanti ragazzi tentati dal seguire le orme di Maurizio Avola che esiste una strada diversa per conquistare il rispetto di tutti.

Leonardo Sciascia sosteneva che "i professionisti dell'antimafia" non dovevano sostituire il diritto e l'efficienza dei tribunali. Perché i provvedimenti speciali si sarebbero in seguito trasformati in burocrazia, in tanti giapponesi che a combattere nella foresta mentre la guerra è finita ci guadagnano.

Ai tempi delle stragi sembravano eresie. Oggi la mafia ha deposto il sogno di farsi Stato; non mette bombe, si nasconde tra "i pali della luce", le scommesse, i bitcoin e si traveste da antimafia per non farsi riconoscere. Mentre le grida di "onestà, legalità", sono un'eco che si spegne in lontananza, l'Italia ha smesso di essere strategica, è diventata una grande provincia che sprofonda in una malinconica rassegnazione.

Scrive sempre Sciascia nel *Giorno della civetta*: «Il capitano sentì l'angustia in cui la legge lo costringeva a muoversi... vagheggiò un eccezionale potere... Una eccezionale sospensione delle garanzie costituzionali... e il male sarebbe stato estirpato per sempre. Ma... ritrovò la misura delle proprie idee... bisognerebbe sorprendere la gente nel covo dell'inadempienza fiscale... di colpo, piombare sulle banche... mettere mani esperte nelle contabilità».

Quando è arrivata la telefonata di Guido Ruotolo ho tirato un sospiro di sollievo e ho sentito il dovere di dare forza a un uomo che ha fatto della verità il mezzo per riprendersi la dignità perduta. Nell'unica maniera che mi è rimasta per far sentire la mia voce.

«Michele, ce l'abbiamo fatta, l'ho convinto. Va dal magistrato e racconta tutto».

«È una bellissima notizia. Come sta?».

«Bene. È molto determinato».

«Teniamoci in contatto, facciamogli sentire che non è solo».

C'erano una volta in Italia la mafia, il sangue, il dolore e la speranza. E c'erano un killer, un giornalista e un vulcano. Il vulcano c'è ancora.

Ringraziamenti

Come è possibile che Cosa Nostra si sia inabissata e dissolta nel nulla? Con Guido Ruotolo ho iniziato a occuparmi di Matteo Messina Denaro per trovare una risposta a questo interrogativo. Siamo tutti e due convinti che la storia dell'ultimo Padrino e quella di un'associazione criminale segreta che ha segnato col sangue la vita della nostra repubblica siano fortemente intrecciate. Continuando testardamente la nostra inchiesta e senza avere alle spalle nessuna televisione, Guido a Firenze ha scelto di seguire un'udienza che riguardava il ruolo di Matteo Messina Denaro nelle stragi del 1993. In questa circostanza ha incontrato e conosciuto Maurizio Avola e si è reso conto della portata delle sue rivelazioni. Ne è nata una lunga frequentazione che mi ha coinvolto. È stato il rapporto con Guido Ruotolo a spingere Maurizio Avola a verbalizzare con i magistrati la clamorosa e inedita ricostruzione della strage di via D'Amelio. Non capita spesso che i giornalisti anticipino le carte della magistratura. I miei ringraziamenti vanno anche all'avvocato Ugo Colonna, animato da una rara passione civile, e ad Assunta Faienza, che mi ha seguito con pazienza incoraggiandomi a portare a termine questo lavoro.

Indice

Stampato da
Grafica Veneta s.p.a., Trebaseleghe (PD)
per conto di Marsilio Editori® in Venezia

«Gli specchi Marsilio»
Periodico mensile n. 325/2021
Direttore responsabile Giuseppe Lupo
Registrazione n. 1333 del 15.06.1999
Tribunale di Venezia
Registro degli operatori di comunicazione-ROC n. 6388

EDIZIONE **ANNO**

10 9 8 7 6 5 4 3 2021 2022 2023 2024 2025